沈 杰 著

社会变迁的心理维度

——心理现代性作为探究主题

天津社会科学院出版社

图书在版编目（CIP）数据

社会变迁的心理维度：心理现代性作为探究主题 /
沈杰著 . --天津：天津社会科学院出版社，2022.3
ISBN 978-7-5563-0802-6

Ⅰ.①社…　Ⅱ.①沈…　Ⅲ.①社会心理学－研究
Ⅳ.①C912.6-0

中国版本图书馆 CIP 数据核字（2022）第 036271 号

社会变迁的心理维度：心理现代性作为探究主题
SHEHUI BIANQIAN DE XINLI WEIDU：XINLI XIANDAIXING
ZUOWEI TANJIU ZHUTI

出 版 发 行：天津社会科学院出版社
地　　　址：天津市南开区迎水道 7 号
邮　　　编：300191
电话/传真：（022）23360165（总编室）
　　　　　　（022）23075303（发行科）
网　　　址：www.tass-tj.org.cn
印　　　刷：高教社（天津）印务有限公司

开　　　本：787×1092 毫米　1/16
印　　　张：28.25
字　　　数：428 千字
版　　　次：2022 年 3 月第 1 版　2022 年 3 月第 1 次印刷
定　　　价：78.00 元

目　录

第二部分 探寻心理现代性的理论源流

第三部分 心理现代性的经典研究

第四部分　心理现代性与后现代境况遭遇

序

　　社会科学与现代性之间存在发生学上的共时态内在关联,现代性的历史起点构成了社会科学的逻辑原点,因此,现代社会的发展与现代社会科学的成长之间便呈现出了高度的逻辑与历史的一致。社会科学与现代性是一体两面之物,现代性是社会科学的社会基础,社会科学是现代性的知识表征。社会科学是在参与现代性的设计和建构进程中产生和发展起来的。因此,可以说,社会科学是现代性的产物,现代性在一定程度上也是社会科学的一种建构。

　　自从现代社会理论或社会科学①产生以来,社会理论家或社会科学家就一直关注社会结构与社会心理之间的关系或社会心理与社会结构之间的关系。这两个关于关系的表述,其意蕴并不完全一样。换言之,因为每一个表达式的主位是不一样的,所强调的重点是不同的。"社会结构与社会心理之间的关系"这一表达式的主位是社会结构,所强调的是社会结构对社会心理的影响;而"社会心理与社会结构之间的关系"这一表达式的主位是社会心理,所强调的是社会心理对社会结构的影响。

　　在现代性发生以来的社会变迁进程中,或者说社会现代性的发展进程中,社会心理的变迁与社会现代性的成长是相互作用的,在一些理论家看来,是同构的。因此,其变迁的维度也同样呈现出了传统、现代和后现代的三个面相。

---

① 应该说,是先有社会理论,然后才发展出社会科学尤其是它的诸多学科形态。

需要特别说明的是,"后现代"这一概念因其初衷带有对启蒙和现代性的反拨之意,没有得到普遍的接受。而且因为它带有消极、模糊和指涉不明等特征,除了说明不是现代,而对于具体是什么,并没有做出说明,因此,"后现代"这一概念受到很多人的拒斥。与此同时,一些重要的社会理论家创用了替代性的概念,如吉登斯的"高度现代性"或"晚近现代性",贝克的"风险社会""第二次现代化",吉登斯、贝克、拉什的"自反性现代化",鲍曼的"流动现代性"等。贝克还提出过"新现代性",对这一概念我们十分认同。

而我们则认为,可以提出"超现代"这一概念,它也许有很多优异的地方,例如在时间上是明确的,即在现代之后,带有超越现代性消极面的积极特质,可以吸收后现代的一些建设性因素,等等。

这样的话,自人类有史以来的变迁维度大致包括三个:传统、现代和新现代(或后现代,或高度现代,或超现代)。

社会理论传统中,社会理论家对于社会心理与社会结构之间的关系,或者更具体地说,就社会心理特质对于社会结构变迁的作用及其表现的理论预设,在社会科学的发展进程中,逐渐获得一些学科化的社会科学家的经验性检验,从而形成了一个独特的知识领域。其中有一条主线似乎是明确的,即基点是对于心理现代性的追寻,这种追寻无疑会涉及传统与现代这两个维度,这是第一个方面。而当人类历史进入 20 世纪下半叶,发达国家完成了工业化或现代化,作为社会结构在主观上反映的社会心理中也呈现出某种后现代性(我们所说的"超现代性"),这一事态自然会为社会科学家所关注,因此,出现了对于后现代心理特质(尚未有称"心理后现代性")的探究。

20 世纪 50 年代至 60 年代,学术界掀起了一股研究"社会现代化进程中社会心理变迁"这一主题的热潮。当时,随着人的现代化问题受到广泛关注,"心理现代性"(psychological modernity)则成了显赫一时的研究领域。

心理现代性是一个内涵丰富和意义重大的学术研究领域。实际上,从某种意义上看,它可以涵盖关于社会心理与社会结构及其变迁之间关系的社会科学学科和学术思想,尤其是社会学、社会心理学等学科。正是得益于对社会心理与社会发展之间关系这一重要社会变迁主题所进行的学术探讨和知识积累,才使得自诞生之后没有社会历史感的社会心理学学科中呈现出了时间维度,实质上也就是社会心理学中出现了研究变迁的取向,换言之,它开始关注与社会结构变迁相应的社会心理变迁。

当然,在不同学者的具体工作中,对于社会心理与社会结构及其变迁之间关系的探究并非完全是以"心理现代性"这一专门概念的名义进行的。因此,我们可以划分为广义上的"心理现代性"研究和狭义上的"心理现代性"研究两种类型。

在广义上的"心理现代性"研究中,尤其是进入 20 世纪下半叶以来,有几个重要人物及其工作是特别值得提及的,即里斯曼对于三种导向的社会性格类型及其相应社会类型的探讨;英格哈特对于社会价值观后物质主义转向的大样本长时段分析;吉登斯对于高度现代性境况下自我认同机制变迁的思考。其理论成果扩展了关于社会心理与社会结构及其变迁之间关系的研究领域,增加了对于心理新现代性特质的分析,而且使得人们又感觉到了某种形式上的心理社会学的回归。

进入 20 世纪下半叶以来,虽然社会科学中已经有社会心理学等学科的迅速发展,但是,一些社会理论家对社会心理的探究却没有被任何具体的专业化学科框架所局限,而是从各自社会理论的视野中来关注问题并进行研究,所以,表现出了一种向经典社会理论特征的回归。然而,其与经典社会理论的探究之间所存在的一个重要区别在于:这些探究中运用了很多社会学、心理学和社会心理学的学科化概念。正因如此,我们把它看作是既接近于经典社会理论又吸收了学科化优势的工作,是对社会心理的研究具有独特推动作用的知识形式,是心理社会学在更高层面上以新的形式的回归。

本书以阐述社会现代性与心理现代性之间的关系为起点,概括性地梳理了关于社会心理变迁主题的早先思想源流、直接智识资源、相关研究领域和主要理论流派,然后以四个大部分的版块来展开全部的内容。

第一部分"社会心理变迁的探究进程",具体有三个章节的内容:社会理论对社会心理变迁的关注;社会心理学中心理变迁维度的缺场;现代化研究对社会心理变迁的探究。

第二部分"探寻心理现代性的理论源流",由两章组成——韦伯命题:新教价值观与成就动机;帕森斯:模式变量中的现代价值取向。

第三部分"心理现代性的经典研究",包括的内容有三章——麦克莱兰:成就动机与经济增长;哈根:创新人格与社会变迁,包括附论勒纳关于"过渡人"的构念;英格尔斯:个人现代性与国家现代化。

第四部分"心理现代性与后现代境况遭遇",有三章内容——里斯曼:三种导向社会性格的更替;英格哈特:价值观的后物质主义转向;吉登斯:高度现代性与自我认同。

全书以"心理现代性探究:一项未竟之业"作为"结语"。

心理现代性的探寻之所以是一项未竟之业,原因在于,心理现代性与社会现代性是一种命运共同体,社会现代性有着一种内在驱动、不断更新并且趋向未来的生命力。

当今时代是一个什么样的时代? 对于发达国家而言,进入了这样一个时代——"后现代性"(后现代理论家)、"后工业社会"(贝尔)、"高度现代性"或"晚近现代性"(吉登斯)、"后现代化"(英格哈特)、"自反性现代化"(贝克、吉登斯和拉什)、"第二次现代化"(贝克),等等。

对于发展中国家而言,则是处在一个复合时空的时代——传统、现代和后现代(或高度现代性,或新现代性)的时空成分都共同存在,对这种境况的分析比起对发达国家的时空定位更加复杂得多。

因此,亟须做出探索的是,在一种复合时空状态下,现代的和后现代(或高度现代性,或新现代性)的价值观和人格特质的结合体是如何推动和维系着一个社会不断地实现其发展目标的? 是什么样的机制使得原来被认为是相对立的(所谓"现代的"与所谓"后现代的")价值观和人格特质实现彼此接替,抑或达成了相融共合?

对于这种状况及其引发的问题,社会科学必须做出自己的回答。

绪　论

> 现代主要是一种心理状态——进步的预期、成长的倾向以及使自
> 我适应变迁的准备。
>
> ——丹尼尔·勒纳

　　社会心理与社会结构之间的关系,或者更具体地说,社会心理状态对于社会结构变迁的作用及其表现,自人类社会步入现代时期,尤其是现代社会理论或社会科学产生以来,就一直成为备受现代社会理论家或社会科学家关注的重要主题。处在不同的历史时期或时代精神背景下,一些社会理论家曾经对这一主题进行了探索,并且提供了作为他们研究结果的一些思想遗产。

一、早远的思想源流

　　正如有的社会理论家所指出的,社会理论与现代性之间存在发生学上的共时态内在关联,现代性的历史起点构成了社会理论的逻辑原点,因此,现代社会的发展与现代社会科学的成长之间便呈现出了高度的逻辑与历史的一致。

　　处在现代社会的发生时点上,卡尔·马克思以及经典社会理论大师马克

斯·韦伯、埃米尔·迪尔凯姆等人都十分关注社会心理状态与社会结构变迁之间的关系。大师们非常独到地分别关注了社会意识对于社会存在、社会精神气质对于社会结构变迁、社会道德对于社会整合所具有的重要作用。可以说，他们都对社会心理状态与社会结构变迁之间的关系这一主题做出了自己独到、深刻的探索，并为后来者进一步发展这一研究领域留下了一笔极其丰厚的理论和方法论遗产。

在马克思的早期思想中，有一个非常重要的概念，即"阶级意识"。这一概念在他的整个思想体系里一直占据着比较重要的地位。这一概念涉及社会结构、制度与人的信念、动机、行为之间的理想和现实关系。马克思尤其关注社会结构与个体社会属性之间"相适应"的性质及其后果。他曾经指出，人们在社会经济结构中所占有的地位，导致他们产生出相应的价值观、信念和动机。在马克思看来，阶级意识成为无产阶级从一种"自在阶级"变成一种"自为阶级"或者说作为一个新的社会阶级诞生的重要社会心理标志，从而也成为新的社会阶级改造旧的社会结构的一种重要心理基础和行动动力。

可以说，马克思对现代社会做出分析的时候，既注重社会结构层面的分析，也没有忽视社会心理层面的分析。只不过，从总体上看，在认识论层面上，他更加关注社会结构对社会心理的影响；而在实践论层面上，他则更加关注社会心理对社会行动的影响。

在经典社会理论大师中，韦伯的思想表现出最为明显的对于社会心理层面的关注。具体而言，韦伯的理论带有鲜明的心理社会学特征。他关于宗教在社会变迁进程中的作用的探讨，提出了许多十分重要的心理社会学论题。社会结构、社会地位与人的价值观、信念、动机之间的关系，就是韦伯理论关注较多的主题。在《新教伦理与资本主义精神》这部代表性著作中，韦伯非常强调价值观、信念、动机在社会生活中可能发挥的能动作用，尤其是认为这些主观世界因素可能成为社会结构变迁的主要动因。最能够表现出韦伯理论特征的一点是，他断定，经过改革之后的基督教新教所形成的世俗意识形态，尤其是其中的价值观，是促进西方资本主义产生的一个重要动因。当然，他同样肯定，特定的社会结构以及其中人们的社会地位一经形成，便会反过来塑造人们的价值观、信念和态度。

迪尔凯姆的社会理论体系中同样蕴含着丰富的社会心理研究的内容。他的名著《自杀论》就是一个典型代表,其中提供了一种分析社会结构与人格特质之间关系的独特理论视野。迪尔凯姆提出的"失范"概念,就涉及对于社会事实与个体社会心理之间关系的探讨,由此为说明社会结构与人格特质之间的关系奠定了一种知识学基础。迪尔凯姆的许多工作集中关注社会系统所产生的价值观以及这些价值观在维持社会整合或社会秩序方面所发挥的独特作用。

总的看来,马克思对于阶级意识的分析,韦伯对于宗教社会功能的重视,迪尔凯姆对于失范现象的关注,以及孔德对于心理学学科作用的强调等,都从不同角度推动了社会心理在社会结构及其变迁过程中的作用的认识,从而为从宏观社会结构层面,尤其从社会变迁的维度分析社会心理现象,以及分析社会心理对于社会结构及其变迁的作用,提供了最早先、最重要的社会理论的有关思想渊源,与此同时,也为后来更加学科化地探讨社会心理状态与社会结构变迁之间关系这一重要领域奠定了一定的知识学和方法论基础。

应该强调,在现代社会理论形成的时期,尤其是在社会学创立的时代,社会学的奠基人们大多为了突出社会学的独立学科地位而强调划清它与心理学之间的界线,这一情形则使得社会心理学失去在当时成为一门独立学科而诞生的机会,而对于社会心理的关注主要是以一种心理社会学的形式加以发展的。但是,大师们理论遗产中的有关思想,对于社会心理与社会结构及其变迁之间关系的理解提供了丰富的洞见。

不无遗憾的是,这些理论遗产中的有关思想,在社会心理学作为一门学科诞生之后的学科化社会心理学家那里,并没有得到应有的重视,至多只是被当作心理社会学的内容而加以对待的,而且在以心理学取向作为主流的社会心理学学科的发展进程中,长期没有受到高度关注,更不用说得到进一步的发展。

众所周知,区别于社会理论体系中对于社会心理探究的知识形态而作为一种具体学科形态存在的社会心理学,其诞生的具体时间是在 1908 年。但是,在社会心理学学科化发展进程的最初阶段,其主流体系主要集中于探讨中观层面、特别是微观层面的社会心理内容,或者说,主要是探讨个体层面、人际互动层面或小型群体层面的社会心理现象及其机制,因此,这种主流体系并不关心社会心理与宏观社会结构之间的关系,特别是社会心理与社会结构及其变迁之间的关系。由此导致的结果则表现为,在学科化意义上的社会心理学中,并不存在关注社会心理与社会结构变迁之间关联的研究取向。因此,可以认为,这种学科化的社会心理学成了一种没有社会历史感或者说没有社会变迁意识的社会心理学,换言之,是一种时间维度缺失的社会心理学。

这种局面一直到第二次世界大战结束之后才得以改观。具体而言,进入20世纪中叶,随着现代化理论的兴起,以及发展中国家掀起的现代化热潮中出现了许多涉及社会现代化进程中社会心理变迁的问题,使得一些关注社会心理与社会现代化之间关系的社会学家、社会心理学家、文化学家等,第一次从各自的学科角度开始探讨社会心理与社会现代化或作为更大范畴的社会发展之间的关系,从而形成了许多不同的学科理论和研究视角。而在20世纪50年代至60年代,则掀起了一股研究"社会现代化进程中社会心理变迁"这一主题的热潮。当时,随着人的现代化问题受到广泛关注,"心理现代性"则成了显赫一时的研究领域。

应该说,心理现代性是一个内涵丰富和意义重大的学术研究领域。实际上,从某种意义上看,它可以涵盖现代社会理论中关于社会心理与社会结构及其变迁之间关系的学术思想,尤其是社会学、社会心理学等学科中涉及心理现代化及其各个层面或领域的具体学说,以及现代社会科学各个有关学科中对于社会现代化进程中社会心理变迁测量的方法论和方法、技术等。因此,尽管这一重要的学术研究领域一直没有形成一个正式的,尤其是得到公认的名称,但是,在与这个研究领域有关的知识发展脉络中,实际上存在着一种"发展社会心理学",它是社会心理学与发展理论①相互渗透、相互交叉所促成的一个重要边

---

① 现代化理论只是发展理论这个更大范畴的一个组成部分。作为一个重要的学术领域,现代化研究兴起于20世纪50年代。现代化研究最重要的成果形式就是现代化理论。从一定意义上说,现代化研究是狭义上的发展研究,而发展研究则包括了现代化研究。更进一步地说,发展研究是狭义上的社会变迁研究,因为社会变迁可以划分为积极的社会变迁和消极的社会变迁两种主要类型。积极的社会变迁就是社会发展,其中包括了现代化这一有计划的、积极的社会变迁。

缘学科。可以说,正是得益于学者们对社会心理与社会发展之间关系这一重要社会变迁主题所进行的学术探讨和知识积累,才使得自诞生之后没有社会历史感的社会心理学学科中呈现出了时间维度,实质上也就是在社会心理学中出现了研究面对社会变迁的取向,换言之,它开始关注与社会结构变迁相应的社会心理变迁。

可以说,正是心理现代性这一研究视野的出现,使得社会科学家们在关注社会历史事变的时候能够注意到社会心理因素的独特作用,而在关注社会心理现象及其变迁的时候则能够注意到其所处的社会结构及其变迁的特征。

就"心理现代性"这一概念来说,如果最简要地加以表述,它是指作为现代社会的合格成员所应具备的基本心理素质和品格,具体而言,心理现代性包括了两个基本方面,即在社会成员身上所体现出的现代社会所要求的价值观念和人格特质。

心理现代性作为一个比较正式的学科化研究领域则是出现于 20 世纪 60 年代,不过,这并没有否认它所涉及的内容具有久远的学术思想渊源。

对于与现代社会的产生相伴随的社会心理现象——或作为现代社会的一种动力因素,或作为现代社会的一种实际产物,心理现代性的内容也成为一些经典社会理论大师所共同关注的领域。换言之,心理现代性(尽管对它的探索或命名在早期是以各种不同的具体形式或名称出现的)研究的最早学术思想渊源可以追溯到经典社会理论家对于社会心理及其变迁与社会结构及其变迁之间关系所做出的独特思考。

二、直接的智识资源

对于心理现代性这一研究领域而言,其比较直接的学术思想渊源包括两个主要方面:一是早期经典社会理论家关于社会发展进程中的传统(社会)与现代(社会)两分法的思想;二是作为对于传统与现代两分法思想一种更加具体化的理论形式,即帕森斯的社会理论中所提出的模式变量。前者主要从宏观层面或者说从社会类型学的层面提供了学术智识资源,后者主要从中观层面或者说从价值取向和人格特征上提供了学术智识资源。

"心理现代性"是"现代性"的重要组成部分之一,它与结构现代性、文化现代性一样,共同构成了被称作"现代性"的观念内涵与现实层面,或者说,"现代性"的理想与实践。但是,作为一种主体属性,心理现代性与结构现代性、文化现代性之间的关系呈现出一种辩证关系的性质:一方面,在一定意义和一定取向上,心理现代性受到结构现代性、文化现代性的制约和影响,是对结构现代性、文化现代性的反映;另一方面,在一定意义和一定取向上,心理现代性对结构现代性、文化现代性具有能动作用,心理现代性的力量可以加速或延缓结构现代性、文化现代性的进程。

本迪克斯(R. Bendix)曾经指出,"现代性"概念起源于 18 世纪欧洲革命性的政治经济变革所引发的观念冲击。从此开始,英国工业革命、法国政治革命后所产生的新型社会形态与欧洲固有的社会形态之间便形成了明显的断续现象。这一时期的历史预示了一种"前与后"的社会模式:数个世纪处于潜伏状态的社会在此时感受到了新的思想,并且使自身适应了更高层次的社会组织。而"传统—现代"这种两极划分则表征着一种重要的社会理论遗产,它试图去理解一种独特的历史转型的原因,同时也审视其潜在的后果,并且阻止了世界上其他地区也产生类似发展情形的可能。这两个具有高度概括性的范畴,把"民俗—农村"通往"都市—工业"阶段视为个人主观价值取向的变化、以及社会关系结构的变化。也就是说,"传统—现代"的两分法,不仅可以用于在结构层面上表述从农业到工业、从农村到都市等领域的变迁,也可以用于在主观层面上表述价值观念、人格特质等领域的变迁。①

"传统—现代"这种两分法的最明确来源,在于经典社会理论文献中关于社会变迁主题的思想。一些极其重要的经典社会理论家在自己的思想中都或多或少、或隐或显地提出了关于社会发展趋势的"理想型的两极"。最典型的代表

---

①Reinhard Bendix, "Tradition and Modernity Reconsidered." *Comparative Studies in Society and History* 9（April,1967）:292—346.

人物及其观点有:马克思提出从"封建—农业"到"都市—工业",滕尼斯提出从"社区"到"社会",迪尔凯姆提出从"机械团结"到"有机团结",斯宾塞提出从"未分化的同质"到"分化的异质",等等。

当诞生于欧洲的社会学传播到美国之后,这种两分法的思想同样渗透到并体现在美国社会学理论的发展进程中,较具代表性的有:雷德菲尔德提出了从"民俗"到"都市",林顿提出了从"先赋"到"成就",帕森斯提出了五对具有对应特征的模式变量,即"情感涉入—情感中立""集体取向—自我取向""特殊主义—普遍主义""先赋—自致""扩散性—专一性"。

需要特别指出的是,帕森斯的社会理论对心理现代性这一重要研究领域的具体形成和发展,提供了非常直接的学术智识动力。在帕森斯社会理论体系中,模式变量是一个对于探讨社会心理与社会结构及其变迁之间关系具有举足轻重地位的范畴。在模式变量中,包括了一个非常重要的内容,即从传统价值取向到现代价值取向的对应性划分。更具有扩展意义的是,这两种价值取向类型是判断社会结构、人格系统和行动定势的一种重要尺度。换言之,价值取向的意义是综合性的,不仅用于判断社会文化,还用于判断社会结构、人格系统和行动定势等多个层面。对于理解帕森斯的模式变量来说,一个基本前提就是要理解他的行动理论和意志学说。在其早期理论中,帕森斯将社会的运行主要理解为社会行动,而行动者本身则存在选择意志。因此,他所提出的模式变量旨在说明,行动者进行选择时所面临的包含着价值内涵的选择取向。总之,在帕森斯的社会理论视野中,要从人们社会行动的角度来理解社会运行,就必须首先理解影响人们社会行动的价值内涵及其选择取向。

作为一种具有巨大影响力的社会理论遗产,帕森斯的模式变量学说实际上产生了这样的作用:它成为从社会、文化、心理多个层面上分辨传统取向与现代取向并且说明从传统取向到现代取向变迁的一种指标体系。而其中,也包括了对于心理传统性与心理现代性的比较详细的阐述。

可以说,在这些学术思想渊源中,对于社会变迁中传统与现代这两种维度的划分无疑导致了对应的社会心理变迁中相关联的两种维度的划分。本书所说的社会变迁的心理维度,也就是指与社会结构变迁维度相对应的社会心理变迁维度。当然,从整个世界范围内社会历史进程的角度看,由于社会变迁情形的日趋复杂,社会变迁维度的增多也必然会呈现出与之相关的社会心理变迁维度的增多。

三、相关的研究领域

在追溯心理现代性的知识学和方法论来源时,似乎不能不提到与心理现代性的探究关系最为密切的一些学科或研究领域,尤其是社会心理学与心理社会学之间的关系,以及心理现代性研究在这些学科中的地位。此外,还有心理现代性研究与价值观研究、人格心理学之间的关系问题等。

在这里,不仅会涉及探究心理现代性这一主题的学科使命的合法性问题,而且还会涉及如何继承和发展经典社会理论家所留下的诸多思想遗产的问题。

自社会心理学作为一门学科诞生以来,关于什么是社会心理学,学术界已经有过诸多界说以及论争,但是,可以说,至今尚未有一种定义是得到普遍公认的。而关于什么是心理社会学,情况就更加复杂一些,因为很少有学者对其下过精确的定义,而与之相应的是,有关的论争则更多。

由于社会心理学与心理社会学这两个学科(如果心理社会学也可以暂且称为一个学科的话)之间在很大程度上是一个同体异面之物,因此,很难对两者做出全面的、严格的区分性说明,在这里我们只能从研究取向角度来对它们进行一种简要的区分。

如果最简要地表述的话,社会心理学更倾向于研究社会环境或社会情境对于社会成员个人、小群体的社会心理或社会行为所产生的影响。而心理社会学更倾向于研究社会群体、尤其是大群体的社会心理(价值观念、社会情感、行动倾向等)及其对于社会过程所产生的影响。换言之,社会心理学似乎更强调社会对心理的影响这一维度,而心理社会学似乎更强调心理对于社会的影响这一维度。因此,经典社会理论家们关于社会心理与社会结构及其变迁的学说常常被划入心理社会学的范畴。

颇具代表性的是,豪斯(J. S. House)在 20 世纪 70 年代末论及社会心理学的发展时,曾经把社会心理学的发展状况划分为三个面相:除了心理学取向的社会心理学、社会学取向的社会心理学这两个面相之外,还有一个面相,即所谓的心理社会学,或者称为社会结构与人格研究领域。在他看来,心理社会学或者称社会结构与人格研究这样一种将宏观社会结构(组织、职业、阶级、宗教、社区等)、社会过程(如都市化、工业化、社会流动)与个人心理特征和行为相关联的探索,无论在理论上还是在成果上都是十分丰富的,例如,许多社会学家就曾研究了社会阶级与个人心理、都市化与心理压力及其适应、社会流动与变迁诉求、宗教伦理与社会发展等方面的问题。①

作为一种学科层面上(而不是作为一种社会理论层面上的)心理社会学,与社会心理学的主流体系、尤其是与心理学取向的社会心理学之间的一个重要区别就表现在:心理社会学在研究取向上表现出符号互动论所强调的对于现实世界进行了解的旨趣,但是,它也更加重视宏观社会结构方面的概念和量化的经验研究方法。虽然这一特征与心理学取向的社会心理学强调研究的"科学性"具有一定的相似之处,然而,由于心理社会学涉及的课题与宏观社会结构和社会现实情况的联系比较紧密,基本上不可能用实验方法进行研究,因而也就比较倾向于采用非实验性的抽样调查研究方法,这一点又与以实验法为主要方法特征的心理学取向的社会心理学的研究方式之间表现出差别。

应该看到,由于既没有像符号互动论一样具有鲜明的理论立场和特定的学派标签,也没有像心理学取向的社会心理学一样获得公认的学科名称和研究范围,因此,心理社会学的研究在学科认同和学科建制上一直没有形成清晰、定形的框架和体系。虽然有人用"心理社会学"或"社会结构与人格研究"来表述这一研究领域,但是,迄今为止,心理社会学似乎还不是共识程度很高的一个学科(或学科分支)名称。由此可以说,心理社会学这一研究领域的确存在着学科认同危机,尤其表现在——另一个方面,它很难与社会学本身非常清晰地区别开

---

① [美]詹姆斯·S. 豪斯:《社会结构和人格》,载[美]莫里斯·罗森堡、拉尔夫·H. 特纳主编:《社会学观点的社会心理学手册》,孙非等译,南开大学出版社 1992 年版,第 541 页。

来。当社会学家研究某一特定社会现象时,可能会同时考虑到社会结构与社会心理这两个方面,特别是这两个方面之间的相互作用和相互影响,在这种情况下,就不能说这种研究只是一种社会学性质的工作,而不是一种表现了心理社会学特征的探索。

还必须看到,尽管心理社会学是一个在建制上还不很成熟的研究领域或学科雏形,但是,它对于社会心理学的发展所做出的重要贡献却是不可忽视的,具体而言,心理社会学对于社会心理与社会结构及其变迁之间关系研究的最突出贡献就表现在:促进和开启了社会心理学研究中的时间维度,尤其是关注社会结构变迁中社会心理的变迁特别是社会心理类型的演替,或者说,是将社会心理变迁置于社会结构变迁进程中来加以考察。

因此,进入 1950 年以后,一些社会学家在从事研究时往往倾向于采取心理社会学的研究方式。不少学者曾试图把社会结构与人格之间的关系确立为一个重要的研究课题。其结果是,在一些年份里研究者们涉及越来越多的心理社会学的研究主题,例如,科恩(Kohn)研究了社会阶级因素对于自我形象、人格、价值观形成的影响;英格尔斯、阿默(Armer)和斯奈伯格(Schnaiberg)探讨了个人现代性与社会现代化之间的关系;费舍尔(Fischer)考察了都市居住经验对于个体人格和行为的影响;希韦尔(Sewell)分析了地位获得过程中动机和抱负的效应;默顿(Merton)探究了人格与组织角色的表现;希尔斯(Sears)研究了政治过程中心理因素的作用;等等。

如果就心理社会学试图将宏观社会结构与微观社会心理过程加以有机地结合这种目标来说,它的确可以成为促进社会心理学进一步发展的一个重要突破口。

心理现代性的探寻,与文化学的价值观研究,与人格心理学中的理想人格研究,与跨文化心理学和文化人类学领域中的国民性比较研究等,也都有着非常密切的关联。

关于价值观的研究涉及几个不同的学科领域,从中可以看到学者对于"传统性"与"现代性"这两个维度的关注。实际上,当人们把价值观研究纳入社会变迁和心理变迁的视野之中时,价值观研究与社会现代性和心理现代性研究之间便产生许多重合之处。具体而言,心理现代性研究从价值观研究领域吸取了特定的学术滋养,深化了自己的研究内涵,以至于有人把心理传统性和心理现代性的研究直接等同于传统价值观和现代价值观的研究。从这里可以看到,价值观研究对于心理现代性探寻具有非同寻常的意义。

价值观研究的重点在于人类行为的深层心理结构,按照罗基奇(M. Rokeach)的看法,价值观被定义为社会成员对于什么是"值得的"这一判断所形成的一个合理而持久的系统信念,[①]价值观是社会成员共享的一种社会文化符号。从这种视角出发,一些研究者开展了大量的比较研究。这些工作一般集中在两个方面:一是,比较同一类型文化中处于不同历史阶段上的人们的价值观;二是,比较不同类型文化中处于同一历史阶段上的人们的价值观。前一种研究以时间维度作为重点,即纵贯性研究或历时态研究;后一种研究则以空间维度作为重点,即横剖性研究或共时态研究。而心理现代性研究却是以现代性作为最高主题,将时间维度与空间维度联结起来作为背景,探讨社会心理的变迁。在这里,时间维度乃以现代性与传统性作为两个主要向度,而空间维度则是以西方社会和非西方社会作为两个主要向度。

在心理现代性研究的视角之下,价值观研究被赋予了新的意义,实际上是被作为社会心理的核心内涵。传统性的价值观和现代性的价值观分别处在现代化进程的不同水平之点上。换言之,不同程度的价值观便具有了一种对社会心理发展水平的标识功能。

心理现代性研究与人格心理学之间也具有一种特殊的关联。在美国心理学界,迄今仍把人格与社会心理学放在心理学的一个分支里。一般说来,可以做出如下区分:人格心理学乃是研究人格特质形成和发展的规律,涉及本性与教化之间的关系,注重比较稳定的心理特质的作用。而社会心理学则主要研究直接的社会情境对于人的心理和行为的影响以及人对于这种社会情境所做出的反应,它更注重直接的社会情境对于人的心理的作用。

在研究现代化进程中的人格变迁方面,法兰克福学派的一些理论家在20

[①]　M. Rokeach, *The Nature of Human Values*. NY: Free Press,1973.

世纪 50 年代对于现代工业社会中的社会性格问题进行了独特的分析,其代表人物和著作主要有:阿多诺等的《权威人格》(1950 年)、弗洛姆的《健全的社会》(1955 年)等。在 20 世纪 60 年代的美国,布劳耐尔(Blauner)(1964 年)和伊奇昂尼(Etzioni)(1968 年)等学者从马克思的异化理论视野出发对于西方世界现代化进程中所出现的问题在社会心理上的反映进行了深入探讨。

四、主要的理论流派

进入 20 世纪 50 年代以后,社会心理学、社会学、文化人类学等学科不断扩展,加深了对于心理现代性的探寻。对于这一研究主题而言,不仅产生了一些著名的学者和有关的理论,而且形成了一些重要的研究领域。这些情况可以总结为以下一些主要方面:麦克莱兰(David McClelland)基于他的研究结果指出,社会成员的成就动机是影响一个国家在发展进程中呈现上升或是衰落的重要因素,它在一定程度上决定着一个国家的经济增长和技术发展。在考察社会变迁进程中重要因素的作用时,哈根(Everett E. Hagen)把社会心理状况看作是社会变迁的前提条件,他在对权威人格和创新人格进行研究之后,高度强调创新人格对于社会变迁具有关键性的作用。勒纳(Daniel Lerner)在研究传统社会的消失时,强调人的现代化过程或者说从"传统人"向"现代人"的转变过程中,"过渡人"的移情能力(empathy)具有独特而重要的作用。里斯曼(David Riesman)以工业社会尤其是美国社会的特殊历史背景为基点,通过运用他所建构的三种社会性格类型作为分析工具,探讨了社会性格变迁与社会结构变迁之间的关系及其在具体的社会历史进程中的呈现。而在英格尔斯(Alex Inkeles)看来,在社会变迁过程中,个人心理结构的变化对于经济增长和社会现代化而言,具有重要的保证意义。从基于结构功能主义的趋同论出发,他认为,个人现代性的形成,在不同的社会和文化背景中都会呈现相似的情形。在世界价值观调查(World Values Surveys)结果的基础上,英格哈特(Ronald Inglehart)把1970 年以来发达国家发生的变化称为后现代化,把发展中国家发生的变化称为现代化。他指出，后现代化在价值观上的一个根本特征就是从重视经济增长的物质主义朝着重视生活质量的后物质主义的转向，而这一切都最为明显地在社会心理中得到反映。吉登斯（Anthony Giddens）从他所建构的现代性社会理论出发，对于晚近现代性条件下自我认同的困境进行了深刻分析，从这一独特的社会心理变迁领域再现了晚近现代性的问题。与其一贯的思想风格相一致，吉登斯积极探索了超越自我认同诸种困境的社会策略和政治策略。

这种对心理现代性的探寻，是从多个学科或理论视角展开的，主要包括："人格"角度的探讨，以哈根为代表；"社会性格"角度的探讨，以里斯曼为主要代表；"国民性格"角度的探讨，以本尼迪克特（Ruth Benedict）为主要代表；"个人现代性"角度的探讨，以英格尔斯为主要代表；"价值观念"角度的探讨，以英格哈特为主要代表；"自我认同"角度的探讨，以吉登斯为主要代表。

其中，"人格""社会性格""国民性格"的分析视角逐渐淡出了，而"个人现代性"的视角则因包含了态度、价值观和行为取向的成分而为一些后来研究者所追随和继承。但是，最经久不衰的分析视角似乎是"价值观"的研究，它甚至还成为一些国家或地区的制度化的研究项目，其优势在于：价值观的研究可用于多重时间维度的测量或不同时间维度之间的比较分析。"自我认同"的视角虽然也有其学术渊源，但吉登斯所做出的分析太独特，使得一时还没有合格的继承者。

这种关于心理现代性（其核心是关于现代社会发展进程中社会心理与社会结构及其变迁之间关系）的研究，从具体的学科角度，可以划分出三种主要的学科取向；从社会心理主体的角度，可以划分出三种主要的理论模式；从理论内容涉及的时间维度，可以划分出从两阶段理论到三阶段理论。这一切都丰富了对于不同时间维度和空间维度上、尤其是对于不同时间与空间坐标上的社会心理状态及其特征的认识。

五、未竟的一项事业

心理现代性的探寻开启了社会心理学研究中的时间之维,使社会心理学具有了社会历史意识,使社会心理研究呈现出了反映社会变迁的特征,而且使得关于社会心理变迁的研究与关于社会结构变迁的研究紧密结合起来,从而可以从社会结构的特征来判断社会心理的特质,以及从社会心理状态及其变迁的趋势来预测社会结构状态及其变迁的趋势。

但是,心理现代性的研究也招致了许多批评。最主要的批评是指责这一研究中所潜在的西方中心主义色彩。更呈现重要意义的是,当心理现代性的探寻还面临许多课题有待深究的时候,作为心理现代性及其研究起源地的西方社会已经进入了一个后工业化时代,而后现代思潮的出现,对于社会现代性和心理现代性及其研究都提出了严峻的挑战。在这种背景下,心理现代性的探寻是否已经变得过时?

20世纪80年代以来,西方社会科学领域的一场重头戏无疑就是后现代论争,即关于现代性命运问题的大论战。"后现代"概念发端于文学艺术领域,后来(就其主要的智识动力而言)在一些哲学思想的影响下逐渐形成一种后现代(主义)思潮,其中尼采、海德格尔哲学以及后结构主义哲学起了最直接的推波助澜的作用。后现代主义崛起于20世纪70年代,并在80年代达到了鼎盛状态,它的影响从最初的文艺、哲学领域日益向人文社会科学的其他领域渗透,对于社会学和社会心理学也不例外。

由于后现代主义的一个重要特征就是力图打破既有学科之间的界线而倡导一种新的超学科话语(supra-disciplinary discourse),并且开拓出了一些新的研究题域,因此,人们很难再以传统的学科分界标准来严格划分或判断后现代主义对于原学科领域所带来的影响范围,比如说,用原社会学学科基本框架来廓清后现代理论中哪些方面属于社会学而非其他学科的内容,或者哪些方面属于其他学科而非社会学的内容,由此可能引发的一个后果是,原有某个学科的疆域似乎在扩大的同时又缩小了,或者在缩小的同时又扩大了。也许这正体现了华勒斯坦等人所谓的"开放社会科学"的实质。①

如果从社会哲学、社会理论和学科理论三者之间的关系来说,鉴于后现代主义长于哲学、文化层面的研究而疏于结构或制度层面的分析这种特征,似乎可以这样认为:它对社会研究的影响更多的是促进了一种较接近社会哲学的社会理论,而不是接近于严格意义上的社会科学学科的理论。

后现代主义所带来的社会科学界的反应是不同的。就社会科学中的后现代论争而言,实际上包括了以下四个方面人物的思想及其立场:一是竭力主张后现代性的人,如鲍德里亚等;二是徘徊于现代性与后现代性之间的人,如鲍曼;三是激烈反对后现代性而坚决捍卫现代性的人,如哈贝马斯;四是反对后现代性而主张一种新型现代性的人,如吉登斯、贝克。

鲍德里亚的社会理论带有激进迈向后现代的特征。在他看来,社会学只能描绘社会性的扩展及其变化。它的存在取决于积极、确定的社会性假设。以后现代境况的出现为表征的现代事物的失序、各种界限的崩溃以及整个社会的内爆,导致了"社会性的终结",因而社会学也就成了无用之物。

鲍曼是现代性的批判者和后现代性的预言家。他认为,当人们不再相信现代意识形态制造的宏大叙事之后,并且经过重建现代性的转折,后现代性这一社会状况就出现了,它已经登上现代性的舞台并逐渐成了主角。在后现代这个无根的陌生世界中,原有的权威和规则都已失效,为新问题提供答案的责任落在当下人们的身上。鲍曼在后期理论中试图超越后现代性的一种努力就表现在,提出了"流动现代性"的视角。

被誉为20世纪最后一位理性主义者的哈贝马斯,直面后现代主义大潮对现代性和现代思想的挑战,以大无畏的气慨同后现代主义的一些代表性人物进行了论战,以捍卫启蒙精神和现代性理想。哈贝马斯一心力挽狂澜,主张"现代性是一项未竟的事业",启蒙理性之光尚有潜能亟待开发。现代性内在地具有一种朝向未来的本质特征。在他看来,现代性或韦伯所说的理性化自启蒙设定

---

① [美] 华勒斯坦等:《开放社会科学》,刘锋译,生活·读书·新知三联书店1997年版。

方案以来,在实践中一再出现偏差,其根本原因在于未能按照科学、道德、艺术各自不同的范式去发展合理的理性化制度。所以,解决现代性问题的出路不是彻底否定理性化,而是应该重建新的理性。

吉登斯认为,当今时代仍处在现代性的范畴之内,然而,却是一种与理想型的现代性或更确切地说早期现代性颇有差异的高度现代性(high modernity)或晚近现代性(late modernity)①状态。同时,他指出,由于现代性极端化带来的诸种高后果风险已使关于"进步"的宏大叙事落空,解决现代性问题的途径已非导致这些问题的规则与资源所能提供,一些可能超越现代性限制的新的社会型构正或多或少地以背离现代性原有基础的方式萌生,因此,吉登斯把作为未来发展一种可能图景的后现代体系称为具有浓厚现实主义成分的乌托邦。然而,这种社会型构不是后现代性,而是现代性具有未来取向特质的一种表现。

在贝克看来,人类发展并不意味着第一次现代化进行到20世纪70年代之后,就进入了第二次现代化。他认为,第一次现代化进程所形成的基础都已丧失,于是,人们便生活在一个全新的时代里。因此,对于第二次现代化的认识,有待于全新的理论化,即需要社会学转换范式才能达成。对此,贝克发展了自反性现代化(reflexive modernization)理论。他指出,简单现代化或正统现代化意味着由工业社会形态对传统社会形态首先进行抽离、接着进行重新嵌合,而自反性现代化则意味着由另一种现代性对工业社会形态首先进行抽离、接着进行重新嵌合。

不论是后现代性的反对者还是拥护者,应该说,他们的思想实际上都从不同的角度丰富了对于现代性和社会理论的认识,尤其是促进了现代性病理学的发展。而在社会理论中越来越成为共识的是,将所谓的后现代化看作现代化的一个特殊阶段,其中一个突出的事例则是,试图超越现代性与后现代性的无休止论争,吉登斯、贝克和拉什(S. Lash)致力于发展以区别于简单现代化或传统现代化的自反性现代化理论范式,其实质在于发展重建现代性的方案。

后现代主义从正式登场之日起就掀起了一阵20世纪晚期世界范围学术思

①学术界一般译为"晚期现代性",在笔者看来,译为"新近现代性",更符合吉登斯的本意。

想领域的巨大波澜,尤其是引发了一场有多位世界一流思想家卷入其中的大论战。随着时间的推移,后现代主义的一些知识成分正在向许多学科领域渗透,对这种症候的细心解读也许会让人们觉得,将后现代主义视为一种思想泡沫或者转瞬即逝的话语旋风的看法未免过于轻率。人们固然可以不同意后现代主义的某些立场和观点,却不能忽视它的问题意识以及它表达问题意识的一些不乏创见的方法。更何况一些后现代主义代表人物的思想中也内含建设性的向度,如晚近时期兴起的建构性后现代主义派别就鲜明地表现了这种特质。后现代理论的一个重要特征,是对高度现代性或晚近现代性中的问题做出了敏锐反应,因此,后现代社会理论以及整个后现代理论的研究,不论是对于社会科学的发展,还是对于现代化事业的进展,都将是大有裨益的。

目光深邃的社会科学家看到,后现代论争并非一种时尚,它对社会科学所产生的具体影响正或早或迟、或隐或显地呈现出来,主要表现在:一,后现代理论对现代性的批判,引起了社会科学家对于人类社会未来发展进程的一些维度进行重新思考和定向;二,后现代理论对社会科学传统的批判,引起了社会科学家重新审视和建构一些最基本的理论预设。这一切都可能使得后现代理论的一些概念和范畴被吸收到社会科学主流体系当中。值得注意的是,后现代论争所提出的问题似乎使社会科学的具体学科如社会学又出现了重返社会理论甚至社会哲学的趋势。

现代社会科学自诞生以来发展至今,经历了几个重要的时代,从作为其表征的知识形态及其特质的变化来看,既是持续回应社会变迁的结果,也是学科发展逻辑的结果。就其主题而言,社会科学诞生以后的发展进程,实质上一直在试图回答一个根本性的问题:什么是现代性? 如果略加细分,可以说,整个社会科学演进历程中体现着这样三个重大主题:一是对现代性及其发展方案的构想;二是基于社会变迁结果对现代性的反思;三是对社会科学传统的反思、批判与重建。在某种意义上可以说,现代性与社会科学是一种"异面同体"之物,从一个方面看,现代性是社会科学的社会形态,从另一方面看,社会科学则是现代性的知识表征。社会科学发展进程第一个时代的杰出学人属于社会理论家;到了第二个时代则出现了学科意义上的社会科学学科专家;到了第三个时代,又出现了重返社会理论的某种趋势,产生了一批重要的社会理论家。尤其是晚近时期出现的后现代论争提出了一些与第一个时代相似的问题,即什么是社会?什么是现代性?以及什么是社会科学?而要对这一类问题做出可能的回答,必须诉诸社会理论和社会哲学层面的探索。换言之,对于社会科学元理论的研究又重新提上了议事日程。

基于上述认识,我们可以认为,正如社会现代性的发展及其探究是一项未竟的事业,按照同一逻辑,心理现代性的发展及其探究也是一项未竟的事业。心理现代性的探寻这一项未竟事业的学术价值和实践效用,在中国现代化进程中社会心理变迁的研究上尤其突出地表现出来。

中国的现代化属于一种"晚发外生型"的现代化,当中国社会发展的主流方向从传统社会向现代社会转型之时,已经完成了现代化目标的发达西方社会却构成了影响中国社会发展的环境因素,因此,中国社会比以往任何时期的具体人类社会都更加明显地同时受到三种时间维度的影响,这种时间维度在实质上可以从多个层面的具体内容表现出来:在经济层面上,农业经济成分、工业经济成分、知识经济成分共存;在文化层面上,传统文化、现代文化、后现代文化共存;在心理层面上,传统价值观和人格特质、现代价值观和人格特质、后现代价值观和人格特质共存。因此,尽管中国现代化进程中社会心理变迁的总体方向仍是心理现代性,但是,对于当下中国社会的心理现代性的研究而言,所需要构建的研究分析模式,将会比以往任何时期学者们所提出的研究分析模式更加复杂。

可以把探讨中国的社会心理及其变迁与社会结构及其变迁关系的研究分析模式,或者说,探讨中国现代化进程中社会心理变迁的研究分析模式,称为多元时空或复合时空分析模式。它之所以属于多元时空或复合时空分析模式,是因为作为被分析者的社会心理主体以及作为分析者的研究者,都同时处在三种时间维度构成的空间之中,换言之,在当下特定时间之点上置身于三种时间维度(传统、现代与后现代)共存的一个空间当中。

这种研究分析模式的第一个功能是,可以从理论上构建出价值观的不同类型;这种研究分析模式的第二个功能是,根据价值观的不同类型,划分出与之对应的社会发展类型；这种研究分析模式的第三个功能是，对价值观进行描述、解释和预测。以往的研究分析模式的主要功能表现为，从主要价值观的变迁趋势来预测社会变迁的主要趋势。而多元时空或复合时空研究分析模式的主要功能则表现为，从一种价值观占主导以及其他价值观共同存在的具体状况，来解释社会现状以及预测其变迁的复杂性。

随着社会发展理论研究的新进展，在社会发展的评价指标体系中，经济、社会指标占据绝对重要地位的状况正在改变，而文化和心理指标将扮演更加重要的角色。从价值观类型来分析社会变迁程度或所达到的发展程度应该成为一种重要趋势。正像从经济发展水平可以将各国在一个统一坐标系上加以定位一样，通过价值观状况的测量也可以将各国在一个统一坐标系上加以定位。

更具有重要意义的是，这种研究分析模式将有益于分析贝克所谓的自反性现代化而非理想型现代化的情形。因此，把作为一项未竟事业的社会现代性与心理现代性的研究诉诸多元时空或复合时空视野的研究分析模式，便成为一项具有巨大理论抱负和冒险精神的事业。

第一部分
社会心理变迁的探索进程

第一章　社会理论对社会心理变迁的关注

　　探求命运根源本身即是那种命运的一部分，情节开始时出现的问题在情节尾声时仍然被提出来，因为这就是它的结局。

——让-弗朗索瓦·利奥塔

第一节　现代性的兴起与社会理论的产生

　　以笛卡儿所发端的理性主义哲学为基础，并经由启蒙运动正式确立理想或目标的现代性事业，是一种（至少在马克斯·韦伯的眼中）由社会精神气质（或者说，特定的时代精神）作为一种重要动力源所引发的社会变迁运动，其实质表现为一种与传统性相分别的深刻社会转型。现代性以欧洲为发源地，在后来的两个多世纪中已经表现为一种在世界范围内广泛扩展的普遍性潮流。①在当今

---

①在这里我们应该加以区分的是，现代性的全球化趋势并不等于说西方现代性模式在任何文化背景下具有无限制的普适性。每一个国家现代性的具体发展道路遵循着普遍主义与特殊主义、全球化与本土化的深刻辩证法。

时代,似乎还没有哪一个国家和民族能够抗拒现代性在本土上的发生或植入,因此,可以说,现代性已经成为一种不可规避的时代和历史命运。

一、人类历史进程的曙光:现代性的兴起

"现代性"(modernity)这一概念是结构功能学派的社会学家在研究现代化时提出的,用以理解和说明与传统性相对的现代社会的性质与特征。传统性是前现代社会的特质,正如现代性是现代社会的特质一样。

在社会理论视野中,现代性是以 17 世纪笛卡儿理性主义哲学、认识论为基础,并在 18 世纪启蒙运动中进一步确立的社会发展观所引发的人类实践进程及其结果。这种被称为"启蒙方案"的现代性的理想目标的核心宣称是:以理性为基础,追求知识的标准化,达成普遍真理,实现社会进步和人的解放。因此,现代性的发生使人类进入了一个崭新的历史阶段。

以历史阶段来表述现代性,更主要是一种历史学家的视角,社会理论在把握现代性方面则表现出多样性的视点,尤其是那些从"现代性"①概念来分析现代性的社会理论家。尽管韦伯对现代性的把握,是诉诸精神层面与物质层面的结合上来加以进行的,具体表现在他将作为现代社会主要形式的资本主义理解为资本主义精神和资本主义实践。但是,晚近的社会理论中却表现出一种仅着重从某一层面来理解现代性的倾向。其中突出地表现为两种情形。

第一种情形是将现代性理解为一种社会精神状态。福柯无疑是这种观点的代表人物。他指出:

> 我知道人们经常把现代性说成一个时代,或至少是标志一个时代的一系列特性。就现代性的编年定位而言,在它之前,是一个多少有些幼稚或古旧的前现代性;在它之后,则是某种莫测高深、令人挠头的后现代性。……我不明白,为什么我们不能把现代性更多地看作是一种态度,而

---

① 尽管现代性的追寻是一种已经出现了两个多世纪的社会转型现象,但用"现代性"这一概念来指称这一现象则是 20 世纪中叶才出现的事。而"现代性"在社会理论中又一次成为"显学",在很大程度上可以说是由于"后现代性"概念及其后现代理论的风靡所导致的一种积极回应。参见 Zygmunt Bauman, "Is There A Postmodern Sociology?" *Theory, Culture & Society*,5(2—3)(1988):217—237。

不是一段历史时间。所谓"态度"，我指的是一种与当代现实发生关联的模式，一种由某些人做出的自愿选择，总之，是一种思考、感觉乃至行为举止的方式，它处处体现出某种归属关系，并将自身表现为一项任务。无疑，它有点像是希腊人所说的"ethos"（社会精神气质）。因此我认为，对我们来说，更有启示意义的不是致力于将现代与前现代或后现代区分开来，而是努力探明现代性的态度如何自其形成伊始就发现自己处在与各种"反现代性"态度的争战之中。①

福柯以波德莱尔为例，阐述了这种作为现代性的态度，因为"他对现代性的自觉意识是 19 世纪最为敏锐的意识之一"。②在福柯的分析中，现代性这种态度首先是对时间的非连续性的自觉意识，表明一种与传统的断裂，一种面对不断逝去的时刻的新颖感、晕眩感。现代性不同于对时间进程产生怀疑的时尚，作为一种态度，它不是一种敏感于现在的转瞬即逝的现象，而是要将现在英雄化的意志，即存在某种永恒的东西，它不在现在之外，也不在现在之后，而是在现在之中。然而，这种英雄化又是反讽的，现代性的态度不会因为维持现在或使之永久化而将其上升到神圣的位置上。在它看来，"现在"的丰富价值与这样一种认识相关：把"现在"想象成与其自身不同的东西，并通过把握其自身的状态来加以改变。此外，现代性不仅仅是与现在的关系形式，还是一种必须与自身发生关系的形式。现代性审慎从容的态度维系着一种不可离弃的苦行主义。作为现代人，不应去发掘自己，发掘自身的秘密和隐藏着的真实，而是应该去努力创造自己。这种现代性并不是要在人本身的存在之中解放他自己，而是迫使其面对塑造他自己的任务。最后这种对现在反讽式的英雄化，这种改变现实面貌的自由游戏，这种苦行式地对自我的精心塑造却不在社会自身或国家政体中占有什么位置，而只能在另一个不同的领域中得以创生。波德莱尔把这个领域

①［法］福柯：《什么是启蒙？》，李康译，《国外社会学》1997 年第 6 期。
②［法］福柯：《什么是启蒙？》，李康译，《国外社会学》1997 年第 6 期。

称为艺术。① 可以说,福柯以波德莱尔为例而理解为一种态度的现代性,并不是指社会的现代性,而是指一种艺术现代性或审美现代性。其中就带有心理现代性的某种意蕴。

第二种情形是将现代性理解为一种社会制度或组织模式,吉登斯可谓这种视角的突出代表人物。在他看来:

> "现代性"是指大约 17 世纪发端于欧洲、随后其影响或多或少地波及整个世界范围的社会生活模式或组织模式。②

> "现代性"这个术语,它首先意指在后封建的欧洲所建立而在 20 世纪日益成为具有世界历史性影响的行为制度与模式。"现代性"大致地等同于"工业化的世界",只要我们认识到工业主义并非仅仅是在其制度维度上。③

这是吉登斯以概略的方式对现代性所做出的界定。他对现代性的理解,从其主要采取的制度分析④的研究进路上也能充分地体现出来。在吉登斯对现代性的具体探讨中,现代性的发生被看作是由资本主义、监控、民族—国家对暴力工具的垄断、工业主义这四种具体制度所构成的制度丛共同推动的结果,而现代性的扩张即现代性的全球化以及现代性的极端化都是沿着这四种制度维度展开的。因此,吉登斯所理解的现代性更主要的是制度现代性或社会现代性,而不同于福柯所理解的审美现代性。

由于思想家们理论视野的不同、关注重点的不同而产生的对现代性的多重理解,使得迄今为止在社会理论中对于现代性主题的探索仍然难以达成较为一致的认识。此外,还存在一个重要问题:即便是同一个社会理论家在对现代性

---

① [法]福柯:《什么是启蒙?》,李康译,《国外社会学》1997 年第 6 期。
② A. Giddens, *The Consequences of Modernity*. Stanford: Standford University Press. 1990, p. 1.
③ [英]吉登斯:《现代性与自我认同》,赵旭东、方文译,生活·读书·新知三联书店 1998 年版,第 16 页。
④ 但同时不容忽视的是,在吉登斯所做的制度分析中,也带有深厚的哲学认识论和文化内涵的探讨。

的"历史事象"进行研究时多采取制度分析的途径,而在对现代性命运的论争中则更多地倾向于哲学认识论和文化分析。例如,尽管福柯将现代性理解为一种态度,但他对于监控现象的社会历史考察无疑成为一种独特的基于制度层面分析的现代性发生学视野;哈贝马斯对公共领域兴衰、生活世界与系统之间关系的分析是结构性研究,但他对后现代性的抗拒以及为现代性的辩护则主要诉诸哲学认识论和文化研究。

总体而论,现代性包括以下几个方面的规定性:现代性是由人类哲学思想、认识论、社会精神领域中的重大革命所引发的一次根本性的社会转型,这种社会转型是由一系列呈现为社会制度形式的动力机制加以推动和保证的;现代性最早起源于 17 世纪的欧洲,并随后表现为一种在世界范围逐渐扩展其势力的过程。现代性的发生和演进过程从社会实质上看也就是社会生活中理性化开始和强化的过程,这种理性化具体表现在政治实用化、经济市场化、文化世俗化、社会法制化等方面。正因为如此,我们把理性化的社会看作是现代性的一种具体的社会型构。

二、现代性的知识表征:社会理论的产生

一些重要的社会理论家指出,社会理论与现代性之间存在发生学上的共时态内在关联,现代性的历史起点构成了社会理论的逻辑原点。因此,现代性的发生与社会科学的产生之间呈现出高度的逻辑与历史的一致。

从一定意义上说,社会理论是具体时空条件的综合产物。从时间维度上看,社会理论是特定时代精神和历史条件的结晶;从空间维度上看,社会理论是特定地理区域和具体社会形态的自我意识。

作为社会理论的一个具体学科形式,社会学的产生,就是特定时代精神的一种表现形式,是特定社会意识的一种建构结果。作为一门学科的社会学诞生于西方,具体而言,出现在 19 世纪初期的欧洲。对于社会学的产生,启蒙运动确立了基本的思想源泉和智识动力,法国大革命提供了主要的政治动因,而工业革命则提供了深厚的社会基础。社会学诞生于一个急剧变迁的时代。从问世的那天起,①它就是在参与现代社会的设计与建构的过程中逐步成长起来的。

正如斯马特在《后现代性》一书指出的:

> 一般认为,社会学作为一种独特的研究形式,是与现代性同时出现的。现代社会学的形构——独特的研究领域、研究主题的形成,以及适用方法论的发展——乃是以分析社会现象并赋予秩序,提供管理社会生活与理性控制社会发展所需的社会科技为其目标。社会学正是靠着这些广泛的概念与预设,而在现代事物秩序中,亦即"现代性方案"中,占有一席之地。

社会理论或社会学与现代性是一个同体异面之物,社会理论或社会学是现代性的知识表征,而现代性是社会理论或社会学的社会形态。因此,从一定意义上可以说,如果要问什么是社会理论? 那么,我们可以这样简洁地回答:社会理论是这样一种知识体系,两百多年来它一直在试图回答一个与其相伴生却又让它殚精竭虑的问题:什么是现代性?

在社会理论尤其是社会学的视野中,现代性可以理解为一种社会转型,它既涉及社会结构层面及其有形的表征系统和参量,同时又涉及作为社会结构深层底蕴的哲学认识论和文化层面的内涵。

在社会理论对于现代性的探索中,有三个领域是极其重要的,充分表现出社会理论所具有的作用和被赋予的使命:第一个领域可称作现代性的发生学,第二个领域可称作现代性的病理学,第三个领域可称作现代性的未来学。

1. 现代性的发生学

对于现代性的发生问题,经典社会理论大师们提出了多种学说,而且由于经典社会理论家们身处现代性起始时期这一特殊的历史背景中,因此,对于现代性发生问题的关注成为他们理论体系的一个重要组成部分。

马克思倾向于把资本主义生产的发展视为支配现代世界的最为根本性的

---

① 法国哲学家、社会学家孔德在其 1838 年《实证哲学教程》第 4 卷中首次提出"社会学"一词。社会学史家一般以此作为社会学学科诞生的标志。

现象,并且他将另一些社会理论家看作促进现代性发生的优先力量的工业主义,视为本质上是资本主义特征的进一步拓展,认为资本主义不仅具有更普遍的性质,而且在时间上也早于工业主义。

韦伯也把资本主义看作促进现代性发生的重要力量,但是,与马克思主要从经济因素来分析资本主义的产生这一视角不同,韦伯则是从理性化这种文化因素的角度来解释现代资本主义的起源。在韦伯看来,尽管资本主义的活动在先前时代和欧洲以外的地区已经存在,但是,与它们相区别的现代资本主义却只是源自新教伦理的资本主义精神在欧洲引发的产物。韦伯认为,资本主义大规模扩张的主要时期是在16、17世纪,因此,资本主义的形成在时间上比工业主义的出现要早得多,而工业主义的产生正是来自资本主义的促进。[1]

另一些社会理论家,圣西门、孔德、迪尔凯姆和帕森斯等人则将形塑现代性的力量优先赋予了工业主义(industrialism)。在他们看来,资本主义只是现代工业和工业社会形成过程的一个过渡阶段。用这种观点分析现代世界不仅极其重要而且更具有发生学意义。"工业"这一术语在18世纪后半叶的英语和法语中同时创造出来,最初主要与勤奋劳动相联系。亚当·斯密曾将"勤奋"(与"工业"一词拼写相同)视为懒惰的对应物。弗格森(A. Ferguson)则使"工业"与学习"尽责劳动"的习惯,即人们努力改进其技能、扩展其商业、追求其利益和建立自己的权利等方面联系起来。这样使用这一术语,并非要使制造业和商业、农业加以区分。同样地,"机械的"是被用来指工作任务的集合性质而非机器本身,而"制造业"则是用于指一般意义上的"生产技能"。直到19世纪,这些术语才开始获得它们当今的意义与内涵。因此,把"工业主义"理解为一种严格意义上的技术现象并不恰当。从某种意义上说,"工业主义"也有其心理现代性的意蕴。圣西门就曾指出,就"工业社会"这一概念而言,工业主义具有一系列更宽泛的含义。所谓的"工业家"的实质并非指其控制着新兴的工业力量,而是指他

---

[1]参见[德]马克斯·韦伯:《新教伦理与资本主义精神》,于晓、陈维纲等译,生活·读书·新知三联书店1987年版。

们倾向于从事有纪律的工作。①作为塑造现代社会的一种制度性力量的工业主义表现出以下一些主要特征:第一,将无机能源运用于产品生产和影响商品流通的过程当中;第二,在生产和其他经济活动过程中实现了机械化;第三,在生产方式上意味着制造业的普遍推广;第四,由于生产程序的正规化,人们的工作场所得以集中化。② 在帕森斯看来,工业主义之所以引发资本主义的产生,其原因在于它形成了一种政治上的动力。

> 西方工业主义的早期发展不仅仅产生了而且必须产生"资本主义"的形式。这是因为在工业化前的政治组织通常没有外在的压力会在此类经济发展的道路上设置不可逾越的障碍,否则,在社会结构中,就会有关于政治权力行使的制度规定,就会有独立的政治结构推动经济的发展。……正因为现代工业主义的基本结构已经存在于西方世界,政治动力才能成为先导。③

在将现代世界的形塑力量诉诸经济转型这一维度方面,资本主义和工业主义都被不同的社会理论家分别给予了优先强调。但是,这两种动力在促进现代性的发生过程中却表现出了比其他动力以及其他动力之间更为特殊的"亲合性"。首先,应该看到它们是各有其自身特征的两种力量。从产生的时间上看,正如马克思、韦伯和吉登斯等人业已指出的,资本主义要早于工业主义,工业主义在一定程度上是资本主义企业基本特征的延伸;不仅如此,作为一种经济转型力量,资本主义也具有比工业主义更为强大的内在动力:资本主义企业通过生产由市场出售的商品来追求确保再投资所需要的利润无疑成为其经济发展与扩张的巨大动力源。这种动力源正是现代性断续性的主要特征之一。工业

---

① 关于工业主义的基本概念、产生过程、研究视角等方面的问题,参见 Barry A. Turner, *Industrialism*. New York: Longman Group Limited, 1975。

② [英]吉登斯:《民族—国家与暴力》,胡宗泽、赵力涛译,生活·读书·新知三联书店 1998 年版,第171~174 页。

③ [美]帕森斯:《现代社会的结构与过程》,梁向阳译,光明日报出版社 1988 年版,第 84 页。

主义也是一种高效率的生产活动形式,但它本身并不具备资本主义企业的这种内在动力源。其次,资本主义与工业主义之间的结合无疑已经塑造了现代性的一些最重要的面貌:

第一,工业资本主义的产生。由资本主义和工业主义联合与高度发展所产生的工业资本主义既是一种生产秩序,又是一种社会形态,即资本主义社会。资本主义社会之所以是一个"社会"(与"工业社会"相对照),因为它同时也是民族—国家,具有明确划分的国界。在此意义上,资本主义社会就是资本主义国家。

第二,城市化的出现。商品化的压力与工业主义的携手为改变社会生活与物质世界之间的关系创造了契机,城市化则成为具体的实现途径。因此,城市化并非传统城市特性的延伸,它所创造的"人工环境"成为工业组织和民族—国家的基地。

第三,科层制的兴起。作为理性化的经济活动组织,资本主义企业和工业主义的机械化之间具有普遍联系。在一定意义上,科层制和机械化都是根据形式化知识的专门运用而建立起来的。

第四,监控机制的形成。商品生产的动力所带来的劳动力在一定工作场所的集中化以及生产机制的机械化、工作过程的秩序化,使监控不仅在工作场所中得以巩固,而且进一步扩大为对工作场所以外事件的制约。①

作为当代社会理论的重要代表人物,不仅能够站在经典社会理论大师的肩膀上,而且能够站在人类社会发展经验的提升高度上,吉登斯对现代性发生问题进行阐述时,提出了非常具有独到之处的理念。在他看来,现代性有四个制度性动力:资本主义、监控、民族—国家(对暴力工具的垄断)和工业主义。他认为,现代性正是在这四种制度复合体的共同作用下产生的。吉登斯还指出,在作为现代性动力的制度丛后面存在着三种强大的动力源:时空分离机制(separation of time and space)、脱域化机制(disembedding)和自反性(reflexivity)机

---

① [英]吉登斯:《民族—国家与暴力》,胡宗泽、赵力涛译,生活·读书·新知三联书店1998年版,第176~182页。

制。实际上,前面两种机制都是以自反性机制为基础的。尽管它们本身不是制度类型,但在相当程度上以固定化形式促进了历史变迁条件的形成。假若没有这些机制,现代性脱离传统秩序的进程就不会以如此急剧的方式发生,也不可能表现得如此疾速和扩展到这样巨大的世界范围。这些机制一方面渗透到现代性的各个制度维度之中的同时,另一方面又受到这些制度维度的反向制约。

实际上,每位考察现代性的重要社会理论家都不同程度地提出了关于现代性的发生学,但每一种发生学都只可能把关注的重点放在某一或几个方面。因此,与奢求全面、系统的发生学的企图不同的是,我们将从视点主义①的立场出发,探讨社会理论资源中较具有代表性的几种观点,而不论是资本主义和工业主义的兴起,还是监控力量的形成,对暴力工具的垄断,纪律的遍布,以及文明化的扩展等,都殊途同归地表达了一种深层的共识:现代性的发生得益于理性化的力量或机制在人类思想、行动、组织结构、社会进程等各个领域和层面的全面渗透。这种理性化的含义虽然是以韦伯特定命题为基础的,但又在更广泛的意义上进一步扩展,实际上成为了与传统社会在根本上相区别而代表现代社会本质特征的核心范畴。因此,可以说,不论"工业社会""有机团结社会""法理社会""契约社会""纪律社会""文明社会""抽象社会""技术社会""陌生人社会"等概念所关注的侧面如何不同,在深层含义上它们都是对"理性化社会"的一些特殊表述方式,因此,也是从特定的具体社会层面上对现代性做出的不同界说。

"理性化"这个重要命题,既是一种关于现代性的发生学,又是诊断现代性病理和预测现代性未来的一个理论视角,以及可以进一步加以操作化的分析框

①视点主义(perspectivism)是一种重要的哲学方法论。它的一个基本思想认为,存在着具有不同的可供选择和互不等同的概念和假设体系的理论,世界可以用这种理论来解释,因为不存在权威性的客观的选择方法(参见布洛克等编《枫丹娜·现代思潮辞典》,社会科学文献出版社 1988 年版,第 431 页)。视点主义的最可取之处在于认为,我们所生活于其中的世界上的事物并非只具有一个面相和一种意义,而可能富有多重面相和多种意义。每一种理论或学说可能只看到其中的一种维度和一个方面。因此,视点主义寻求对事物及其意义的多元阐释。现代性是如何产生的? 面对这一极其复杂的问题,从视点主义的角度来加以把握,在某种意义上是对社会理论已有知识的一种丰富。但是,要穷尽各种视点或所有的视点似乎是徒劳的,因为视点主义本身实际上也只是一种视点。当然,更为重要的是,社会理论中迄今业已形成的一些已被充分注意到或尚未被充分注意到的观点,为我们理解现代性的发生学提供了极为广阔的视界。

架,因为它不仅表现了与现代性的最主要智识根基——理性主义或理性之间有着最直接的哲学认识论的逻辑承接,而且理性化(更准确地说,是理性化的极端化态势)所引发的有关问题,成为韦伯之后许多社会理论家、尤其是法兰克福学派理论家们进一步继承并加以发展的审视现代性及其限制的最重要的理论视角。此外,晚近兴起的后现代理论对现代性的不满也把对理性的批判作为主要焦点。因此,以"理性化"的视角来考察现代性的发生、发展过程及其出现的问题就能够形成一种富于包容度的研究脉络:它既能够充分地面对和承接古典社会学、现代社会学理论的遗产,① 又能够对后现代理论或后现代性问题进行有针对性的回应。

2. 现代性的病理学

与韦伯同时代的社会学奠基人,对于现代性的来临及其前景更主要的是表现出了乐观主义,尽管其中不乏问题意识。

现代性所带来的最为积极的效应就是社会生产力的极大提高以及人们生存发展机遇的空前扩展,这是现代性的光明面相。早期社会学家以及直至 20 世纪 60 年代以前的大多数社会学家对此都给予了较为充分的肯定。但是,具有强烈问题意识的社会学家从一开始就敏锐地洞察到了理性化自身固有深刻的矛盾性。韦伯提出的工具合理性与价值合理性之间内含张力的观点,可以作为解释现代性悖论现象的一种最具抽象度和涵盖面的理论框架。而哈贝马斯关于生活世界与系统之间彼此消长的分析,吉登斯关于机会方面与风险方面同时并存的洞见,则是对社会结构和社会生活中的现代性悖论所做出的最有效的透视。② 这些矛盾复合体不仅从现代性进程伊始就内在于其中,成为现代人既兴奋又困惑的最深层根源,而且随着理性化社会进程的日趋深入,矛盾统一体中的一方形成了对另一方的支配性和压抑性的态势:工具理性压倒一切的膨胀、系统对生活世界的殖民以及非意图性的高后果风险的形成等,这一切都表现了

---

① 已经成为一种普遍性共识的是,作为与现代性相伴随而产生并最大限度地参与现代社会反思性建构的社会学,其主要是一种关于现代性的知识。

② 由于各位社会理论家所基于的观察视野不同,因此,每人也就可能发现不同的现代性悖论现象。

现代性的阴暗面相。

现代性或理性化社会自其形成之时就内含张力，而在其后的演进历程中从未达成过平衡，工具理性维度及其作为具体形态的系统、科学技术和市场等难以遏制的扩张，使理性化社会日益呈现出一种极端化的态势。对于这种态势，不同时期的社会理论家进行理论化得出的具体结论尽管不大一样，但是，所提出的一些共同关注的领域或问题却是意味深长的。

关于现代性的病理症状，或者说对于理性化社会潜在的或已显现的极端化倾向的诊断，吉登斯做过这样的总结：社会学理论中曾经描绘过三幅肖像。第一幅肖像是"铁笼"(the iron cage)，其作者是韦伯。在他眼里，合理性的束缚越收越紧，把人们监禁在了一种失去个性特征的科层制例行的牢笼中。在社会学的三位奠基者中，韦伯最清楚地看到了专业知识或专家系统在现代社会发展中的重要作用，并用它勾勒了一种现代性的现象学。他指出，日常经验仅能够在科层制的合理性铁笼的外围保存其生动性和自发性。这幅肖像产生了巨大的影响力，在 20 世纪的文学作品中以及更直接的社会学探究中被浓墨重彩地描绘。第二幅肖像是"怪物"(a monster)。马克思是其中的代表。他似乎比其同时代人更清晰地感知到了理性化社会所可能产生的破坏力及其难以逆转的后果。具体而言，在马克思看来，资本主义完全是一条进入现代社会的不合理之路，因为它用市场的奇想替代了人类需求的计划性满足。但是，与此同时，现代性对于马克思而言是正如哈贝马斯恰当所称的一项"未竟的事业"，怪物终能被驯服，因为人类总是能够将其创造出来的事物置于自己的控制之下。第三幅肖像是"讫里什那神像"(the Juggernaut)。① 其作者是吉登斯。他借"讫里什那神像"来把理性化社会刻画为一辆具有巨大动能却又难以掌控的机车。吉登斯认为，作为人类集合体的我们在一定程度上能够驾驭这辆机车，但是，它也可能挣脱我们的控制并致使其自身毁坏。这辆机车碾碎了它的阻挡者。然而，尽管它

---

① Juggernaut 是印度教主神 Krishna 的称号。据说每年例节用车载此神像游行，迷信者相传若能被该车辗死即可升天，所以甘愿舍身车轮下者不乏其人。故此，Juggernaut 的含义即"世界的主宰"，并转喻"不可抗拒或摧毁一切的力量"。Juggernaut Car 则成为使人盲目崇拜、甚至为之牺牲一切的力量的象征。

有时似乎在因循一条稳定的轨道,有时却又变化无常地转轨到我们无法预知的方向。①

如果说社会学的早期代表人物更多地是以他们深邃的洞察力预见了理性化社会的极端化趋势,那么,后来以法兰克福学派或批判理论流派为代表所发展的工具理性扩张论,则是更多地基于现代性发展进程所提供的现实材料而表达的对理性化社会极端化态势的重要诊断。尽管法兰克福学派的社会理论家激烈地批判了工具理性扩张和理性化社会极端化所带来的现代性阴暗面相,但是,从根本上而言,他们的旨归并非彻底否定或颠覆现代性,而是意在通过对现代性阴暗面向的批判,②达成弗洛姆所称的"健全的社会"或现代性的重建。

进入 20 世纪 70 年代以后,当法兰克福学派变得沉寂的时候,后现代理论却以奇异的身姿走向世界思想舞台。尽管后现代理论家们各自的问题视角不同,但较为共同的观点在于都把现代社会看作由于理性化极度扩展而导致的一种支配系统或压抑机器,也就是说,他们的理论表达了一种对现代性阴暗面相的批判,因此,后现代理论也是一种批判理论,但却是与法兰克福学派的批判理论在哲学和认识论立场上存在重大差别的一种批判理论,因为它基本上否定了启蒙、理性和现代性,而宣称一种后现代性的来临。所以,如果说法兰克福学派主要是一种现代立场的批判理论的话,那么,后现代理论则是一种后现代立场的批判理论。

后现代理论的风靡一时,成为 20 世纪末期世界学术思想领域风波迭起,众多世界一流理论大师笔枪唇剑展开大战的始作诱因。这一现象本身已经为我们理解后现代理论提供了一种症候解读③的重要提示。因此,那种认为后现代

---

①A. Giddens, *The Consequences of Modernity*. Stanford:Standford University Press,1990,pp. 137—139.

②需要注意的是,在法兰克福学派中,马尔库塞对现代性表现出了最为激进也是最为浪漫化的批判态度。在他看来,科技进步导致了社会的异化,物质繁荣带来了人性的扭曲,似乎所有事物都不再具有理性色彩。因此,他彻底否定一切文明的形式和内容,并主张用"大拒绝"的态度来诋毁发达工业社会中现存的一切。

③症候解读方法是阿尔都塞根据弗洛伊德的潜意识学说并结合拉康的语义精神分析学说提出来的。他认为用这种方法去解读一种学说原文表面的各种"症候",就能够发现其深处所隐藏的"理论框架"。

理论是一种思想泡沫或转瞬即逝的旋风的观点不是显得肤浅，就是暗含轻率。实际上，剥去后现代理论家身上被标定的悲观主义、虚无主义和犬儒主义的外衣（这些外衣有些是他们的刻意伪装，有些则是不知情者的粗暴强加），人们发现里面包裹着的并非完全冷漠，而有着不乏富于人类关怀且别具深遂洞见的心灵，只不过他们对理性化社会的极端化态势表现了一种更极端化的不满。他们中的一些人在后期已经改变了其最初的偏执，其中部分人在批判之中表达了重建的希望，尤其是晚近出现的"建构性后现代主义"（constructive postmodernism）派别，它进一步改变着人们已有的误解和偏见。总之，后现代理论的一个重要特征是对 20 世纪晚期科学技术高度发展所引起的传媒、信息、知识、文化等在社会中的角色及其变化做出了敏锐回应，提出和揭示了许多崭新的问题、领域，正是主要基于对这些领域的考察，后现代理论家断言了新的社会形态，如后现代社会、信息社会、消费社会、后工业社会、后资本主义社会等的来临。然而，尽管他们主张打破原有的学科界限而展开超学科的研究，但是，其理论多处于哲学、文化层面，较少从结构或制度层面进行分析，因而，后现代理论常常显得过于抽象而缺乏经验层面和历史维度。但是，总的看来，后现代理论为极端化的理性化社会（吉登斯所说的高度现代性或晚期现代性，哈贝马斯所称的晚期资本主义）中的显著问题提供了独特而丰富的洞见，而且在表述其问题意识时所运用的研究进路或方法策略也颇富创见性。

在 20 世纪下半叶以来的社会理论，尤其是批判理论和后现代理论当中，尽管各种表述其问题意识的研究进路不同，却形成了一种比较共同的观点取向，即理性化社会出现了极端化态势，对于这种态势及其一般特征的概念化或理论化的结果，则提出高度现代性或晚期现代性、后现代性或后现代社会等的观点或理论。人们从知识、文化、传媒、消费这几个既有一定区别、更重要的是相互渗透的领域，可以明显地识别出这种理性化社会极端化态势的具体表现。而这种分析策略又表现了晚近社会理论发展中正在发生的一种重要"转向"，即文化研究似乎被赋予了比结构研究更为优先的地位。

3. 现代性的未来学

在经典社会理论大师中，一些人不仅探讨过现代性的发生问题，诊断过现代性的病理问题,而且对现代社会的未来前景也做出过预见。在关于现代性未来前景的预见方面,韦伯是悲观派中最典型的一位。

在一定意义上可以说,对现代性命运或现代性未来前景的预见,成为当代社会学家更加责无旁贷的历史使命。在这一方面,吉登斯、贝克等重要的社会学家尤其是哈贝马斯在回应后现代主义的挑战中,提出了许多极其深刻的洞见。

在已经进入的"高度现代性"或"晚期现代性"①社会中,由于理性化的极端化态势,导致现代性遭遇了"危机",哈贝马斯将这种情势称为"现代性的地平线正在移动"。这里所谓的"危机",是指早期启蒙思想家所预设的理想社会图景,即"启蒙方案"或"现代性事业"(主要是通过理性和科学达成进步、自由、解放等目标),在一定程度上已经难以兑现或者说落空。科学知识的宰制,使叙事知识发生了危机;文化工业的技术机制,削平了文化的深度并消解生活的意义;高度发达的大众传媒与商业的合流,不仅遮蔽了世界的本真性,而且阻隔了人与人的交流;消费主义的盛行成为最有效的社会控制形式,从而日益侵蚀着人们的自主性;生产发展所需要的对自然资源的开发,因得不到合理控制,已造成严重制约可持续性发展的生态危机;现代性从欧洲发源并进一步扩展的过程导致了世界范围内不同国家形成"中心"与"边缘"的不平等格局,以及在文化上出现"西方"与"东方"的对立性关系、在经济上出现"南"与"北"的差距,等等,这一切都已经在极大程度上拉开了现代性后果与"启蒙方案"预设目标之间的距离,并使现代性呈现出诸多难以把握的情势。现代性出现了病症,而导致这种病症的最根本原因之一就在于理性化的畸形扩张。这是不论出自哪种价值立场或属于哪个理论流派的社会学家在诊断当今现代性状态时都不约而同地表述出来的一个基本共识。因此,形成了基于现代立场的现代性批判以及基于后现代立场的现代性批判。这两种批判的根本区别,在于对克服现代性的局限性所主张采取的方案中持存的哲学、认识论基点的根本不同。

---

①这是吉登斯为了与"后现代性"概念相区别而创用的概念,"高度现代性"或"晚期现代性"社会与所谓"后现代性"社会在时间上大体一致,但在性质上却是各不相同的。

　　启蒙运动之后,许多思想家之所以不断地对启蒙思想及结果进行反思,实际上都表现出了一种现代性的"寻根",最根本的缘由就在于,他们都试图对现代性发展进程中出现的偏差查找出最深层的原因,并试图为了解决现代性的问题而对它的根基做出某种重新的理解和定位。而 20 世纪 70 年代兴起的后现代理论更充分地表现了由于现代性问题的严重性而对现代性提出的挑战。如何解决现代性的病理问题? 这已经成为晚近以来社会理论中最受关注的前沿课题,也是许多思想家为之殚精竭虑的"精神炼狱"。在对现代性命运或现代性未来前景的问题上,思想家们表现了三种不尽相同的态度:一是捍卫现代性,对其局限性加以改变,以哈贝马斯为代表;二是超越现代性,走后现代之路,以后现代理论家为代表;三是坚持现代性,用后现代的某些方略解决现代性极端化的问题,以吉登斯为代表。①

　　我们认为,现代性使人类社会的发展进入了一条前所未有的快车道,尽管这条道上充满难以预期的风险因素、甚至不可控制的危险成分,但是,人类毕竟还没有发现和创造出比现代性更加完美的发展方案并用历史实践来加以证明。因此,现代性无疑成为人类发展的一条不归路,人类不可能像反现代化运动所倡导的那样再回到前现代秩序中去。社会演进的辩证法就表现在,人类发展可能呈现出上升性的某种"回复"趋势,但决不会出现低水平的简单循环。现代性的理想图式在具体化为社会现实的过程中表现了许多缺憾,但是,这种问题性更主要的是出自人类的实践领域。解决现代性问题、走向更合理的人类社会发展模式的途径不是在于迎接后现代性而是在于重建现代性,从我们的理论视野来看,最基本的前提是要重新审视理性化。如果说现代性的病理问题源于理性化的极端化或畸形化,那么,根除现代性病态的途径不是"去理性化",而是调整理性化内涵合理性的结构,换言之,合理的理性化应该是在目的合理性与价值合理性之间达成一种良性的平衡。沿此逻辑,所谓的超越现代性应该是超越现

――――――――――――

① 这里之所以对哈贝马斯和吉登斯的社会理论给予重点关注,一个原因在于,他们在其思想的高峰时期都把"现代性"作为自己社会理论的核心议题(先前的社会学家在社会研究的理论化过程中很少采用"现代性"这一范畴),与此同时,同样重要也合乎逻辑的是,他们都对于后现代理论或后现代性问题做出了自己的回应。

代性的局限性或问题性,而不是超越现代性的根基本身。

　　根据现代性的现实后果,对于解决现代性问题所必须确立的一个根本性认识前提,就是形成一种多元现代性观,即改变总体性或整体性的思维方式来重新认识和把握现代性。在这一点上,后现代理论提供了极富启发性的洞见。多元现代性的观念可以使人们在面对由于强大的动力机制所引发的现代性极端化后果时,不排除采用具有后现代特征的某些方略来解决现代性的问题。吉登斯则是这种取向的突出代表人物。一方面,他反对后现代性,认为当今时代的主要问题仍处在现代性的范畴之中,不过,这种现代性已不是早期现代性或理想型现代性的图式,而是一种高度现代性或晚期现代性的情势,尽管这种情势的实质是现代性的极端化状态,但这种极端化尚未走到尽头(在他眼里,现代性极端化到达终点才是后现代性);另一方面,吉登斯却构想并描绘了作为解决现代性问题的某些后现代秩序,他认为由于现代性极端化带来的诸种高后果风险已使关于“进步”的宏大叙事落空,解决现代性问题的途径已非导致这些问题的规则和资源本身所能提供,所以,一些可能超越现代性限制的新型社会型构正或多或少地以背离现代性基础的方式出现,因此,他把作为未来发展一种可能图景的后现代秩序称为具有浓厚现实主义成分的乌托邦。然而,吉登斯指出,这种社会型构并不是后现代性,而是现代性所固有的未来取向性质的表现。①于此可以认为,吉登斯似乎已经肯定了我们所说的多元现代性观,或者,吉登斯、贝克和拉什在晚近所提出的自反性现代化观也表达了这种意涵。

　　现代性之所以是一项未竟的事业,原因就在于现代性内在地具有一种趋向于未来的本质特征,按哈贝马斯的话语,现代性是朝向未来开放的。在他看来,现代性或韦伯所说的理性化自启蒙设定方案以来,却在实践中一再出现偏差,其根本原因就在于未能按照科学、道德、艺术各自不同的范式去发展合理的理性化制度。所以,解决问题的出路不是彻底否定理性化,而是应该构建新的理性方案。②

①A. Giddens, *The Consequences of Modernity*. Stanford: Standford University Press,1990.
②J. Habermas, "Modernity versus Postmodernity." *New German Critique* 22(1981):3—14.

重新对理性化命题进行定位的前提性工作,就是要在合理性结构中重新实现工具合理性与价值合理性之间的平衡或协调。而在现实层面上则应该改变现代性所形成的不合理格局,包括某种特定的社会结构、文化结构以及世界范围内的关系结构,如较为突出的西方中心主义、人类中心主义和男权中心主义问题。在重建现代性方面,许多社会理论家注意到,一些新的社会运动的出现已经代表了这种理想社会"乌托邦"得以付诸实现的现实力量。如果说曾被理性化所侵蚀的作为个体精神维度的意义亟待再次寻回的话,那么,作为社会精神维度的"乌托邦"则同样需要重新振兴。对于达成这些目标而言,在吉登斯看来,现代性的解放政治策略结合晚期现代性的生活政治策略似乎成为一种较为切合实际的选择。

总之,启蒙未曾被超越,启蒙的理性之光就闪耀在重建现代性的诸种努力当中,因为作为现代性强大动力机制的反思性,不仅体现为它能够将各种科学知识运用于对现代性的参与性建构,而且更重要的是,它能够对这种建构过程本身进行更高层面的反思。正是在这一点上,充分彰显了社会理论问题意识的重要性。基于特有的问题意识去参与重建现代性,将是社会理论责无旁贷的历史使命,也是理性化社会更具有合理性的希望之光。

第二节 社会理论对社会心理变迁的关注

在经典社会理论的丰富遗产当中,存在着一个非常重要的内容,那就是对于社会心理与社会变迁之间关系的关注和探讨。关于这一方面的理论或学说,一些学者称之为心理社会学。

一、社会理论与心理社会学

社会理论是后来产生的作为具体学科形态呈现的心理社会学的母体,心理社会学是社会理论的一种具体化的学科表现形式。

心理社会学的主要思想渊源是社会理论。诚然,许多社会理论家、尤其是经典社会理论家对于心理社会学都产生过不同程度的影响。

社会心理与社会变迁之间的关系，或者说，社会变迁与社会心理之间的关系，自现代社会科学诞生以来，便一直是受到较多关注的主题之一。处在现代社会的发生时点上，许多经典社会理论家都非常关注社会心理与社会变迁之间的关系，包括社会心理的各个层面对于社会变迁所具有的重要作用，并对这一主题做出过独到而深刻的探究，为后来这一研究领域的延伸和进展留下了极其丰富的理论和方法遗产。

在一定意义上可以说，心理社会学的主要思想就来自于经典社会理论中对于社会心理与社会变迁或社会变迁与社会心理之间关系的探究。

社会学的创始人孔德力图建立这样一种所谓真正的最后的科学，即它能够把生物学、社会学和心理学整合起来。孔德为这种科学提出的焦点性问题对后来社会心理学中一些概念的形成产生了重要影响，尤其是对社会结构与人格关系的研究具有启示性作用。孔德最感兴趣的问题表现为，个体如何既能够接受他所处的社会环境的影响，如何在既定的社会结构中成功地扮演某个角色，同时又能够超越社会环境的限制而创造出对未来发展具有引导作用的文化形式。

马克思坚持社会自身的重要性，认为不是人们的意识决定人们的存在，相反，而是人们的社会存在决定人们的社会意识。意识是社会的物质生产力尤其是社会各种相互冲突力量的产物。

在马克思最早提出的并最具有持久性的概念中，"阶级意识"是极为重要和非常独特的一个，它涉及社会结构、制度与个人的信念、动机、行为之间的现实关系和理想关系。

在马克思那里，阶级意识成为无产阶级从"自在阶级"变成为"自为阶级"或者说作为一个新的社会阶级诞生的重要社会心理标志，从而也成为新的社会阶级改造旧的社会结构的重要心理基础和力量。

在马克思的理论思考中，他特别关注社会结构与个体特质"相适应"的性质及其后果，关注人们在社会经济结构中的地位是如何产生了他们的价值观、动机和信念。就马克思的思想方法而言，他在进行结构分析之外，并没有拒斥对社会心理的分析。只不过，长期以来，由于人们只是过分地关注马克思的结构分析的方法论，而忽略了他的方法论的其他方面。

马克思的思想影响了辩证唯物主义和历史唯物主义社会心理观的发展。在辩证唯物主义和历史唯物主义社会心理观看来,物质是第一性的,精神是第二性的,精神对物质又具有能动的反作用。因此,意识和社会意识在社会生活中扮演着极其重要的角色,意识和社会意识在一定条件下可以塑造与改变社会存在。生产力和生产关系之间的矛盾关系、经济基础与上层建筑之间的矛盾关系,可以作为研究意识和社会意识的关键环节。生活具有社会性并处在不断变化之中。社会心理学家必须在历史发展的持续过程中研究问题。因此,社会心理学从本质上看则具有历史的倾向性和社会性。

在经典社会理论大师中,韦伯的思想表现出了最为明显的心理社会学特征。他对宗教社会功能的探讨中有相当重要的论题可以说就是心理社会学方面的。韦伯也非常关注社会结构、社会地位与个人的价值观、动机、信念之间的关系。在《新教伦理与资本主义精神》这一重要著作中,他十分强调价值观、动机和信念在社会生活中所起的自主性作用,尤其是认为它们可能成为引起社会结构发生变迁的重要动因。最突出的一点是,韦伯断言经过改革之后的基督教新教所形成的世俗意识形态,是导致西方资本主义得以诞生的一个主要因素。然而,他也承认,特定的社会结构、社会地位一经形成之后,同样会反过来塑造和影响人们的价值观、态度和信念。

韦伯的心理社会学还有其方法论的重要成果。《新教伦理与资本主义精神》便是一个典型例子。韦伯的其他大部分宗教社会学论著中也涉及社会心理层面的内容。最突出的表现是,在方法论上,韦伯强调对社会行动应做阐释性理解,并且由这种方法视野来界定社会学的研究领域。韦伯主张社会学是对社会行动进行阐释性理解的科学,也就是寻求对于社会行动的过程和结果做出因果性解释。在他看来,行动就是指一个处在行动中的个体将主观意义赋予其具体行动的过程,而社会性则是指将他人的行动纳入自己的考虑范围。韦伯也强调,在社会学研究中对行动做出主观性阐释的时候,集体性现象必须看作是个体特定行动的组织模式的结果。这样的话,可以清晰地看到韦伯的社会学研究不只是注重社会心理层面,而且他的社会学体系的逻辑是以"社会行动"这个包含社会心理意涵的基本概念为演绎前提的。韦伯又指出,不触及个体状态的社会集体性研究,虽然不能说没有但却是不完整的。他认为,富有意义的社会行动只有在社会情境(context)中才可能发生。而我们可以认为,他的大部分研究实际上就是在宏观社会情境中并经由对不同社会之间的比较来对社会行动做出解释的。总之,韦伯的研究可以认为是心理社会学的典范之作。

迪尔凯姆的社会学体系中包含了丰富的社会心理学理论和素材。他的名著《自杀论》一书就提供了心理社会学方面的重要研究成果,尤其是提供了关于社会结构与人格之间关系的独特视野。他提出的"失范"这一重要概念涉及社会事实与个体心理状态之间的关系,由此为说明社会结构与人格之间的关系奠定了一定的基础。迪尔凯姆的许多工作聚焦于社会系统在价值生产及其维持社会秩序方面的作用。一般而论,在经典社会学家中,迪尔凯姆是最强烈地反对心理化约论的,他非常强调社会现象必须用其他社会现象来进行功能性的解释。在他看来,决定一个社会事实的原因应该在先于它的其他社会事实中去寻找,而不能从个人的意识状态中去寻找。在《自杀论》中,他明确强调,社会性的自杀率只能从社会学视野的社会整合程度的角度去加以解释。

由于迪尔凯姆的重要影响,后来的社会学家都注意到了这一点,但却多多少少地忽略了迪尔凯姆对社会心理的看法。正如豪斯(J. S. House)指出,包括《自杀论》在内,迪尔凯姆的社会学研究都包含了社会心理学的探讨。迪尔凯姆曾指出,我们不反对把社会学指称为心理学的一个变种。[1] 社会心理学有它自己的原理法则,这与个体心理学是很不相同的。迪尔凯姆有关宗教和道德的研究,也对心理社会学具有重大贡献。总之,迪尔凯姆虽然强调社会学主义,但是,他只是反对将社会现象化约到个体心理学的层次去解释,而不是彻底地反对社会心理学的研究。

总而言之,孔德对心理学学科作用的重视,马克思提出社会意识和阶级意识的理论,韦伯强调主观性解释与理解的重要性,迪尔凯姆对于失范现象和社会整合的关注,都从各自的角度孕育了心理社会学的某些成分,从而为从宏观

---

① [美]詹姆斯・S. 豪斯:《社会结构和人格》,载[美]莫里斯・罗森堡、拉尔夫・H. 特纳主编:《社会学观点的社会心理学手册》,孙非等译,南开大学出版社1992年版,第546页。

社会结构层面、尤其从社会变迁维度分析社会心理现象以及从社会心理变迁维度分析社会变迁现象,奠定了最重要的思想渊源和方法基础。只不过,在社会学创立之初,为了强调社会学的独立性地位,社会学大师们都试图与心理学划清界限,这才使社会心理学在当时没有及时地成为现实的学科形式,在某种意义上只是以心理社会学的最初形态存在于社会学之中。在后来的一个时期中,尤其是在第二次世界大战之后,由于社会学和社会心理学一直以美国的学科发展为主导范式,而经典社会学著作译成英文的时间较晚,于是,使社会学界因过度强调社会学主义而忽略了早期社会学大师们探讨社会心理现象的努力及其成果。

二、经典心理社会学与现代心理社会学

在前面我们指出,心理社会学的主要思想渊源在于社会理论。然而,如果进一步细分的话,在一定意义上可以说,存在于早期经典社会理论中的心理社会学,更多地应属于社会学范畴,可以称为古典心理社会学。而到了 20 世纪 50 年代,心理社会学以新的形式再一次呈现。当然,这其中有许多方面的原因:一方面,结构功能学派在社会学、甚至在整个社会科学中产生了巨大影响,对社会心理学的地位和作用也形成了一定程度的冲击。在结构功能主义衰落之后,符号互动论成为反对结构功能主义的重要流派。另一方面,有一些学者在当代调查、量化和统计技术的基础上,试图继承经典社会学大师尤其是迪尔凯姆的传统,发展关于社会结构与人格关系的研究。于是,有人将这种范式的研究称为心理社会学(psychological sociology),使之有别于学科化的社会心理学(包括心理学取向的社会心理学和社会学取向的社会心理学)。因此,这个意义上所说的心理社会学,可以称为现代心理社会学。

实际上,社会学从其诞生之日起就一直对社会心理在社会结构及其变迁进程中所扮演的角色给予了特别的关注。除了许多经典社会学大师对社会心理与社会变迁之间的关系进行了考察,留下了丰富的思想遗产或智识资源之外。从更具体的学科层面上看,一些社会学史家认为,在社会学的发展进程中,尤其是社会学发展的初期,就存在着一个心理学派。社会学中的这个心理学派具体表现在:一是,对社会生活中个体心理层面的关注。法国社会学家塔尔德是这一方面的代表人物,他把一切社会现象的产生视为个体之间相互模仿的结果。二是,对社会生活中群体心理层面的关注。这一方面的典型例子有迪尔凯姆的集体意识理论,以及美国社会学家沃德(L. F. Ward)和吉丁斯(F. H. Giddings)等人的类意识学说。社会学发展早期阶段上的这种心理学派对于促进社会学重视社会心理层面起到了不可忽视的作用。它强调了社会结构及其运行中存在的社会心理因素,并且重视这种社会心理因素对于社会结构及其变迁所具有的影响。在社会学后来的发展进程中,不再强调心理学派这一领域的问题,主要原因在于:第一,学科化的社会心理学产生了;第二,心理社会学以更为恰当的名义和方式在发展。

特别需要指出的是,帕森斯的社会学理论对于现代心理社会学(其中尤其对于心理现代性这一重要研究领域)的具体形成和发展,提供了非常直接的学术思想动力。在帕森斯社会学理论体系中,模式变量是一个对于探讨社会心理与社会结构及其变迁之间关系具有举足轻重地位的范畴。在模式变量中,包括了一个非常重要的内容,即从传统价值取向到现代价值取向的对应性两极的划分。更具有扩展意义的是,这两种价值取向类型是判断社会结构、人格体系和行动定势的一种重要尺度。换言之,价值取向的意义是综合性的,不仅用于判断社会文化,还用于判断社会结构、人格体系和行动定势等多个层面。对于理解帕森斯的模式变量来说,一个基本前提就是要理解他的行动理论和意志学说。在其早期理论中,帕森斯将社会的运行主要理解为社会行动,而行动者本身则存在选择意志。因此,他提出的模式变量旨在说明,行动者进行选择时面临着包含价值内涵的选择取向。总之,在帕森斯的理论视野中,要从人们社会行动的角度来理解社会运行,就必须首先理解影响人们社会行动的价值内涵及其选择取向。

作为一种具有巨大影响力的社会学理论遗产,帕森斯的模式变量学说在实际上产生了这样的作用:它成为从社会、文化、心理多个层面上分辨传统取向与现代取向并说明从传统取向到现代取向变迁的一种指标体系。而在其中也包括了对于心理传统性与心理现代性的较详细的指标说明。

应该指出的是,关于什么是心理社会学,迄今为止一直没有一种共识性较高的定义。对于它的界说,常常是与社会心理学的界说同时进行的,或者说,是在论及与社会心理学的相互联系和相互区别的背景下完成的。

中国心理学家潘菽认为,社会心理学是跨越心理学和社会科学交错领域的一个分支学科,因此,社会心理学可以有两种研究途径:一种途径是从社会科学出发而面向着心理学方面的研究;另一种途径是从心理学出发而面向着社会科学方面的研究。前者主要是社会学的研究,是对于社会现象中的心理因素的研究,可称之为心理社会学;后者主要属于心理学的研究,是关于心理现象中的社会因素的研究,即名副其实的社会心理学。在潘菽看来,诸如麦独孤的《社会心理学导论》、罗斯的《社会心理学》以及他本人于 1930 年出版的《社会的心理基础》等著作都属于心理社会学的类型。只有像 F. 奥尔波特的《社会心理学》那样的著作才属于社会心理学的类型。他强调,现在一般将心理社会学与社会心理学混而不分,这样的做法是有害无益的,不利于两种学科各自的发展,其结果,不是用社会学代替心理学,就是用心理学代替社会学。要研究社会心理学,必须首先搞清楚社会心理学和心理社会学之间的区别。

潘菽不仅阐明了区别社会心理学和心理社会学的重要性,还进一步划分了心理学(或社会心理学)和社会学(或心理社会学)的界限。他指出:

> 我们首先要注意到,尽管两者研究的对象都是有关人的问题,但心理学研究的主要是个体的人,而社会学所研究的则主要是关于集体的人,即有意或无意地组织起来的人。如果我们所研究的是集体中的个人的所作所为、所知所觉或所思所想,那就是心理学。如果所研究的是人的任何心理活动的产生或发展所依赖的社会因素或条件的,那就是社会心理学。如果所研究的是由人组织起来的集体的形成和变化以及所表现的作用等等,那就是社会学。一个集体或整个社会的形成、存在、盛衰、解体或其内部的运动或其对外的作用或影响,必然都多少有一些个体的人的因素即心理因

素的问题,研究这类问题的就是心理社会学。①

　　坎托《文化心理学》一书的"文化心理学与社会心理学的比较"一章专门用
"作为心理社会学的社会心理学"一节来阐述他关于心理社会学与社会心理学
之间关系的见解。坎托指出,法学家、社会学家、经济学家以及其他社会科学
家,对于一种社会心理学理论的发展是有责任的。这种理论关系到社会事件的
心理决定论。社会的或人的事件被认为由心理力量或各种势力决定或制约。
这些因素有时被作为普遍模式或特殊天赋来考虑。社会心理学因而注意对历
史的、经济的、政治的及社会的现象作出基本的解释或说明方案。当然,社会心
理学的这种理论并没有确实的现成根据,除非观察是以此为条件——人们有时
能够控制人的环境。显而易见,在这种情形下并没有神秘力量在起作用。无论
在个体支配或决定环境的什么时候,这些事件受制于特定情境中人们的特殊活
动,如立法者制定一条法律,外交官交换让步条件,等等。此外,这些活动本身
被无数的人类事实所制约,如选举区选民的易驾驭性、经济或军事的手段,等
等。因此,只要我们有一种理论,它是基于人的行为的抽象及其对心理力量的
换算的话,它就应该放在心理社会学的标题之下,以代替社会心理学。
　　坎托认为,心理决定论的另一种说法,而且是较晚近的说法,产生于实际的
心理过程。可是,这种心理过程被渲染成能够创造和归并人类现象的普遍力
量。例如,存在一种宏大的文献,其中记载有人口增长、习俗的起源和存在、创
造力、财产的生产和分配、风气、艺术发展、工业危机、商业联合、社会进步和倒
退,等等。简单地说,整个人文体系的结构都以心理过程的一种或各种作用来
解释,例如模仿、习惯、共鸣、暗示、恐惧或冲突。甚至当这些过程是实际的心理
行为时,在最常见的客观基础上,心理决定论也总是显得荒谬,因为它信奉单一
的因素,乃至把极其复杂和内在的事件归因于那些较为初级的心理过程。
　　在坎托看来,这种有关社会力量的理论,代表着一种极其糟糕的简单化错

---

① 潘菽:《试论社会心理学》,载《潘菽心理学文选》,江苏教育出版社 1987 年版,第 408~409 页;潘菽:《心
　理学简札》下册,人民教育出版社 1984 年版,第 367~369 页。

误。十分显然,这种观点的支持者完全歪曲了心理活动的性质和机能,使之成为极其复杂事件的原因。在这里,真正的心理活动被曲解为说明因素。不仅心理事实受到了误解,而且所解释的事件也不完全适合心理学的基本要求。除了制约社会现象或历史现象的心理的东西之外,不存在其他种类的环境和情境,这种假定是完全错误的。在正统心理学范围内,人们提出模仿、暗示、冲突以及类似的过程来进一步批评这种理论,因为真正的心理活动是个体的反应,完全不必是社会心理学材料。而在社会学决定论的各种支持者中,可以提到塔尔德的《模仿律》、麦独孤的《社会心理学导论》等。①

在一定意义上可以说,从具体的研究领域来看待什么是心理社会学的话,也许会显得更清晰一些。在这一方面,豪斯在 1977 年论述社会心理学发展的论文中,对心理社会学的划分则显得更加容易理解。他提出社会心理学具有三个面相:第一个面相是心理学取向的社会心理学,第二个面相是社会学取向的社会心理学,第三个面相就是所谓的心理社会学,或者称社会结构与人格的研究领域。在豪斯看来,心理社会学或者称社会结构与人格研究,将宏观社会结构(组织、职业、社会阶级、宗教、社区等)、社会过程(如都市化、工业化、社会流动)与个人心理特征和行为联系起来加以探讨,无论在理论研究还是在经验研究方面都取得了十分丰富的成果,如许多社会学家研究了社会阶级与个人心理、都市化与心理压力及其适应、社会流动与变迁诉求、宗教伦理与社会发展等问题。②

经典心理社会学的实质方面就在于对社会心理变迁与社会结构变迁之间关系的探讨,将微观的心理层面与宏观的社会层面有机地结合起来。但是,我们却不得不指出,心理社会学的这一实质方面在社会心理学作为一门学科诞生之后的很长一个时期中,并没有得到应有的继承,更不用说发扬光大,因此,在将社会心理作为研究对象的基本学科的社会心理学中,其主流体系不仅缺乏对

①[美]J. R. 坎托:《文化心理学》,王亚南、刘薇琳等译,云南人民出版社 1991 年版,第 56~57 页。
②[美]詹姆斯·S. 豪斯:《社会结构和人格》,载[美]莫里斯·罗森堡、拉尔夫·H. 特纳主编:《社会学观点的社会心理学手册》,孙非等译,南开大学出版社 1992 年版,第 541 页。

现实社会层面的透视,而且缺乏对心理变迁维度的关注。

直到 20 世纪中叶,经典心理社会学的精神似乎才在社会心理学的身体中重获新生。但是,在这一时期呈现的已经是现代心理社会学,它与经典心理社会学之间存在重要区别,而这种重要区别之处就在于,它是一种学科化的知识,已经不再是一种社会理论。

1950 年以后,一些社会学家在从事研究时往往倾向于采取心理社会学的研究方式。不少学者曾试图把社会结构与人格之间的关系确立为重要研究课题。其结果是,在一些年份里,不少心理社会学的研究主题逐渐地被涉及。因此,心理社会学试图将宏观社会结构与微观心理过程加以有机地联系起来的这样一种努力,在一定程度上成为推进社会心理学中产生时间维度和真实社会性的一个重要突破口。可以说,在 20 世纪 50 至 60 年代,心理社会学或者称社会结构与人格研究领域成为一个得到承认的专业领域。但是,20 世纪 60 年代之后,由于社会心理学更加学科化或专业化的趋势,心理社会学或社会结构与人格研究领域似乎又有些衰落,主要原因在于,心理社会学已有的研究所涉及的范围非常广泛,在基本的社会结构与社会心理之间的联系上一直没有取得实质性的理论进展,研究方法上存在着很多限制,以及这个研究领域在学科上存在着认同危机。尽管如此,它所积累的研究成果对于分析社会心理与社会结构及其变迁之间的关系还是提供了具有历史感的理论和方法知识积累。

我们所不能忽视的是,现代心理社会学的发展实际上可以划分为两个重要阶段:

第一个阶段的主要工作是在 20 世纪上半叶进行的。最典型的方面是,作为西方马克思主义重要代表的法兰克福学派的一些理论家,遵循马克思的基本思想对社会心理层面给予了积极关注。较具代表性的有,阿多诺《权威人格》(1950 年)一书探讨了权威人格对于人们政治行为的影响,弗洛姆《健全的社会》(1955 年)等著作对于现代工业社会中的社会性格进行了分析。美国一些学者如布劳勒(Blauner)和伊奇昂里(Etzioni)等则从马克思的异化理论视野对社会心理进行了研究。

第二阶段的主要工作是从 20 世纪下半叶开始的。晚近时期一些重要的社会理论家对于社会心理层面进行了探讨。其中著名的代表有,吉登斯基于自己所建构的现代性社会理论,对于晚期现代性境况下自我认同的状况进行了分析。他认为,在晚期现代性境况下,自我认同出现了新的机制,其所具有的重要意义表现为:这种自我认同的新机制,一方面是由现代性制度所塑造的,但与此同时,它们也塑造着现代性的制度本身。吉登斯对自我认同的困境做出了独到的探究,通过他的分析不难看出,自我认同这一社会心理层面从一个独特的角度再现了晚期现代性所面临的问题。与其一贯的学术旨趣相一致,吉登斯提出了超越自我认同诸种困境的社会策略和政治策略。

　　现代心理社会学两个发展阶段的特点是,虽然社会科学中已经产生了社会心理学等学科,但是,一些社会理论家对社会心理的探讨没有受任何具体的专业化学科框架所局限,而是从各自的社会理论视野来探讨有关社会心理问题,所以,表现出了一种向经典社会理论特征的回归,但是,其与经典社会理论的探究之间所存在的一个重要区别在于:这些研究中运用了很多社会学、心理学和社会心理学的学科化概念,正因如此,我们把它看作是既接近于经典社会理论,又吸收了学科化优势的探索工作,是对社会心理的研究具有独特推动作用的知识形式。

第二章　社会心理学中心理变迁维度的缺场

　　　　社会心理学如此牢固地扎根于由历史和文化所决定的事件之中，这一事实已经使人们对社会心理学提出了两种主要批评。最激进的批评是由格根提出来的，他认为，社会心理学必须放弃想获得科学地位的企图。他断言，竭力确立社会行为的超历史的规律是一种方向性的错误。他劝告我们把"社会心理学看作历史"。

　　　　　　　　　　　　　　　　──莫里斯·罗森堡　拉尔夫·H.特纳

　　对于社会心理与社会结构及其变迁之间关系的探索是社会科学自诞生以来就一直延续的一个重要主题。对社会心理变迁的关注尤其是对心理现代性的探寻，则是现代化研究或发展社会学与社会心理学这两门学科之间相互交叉的产物。从某种意义上说，这一主题已经成为一门可称之为"发展社会心理学"学科的核心领域。①

　　作为一门学科的社会心理学在 20 世纪初叶就诞生了，而现代化研究或发

---

①从词义上说，"发展社会心理学"与早已为人们所熟知的"发展心理学"是完全不同的两门学科。"发展心理学"的研究对象和内容是个体生命周期中心理的发生、发展过程及其规律，而"发展社会心理学"的研究对象和内容则是在社会变迁或发展进程中，尤其是从传统社会向现代社会的变迁进程中，个体和群体的社会心理变迁、特别是从心理传统性向心理现代性转变的过程及其规律。

展社会学作为一门学科确立的时间则是在 20 世纪中叶。这两门学科有着许多共同的学术思想渊源,其中很多部分都关注到了社会心理在社会变迁中的作用问题。但是,在一个不短的时期里,这两门学科在各自的发展进程中并没有产生相互之间的联系,尤其是诞生时间较早的社会心理学,在很长一个时期里并没有对社会心理的时间维度或者说社会的心理变迁给予足够的重视。

应该说,正是得益于现代化研究或发展社会学的推动,在社会心理学研究领域终于形成了时间之维,换言之,出现了对社会心理变迁状况的关注,而现代化研究或发展社会学与社会心理学之间相互交叉的结果,则是促进了"发展社会心理学"这样一个极其重要的研究领域或学科雏形的形成,其中出现了一个具有核心地位的领域,即对于心理现代性的探究。

下面我们将做一个简短回顾,在社会心理学学科的产生以及发展进程中,是如何逐渐形成了与现代化研究或发展社会学的交互作用,尤其是在这种相互影响的过程中,是如何形成了心理现代性这一重要的研究领域。

第一节　社会心理学中心理变迁维度的缺失

在学科来源和学科性质上,社会心理学是社会学与心理学两大学科体系交界处产生的一门边缘学科,换言之,社会心理学的两个"母体"学科是心理学与社会学。

心理学作为一门独立学科诞生的标志是,德国心理学家冯特(W. Wundt)于 1879 年在莱比锡大学建立世界上第一个心理学实验室。但是,冯特所开创的传统心理学主要是对实验室中个体的"纯"心理或生理心理及其机制感兴趣,而对于社会心理方面并不关心。相反,从这种主流心理学中分化出来的一些分支,最早注意到社会心理侧面的内容。首先是病理心理学在 19 世纪中叶的发展,特别是作为特殊暗示形式的催眠术的运用,揭示了一个个体的心理受着另一个体的影响这一事实,从而促进了后来社会心理学中关于人际影响和社会互动等概念的产生。正是得益于暗示概念的启发,具有心理还原主义倾向的法国社会学家塔尔德(G. Tarde)在他于 1890 年出版的那本"值得在社会心理学发展的任何一种说明中简略提一笔"①的《模仿律》中,提出了以暗示、模仿为核心范畴来解释社会现象及其原因的社会模仿论——社会心理学最早的理论形态之一。其次,德国哲学家拉扎鲁斯(M. Lazarus)和语言学家斯坦达尔(H. Steinthal)于 19 世纪下半叶对民族心理学的研究,开始注意到了艺术、宗教、神话、习俗等社会文化因素对于民族心理发展及其差异的影响。总之,到 19 世纪下半叶,传统心理学在发展进程中受到了新的启迪:除了个体心理外,还存在着社会互动心理和群体心理;心理的发展与表现以生理为基础,但在很大程度上还受到社会条件、文化背景的影响和制约。这些认识昭示了心理学领域中亟待开拓一块崭新的领地——创立社会心理学的必要性。

　　社会学的问世,是由法国哲学家孔德(A. Comte)《实证哲学教程》第 4 卷于 1838 年出版所宣告的。

　　社会学从其诞生之日起就一直对社会心理在社会结构及其变迁进程中所扮演的角色给予了特别关注。许多经典社会学大师都对社会心理与社会变迁之间的关系进行过考察,留下了丰富的思想资源。从更具体的学科层面上看,在社会学发展历史的早期还形成了一个心理学派,这个心理学派的具体表现在于:第一,对社会生活中个体心理层面的关注。塔尔德是这一方面的代表人物,他把一切社会现象的产生视为个体之间相互模仿的结果。第二,对社会生活中群体心理层面的关注。这一方面的典型例子有法国社会学家迪尔凯姆(E. Durkheim)的集体意识理论以及美国社会学家沃德(L. F. Ward)和吉丁斯(F. H. Giddings)等人的类意识学说。社会学早期所形成的这种心理学派对于社会心理学学科的萌芽所起的催化作用在于,它看到了社会结构及其运行中存在的心理层面,并且强调这种心理层面对于社会结构及其变迁具有强有力的影响,尽管各个有关学说在具体看待社会结构与社会心理何者更为根本的问题上所表现出的观点不一定完全恰当。

---

① [美]J. P. 查普林、T. S. 克拉威克:《心理学的体系与理论》下册,林方译,商务印书馆 1984 年版,第 309 页。

　　由此可见,19世纪下半叶在心理学和社会学两大学科的发展过程中,几乎同时出现了一种相互接近的倾向,从而使两个知识领域之间产生了共同的"边缘性"问题。于是,从心理学和社会学的重叠处分化出了社会心理学这一门新的学科。

　　1908年,英国心理学家麦独孤(W. McDougall)的《社会心理学导论》和美国社会学家罗斯(E. A. Ross)的《社会心理学》这两部标志性著作不约而同地问世。因此,一般就把这一年看作社会心理学的诞辰之年。然而,这个年份还有一层深长的意蕴,即它同时表明了社会心理学从其产生之日起就与生俱来地存在着两种取向的学科传统。美国著名心理学史家墨菲(G. Murphy)对此曾做过经典性的阐述:

　　　　当社会心理学成型之时,它趋向于分为两支,一支是心理学家的社会心理学,着重社会情境中的个人,一支是社会学家的社会心理学,着重团体生活。①

　　关于两种取向的社会心理学的划分及其依据,苏联社会心理学家安德烈耶娃(Г. М. Анареева)也曾作过独到精辟的分析和论述。她指出,心理学和社会学这两门学科相互接近的结果产生了纯社会心理学知识的最初形式,其中影响最大的三种是拉扎鲁斯和斯坦达尔的民族心理学、塔尔德和勒邦(G. LeBon)的群众心理学以及麦独孤的社会行为本能论。根据德国学者吉布施和弗尔威格提出的对于最初社会心理学体系的分类原则——分析个性与社会的相互关系的方法,安德烈耶娃认为,对这一问题的解决可能有两种方法:一是承认个性占首要地位,二是承认社会占首要地位。她由此进一步指出,群众心理学和社会行为本能论是第一种解决方法的例子,即从"个人主义"的立场出发解决个性与社会之间的相互关系问题。民族心理学是第二种解决方法的例子,即从"集体

① [美] G. 墨菲、J. 柯瓦奇:《近代心理学历史导引》,林方、王景和译,商务印书馆1982年版,第607～608页。

的"立场出发解决个性与社会之间的相互关系问题。① 很显然,安德烈耶娃这里所说的第一种解决问题的方法,是划分心理学取向的社会心理学的依据,而第二种解决问题的方法,则是划分社会学取向的社会心理学的依据。安德烈耶娃指出,在最初的社会心理学的努力中,一开始就试图从心理学和社会学两个方面寻找解决问题的途径。如果按照心理学的解决办法,那么,必然从个体及个体心理出发来解决一切问题,因而向团体心理过渡的问题就没有多少精确的研究。如果从社会学角度解决问题,那么,表面上试图以"社会"为出发点,实际上是把"社会"本身溶解在心理学中,使社会关系典型地心理学化了。更为重要的是,安德烈耶娃强调:"这两种解决办法在社会心理学发展史的以后阶段都得到了继承,因此,应特别注意研究这种倾向是如何取得胜利的。"②

具体而言,作为社会学与心理学两大学科体系交界处所产生的一门边缘学科,这种学科地位导致了社会心理学从其诞生之日起就形成了并且在以后的发展进程中一直存在着两种不同研究倾向的社会心理学——心理学取向(也称心理学的、心理学家的或心理学传统的)的社会心理学(PSP, psychological social psychology),以及社会学取向(也称社会学的、社会学家的或社会学传统的)的社会心理学(SSP, sociological social psychology)。

自 1908 年之后,心理学取向的社会心理学和社会学取向的社会心理学一直在延续,成为社会心理学这门学科发展的两条主旋律。许多社会心理学家之所以在社会心理学一系列学科和实践问题上存在着差异和分歧,在很大程度上就是因为他们属于不同的研究取向。

一、PSP:真实社会场景与心理变迁维度的共同缺失

美国社会心理学家 G. 奥尔波特(G. W. Allport)的下述定义,可以说是关于心理学取向的社会心理学的代表性宣言:

---

① [苏]Г. M. 安德烈耶娃:《社会心理学》,南开大学社会学系译,南开大学出版社 1984 年版,第 28～31、34 页。
② [苏]Г. M. 安德烈耶娃:《社会心理学》,南开大学社会学系译,南开大学出版社 1984 年版,第 28～31、34 页。

很少例外,社会心理学家们认为他们的学科旨在试图了解和解释个体的思想、情感和行为如何受到他人存在所影响,而这种他人存在包括实际的、想象的和隐含的存在。[1]

1908年以后,心理学取向的社会心理学在社会心理学学科发展总体格局中占据了优势地位。这种情形的出现,在20世纪20年代之前主要得益于以下原因:达尔文进化论所取得的全面胜利,使将本能看作人与动物相联结的纽带,以之解释人类行为的动力,成为当时广泛盛行的社会行为研究方法和原则。正是在这种时代背景下,麦独孤成为社会心理学的"宠儿"。从1908年到1921年,他的《社会心理学导论》就连续印刷了14版之多。而在20世纪20年代以后,随着行为主义的兴起而产生的实验社会心理学虽然摒弃了对本能的研究,但继承了麦独孤注重个体的研究取向,把心理学取向的社会心理学推进到更崭新的阶段。

F.奥尔波特(F. H. Allport)在一系列实验研究的基础上,于1924年出版的《社会心理学》及其提出的"社会促进论",被公认为实验社会心理学诞生的标志。实验社会心理学是典型的心理学取向的社会心理学,其原因不仅在于F.奥尔波特运用实验室实验这一传统心理学的基本方法来研究社会行为,更重要的还是因为在研究取向上他"坚持主张社会心理学不是有关群体心理的一种研究,而是有关社会情境中的个人的一种研究。"[2]由于F.奥尔波特的巨大影响力,小群体实验研究迅速兴起,并成为西方社会心理学中长期经久不衰的研究模式。

从F.奥尔波特开始,直至20世纪70年代之前,心理学取向的社会心理学一直处于发展的鼎盛时期。其主要表现在以下三个方面:

1.经典研究的不断涌现

经常被援引的研究范例有:1929年瑟斯顿(L. L. Thurstone)和蔡夫(E. J.

[1] G. W. Allport, "The Historical Background of Modern Social Psychology" in G. Lindzey & E. Aronson (eds.), *Handbook of Social Psychology*. MA: Addison—Wesley, 1968, p3.

[2] [美]G. 墨菲、J. 柯瓦奇:《近代心理学历史导引》,林方、王景和译,商务印书馆1982年版,第614页。

Chave)开创了对态度的测量,并制定了第一个态度量表;1932 年李克特(R. A. Likert)对前二人的态度量表进行了改进,提出了一套现今已在舆论调查中广为运用的测量方法;1935 年谢里夫(M. Sherif)进行了有关社会规范形成的实验研究;从 1939 年开始勒温(K. Lewin)在早期提出的场论基础上开展了群体动力学研究;在谢里夫遗留问题的基础上,1951 年阿希(S. E. Asch)开展了遵从行为的实验研究;1963 年米尔格拉姆(S. Milgram)则进行了引起广泛争议的服从权威的实验研究。

2. 理论观点的纷呈林立

心理学取向的社会心理学的理论观点较为复杂,很少形成具有统一理论基础的完整学派,而更多的是属于在方法原则上方向大致相同的派别,主要可以划分为三大派别:

(1)精神分析派别。弗洛伊德(S. Freud)在 20 世纪初创立了精神分析的经典理论,他把“力比多”性驱力视为人的一切心理或行为的基础和动力。弗洛伊德的门徒阿德勒(A. Adler)和荣格(C. G. Jung)由于不同意弗氏的泛性论观点而自立门户,阿德勒建立了“个体心理学”,荣格则开创了“分析心理学”。弗洛伊德逝世后,精神分析运动的重心从欧洲移至美国,在美国形成了新精神分析学派,主要代表人物有沙利文(H. S. Sullivan)、霍妮(K. Horney)、弗洛姆(E. Fromm)、卡丁纳(A. Kardiner)和埃里克森(E. H. Erikson)。由于他们否定弗洛伊德关于“力比多”性驱力对心理或行为具有决定性影响的基本观点,并代之以强调社会环境和文化因素对心理发展的重要作用,因此,新精神分析学派又常被称为精神分析的文化学派或社会学派。从总体上看,新精神分析学派虽已从经典精神分析学以关注心理和本能的关系为重点,转移到以关注心理和社会环境关系为重点上来,但是他们在强调社会环境的作用时,其眼光往往局限于家庭氛围、人际关系等微观社会方面,而未能更广泛深入地涉及宏观社会领域。

(2)行为主义派别。1913 年美国心理学家华生(J. B. Watson)举起了“行为主义”的大旗,主张心理学只应研究有机体可观察的行为,并用“刺激—反应”公式来阐明人的一切行为都是环境塑造的结果。作为对华生行为主义只强调外显行为方面而无视内在心理过程的一种修正和超越,20 世纪 30 年代出现了以托尔曼(E. C. Tolman)、赫尔(C. L. Hull)和斯金纳(B. F. Skinner)为代表人物的新行为主义派别。托尔曼等人承认并研究环境刺激与行为反应之间的中介变量,而在作为逻辑实证主义和实用主义结合物的操作主义的影响下,斯金纳非常强调用先进的实验室实验方法和测量技术对行为进行精确分析。传统的行为主义和新行为主义对社会心理学都产生了巨大影响。华生的行为主义为社会心理学摆脱麦独孤社会本能论的困境提供了契机,新行为主义为实验社会心理学的诞生提供了依据,从而促进了社会心理学从经验描述阶段进入实验分析阶段的历史性转变。社会心理学中属于行为主义方向的许多小型理论大都是通过实验研究建构的,最负盛名的有米勒(N. Miller)、多拉德(J. Dollard)的"挫折—攻击"理论,班杜拉(A. Bandura)的社会学习理论等。然而,在此不能不指出,行为主义方向的研究策略上所固有的缺陷也埋下了日后社会心理学(尤其是心理学取向的社会心理学)面临困境的重要根源,因为这种研究策略上最明显的缺陷有两点:一是在研究范围上基本排除了对群体、特别是大群体心理或行为的探讨;二是在研究内容上,研究对象所处情境与真实的社会情境相距甚远。

(3)认知主义派别。认知主义派别的主要理论来源是格式塔心理学和勒温的场论。格式塔心理学重点关注人的知觉研究,认为传统心理学将知觉看作是各种感觉成分的总和是不正确的,而主张知觉一开始就具有整体性。勒温把知觉结构的格式塔观点转移到对人的行为结构的研究上来,认为行为的动力场是一种由个体、心理环境所构成的整体,而行为则是个体的需要与当时的环境相互作用的产物。如果个体产生了某种需要,便会引起他的心理紧张,从而与环境发生作用;只有当需要得到满足时,心理紧张才会消除,这一过程就决定了个体行为的不同表现。格式塔心理学与勒温的场论直接或间接地孕育了社会心理学认知派别的各种理论,主要有海德(F. Helder)的人际关系的认知平衡论、纽科姆(T. M. Newcomb)的沟通活动论、费斯汀格(L. Festinger)的认知失调论、奥斯古德(C. Osgood)和坦南鲍姆(P. Tannenbaum)的认知一致性理论等。认知主义方向的社会心理学家把人的行为变化放在人的心理需要与社会环境相互作用的有机系统中加以考察,为认识社会环境与人的认知过程、心理需要及其行为反应之间的关系和规律提供了丰富、精细的研究成果。然而,就这些成果所涵盖的范围来看,依旧未曾超出个体心理或人际互动等微观社会领域。

3. 应用研究的局部出现

心理学取向的社会心理学在 20 世纪 40 年代以前的工作主要致力于实验室实验研究。到了 40 年代以后,一些局部性的应用研究开始出现,这主要是因为第二次世界大战的爆发使社会心理学家不得不在一定程度上去面向现实社会生活,其中围绕信仰、偏见、说服、宣传以及态度的形成与改变等问题展开了一些研究。尤其引人注目的是勒温,他不仅是实验家、理论家,也是实践家,他提出的"行动研究"规划就是倡导社会心理学研究应该面向社会实际问题,并致力于解决它们。勒温及其追随者对于社会风气、种族歧视、婚姻纠纷、生产中的人事关系、组织中的领导人培养等问题进行了卓有成效的研究。在 20 世纪 50 至 60 年代,应用研究主要涉及提高劳动生产率、发展大众传播媒介、改进组织管理方法等实用性领域。

从总体上可以看到,直到 20 世纪中期,心理学取向的社会心理学中存在着两个重要的缺陷:一是缺失对现实社会层面的关注,二是缺失对心理变迁维度的关注。

二、SSP:宏观社会层面与变迁维度的缺失

狭义上的社会学取向的社会心理学,实际上仅只更多地关注微观社会层面,而没有涉及宏观社会层面,而且在研究中也缺乏对于变迁维度的关注。

美国社会心理学家埃尔伍德(C. A. Ellwood)关于社会心理学的定义,典型地阐述了社会学取向的社会心理学的研究宗旨:

> 社会心理学是关于社会互动的研究,它立足于群体生活的心理学,以对于群体所产生的人类反应类型、沟通类型和各种行动的解释为出发点。[1]

---

[1] G. J. Mccall and J. L. Simmons, *Social Psychology: A Sociological Approach*. New York: The Free Press, 1982, p9.

有一种观点认为,社会学取向的社会心理学大体上有两个不大相同的发展方向:一是在20世纪二三十年代,G.米德等人所发展的符号互动论学派;二是从20世纪50年代起,一些社会学家如英格尔斯(A. Inkeles)等人试图发展的社会结构与人格关系的研究,这种方向也被有的学者称为心理社会学。

实际上,第一种方向,即G.米德等人所发展的符号互动论学派,其理论主要来自社会学传统,而因为基本上没有开展经验研究,所以,在研究方法上主要是思辨式的,因此,也就难以充分地代表心理社会学范式;第二种方向,即英格尔斯等人进行的社会结构与人格关系的研究,在研究方法和理论上则主要来自社会学,所以可以说,成为心理社会学范式的代表,也更能代表社会学取向的社会心理学。①

从一定意义上可以把社会学取向的社会心理学划分为狭义的和广义的两个方面。狭义的社会学取向的社会心理学主要包括罗斯所发端、由G.米德等人所发展的研究取向;而广义的社会学取向的社会心理学既包括狭义的社会学取向的社会心理学方面,也包括英格尔斯等人所发展的社会结构与人格关系的研究等方面。下面所讨论的内容仍是狭义的社会学取向的社会心理学。

从罗斯所发端的社会学取向的社会心理学,其发展的态势尽管不如心理学取向的社会心理学那样显赫,但还是形成了社会心理学学科体系的另一条大动脉。

1. 理论研究地位显著

自20世纪20年代开始,当心理学取向的社会心理学通过一系列实验研究而蓬勃发展的时候,理论研究的兴趣却主要在社会学取向的社会心理学家身上表现出来。

(1)符号互动理论学派。美国社会学家、社会心理学家G.米德(G. H.

---

① 上述第二种研究倾向是更加学科化的心理社会学,也可以称作社会心理与社会结构及其变迁之间关系的研究,或者直接称作心理现代性的研究。这种更加学科化的心理社会学,是对早期经典社会理论大师所提出的心理社会学思想的继承,同时,由于受到学科化进程的影响,许多观点又进一步地具体化和细致化了。

Mead)集社会学家库利(C. H. Cooley)、托马斯(W. I. Thomas)等人思想之大成,提出了符号互动理论的经典思想。米德认为,个体的本质是社会性,人的独特之处在于能够运用符号,人的精神是在与他人的相互作用中形成的。因此,要理解人的社会行为就必须分析社会生活中的互动过程,考察人们借以调节和实现他们之间互动的符号的作用。米德逝世后,符号互动论被他的两个学生布鲁默(H. G. Blumer)和库恩(M. Kuhn)发展成为两个在观点和方法上有所差异的学派,即以布鲁默为代表的"芝加哥学派"和以库恩为代表的"艾奥瓦衣阿华学派"。

正如在心理学取向的社会心理学发展进程中,F. 奥尔波特是继麦孤独之后风云一时的人物一样,在社会学取向的社会心理学发展进程中,G. 米德则是继罗斯之后最重要的代表者。理由有两个:第一,米德的研究进一步体现和捍卫了社会学取向的社会心理学的宗旨,因为"米德分析的出发点和社会心理学的其他理论方向不一样,不是个别个体,而是被理解成群体中、社会中个体交互作用的社会过程"。[①] 第二,米德的符号互动理论直接孕育了社会学取向的社会心理学的大多数理论,主要有萨宾(T. Sarbin)的社会角色理论、海曼(H. Hyman)的参照群体理论、戈夫曼(E. Goffman)的社会戏剧理论以及莱默特(E. M. Lemert)的标签理论。

(2)社会交换理论学派。在社会学取向的社会心理学理论中,唯独社会交换理论是在符号互动理论传统之外形成的。美国社会学家霍曼斯(G. C. Homans)是社会交换理论的创始人,他的理论是在功利主义经济学、功能主义人类学和行为主义心理学等几种思潮综合影响下的产物。霍曼斯社会交换理论的焦点在于,通过考察人们在社会互动中付出的代价与得到的利润之间的关系来解释人的行为。另外两位美国社会学家布劳(P. M. Blau)和埃默森(R. Emerson)进一步发展了社会交换理论,他们把社会交换理论从对微观社会结构和过程的考察扩展到对宏观社会结构和过程的分析。

[①]〔苏〕Г. M. 安德列耶娃:《西方现代社会心理学》,李翼鹏译,人民教育出版社 1987 年版,第 156 页。

2. 经验研究的相继开展

从 20 世纪初期起，社会学取向的社会心理学所进行的经验研究或应用研究一直持续不断，较有影响的有，三四十年代对社区心理和社会流动方面的调查研究，其代表作有林德夫妇(R. S. Lynd, H. M. Lynd)的《中镇》和沃纳(W. L. Warner)的《杨基城》；30 年代由于世界经济萧条和社会动荡所引起的对公众舆论、恐慌、流言和谣言等方面的研究；1935 年美国社会学家盖洛普(G. H. Gal-lup)运用分层抽样方法进行了科学的民意测验；斯托弗(S. A. Stauffer)等人根据对美军人员素质和心理状况的调查，于 1949 年出版的《美国士兵》一书提出了"相对剥夺"的重要概念。

从社会心理学学科体系结构的角度来看，两种取向的社会心理学之间的差异性主要表现在以下几个方面：

第一，研究对象上的差异。心理学取向的社会心理学强调个体变量的重要性，而社会学取向的社会心理学则注重群体变量的意义。这种研究对象上侧重点的不同，是导致两种取向的社会心理学在研究范围、研究方法及其成果应用等一系列方面存在着差异的基本原因。

第二，研究范围上的差异。心理学取向的社会心理学主要是通过了解个体在学习过程中所形成的个人特质，以及特定社会情境中他人对个体的影响来解释人的社会行为。而社会学取向的社会心理学主要是通过考察人们在社会化过程中所获得的社会角色，以及人们的社会互动作用来说明人的社会行为。

对于两种取向的社会心理学在研究对象、研究范围上所存在的差异，美国社会心理学家麦考尔(G. J. Mccall)和西蒙斯(J. L. Simmons)用图 2—1 进行了比较说明。

	心理学传统	社会学传统
基本的解释因素 （产生于：） （从……而获得） （由……所激发） （整合为：）	个人特质 个体变量（生物的、经验的） 向他人学习 简单的物理环境（刺激） 人格 ⇩	社会角色 社会变量（地位、情境） （由社会组织实施的）社会化 复杂的社会环境（意义） 社会性自我 ⇩
被解释的基本现象	个人行为 （包括知觉、思想、感情）	社会互动

图 2-1　社会心理学的心理学传统与社会学传统之间的相似性和差异性

（来源：G. J. Mccall and J. L. Simmons, *Social Psychology：A Sociological Approach*. New York：The Free Press，1982，p. 11.）

　　麦考尔和西蒙斯指出，社会心理学两种传统之间存在的两个重要差别，表现为其研究对象的重点和研究方法的类型各有偏向。然而，尽管这些差异很重要，并且无疑已极大地促使心理学和社会学方面的研究者之间依旧持有分歧，但是，两种传统在社会心理学的研究途径上具有不可忽视的相似性：（1）基本的解释概念是人所形成的一种固定倾向，特质表明了个人的固定倾向，而社会角色则体现了社会文化的固定倾向。（2）这些倾向在人的核心部分被组成某种综合性本质，即人格或社会性自我。（3）这些倾向不被看作先天的，而被视为习得的，要么是通过与他人的"刺激—反应"而习得经验；或者是通过所处环境中各种群体实施的社会化这种有目的集体文化传递而习得经验。（4）这些倾向被认为是由环境的特征所引发的，要么是简单的物理环境（刺激，尤其是其他个体的行为或外表），要么是较复杂的社会环境（人、行为和情境的意义）。在麦考尔和西蒙斯看来，上述重要的相似性已使得两种传统的社会心理学家得以展望社会心理学的一种共同领域。而事实上，这些相似性在过去数年中已被越来越多地认识到,并能够使社会心理学家们更自由地向每一种传统去进行借鉴。①

第三,研究方法上的差异。心理学取向的社会心理学倾向于把实验法作为主要的研究方法,在一个时期甚至出现了一种极端倾向,即认为不使用实验室实验法的社会心理学都不具有科学性质。后来这种情况有所改变,在使用实验室实验法的同时,也采用现场实验、自然实验及其他方法。社会学取向的社会心理学主要采用的研究方法是社会学的基本调查方法,如问卷法、访谈法等。

以上方面仅仅是从社会心理学学科体系的角度,对两种取向的社会心理学之间在结构上的差异进行了静态的分析比较。然而,要想对两种取向的社会心理学在整个社会心理学学科中的地位与作用做出比较完整的评价,还必须从社会心理学的发展历程方面,对两种取向各自具有的功能及其体现加以动态的比较考察。

第二节　两种取向社会心理学的局限及其改进

从社会心理学学科发展进程来看,自 1908 年以来,心理学取向的社会心理学在西方社会心理学中一直明显地占据主导地位。这一状况首先表现在,20 年代以前麦独孤社会心理学具有强大影响,20 年代至 70 年代实验社会心理学和小群体研究成为社会心理学的发展主流;其次还有两个突出的佐证:一是,从1908 年至 20 世纪 70 年代所出版的近 200 本社会心理学教本中,有三分之二是心理学家所撰写的,而社会学家的著述仅占三分之一;二是,在现今公认的支配社会心理学研究的四大理论取向当中,有三种取向(即学习理论、认知主义和精神分析)源于心理学传统,仅只有一种取向(即互动理论)来自社会学传统。

心理学取向的社会心理学所呈现的这种长足发展态势与其两个哲学指导思想密不可分:一是,基础研究方向上的实证主义;二是,应用研究取向上的实

---

① G. J. Mccall and J. L. Simmons, *Social Psychology: A Sociological Approach*. New York: The Free Press, 1982, p. 10.

用主义。在实证主义指导下,心理学取向的社会心理学确立了以实验法作为根本的研究方法,强调对外显行为进行严格控制的精确分析;而在实用主义的指导下,心理学取向的社会心理学研究则直接与解决社会一些部门的实际问题结合起来。正因为如此,心理学取向的社会心理学研究的量化性质较强、成果数量较多、发展速度较快。

毋庸置疑,心理学取向的社会心理学对于促进整个社会心理学学科的进步做出了重要贡献。同时,它还体现了社会学取向的社会心理学所不能取代的独特优势:

第一,作为心理学取向的社会心理学重要代表方面的实验社会心理学的兴起与发展,加速了社会心理学彻底摆脱纯粹思辨、经验描述的初级阶段而步入到精确测试、定量分析的高级阶段的进程。社会心理学中的小群体实验研究具有思辨探讨和经验描述所不可比拟的先进性就在于:实验性尤其是实验室实验能对影响行为的因素进行严格控制与量化分析,易于找出精确的相关关系、因果关系,从而发现行为机制和规律,因此,有利于建立假设、实施研究、提炼结论、检验理论。

第二,与社会学取向相比,心理学取向的社会心理学所具有的特殊优势表现在:由于注重个体因素的研究,以个体特质作为解释社会行为的基本依据,而为了把握这种依据势必深入探讨个体的生理因素、经验成分、社会学习过程、他人的影响途径等较微观的领域。因此,心理学取向的社会心理学长于对微观、深层的社会心理层面及机制作出透视,从而便于建构各种小型理论乃至中型理论,如社会促进论、挫折—攻击理论、竞争与合作理论、认知一致性理论等都是这一方面的典型例子。

那么,心理学取向的社会心理学占主导地位的格局是否体现了社会心理学学科体系的最优化结构?是否代表了社会心理学学科发展的最合理趋向?要令人信服地回答这些问题,就不能不从社会实践这一检验社会心理学功效的根本标准方面来进行考察,因此,就不能不提及西方社会心理学发展进程中所出现的危机。

20世纪60年代末70年代初,西方世界尤其是美国出现了"二战"后最严重的社会危机,黑人运动、妇女运动、青年运动等风起云涌。各种社会问题的急剧出现向社会心理学提出了一系列迫切的任务,但是,习惯于在实验室和书斋里工作的社会心理学家们面对现实要求却束手无策,这种局面使得西方社会心理学遭遇到有史以来的第一次深刻危机。所谓危机,就是指社会心理学不能解决社会需要它解决的有关重大问题。于是,许多西方学者针对社会心理学的研究取向、方法论、学科结构等方面的问题,展开了一次广泛的反思和讨论。

在一些学者看来,西方社会心理学危机的一个重要原因就在于心理学取向的社会心理学长期以来占据主导地位。社会心理学家斯坦纳针对心理学取向的社会心理学的发展状况指出,到 20 世纪 50 年代,社会心理学逐渐向内收敛,不再关心外在较大的社会体制,而把注意力几乎全部集中在个人的内在状态和过程。到了 20 世纪 60 年代,社会心理学更具有强烈的个人主义特征而丧失了社会性。[1] 美国社会心理学家纽科姆的观点颇具代表性。他认为,社会心理学的主要问题在于不善于把心理学观点与社会学观点结合起来,而传统社会心理学中占优势的心理学观点的主要缺陷就在于:它"降低或忽略了被试者作为其成员的社会结构的本质"。[2] 英国社会心理学家阿米斯特德(N. Armistead)则更尖锐地指出,在心理学传统中,研究的问题往往是与社会情境、文化、时代无关的某些"一般社会行为规律",这种观点排除了关于社会心理现象的内容问题:社会态度怎样?群体的目的是什么?等等。"如果把获得一般规律的意图,与作为有机体相互作用的'社会性因素'的概念、实验室的实验方法结合起来,那么,社会心理学往往忽略行为得以实现的社会背景。心理学的社会心理学为什么陷入绝境,基本原因就在于此。"[3]综合各方面的观点来看,心理学取向的社会心理学主要存在以下方面的局限性:

第一,研究对象方面的问题。心理学取向的社会心理学以个体为研究重点,

---

[1]Ivan D. Steiner,"Whatever Happened to the Group in Social Psychology."*Journal of Experimental Social Psychology* 10:(1973)94—108.

[2]T. M. Newcomb, "Social Psychological Theory: Integrating Individual and Social Approaches."in J. Rohrer and M. Sherif (eds.) *Social Psychology at the Crossroads*. New York: Harper, 1951, pp. 31—49.

[3]N. Armistead (ed.) *Reconstructing Social Psychology*. Harmondsworth, UK: Penguin, 1974, p. 15.

从而不可避免地在很大程度上忽视了对群体、特别是大群体的研究,忽视了对决定社会心理的社会结构因素的探讨。由于往往只把个人存在或者许多人存在这种简单事实看作是"社会性因素"的标志,致使社会心理学的研究范围仅局限于个人至多是人际关系这种社会亚系统,而把决定个人行动的社会制度的基本特征排除在外,其结果便是形成了一种个人社会心理学。① 与此相应的情况是:"社会心理学中大多数理论是关于个体行为或个体间行为的理论,各种例证可以归结为,社会行为是一般行为机制对如下条件的适应,即对行为在他人当中实现的条件的适应。"②因此,如果以这种研究传统所得到的成果或理论来解释群体行为或社会行为,势必招致失败,原因在于群体行为与个体行为之间存在着质的区别。

第二,研究方法方面的问题。20 世纪 20 年代以后,心理学取向的社会心理学在研究方法论上主要接受新实证主义哲学的指导,把可证明性或可操作性原则作当检验知识的唯一方法,由此导致了两个方面的偏颇:一是,哲学方法论层次上的唯科学主义倾向,使社会心理学研究与社会哲学、价值理论相脱离,即保持所谓研究上的价值中立性;二是,具体研究方法层次上独尊实验法的倾向,把实验法尤其是实验室实验法视为衡量社会心理学是否属于科学的绝对标准。作为这两方面的结果,社会心理学研究远离真实的社会背景,而成为一种"真空中的实验",即一种对亚社会情境、甚至是非社会情境中的"社会行为"所作的研究。尽管这种研究也产生出了一批精致的小型理论,但是,它们从根本上就不具备干预现实社会问题的能力。正如墨菲所言:

> 从实验室中"社会助长"问题研究到理解校园内的动乱或国际间的仇恨还有很长一段距离。③

---

①S. Moscovici, "Society and Theory in Social Psychology." in H. Tajfel & J. Israel (eds.)*The Context of Social Psychology:A Critical Assessment.* New York-London ,1972, p. 57.

②H. Taifel, "Experiment in Vacuum."in H. Tajfel & J. Israel (eds.)*The Context of Social Psychology:A Critical Assessment.* New York, London:Academic Press, 1972, p. 93.

③〔美〕G. 墨菲、J. 柯瓦奇:《近代心理学历史导引》,林方、王景和译,商务印书馆 1982 年版,第 635 页。

第三,研究取向方面的问题。出于对新实证主义的科学研究准则的遵从,心理学取向的社会心理学要求严格地建构和检验假设,讲究严格的计算程序,要求精确的量化材料等,这种"方法崇拜"倾向直接产生出两种后果:一是,对理论研究的极端轻视,尤其是在实验法蓬勃发展的20世纪20年代,轻视理论的倾向达到了顶峰,以至于"谁要是仍然对理论感兴趣,谁就要冒风险,引起别人对自己专业知识的怀疑"。①二是,对应用研究的兴趣淡薄。虽然也曾出现过一些对微观社会领域中部分现实问题,如改善管理方式、增强广告效果、提高生产效率等方面的研究,但大都表现出浓厚的实用色彩,而在根本上则回避对尖锐社会问题的探讨。尽管20世纪40年代勒温等人不仅做出了一些理论方面的贡献,而且针对某些重大社会问题开展应用研究,但是,他们并未能够使社会心理学的研究取向从此发生重大改观。在勒温之后,社会心理学研究又退回了"象牙之塔"。②

鉴于心理学取向的社会心理学所存在的局限性及其一直在整个社会心理学学科体系中占主导地位的状况,许多学者提出,要使社会心理学发展成为有前途的学科,就必须对它的现状进行重大改造,使之能够真正地面向社会,有效地参与研究和解决社会现实问题。对此,美国社会心理学家卡尔·拉特纳曾精辟地指出:

> 要建立真正的社会心理学,就必须改弦更张,把当前这种抽象社会活动的研究改变为对社会关系的具体研究。③

就对现存社会心理学的改造而言,较具普遍性的意见是,除了亟待重新确立指导研究的方法论以外,最为重要的一个方面是必须调整社会心理学的学科体系结构,而其中关键一点就是应该加强社会学取向的社会心理学研究。法国

---

①[苏]Г. M. 安德列耶娃:《西方现代社会心理学》,李翼鹏译,人民教育出版社1987年版,第9页。
②[美]K. 杜加克斯、L. S. 赖茨曼:《八十年代社会心理学》,矫佩民译,生活·读书·新知三联书店1988年版,第377页。
③[美]卡尔·拉特纳:《美国社会心理学的历史与现状》,晨光译,《中国社会科学》1984年第2期。

社会心理学家莫斯科维西(S. Moscovici)的观点颇具代表性。他认为,一个迄今为止仍十分明显的倾向是,社会心理学是作为普通心理学的一个分支而存在,这恰恰妨碍了社会心理学与社会问题密切联系起来。因此,他坚决主张这门学科按另一种形式发展,即从社会角度研究社会心理学问题。①

　　一般而论,社会学取向的社会心理学的突出特征表现在,以群体变量为研究重点,以社会互动为主要研究内容,多采用能在较大范围内实施的研究方法,如问卷法、观察法、跨文化研究法等。因而其优势是便于把握宏观社会心理层面,敏锐地反映现实生活中的社会态度或社会情绪变化等问题,而研究成果干预社会实际领域的能力较强。因此,加强社会学取向的研究无疑是使社会心理学面向社会的合理策略。

　　但是,在这里我们必须充分注意到,以往社会学取向的尤其是符号互动论取向的社会心理学研究也存在着自身的缺陷,关键之点莫过于,对宏观社会结构、真实社会情境和现实社会过程的关注依然不够。因此,在这个问题上,莫斯科维西的呼吁仍是有启示作用的,他坚决主张,只有采取这一途径,即"广泛地在整个社会的范围研究社会过程,社会心理学才能得到发展"。②

　　总之,自1908年诞生以来的社会心理学,由于缺乏对宏观社会结构、真实社会情境和现实社会过程的关注,所以,它所研究的社会心理世界中其实一直缺乏时间和变迁的维度。在一定意义上,变迁维度的缺失成了这一学科的致命之伤。从另一个角度看,也是它重建和获得新生的重要支点和契机。然而,当学科化的社会心理学忽视宏观社会层面上社会心理变迁的时候,对于这种社会心理变迁维度的关注却在更广泛意义上的社会心理学中存在和持续,而这种更广泛意义上的社会心理学有时又被称作心理社会学。

①S. Moscovici, "Society and Theory in Social Psychology."in H. Tajfel and J. Israel (eds.) *The Context of Social Psychology*: *A Critical Assessment*. New York, London: Academic Press, 1972, p. 36.

②S. Moscovici, "Society and Theory in Social Psychology."in H. Tajfel and J. Israel (eds.)*The Context of Social Psychology*: *A Critical Assessment*. New York, London: Academic Press, 1972, p. 36.

第三节　心理社会学对社会心理变迁维度的重视

如前所述,一般意义上而言的社会学取向的社会心理学大致上有两个重要而又不相同的研究方向:一是符号互动论的研究方向;二是社会结构与人格关系的研究方向。前一研究方向主要是在 20 世纪 30 年代 G. 米德所提出的符号互动论基础上开始的,并由其追随者进一步发展成为符号互动论学派;而后一研究方向则主要是从 20 世纪 50 年代开始,一些社会学家或社会心理家,如英格尔斯等人,试图探讨社会变迁与人格变迁之间的关系。这两个重要的研究方向在学科知识、研究方法、探讨重点上是非常不同的。因此,它们之间很少会关注到对方所涉及的领域。唯一比较特殊的情况是,地位获得研究的威斯康星模式,希韦尔(W. H. Sewell)等人借用符号互动论"重要他人"概念,并置于对社会地位获得过程的考察中,因而使得对于社会结构因素与社会心理或人格因素之间的关系得以整合起来加以探讨。但是,这一点并不一定能够体现在社会心理变迁的研究中。

在社会学取向的社会心理学中,更加关注社会变迁与心理变迁之间关系的,更准确地说,应该是更加关注心理变迁与社会变迁之间关系的,不是符号互动论这一研究方向,而是社会结构与人格之间关系研究这一方向。当然,对于心理变迁在社会变迁中的具体作用,不同学者的观点之间存在一定程度的甚至根本性的差别。

因此,社会结构与人格之间关系研究这一方向,便带有了更多的社会学学科特征而非心理学学科特征,因此,有的人往往又把它称作心理社会学。这种心理社会学,不是早期经典社会理论家意义上的那种心理社会学,那种心理社会学的关键性特征表现为仍处在社会理论层面上,大致可以归属于社会学范畴,可以称为古典心理社会学;而前面所说的新近时期的心理社会学的关键特征则表现为已经处在学科层面上,属于社会心理学范畴,可以称为现代心理社会学,相当于广义上的社会学取向的社会心理学。

应该说,在古典心理社会学中就存在时间向度或变迁维度,即对社会心理与社会变迁之间关系的关注,或更具体地说,对社会心理变迁的探究。因为对社会结构与社会心理之间关系的考察,必然会在时间维度中涉及社会结构变迁与社会心理变迁之间的关系问题。

心理社会学的角色和地位之所以在20世纪50年代再一次地彰显,有着许多方面的原因:

第一,结构功能主义学派产生之后,在社会学甚至在整个社会科学中都产生了巨大的影响,对社会心理学的地位和作用也形成了一定程度的冲击。而在结构功能主义衰落之后,符号互动论成为因反对结构功能主义而异军突起的一个重要学派,而且它是社会学取向的社会心理学的一个重要代表。

第二,有一些社会学和社会心理学的学者在当代调查研究方法、尤其是量化研究和统计技术迅速发展的基础上,试图继承经典社会学大师、尤其是迪尔凯姆的社会学传统,进一步发展关于社会结构与人格之间关系的研究领域,而有人将这种范式的研究称为心理社会学,使之有别于学科化的社会心理学,包括心理学取向的社会心理学和社会学取向的社会心理学。

第三,极其重要的一个原因,源自当时的时代背景。进入20世纪下半叶,现代化理论(或发展研究)这一重要研究领域的兴起,在解释一个国家或社会的现代化发生和实现机制时,不可避免地涉及社会心理因素在其中所可能起到的具体作用,不论是促进性的作用,还是阻碍性的作用,甚至是无任何关联性,似乎都需要做出应有的说明。

前面曾经指出,在社会心理学作为一门学科诞生之后的很长一个时期中,一直存在着心理学取向的社会心理学和社会学取向的社会心理学。在心理学取向的社会心理学中,不仅缺乏对现实社会层面的关注,而且缺乏对心理变迁维度的关注;而在社会学取向的社会心理学中,既缺乏对宏观社会层面的关注,也缺乏对心理变迁维度的关注。可以说,缺乏对宏观社会心理层面变迁的关注,是心理学取向的社会心理学和社会学取向的社会心理学所表现出来的共同特征。

豪斯对于现代心理社会学的发展态势给予了充分的肯定。他将当代社会心理学划分为三个面相,即心理学取向的社会心理学、社会学取向的社会心理学和心理社会学。在他眼里,所谓的心理社会学,即社会结构与人格的研究领域。并且指出,心理社会学或者称社会结构与人格的研究的优点在于,将宏观社会结构、社会过程与个人心理特征和行为联系起来加以探索。宏观社会结构主要包括社会组织、社会职业、社会阶级、宗教、社区等领域,而社会过程则主要包括都市化、工业化、社会流动等方面。这些探索工作无论是在理论研究层面还是在经验研究层面都取得了十分丰富的成果,如许多社会学家研究了社会阶级与个人心理、都市化与心理压力及其适应、社会流动与变迁诉求、宗教伦理与社会发展等问题。①

　　心理社会学在研究取向上表现出符号互动论的旨趣所强调的对现实世界进行了解的精神,但是,它也更重视宏观社会结构的概念和量化的经验研究方法或实证研究方法,因此,这一特征与心理学取向的社会心理学强调研究工作的"科学性"具有一定程度的相似之处。然而,由于涉及的研究课题又与宏观社会结构和现实生活情境有关,在研究上基本上不可能运用实验方法来进行,所以,更多地倾向于采用非实验性的抽样调查方法,因此,又与以实验法为主的心理学取向的社会心理学的研究方法有所差别。

　　由于心理社会学的研究既没有像符号互动论一样明确的理论立场和特定的学派标签,也没有像心理学取向的社会心理学一样被公认的学科名称和研究范围,因此,在学科认同和学科建制上都一直没有形成清晰的框架。虽然有人以心理社会学或社会结构与人格之间关系研究来指称这一研究领域,但是,迄今为止,心理社会学似乎还不是共识程度很高的一个学科名称,例如,在有关出版物方面,几乎既没有心理社会学方面的专著,也没有心理社会学方面的学术期刊。相形之下,非常不同的是,心理学取向的社会心理学有两份重要的学术刊物《人格与社会心理学期刊》和《实验社会心理学期刊》,而符号互动论在20世纪70年代末期出版了这一领域的期刊。由此看来,心理社会学这一领域的

---

① [美]詹姆斯·S.豪斯:《社会结构和人格》,载[美]莫里斯·罗森堡、拉尔夫·H.特纳主编:《社会学观点的社会心理学手册》,孙非等译,南开大学出版社1992年版,第541页。

确存在学科认同危机，尤其是它很难与社会学本身明显地区别开来，当社会学家研究某一特定社会现象时，可能会同时考虑社会结构与社会心理这两个层面，甚至包括这个层面之间的关系。

我们前面曾经指出，有的学者是将社会结构与人格之间关系的研究看作社会学取向的社会心理学中的一个部分。换言之，如果把这种心理社会学看作是社会学取向的社会心理学的一个组成部分，那么，广义上的社会学取向的社会心理学应该包括两个部分：一个部分是狭义上的社会学取向的社会心理学，即符号互动理论学派等的研究领域；另一个部分是社会结构与人格之间关系的研究领域。

豪斯把社会结构与人格之间关系的研究领域或者说心理社会学看作社会心理学的三个面相之一，与心理学取向的社会心理学和社会学取向的社会心理学并列，有着其特殊的深意，那就是能够使社会结构与人格之间关系的研究或者说心理社会学的研究对象、内容、地位和作用表现得更加清晰。当然，这里所说的心理社会学，是学科化意义上的心理社会学，也可称为现代心理社会学，以区别于经典社会学理论中的心理社会学，这种心理社会学则可称为古典心理社会学。

我们必须看到，尽管心理社会学是一个在建制上还不很成熟的研究领域或学科雏形，但是，它对于社会心理学的最大贡献就在于它开启了社会心理研究中的时间维度，或者说，它开始了对于社会变迁进程中社会心理变迁的研究，尤其是深入探究了心理变迁的类型。正是从它发端，社会变迁的心理维度进入了当代学科化的社会心理学研究领域当中。

第二次世界大战期间，美国社会学家和心理学家对一些与社会心理有关的问题进行了研究。20 世纪 50 年代以后，一些社会学家在从事研究时往往倾向于采取心理社会学的研究方式。不少学者曾经试图把社会结构与人格之间的关系确立为重要的研究课题。其结果是，在一些年份当中，心理社会学的很多研究主题逐渐地被涉及，例如，科恩（Kohn）的研究探讨了社会阶级因素对于自我形象、人格、价值观形成的影响；英格尔斯、阿默尔（Armer）和斯耐伯格（Schnaiberg）的研究探讨了个人现代性与社会现代化之间的关系；费舍尔（Fischer)的研究探讨了都市居住经验对于个体人格和行为的影响；希威尔（Sewell）的研究探讨了地位获得过程中动机和抱负的效应；默顿（Merton）的研究探讨了人格与组织性角色表现之间的关系；希尔斯（Sears）的研究探讨了政治过程中的心理因素；等等。

如果就心理社会学试图将宏观社会结构与微观心理过程加以有机地联系这一目标来说，的确可以成为推进社会心理学发展的一个重要突破口。当然，从心理社会学已经取得的实际成就与贡献相比而言，与上述目标之间还存在相当的距离，主要原因在于，心理社会学已有的研究所涉及的范围非常广泛，在基本的社会结构与社会心理之间的联系上至今还没有得到实质性的理论解释，研究方法上存在着很多限制，以及这个领域在学科上存在着认同危机。尽管如此，它所积累的研究成果对于分析社会心理与社会结构及其变迁之间的关系还是提供了具有历史感的理论和方法知识积累。

可以说，在20世纪五六十年代，社会结构与人格之间关系的研究成了一个得到承认的专业领域。但是，进入20世纪60年代之后，社会结构与人格之间关系的研究似乎又呈现出衰落的态势。社会心理学日益分化为三个在不同程度上相互隔离的研究领域：心理学取向的社会心理学；狭义上的社会学取向的社会心理学，即符号互动论取向的社会心理学；社会结构与人格之间关系的研究或心理社会学。

心理学取向的社会心理学与符号互动论取向的社会心理学是得到广泛承认的两个领域。前者置身于心理学之中，后者置身于社会学之中。尽管这两者在理论传统、方法论取向以及核心问题探究上存在很大程度的不同，但是，它们对于宏观的社会结构和过程、以及这些结构和过程如何影响个体、群体的心理和行为并没有给予太多的关注。心理学取向的社会心理学日益把注意力集中在实验室实验以及与社会刺激有关的个体心理层面上；符号互动论取向的社会心理学则把注意力集中在使用自然观察法研究面对面互动上。

宏观的社会结构（如社会组织、社区、社会阶级、种族或民族群体等）、社会过程（如工业化、城市化、社会流动等）与个体的心理属性和行为之间的关系，这些本是社会结构和人格关系研究的实质内容，但却逐渐地变得不再是它自身的一个领域,也不构成社会心理学或社会学的一个具有一贯性的分支领域。原因之一在于,有许多不同的调查者加入了对社会结构与人格之间关系的研究,而他们的这些工作对于社会心理学其他领域中的进展并没有产生多少积极的推动力。

第三章 现代化研究对社会心理变迁的探究

当代社会科学中的许多研究,如果不是乔装打扮的社会心理学的话,都变成了对各种集团和组织的研究。

——伊曼纽尔·沃勒斯坦

在 20 世纪五六十年代,社会变迁中的心理维度得到了较大程度的关注,形成了一些重要的学科化的理论,出现了一些经典性的研究领域,留下了一些较有价值的学术财富。这些情况的出现无疑得益于两种学术潮流的互动,即现代化理论或发展研究的兴起与社会心理学、社会学研究传统之间的结合和交叉。

第一节 现代化研究的兴起与主要历程

当人类进入 20 世纪,在整个世界范围内出现了一个主导性的发展潮流,即现代化,它就是现代性的具体化。如果说"现代性"是一种哲学性和文化性表述的话,那么,"现代化"则是一种经验性和实证性表述。首先,在发达国家和地区,现代化取得的成就已经深入到每个角落;其次,在发展中国家和地区,现代化则成了政府和民众所预期的发展目标。尤其是进入 20 世纪 50 年代以后,由于作为一个重要学术研究领域的现代化研究的兴起与传播，人们对现代化的认知度和认同度进一步提高。然而，在学术理论界，关于什么是现代化，一直尚未达成共识程度较高的定义。不同学科视野对于现代化的侧重点不同，以至于所得出的界说不尽相同。更重要的是，在世界历史发展进程中，现代化的实质与特征也在不断地发生着变化。正因如此，对现代化的任何一项研究，都有必要从清理其最基本的内涵开始。

现代化研究进程的根本性标志可以从作为其最重要成果形式的现代化理论发展阶段表现出来。现代化理论从其产生至今的发展进程，大致可以划分为4个主要阶段：一是现代化理论的孕育阶段。这是社会理论中形成各种有关现代社会构念的时期。二是现代化理论的产生阶段。这是被正式称作现代化理论的重要学科领域问世并迅速扩展的时期。三是现代化理论的修正阶段。这是现代化理论经过自我反思与批判而不断修正的时期。四是高度现代化理论阶段。这是现代化理论面对新的历史背景和社会状况提出的问题而进行最新探索的时期。实际上，在现代化理论研究领域，第二个阶段的现代化理论也被称为狭义上的经典现代化理论。而本书所说的经典现代化理论，是广义上的所指，包括了第二阶段和第三阶段的现代化理论。

一、现代化理论的发展进程及其主要阶段

1. 现代化理论的孕育阶段（19世纪初期至20世纪中期）

社会理论的形成与人类社会现代化潮流之间几乎是同步的。一方面，它是现代化运动的一种知识反映；另一方面，它从一开始就参与到对现代社会的建构当中。在社会理论的初创时代，社会理论大师们都对社会变迁表示了极大的关注，其中很多人的理论体系中都内含着一种从传统性迈向现代性的社会转型学。为了描述社会转型而建立的各种社会类型学，以及在此基础上形成的社会转型学构成了社会理论遗产的一个重要组成部分，这些社会转型学的旨趣中似乎都呈现出一种共同点：解释与传统社会性质完全不同的现代社会的来临，这种社会转型学主要是从两种依据来加以发展的：一是基于社会进化阶段的划分，以孔德、斯宾塞为代表；二是基于传统与现代的划分，即两分法，以韦伯、滕尼斯、迪尔凯姆等为代表。

从动态的角度上看,这些以社会类型学为基础而体现了时间维度的社会转型学,从不同的视点描述了从传统社会向现代社会的变迁。基于两分法的社会转型学的具体内容主要有:韦伯的从传统主义社会到理性化社会,圣西门、孔德、斯宾塞的从军事社会到工业社会,滕尼斯的从共同体到社会,迪尔凯姆的从机械团结社会到有机团结社会,贝克尔的从宗教社会到世俗社会,梅因的从身份社会到契约社会,等等。此外,20世纪下半叶以来的社会理论中出现了基于三分法的社会转型学,它所描述的是从前现代社会到现代社会再到后现代社会的变迁进程,如里斯曼的从传统导向的社会到自我导向的社会再到他人导向的社会,鲍德里亚的从象征性交换的社会到生产性交换的社会再到符号性交换的社会,等等。

尽管大多数社会学奠基者各自的视角不同,但在表述现代社会的特征上却呈现出一个与韦伯命题相似的思想特征:现代社会的产生得益于理性化的力量或机制在人类思想、行动、组织结构、社会进程等各个领域或层面的全面渗透,换言之,现代社会的最重要内在特征是理性化所促成的现代性。

2.现代化理论的产生阶段(20世纪50—60年代)

现代化理论是关于人类社会总体以及具体层面上的国家或地区进行现代化的条件、路径、模式和规律的社会科学研究领域及其成果的统称。但在实质上,我们不能不指出,现代化理论更多的是关于欠发达国家如何实现现代化这样一种探索的成果,而这种探索往往是以先行发达国家的现代化经验作为参照系的。正是在这一点上,与我们所要论及的高度现代化理论不同,而后者是探索已经实现了现代化目标的发达国家发展状况的理论。

作为一个专门的学术领域,现代化研究兴起于20世纪50年代末期,并迅速成为社会科学中一个多学科交叉探索的重要主题。美国的一些社会学家、经济学家和政治学家最先开始对现代化问题的讨论。1951年6月在美国社会科学研究会经济增长委员会主办的学术刊物《文化变迁》编辑部召开的学术讨论会上,学者们认为,使用“现代化”一词来说明从农业社会向工业社会的转型是比较合适的。1958年丹尼尔·勒纳出版《传统社会的消逝:中东现代化》一书,指出从传统社会向现代社会的转型就是现代化。1959年美国社会科学研究会比较政治委员会举行了政治现代化问题的研讨会,随后于 1960 年出版了阿尔蒙德和科尔曼的《发展中地区的政治学》一书。这些事件标志着现代化研究这一重要学术领域的开端。

进入 20 世纪 60 年代,西方学者从不同的学科角度对于现代化问题进行了更深入、广泛的探讨,一批较有影响的现代化研究著述相继面世,主要有:罗斯托《经济增长的阶段:非共产主义宣言》(1960 年)、沃德和拉斯托《日本和土耳其的政治现代化》(1964 年)、列维《现代化和社会结构》(1966 年)、布莱克《现代化的动力:比较历史研究》(1966 年)、艾森斯塔特《现代化:抗拒与变迁》(1966 年)、维纳《现代化:增长的动力》(1966 年)、亨廷顿《变化社会中的政治秩序》(1968 年)、英格尔斯《迈向现代:六个发展中国家的个人变化》(1972 年)。这些著作使现代化研究形成了基本的理论框架。

这些经典的现代化理论,不仅涉及世界现代化进程中的不同地区和国家,而且涉及现代化进程和状态的不同领域。换言之,现代化理论是一种由诸多具体领域的理论学说所构成的一个主题化的理论体系。

根据不同的标准,可以将现代化研究划分为不同的派别。一种最基本的划分方法是根据其研究对象或理论内容涉及的领域,而将现代化研究划分为以下几种主要派别:政治现代化派别,代表人物有伊斯顿、阿尔蒙德、阿普特和亨廷顿等;经济现代化派别,代表人物有罗斯托、弗兰克、格尔申克隆和库兹涅茨等;社会现代化派别,代表人物有帕森斯、列维、勒纳和穆尔等;文化现代化派别,代表人物有林顿、多尔、本迪克斯等;心理现代化派别,代表人物有英格尔斯和麦克莱兰等;比较现代化派别,代表人物有布莱克和艾森斯塔德等。

第二,根据理论来源的学科特征而划分的现代化理论流派主要有以下几个:(1)结构—功能学派。重点研究传统性和现代性的转变及其比较。其基本观点认为,现代化是从传统社会向现代社会的转型。代表人物有帕森斯、列维、穆尔等。(2)过程学派。重点研究现代化这一转型过程的特点和规律。其基本观点认为,现代化是从农业社会向工业社会的转型过程,这个过程包括一系列阶段和深层变迁。代表人物有罗斯托等。(3)行为学派。重点研究人的心理现代化问题。其基本观点认为,社会现代化与个人心理和行为的现代化之间存在密切关联。代表人物有英格尔斯等。(4)实证学派。重点是对现代化过程进行实证研究。其基本观点认为,各国的现代化过程具有不同特点。代表人物有亨廷顿、格尔申克隆等。(5)综合学派。重点是开展现代化的比较研究、发展模式研究、定量指标研究等。其基本观点认为,现代化涉及人类社会生活各个方面的深刻变迁。代表人物有布莱克等。(6)未来学派。重点研究人类社会未来的发展趋势尤其是发达国家未来的发展趋势。其基本观点认为,人类社会未来发展的趋势是可以预测的。代表人物有贝尔、托夫勒等。

3. 现代化理论的修正新阶段(20世纪60—70年代)

这一个阶段的现代化理论发展态势包括了两个主要方面:一是,对此前已经形成的现代化理论内容进行了反思与批判;二是,在反思与批判的基础上进一步形成了现代化理论的一些新成果。

进入20世纪60年代后半期,现代化理论在理论探讨和经验研究两个层面上都受到一些学者的批评。这种批评主要集中在以下几个方面。

第一,现代化理论的关键词"传统社会"与"现代社会",作为对处于不同发展程度的社会的一种分类,难免过于牵强。因为这两个概念实际上可以标示发展程度差异极大的各种社会。"传统的"标签可以贴在许多前工业化社会上面,然而,这些社会却可能具有各自非常不同的社会经济结构和政治结构,例如,有的是封建社会,有的是部落社会。而要认识这些社会正在发生的变迁将会产生什么后果,则需要从历史的角度进行纵向考察。现代化理论关于传统与现代的观点中所暴露的基本缺陷就在于,把仅仅带有特殊性的事物变得普遍化了,而缺少对不同社会的历史文化特征进行深层分析。现代化理论的核心概念基础是建立在"传统性"与"现代性"对立之上的,而"传统性"在实质上则是作为"现代性"确定之后的一种"剩余概念",因此,"传统性"概念往往由于其内容过于包罗广泛而显得含义不是十分清晰;另外,社会发展进程被人为地做出了纯粹的传统与现代的截然两分,与客观现实情况也不相符合。还有,把现代化这种世界性的发展进程解释为由传统社会向着某种单一的现代性模式即西方社会所发生的单线性渐进变迁的过程,则表现这种理论所蕴含的西方中心主义色彩。

第二,虽然现代化理论提出了社会发展的基本路径问题,但是,对于发展的具体过程的关注程度却显得不够,这成为一个严重缺憾。现代化理论除了提及需要不断进取的态度和经济上的成就动机之外,似乎未曾充分地说明是什么样的机制促使社会产生如此剧烈的分化过程。

第三,现代化理论关于工业化和城市化必然导致家庭关系纽带变得日益松弛的观点,同样受到了质疑。一些研究结果表明,某些大家庭体制在现代经济条件下依然存在,而且往往还发挥着积极作用。对于城市里中产以下的阶层,以及到城市中寻找职业的人们而言,大家庭仍是他们的主要支柱。认为城市化丝毫不会改变家族关系这样一种观点固然不正确,但认为城市化会彻底破坏家庭关系的价值这样一种看法也是错误的。实际情形表现为,家庭关系及其影响依然存在,但与城市化之前的时期相比确实发生了变化。

第四,现代化理论中的一些具体学说也存在某些不妥之处。如麦克莱兰的成就动机理论,在援引韦伯思想的过程中,对韦伯的原意做了一定的曲解。最典型的地方表现在,把韦伯所强调的宗教信念下降为一种心理需求,而且把一种长期存在的心理需求作为一个特殊时期的现象来看待,尤其是当作了经济增长的特殊动因来理解。①

第五,现代化理论没有辩证地对待传统文化与价值观。现代化理论往往将传统文化视为有碍于经济发展,但却不知,被看作传统文化重要特征的保守性,其更深层原因则在于农业社会中人们的无保障状况,如农民被政治和社会体制牢牢地束缚在土地上,因而一旦发生社会经济变革,他们便会首先感到动荡不安,而他们的保守性反映了无保障环境中寻求稳定的意向。另一方面,现代化理论宣称,由于社会发展,"传统的"世界将受到现代价值观和态度的推动而进步。然而,有证据表明,经济的增长和现代社会的到来,并不一定意味着人们将抛弃所谓"传统的"价值观或信念、行为方式。人们甚至还可以看到,即使是在"现代的"工业社会中,"传统的"价值观不仅继续存在,而且其所起的作用可能

---

① 我们认为,对这一批评则应该做出更全面的分析,因为现代化理论中的心理学说有多种,一般而言,在强调心理因素的重要性时,有关学说也是预设了一些前提条件的,心理能动作用之所以在现代化进程中发挥重要作用,无疑是与经济基础、社会安排和政治制度因素等客观层面的成熟分不开的。

还会更大。

第六,现代化理论遭到最强烈指责的一个方面是,认为它完全无视殖民主义和帝国主义对第三世界国家现代化进程的影响。而且它也未能正视经济增长在很大程度上取决于对资源的控制权这一关键问题。正是对现代化理论进行反思与批判的过程中,重点强调经济权力的不平等和由此造成冲突的观点,构成了依附理论或欠发达理论的基本内涵。在这种理论看来,第三世界国家的经济落后与低水平发展的原因并非是由于它们的前现代,即前资本主义结构,而是由于它们在资本主义世界经济体系中处于依附地位造成的。这种经济体系形成的宗主国与卫星国秩序,是一种帝国主义剥削与落后国家被剥削之间的关系,这一点才是问题的实质。

综上所述,关于现代化理论存在的缺陷,可以归结为主要的一点:现代化理论是一种过于简单的发展理论,它缺乏两个基本内容:一是缺乏深入的历史阐释;二是缺乏充分的结构分析。从历史的角度看,它忽视了大量的历史证据,而这些证据说明,经济增长不能简单地归结为用现代的价值观念和制度去取代传统的相应方面;从结构的角度说,现代化理论没有揭示诸如引进技术或扩大市场这一类经济增长因素在发挥作用时如何受到现存社会关系的制约,并且对构成社会关系的社会权力与社会阶级的不平等问题,却完全为现代化理论所忽视。[1]

在20世纪七八十年代,现代化理论经历了反思与批判,在回应诸多挑战的过程中,也得到了进一步发展,形成了更加丰富多样的理论形式和内涵。20世纪80年代以后,现代化理论衍生出了许多流派或分支,如世界体系论、发展社会学、历史社会学等。这些理论流派或分支开始注重现代社会变迁中传统性与现代性之间的辩证关联,并且开始注重现代化在不同地区,尤其是在第三世界国家的实现方式问题。而第三世界的一批学者结合对本国国情的思考,对现代化理论发展做出了许多有益的探索和贡献。至此,现代化理论在原已形成的理论影响的基础上又进一步得以扩展。

---

[1][英]安德鲁·韦伯斯特:《发展社会学》,陈一筠译,华夏出版社1987年版,第34~39页。

总之,自现代化理论产生之后,直至发展到 20 世纪 70 年代的成果形式可以称为经典现代化理论。经典现代化理论是解释自工业革命以来到 20 世纪 70 年代人类社会变迁和发展的重要理论形式,在社会科学领域中的地位是其他任何理论形式都不可能完全取代的。

20 世纪 70 年代之后,西方发达工业国家出现了社会变迁与发展的新状况与新特征,这些新状况与新特征则是经典现代化理论所不能解释的,因此,适应时代和社会的需要,又产生了可称为高度现代化理论的理论形态。

第二节　现代化研究与社会心理学的交织

如果说经典心理社会学(社会理论层次上的心理社会学)是最早对社会心理与社会结构、以及社会心理变迁与社会结构变迁之间关系给予关注的知识领域的话,那么,现代化研究(发展研究或发展社会学是它的更完善的形式)则促进了这种关注的更加深入。具体表现为,对这一领域的探索提出了更加丰富的学科理论和方法知识,而且对于社会心理变迁类型与社会变迁类型及其关系的探讨成为强化社会心理学中时间维度或者说开启探索社会心理变迁维度的一种强力助推器。不仅如此,正是由于发展研究或发展社会学与社会心理学之间的相互作用、相互交叉,于是,促进了一个新的学术领域——发展社会心理学的形成。

一、发展研究对社会心理领域的关注

在发展研究或现代化理论中,实际上,一直存在基于不同取向的两种研究视角:第一种视角是以社会结构为基点来考察社会的不发达状态及其迈向现代化的问题。而在具体分析不发达状况的原因、特点以及变迁的必要条件时,这种视角强调的是历史、经济、社会因素的作用。大多数研究者采取的是这种视角。第二种视角则是以社会文化结构和心理行为模式为基点来考察不发达状态及其迈向现代化的问题,因此,比较强调文化、价值观、心理倾向等因素的作用。属于这一视角的理论认为,文化、价值观、心理倾向不仅是社会变迁的前提

条件，而且在现代化进程中也扮演着促进性或阻碍性的重要角色。所以，要理解发展过程，就必须充分地认识这些因素，尽管采取这种视角的研究者属于相对少数。部分人士认为文化和心理属性是发展的基本决定因素。而在大多数学者看来，在形成一种系统的发展研究的过程中，就应该考虑这些主观因素。①

换言之，关于现代化或社会变迁的研究领域中，有两种基本的研究分析视野：一种是社会结构视野的社会变迁研究，一种是文化—心理视野的社会变迁研究。而正是文化—心理视野的社会变迁研究，最终促进了发展社会心理学的形成。不过应该看到，这一促进过程并非一蹴而就，而是得益于两种研究视野在现代化研究中地位和作用的不断消长。

20世纪60年代，当现代化理论处在如日中天的鼎盛时期，社会结构视野的社会变迁研究与文化—心理视野的社会变迁研究之间似乎相当协调一致，甚至可以说在某种程度上互为支撑。当时似乎达成了这样一种共识：现代化过程在社会层面上的标志主要表现为工业化、城市化、世俗化、社会流动、大众传播等过程；而伴随着现代化在社会层面上所表现出的一系列过程，现代化在个人层面上也将表现出一系列的特征，如具有移情能力、重视个人效能、思维活跃、善于合理规划、强烈的社会参与倾向等。更为重要的是，这种共识认为，正如早发型现代化西方国家的经历一样，晚发型现代化国家也将沿着相似的道路而变迁发展：社会结构层面的变迁与社会心理层面的变迁结合在一起，这正是现代化所导致的最终结果。而当代西方社会所形成的制度安排、社会特征以及价值观念，正是这种结果的典型表现形式。

但是，随着学术界对现代化理论的批判之势越演越烈，社会结构视野的社会变迁研究与文化—心理视野的社会变迁研究这两种观点之间的外在一致性也开始出现了裂痕。对现代化理论的批判主要是针对其社会结构视野的社会变迁观方面，但是，有的学者对现代化理论中很少采用文化、心理方面的概念或者说很少关注文化、心理层面也进行了猛烈抨击。

①［美］A. 巴洛齐齐：《发展的社会心理学分析》，谢立中、孙立平主编：《二十世纪西方现代化理论文选》，上海三联书店2002年版，第711页。

在更晚近的时期,一些地区或国家在发展进程所出现的一些现象或趋势似乎表明,文化、社会心理因素在发展进程中具有重要作用。例如,非西方世界的一些地方出现了宗教复兴运动;东亚诸国都取得了令人注目的经济成就,而这些经济成就与其本国的文化价值之间至少是存在着密切联系的。这一切都表明了文化与社会心理因素在发展过程中所扮演的重要角色。对于上述现象,固然也可以从社会结构视野做出这样或那样的分析和解释,但是,只要没有把文化、心理因素对于社会变迁的作用考虑在内,那么,这些分析和解释就肯定是不充分的、有局限的。

然而,多少有些令人欣慰的是,在第二次世界大战之后,尤其是对非西方社会的发展研究或现代化研究中,把发展社会心理学研究放在了一个重要地位上。学者们在研究社会变迁时,"传统"与"现代"一直是一个争论的主线,它涉及的不仅是社会类型,还包括文化类型和心理类型,因此,心理传统性与心理现代性的问题也就呈现出来。而研究心理传统性与心理现代性的问题也就从一个具体的领域并且是一个最强有力的领域,促进了一种"发展社会心理学"。①

所谓"发展社会心理学",从字义上最简明地说,就是研究社会发展进程中的社会心理变化状态及其特征的一种学科,或者说,就是研究社会变迁进程中社会心理变迁维度的一种学科。在此之前,心理学取向的社会心理学不仅没有研究心理变迁维度,而且也没有研究真实社会层面;狭义上的社会学取向的社会心理学实际上只研究了微观社会层面,而没有研究宏观社会层面,也没有研究心理变迁维度;经典心理社会学研究了宏观社会层面,也研究了心理变迁维度,但是,对微观社会层面和社会心理机制研究得不够,而且没有形成一个具有包含比较成熟的概念、理论和方法的研究领域或学科范畴。而可以称之为一个学科的"发展社会心理学",则体现了三个重要特征:第一,克服了心理学取向的社会心理学忽视真实社会层面、心理变迁维度的缺陷;第二,克服了狭义的社会学取向的社会心理学忽视宏观社会层面、忽视心理变迁维度的缺陷;第三,克服

①［美］A.巴洛齐齐:《发展的社会心理学分析》,谢立中、孙立平主编:《二十世纪西方现代化理论文选》,上海三联书店 2002 年版,第 711~715 页。

了经典心理社会学忽视微观社会层面和社会心理机制的缺陷。

二、促进发展社会心理学成形的学术背景

进入 20 世纪 50 年代,发展研究或现代化理论对于心理传统性与心理现代性的关注日益加强,使得发展社会心理学逐渐成形,并成为一个热门的研究领域,从而也成为发展研究或现代化理论的一个重要分支——发展研究中的心理学派或现代化理论的心理学派。

关注探讨心理现代性这一研究趋势,实际上是受到几种学术潮流所强力推动的。这些学术潮流有的甚至出现在 20 世纪较早的一些时期,正是在它们的影响下,现代化研究与社会心理学之间出现了相互交织的情况。换言之,在现代化研究中增加了对社会心理层面的关注,而在社会心理学研究中则增加了对宏观社会层面和心理变迁维度的关注,于是,在这两种作用力之下,发展社会心理学的学科框架与内涵逐渐地成形了,其中心理现代性首先被作为一个标志性的领域。下面让我们首先看一下推动发展社会心理学成长的几种学术潮流的产生与演变情况。

第一,文化—人格学派和国民性研究的影响。这个学派于 20 世纪 30 年代产生,并在此后的 20 年中非常活跃。在 20 世纪早期,人类学家、心理学家和精神分析学家都非常关注个体人格在理解、解释社会和社会体系的相似性和差异性方面所起的作用。后来,社会学家和政治科学家也加入了这个行列之中。

在知识来源上,这一学派深受精神分析学说的影响,它主要用一种独特的方法来研究个体与其所处社会文化环境之间的关系。在对非西方前工业化社会的研究中,人类学家、精神分析学家、社会学家大多采用这一学派的观点和方法,即试图探寻社会成员的人格特征与社会形态和社会变迁之间的关联。文化—人格学派的一个核心命题就是:在任何一个社会中,由于社会成员都会拥有某种相似的童年经历,于是,他们中便可能形成一种基本的、模式化的人格结构。而这种人格结构反过来将会影响和塑造他们所处社会的文化制度,包括宗教活动、民间习俗、庆典仪式等,并且通过各自不同的功能把这些文化制度融合成为一个整体。

文化—人格学派的最早动因来源于人类学家弗兰茨·博厄斯(Franz Boas)

及其学生玛格丽特·米德(Margaret Mead)和露丝·本尼迪克特(Ruth Benedict)的工作。

在20世纪初期,人种志学者在世界许多地方开展了研究工作,他们对于人类行为和社会组织的文化相对性形成了较深刻的认识。人类的习惯和实践的差异性很大,尤其是在原始社会中这种差异性就更大,可是,大部分社会却能长期保持一种相当稳定的状态。这似乎表明,并不存在任何普遍的人性,因为遗传的或心理的因素并不能解释他们所观察到的变异性。

玛格丽特·米德的经典性研究成果《三个原始社会中的性别与气质》一书揭示的情况是,不同部落中人们的行为和情感模式之间存在的差异是由文化所决定的,它是社会作用于个体的一种结果,这也就是说,是文化塑造了个体的人格。对于这种塑造作用的具体机制,玛格丽特·米德未及具体阐明。原因在于从20世纪20年代至50年代,心理学和精神分析学被那种把人格作为某种一致性动力系统的概念统治着,最明显的便是弗洛伊德的概念。文化—人格研究也是如此。然而,认知主义和行为主义对这样一种人格概念的有效性提出了挑战,人格研究日益演化为对各种心理属性方面的持久的个体差异的研究。人格这一术语越来越具有这样的含义,即稳定而持久的心理属性。

心理学理论的发展则弥补了这一点。20世纪20年代至50年代心理学的主要理论,不论是学习理论还是心理分析学说,都强调儿童社会化和人格发展过程中早期经验的重要性。心理分析学说通过心理治疗学家阿伯拉姆·卡丁纳(Abram Kartiner)与人类学家的合作,变成了文化与人格研究的支柱性理论。卡丁纳认为,社会的秩序、凝聚力和稳定性来自共享某种"基本人格结构"的社会成员,"基本人格结构"反过来也变成社会的初级制度,尤其是儿童教养的一种产物。这些初级制度不仅通过一代一代地传递社会和文化模式,而且它们本身也是这些模式的决定因素。

在第二次世界大战期间以及战争结束之后,由于战争和管理战败国等方面的需要,一些人类学家、心理治疗学家等受其政府委托,开始了一系列的"国民性"研究。在这些研究中,学者们使用"文化—人格"学派的概念和方法来分析复杂的现代国家及其民众。这些研究的目的表现为,在不同民族或社会中,辨别并分析其社会成员的主要心理属性、信仰体系、行为动机的特征,并尽可能地用社会成员共同的社会文化背景、童年期经历来解释这些特征。这些研究在一般公众中受到欢迎,但在学术界的反应却并不佳。虽然其中部分研究不乏某些有价值的洞见,然而,其研究风格却常常表现为浮光掠影式的肤浅。而且这个学派自信能够促进不同文化之间达成理解和沟通,所以,经常过分地夸大这些研究对于解决国际冲突的价值和作用。总之,这一系列"国民性"研究虽然也表现出一些独特的优点,然而,其所存在的缺陷似乎是更为主要的方面。

在 20 世纪 20 年代至 50 年代,尤其是这个阶段的早期,对于整体性社会的比较研究成为社会学和人类学的一个重要特征,正像对于整体性人格或个性的比较研究成为心理学和心理治疗学的一个重要特征一样。这两种取向在社会结构与人格之间关系的研究中相互交叉,于是,合乎逻辑地促成了"文化与人格"研究或"国民性"研究。

进入 20 世纪 50 年代,整个文化—人格学派、国民性研究领域的工作,在学术界受到了严厉批评,批评者指责这一类研究的主要缺陷在于无法收集有关个体人格特征和特殊教养经历的系统化和代表性的资料。因为在这一类研究中,人格特点和教养经历是从对外显行为模式的观察中推断或演绎出来的。然而,对于推断文化或社会结构的性质来说,这些外显行为模式也只是一种资料。从基础上看,有关人格及其形成的有关理论,如心理分析理论,只被用于分析社会和文化方面的资料上。虽然未曾在经验上被证实,但却被假定为:共享的行为模式是由共享的人格模式所产生的结果,而共享的人格模式又是共享的教养经历所产生的结果。这些假设不论是在经验层面上还是在逻辑层面上都已被证明是错误的。

到了 20 世纪 50 年代后期,"文化—人格"学派、"国民性研究",作为一种学术领域迅速衰落下去。但是,这些研究却留下了一种非常重要的启示,即可以用一种或几种人格特征来概括说明整个社会大多数成员的特点,并且可以通过分析这些人格特征来研究这个社会的文化制度与政治制度。在这种观点影响下,后来许多非西方社会的发展研究都试图把个人行为与社会政治背景联系起来加以考察,换言之,它促进了社会结构与人格之间关系研究再次成为一个重要研究领域。

第二,社会结构与人格之间关系研究的影响。尽管在社会心理学的发展进程中,心理学取向的社会心理学一直占主导地位,但是,社会学的社会心理学中有一个重要领域却产生了不可忽视的影响力,它就是传统上一直被称为社会结构与人格之间关系研究的领域,①实际上它是关于社会结构与社会心理、社会行为之间关系的研究。

从一定意义上说,在社会心理学自诞生到迅速成长的 20 世纪 20 年代至 60 年代,社会结构与人格之间关系研究也在逐渐发展成为一个得到承认、甚少是可以得到承认的专业领域。20 世纪 60 年代末期,当英格尔斯提出了一些有关社会结构与人格之间关系研究的性质及其主要课题的纲领性声明时,便使这一研究领域的学术地位得到更进一步的凸显。

任何宏观的社会现象和个人心理属性之间的关系都可以看作是社会结构与人格之间关系研究的一个侧面。社会结构与人格之间关系研究构成了一般的社会心理学、尤其是社会学取向的社会心理学的一个重要的和潜在的连贯领域。可以说,心理学取向的社会心理学中是没有社会层面和变迁维度的,而更多的是对于个体层面和小群体层面的静态心理现象的探讨。但我们可以看到的是,正是在社会结构与人格之间关系的研究领域当中,出现了对于社会心理现象的社会(宏观和中观)层面和变迁(时间维度)的探讨,换言之,具有了对社会心理变迁的关注。因此可以说,对于心理现代性的探寻之所以取得学科化的重要进展,正是得益于社会结构与人格之间关系研究领域的直接推动。

如前所述,社会结构和人格之间关系的研究有着久远的思想渊源,可以追溯到 19 世纪的经典社会学理论家的思想之中。他们的有关洞见为现代社会科学的许多领域,包括社会学、社会心理学的产生提供了丰富的思想源泉。其中,

---

①对于"社会结构"和"人格"概念的理解都存在着不同程度的差异。就一般意义上而言,社会结构是指构成社会系统的某些方面或所有方面,因此,它是保证社会互动得以持续进行的比较固定的基础模式。在使用社会结构这一概念时,常常主要是指涉宏观社会层面。人格则是指相对稳定并具有持久性的个人心理属性如价值观、需要、动机、态度等。人格意味着某种与个体的其他心理属性不同的东西。它所表明的是个体心理上的某种结构或组织以及某些固定的倾向性。

社会结构与人格之间的关系是他们的一个重要的关注点。他们的思想遗产也就成为不断启迪后来这一领域研究的重要动力。这些思想可以称作古典心理社会学。

但是，在社会学的初创时期，由于要竭力使社会学与心理学区别开来，所以，经典社会学理论家大都强调一种反心理学的倾向，这一点在迪尔凯姆身上表现得最为突出，他为了说明社会事实和作为一门学科的社会学的重要性，特别反对将社会现象做高度个体化或心理学化的解释。这一倾向所产生的一个消极后果便是，一门高度关注社会结构的学科，却把社会结构与个体心理之间的关系边缘化了，这种态势对于社会结构和人格之间关系研究领域的全面发展来说，也许是害大于益的。

1935 年至 1955 年是文化与人格或国民性研究的第一阶段。这一阶段的特征表现为对单一社会进行研究分析。而到 1955 年以后，随着在研究方法上采用了跨文化调查，便预示着文化与人格或国民性研究进入了一个新的阶段。坎特里尔、勒纳、阿尔蒙德和维巴等人则成为这一阶段的代表人物。他们的研究确实测量和评价了不同社会中代表性样本的心理属性，从而为更有效地判断跨文化差异性创造了可能性。

由于对社会结构与人格之间关系进行了一种非常"宏观的"或较大行动单位的集中关注，因此，使得社会结构与人格之间关系的研究形成了某种统一性和连贯性。而理论探讨和经验研究都试图把整体性的社会结构特点与社会成员个体人格的完整概念联系起来。在文化与人格研究、国民性研究中，以及在社会学和社会心理学研究中，理论和方法的演进已经更一般地转向了与个体人格层面有关的社会层面，因此，研究巨大而复杂的社会已经成为兴趣聚焦点。

这种研究趋势所导致的一种重要结果便是，社会结构与人格之间关系的研究离开了诸如权威人格结构与权威社会结构之间的关系这一类主题，走向了诸如成就动机对商业行为的影响、职业地位对于父母价值观的影响这一类更为集中的主题。对广泛的社会模式和价值观、态度和行为方面差异性的关心也并没有消失。然而，研究者更热衷于寻求对于这些差别的解释和理解，他们非常注意社会结构与人格之间关系的构成侧面及其属性。

第三,战后决策与发展研究的实用倾向的影响。促进发展社会心理学成形的另一种学术潮流,也是最强有力的因素,则是"二战"后早期决策者与发展研究专家的实用主义倾向。当时的一些发展研究理论家意识到了制度分析方法的局限性,从而转向文化人类学与心理学,试图以此深入研究社会政治发展进程中"人"的问题。正如一切社会问题都有其主体方面的原因一样,研究者很快便发现,不发达状态的很多原因在于发展中国家本身的价值观、人格特征等主体因素。于是,这种把不发达国家的文化特征看作发展障碍的观点逐渐融入了20世纪50年代的发展理论之中。哈里森(Lawrence E. Harrison)在他著名的《不发达是一种心态:拉丁美洲的个案》一文中指出,在大多数情形下,文化因素能够较好地解释为什么一些国家的发展速度比其他国家要快得多,或者一些国家与其他国家之间在发展速度上大致相同的原因,因为影响国家发展的其他因素的作用都十分有限。他所说的文化,是指一个社会通过不同的社会化机构如家庭、学校、教堂等向个人灌输价值观并塑造其态度的过程及其结果。

战后美国主流社会心理学的成果,则为发展研究的实用倾向提供了许多有效的工具。20世纪初叶,社会心理学学科正处于形成时期,当时的学者非常关注集体现象与社会变迁之间关系的研究。但是,由于人际关系与社会关系中的个人行为动力学越来越受到重视,学者们逐渐地变得不太关注集体现象与社会变迁之间关系的研究了。那时的社会心理学不仅用个人层面的理论与机制解释个人行为,甚至也用个人层面的理论与机制来解释超个人的社会过程。可见,当时的社会心理学非常重视个人层面的人际关系与社会关系中的个人行为研究。此外,由于研究方法上的原因,"态度"这一概念在社会心理学中受到了广泛欢迎,在20世纪50年代美国社会心理学中成了一个核心研究领域。

正是在这些学术潮流的影响之下,在发展研究或现代化理论与社会心理学之间形成了一个独特的研究领域,即"发展社会心理学"。于是,这个独特领域又进一步推动了两种研究倾向:一是发展研究或现代化理论领域有了对心理层面的探讨;二是社会心理学研究中有了对发展取向或变迁维度的关注。

进入20世纪60年代,由于多种原因,文化与人格研究、国民性跨文化研究变得不再流行。虽然国民性研究在概念上仍然保持着活力,但是,从经验上说,其气势已大不如前了。到 20 世纪 60 年代后期以及进入 70 年代之后,社会结构和人格之间关系的研究中出现了某种转折性的变化。有关研究和理论在论述社会结构和人格之间关系的时候,变得少了以往的那种整体性,而在其所提供的解释性范式中增加了结构性,减少了文化性,而且更多地涉及与社会之间的差异性相对应的社会内部的差异性。发生这种转折性变化的根源可以追溯到一系列经典性研究工作的触动,尤其是英格尔斯及其同事所进行的研究,因为他们对于处在经济发展或现代化进程不同阶段上的一些社会中人们的心理属性做出了卓有成效的研究分析。

三、心理现代性:发展社会心理学的核心领域

在 20 世纪 60 年代之前,文化与人格研究以及国民性研究,不论是较早的人种志类型,还是晚近的抽样调查类型,其理论基础都公开或潜在地表现为一种"文化模式"。而另一种相当不同的模式即"结构模式",则在 20 世纪 60 年代日益受到了重视,它被用于解释社会人格和社会行为在同一社会内部和不同社会之间的差别。英格尔斯可以说是这种"结构模式"方法的一个重要阐释者。英格尔斯强调,这种思想方法的起源应该追溯到马克思那里。然而,英格尔斯本人却是这一思想方法在当代学科化研究中的一个重要阐释者。

由于英格尔斯及其同事的努力,心理现代性研究不仅成了社会结构与人格之间关系研究的一个新主题,也成了发展社会心理学的一个核心领域。

英格尔斯对心理现代性及其研究的基本看法是,现代化应当根据社会的、政治的、经济的条件去进行解释和理解,它们是心理现代性的主要决定因素。当然,英格尔斯的思想中充满了辩证性质,他看到,社会现代化与心理现代性之间的关系就如同社会结构与人格因素之间的关系一样,在很大程度上是一种相互作用的关系。但是,正如社会结构对人格因素的影响一般大于人格因素对社会结构的影响一样,社会现代化对心理现代性的影响一般也大于心理现代性对社会现代化的影响。

在英格尔斯关于心理现代性的研究中,一个重要的贡献就是促进了研究方法上的创新,即对社会心理和社会行为的跨国性差异的探究,从原先的文化解释范式过渡到了结构分析范式。

从某种意义上看,英格尔斯的研究工作具有一种承前启后的作用,具体而言,成为了从早期整体性地进行社会结构和人格之间关系的研究或国民性研究,过渡到晚近在社会结构与人格之间关系研究领域中出现新趋向,这样两种情形之间的重要中介。虽然他所论述的是广泛意义上的社会与个人之间的关系,或社会现代化与心理现代性之间的关系,但是,无论在哪个方面已不再被看作社会的整体或人格的整体。从概念上说,现代化和现代性已经分化成为一系列的"成分"或"方面"。在大多数研究中,现代性被具体化为一系列单一的变量,但是,注意力主要放在现代制度(学校教育、工厂劳动、大众传媒等)不同方面的影响力上。对社会不同侧面的这种考察,使得对同一社会内部的分析与对不同社会之间的分析这两种视角,于社会结构与人格之间关系的研究来说,变得具有了同等的重要性。

20 世纪 50 年代以后的发展社会心理学研究,与此前的文化与人格研究、国民性研究相比,呈现出了许多新的变化,其中一个十分引人注目的特征是,心理现代性成了一个核心性的研究领域。

首先,这种变化使得发展社会心理学的研究对象,比以前显得更加具体化、更具有实证研究的可操作性。例如,早期的文化与人格研究、国民性研究的对象涉及的范围极其广泛,而后来关于社会变迁的社会心理学研究就逐渐限定于一些比较具体的问题,如某种特定的人格特征、价值观与其所带来的特定发展过程或后果之间的关系。

其次,发展社会心理学在探讨经济、政治、社会领域内的个人行为时,逐渐把研究视野的重点从文化阐释转移到结构分析上来,换言之,不再用社会成员共有的价值观、信仰体系来解释个人行为,而是强调外在的社会经济结构和客观环境对个人行为的影响。

最后,发展社会心理学的实证主义倾向更加明显,它在进行研究时,不再沿用以前流行的印象主义方法,而是依赖于系统化地收集数据资料。可见,发展社会心理学在研究对象、解释模式、具体方法这几个方面,都比以往的相关研究具有了较多的改变。

对于发展社会心理学的发展进程而言,在把社会心理学的基本概念、研究方法运用于社会发展或现代化研究的过程中,有一个研究领域被认为是较有成效的,而且较充分地体现了社会发展或现代化研究中的一个焦点性主题——"传统"与"现代"之间的关系,这就是心理现代性研究,它成为发展社会心理学高度关注的领域。

可以说,在后来有关现代化主题的研究文献中,心理现代性(或个人现代性)是一个随处可见的概念。这是一个把个人层面的变迁与社会层面的变迁联系在一起的具有纽带作用的概念。从最基本的含义上说,心理现代性是指一组符合现代社会要求的个人心理特质,包括价值观、态度、情感、行为倾向等。城市生活、学校教育、接触大众传媒、现代企业工作等方面的经历,都会使个人产生现代人的认知和行为倾向,而个人的这种具有现代特征的认知和行为倾向又会使个人有利于社会发展,因此,心理现代性便成了在个人自身行为与外界社会环境之间起着重要中介作用的因素。

在人的现代化研究领域,还产生过其他一些把个人层面的分析与社会层面的分析联系起来的类似概念。但是,与其他概念相比,心理现代性这一概念所具有的许多优势使其得到学界更大程度的认同。

第一,由于心理现代性具有个人自身行为与外界社会环境之间重要的中介功能,所以,它的优势就不仅仅在于研究操作上的可行性与逻辑上的一致性,更重要的是,它在社会结构、个人经历这些前提条件与个人行为、社会变迁这些后果效应之间建立起了联系,即可以通过经验研究来对理论假设进行检验。

第二,以往的相关研究在很大程度上或多或少地带有西方种族中心主义色彩,而心理现代性这一概念却可以较大程度地避免这一问题。例如,早期的文化与人格研究,就是用种族、宗教或含义不清的民族文化特征这样一些概念来解释不同社会的独特发展过程,因此,所得出的解释性结论往往显得十分肤浅。心理现代性的视野却注重研究同一社会中结构因素对于个人心理属性的影响,由此便可避免早期类似研究中所存在的一些不足之处。

第三,心理现代性的这一概念潜藏着这样的基本假设:个人现代性的形成或获得持续人的一生,具体地说,并不局限于童年期、青年期的社会化过程。当一个人成年之后,所在的各种社会机构仍然会影响其个人现代性的变化,因此,心理现代性表现为一种在个体生命历程中不断持续发展变化的过程，而不是在某个具体时点上就固定化了的一种状态。

第四，由于个人现代性是一种连续性变量，而不是一个差异性显著的人格类型，因此就可以分析出个人、群体的心理现代性的相对水平，而不像对于人格特征的分析那样，只是简单地得出结论认为存在或不存在某种人格特质因素。

第五，由于已经有了能够较好地测量个人现代性水平的量表，从而就能够较准确地说明、比较处在不同社会制度背景、具有不同生活经历等社会因素和个体因素，对于个人、群体的心理现代性水平将会具体地产生多大程度的影响。

总之，心理现代性研究成为发展社会学与社会心理学交叉点上的一个重要产物，是发展社会心理学的一个核心性领域。

第三节 社会心理变迁的主要理论视野

社会心理与社会变迁或社会变迁与社会心理之间的关系，自现代社会科学诞生以来，就一直成为备受关注的主题之一。许多经典社会理论家都对其做出了独到、深刻的探究，并为后人留下了一笔极其丰富的理论和方法遗产。

社会心理学于1908年诞生之后，在较长一段时期内，心理学取向的社会心理学缺少对真实社会层面的关注和对心理变迁维度的关注，而社会学取向的社会心理学缺少对宏观社会层面的关注和对心理变迁维度的关注，因此，使得社会心理学在总体上是一个没有时间向度的学科，换言之，它并不关心社会变迁与心理变迁这一主题，而只是倾向于静态地探讨微观社会层面如小群体内的心理机制和规律。只是到了"二战"之后，随着现代化理论的兴起，以及发展中国家掀起的现代化热潮，这两个极其重要的学术动力和实践动力，才使得社会学家、社会心理学家、文化学家第一次从具体学科的角度开始关注社会心理与现代化之间的关系，并在20世纪50年代到60年代掀起了一个研究心理现代性主题的热潮。因此，也促进了发展社会心理学作为一个学科形态的出现，从而强化了以往心理社会学一直存在的对于社会心理与社会变迁之间关系的关注，使得社会心理与社会结构及其变迁的研究领域推出了新的成果。

综观一个时期以来发展社会心理学或者称社会心理与社会变迁关系研究领域,其主要特征表现为,以心理现代性为重要研究主题,并且衍生出了许多的理论视角、研究方法、特定领域等。这一研究领域的重要成果可以总结为以下一些方面。

一、主要人物与学说

1.麦克莱兰的成就动机论

麦克莱兰非常强调成就动机对于一个社会的经济发展具有重大的促进作用。基于一些经验研究结果,他指出,从商者的主要动机并不在于获得利润本身,而是出于获取成就的强烈冲动。他们只是把得到利润看作衡量其工作成效的指标之一,并非看作最根本的目标。成就动机强烈的人将会使自己获得通向经济成功之路,并且带来各种向上的社会流动的机会。因此,在麦克莱兰看来,社会成员的成就动机在很大程度上决定着一个国家的经济增长和技术发展的状况,因此,成为影响一个国家兴衰的重要力量。

2.哈根的创新人格理论

在考察社会变迁进程中各种因素所扮演的角色时,哈根把社会心理因素的作用看作社会变迁的一项前提条件,并且认为,人格及其变迁乃是社会变迁的重要动因。不同社会表现出的发展速度各有所不同,而导致这种发展速度差异的主要原因则在于社会成员的人格状况,而不在于其他方面的状况,例如经济因素、信息手段、教育资源等。哈根尤其对于权威人格和创新人格这两种重要的人格类型进行了着重研究,他非常强调创新人格对于推动社会变迁具有关键性的作用。

3.勒纳的"过渡人"理论

勒纳在研究传统社会消失过程的时候,对人的现代化过程或者说从"传统人"向"现代人"的转变过程做出了经典性的分析。他指出,在一个现代化的社会中,由于各种环境状况的瞬息万变,因此,一个从"传统人"向"现代人"转变的"过渡人",要想能够更有效地适应环境情况的变化,就必须具备一种极其重要的心理特质,即移情能力(empathy)。在勒纳看来,影响现代化的因素是多样性的,所以他并不赞成只用个人心理特质或社会结构因素单一方面地来解释现代化进程,而是认为,现代化的个人与现代化的制度之间是相辅相成、互相促进的。

4. 英格尔斯的个人现代性理论

个人现代性这一研究领域的重要开创者是英格尔斯。在社会结构与人格之间关系的探讨中他所强调的是一种结构决定模型,并以此来解释人格和行为在不同社会之间和同一社会内部所表现出的相似性与差异性。在英格尔斯看来,社会变迁过程中总会有一些价值观和个人心理建构发生变化,而这些变化又是促进经济发展和社会现代化的重要动力。更重要的是,英格尔斯强调以结构功能主义理论作为基础的趋同论观点,他认为,在现代化进程中人们的心理建构所发生变迁的方向,或者说个人现代性的形成,在不同的社会和文化背景下都将呈现出相似的情形。

5. 里斯曼的社会性格理论

里斯曼以西方工业社会、尤其是美国社会的特殊历史背景为基点,通过以社会性格及其类型作为分析视角,透视了社会心理因素及其所反映的社会结构变迁的进程。里斯曼用他自己所建构的三种社会性格类型作为工具,分析了社会性格类型之间的替代性变迁,即从传统导向型人格到内在导向型人格,再向他人导向型人格的演变,从而独特而深刻地反映了社会变迁进程从传统形态向现代形态再向后现代形态的过渡,换言之,用变迁的社会性格类型再现了变迁的社会形态类型。

6. 英格哈特的价值观后物质主义转向论

在英格哈特的视野中,现代化是由经济、文化和政治因素综合决定的,或者说是多种因素相互作用之下的综合性产物,现代化进程并不是线性的。基于世界价值观调查的结果,他把1970年以来发达国家所发生的变迁称为后现代化,把发展中国家所发生的变迁称为现代化。英格哈特认为,后现代化的核心社会目标不是加快经济增长,而是提高生活质量,增加主观幸福感。后现代化在价值观上的一个根本特点就表现为,从重视经济增长的物质主义到重视生活质量的后物质主义转向。作为社会结构变迁表征的后物质主义及其体现的后现代价值观,最为明显地从作为社会心理和社会行动重要动因的社会需求上反映出来。

7.吉登斯的高度现代性境况下的自我认同论

吉登斯基于自己所建构的现代性社会理论,分析了他所谓的高度现代性或晚期现代性境况下自我认同的状况、特征和问题。在他看来,高度现代性的来临使得置身其中的人们的自我认同机制也发生了相应的变化,其所具有的意义表现为:一方面,这种自我认同的机制变化虽然处于微观层面但仍受到了现代性制度的塑造,然而,与此同时,这种已经发生了变化的自我认同机制也会进一步影响着现代性制度本身。吉登斯对高度现代性境况下自我认同的困境进行了独到的分析。通过这种分析所揭示的深意是,自我认同这一社会心理的关键层面从其独特的角度再现了高度现代性所面遇的问题。与其一贯的学术旨趣相一致,吉登斯提出了超越自我认同诸种困境的社会和政治策略。

二、多重的分析视野

对现代化进程中社会心理变迁的研究,或者说对心理现代性的探寻,是从多重角度展开的,主要包括:"人格"角度的探讨,以哈根为主要代表;"社会性格"角度的探讨,以里斯曼为主要代表;"国民性"角度的探讨,以本尼迪克特为主要代表;"个人现代性"角度的探讨,以英格尔斯为主要代表;"价值观"角度的探讨,以英格哈特为主要代表。其中,"人格""社会性格""国民性"的分析视角逐渐地被放弃了,而"个人现代性"的视角则因其包含了价值观、态度和行为取向的成分而得到后来一些研究者的追随。但是,最经久不衰的分析视角似乎是"价值观"的研究,它甚至还成为一些国家或地区制度化的长期性研究项目,其所具有的一个重要优势就在于,价值观的研究可用于多种时空维度之中的测量以及用于不同时空维度之间的比较。

心理现代性的探寻与许多学科或学术领域都存在着不同程度的关联,但是,与价值观研究、人格心理学中的理想人格研究、跨文化心理学和文化人类学领域的国民性比较研究的关联最为密切。

在价值观研究这个领域,查尔斯·莫里斯(Charles Morris)在20世纪40年代曾对大学生的价值观进行了跨文化调查研究。该研究的样本大多数取自美国,也有一部分样本取自日本、挪威、加拿大等国。他按照社会约束与自我控制、追逐享受与求取进步、畏缩与自负、容忍性与同情心、自我放纵或感官享受等因素,对被试者的反应进行了因素分析。

詹姆斯·M. 吉莱斯皮(James M. Gillespie)和 G. W. 奥尔波特在 20 世纪四五十年代曾设计了一套包括 50 个项目在内的问卷,并且在 10 个国家进行了调查,旨在测量样本的价值观。

关于价值观的最有分量的跨文化研究著作是克拉克洪和斯特罗德贝克合著的《价值取向的变异性》。克拉克洪把价值取向界定为:复杂但又确定的模式化(有序排列的)原则,这些原则是在评价的过程中,由通过分析可以明确区分的三种因素(认知因素、情感因素和意向因素)相互作用而形成的,这种评价过程在人类确定解决共同问题的思想和行动时提供了秩序和方向。

克拉克洪和斯特罗德贝克提出了以下假设:(1)所有社会都面临一些亟待解决的人类共同问题;(2)可能的解决方法是有限的,既不会随机出现,也不会无限地多;(3)虽然每一个社会都有若干可供选择的方法,但是,优先考虑哪种方法在各个社会则会有所不同。优先考虑的那些方法往往也总是有前后次序。他们列举了下述 5 种人类的基本问题:第一,人类的先天本质是什么? 第二,人与自然的关系如何? 第三,时间取向的本质是什么? 第四,人类活动的方式是什么? 第五,人际关系的形式是什么? 每一问题都有三个可供选择的答案或解释。

表 3-1 5 种人类的基本问题及其可能的三种选择性答案或解释

人类的本质可以视为:	(1)邪恶的;	(2)中性或善恶参半的;	(3)善良的。
人与自然的关系可以是:	(1)顺服自然;	(2)调和自然;	(3)征服自然。
重要的时间取向可以指向于:	(1)过去;	(2)现在;	(3)未来。
人类活动的重要取向可以有:	(1)占有;	(2)理想;	(3)行为。
人际关系的形式可以是:	(1)直系;	(2)旁系;	(3)个人主义的。

于是,在对于 5 种人类基本问题的选择上,就会形成 4 个基本价值维度上的 12 种价值取向。

4 个基本价值维度是:人与自然的关系;时间;活动;人际关系。

在人与自然的关系这个维度上,包括的具体价值取向有:顺服自然的取向;调和自然的取向;征服自然的取向。

在时间这个维度上,包括的具体价值取向有:过去取向;现在取向;未来取向。

在活动这个维度上,包括的具体价值取向有:占有的取向;理想的取向;行动的取向。

在人际关系这个维度上,包括的具体价值取向有:直系取向;旁系取向;个人主义取向。

在克拉克洪看来,美国人的主要价值取向表现为:在人际关系维度上的个人主义取向,在时间维度上着重未来的取向,在人与自然关系维度上征服自然的取向,在活动维度上注重行动的取向。认为人类本性邪恶但可以改善的观点得自于那些清教徒先辈,但现在正在日渐改变。相比之下,美国西部的西班牙裔美国人则注重直系关系(如今也在改变),在时间取向上注重现在,顺服自然;在活动取向上强调占有。

每个人都有一整套价值取向,这便构成了其人格的一部分。根据这一观点,这一套价值取向在很大程度上受到了个人所来自的那个文化的影响。①

价值观的研究涉及了几个不同的学科领域,从与发展研究有关的一些领域中可以看到,学者们对于"传统性"与"现代性"这两个维度给予了特别的关注。价值观与心理现代性这种视角之间相互交叉:一方面,使社会心理学对于价值观的研究因对于"传统性"与"现代性"的关注而开启了一个重要的研究空间。因为对价值观的研究从社会变迁视角和文化比较视角来进行就使得价值观研究之中有了时间维度;另一方面,也使对个人现代性的研究具有了加以测量及其比较的可能性。甚至还产生了一些综合性的结果,有的研究甚至在很大程度上把心理传统性和心理现代性等同于传统价值观和现代价值观。

价值观研究的重点在于探索人类行为的深层心理结构,按照罗基奇(M. Rokeach)的看法,价值观可以定义为社会成员对于什么是"值得的"这一问题所

①[美]V. 巴尔诺:《人格:文化的积淀》,周晓虹等译,辽宁人民出版社 1989 年版,第 83~92 页。

形成的一个合理而持久的系统信念,价值观表现为社会成员所共享的一种社会文化符号。① 从这一视角出发,一些学者展开了大量的比较研究,这些研究主要集中在两个方面:一是比较同一文化类型中不同历史阶段上人们的价值观;二是比较不同文化类型中同一历史阶段上人们的价值观。前一种研究的焦点是时间维度,后一种研究的焦点是空间维度。

　　而心理现代性的研究则是在现代性这个联结点上考察时间与空间之间的内在联系。时间维度不仅涉及传统、现代,而且还涉及后现代。这样的话,价值观不仅具有原先的空间含义,即特殊的和共享的,而且在心理现代性的视角下,价值观研究也具有了新的含义,价值观从时间维度上也可以划分为传统的、现代的和后现代的。

　　更重要的是,将时间和空间维度结合起来的考察更有意义,原先只是简单化地以空间维度来定时间维度,如西方的往往是现代的,非西方的往往是传统的。

　　然而,当对时间维度和空间维度进行综合之后,可以看到不同的结论,如原先的跨文化研究认为,一些主要的价值观,如"集体主义—个体主义"这一对价值观,在作为心理现代性的测量指标时,集体主义价值观往往被看作是属于传统的,而个体主义价值观则往往被看作是属于现代的。但是,当将时间维度和空间维度进行综合之后便可以看到,不同文化类型中的人们对这些概念的理解是存在着差异的,并且对这些概念所存在差异的理解并不是完全和简单对立的。因此,正如阿莱詹德罗·波特斯(Alejandro Portes)所指出,大家庭这一传统主义的特质,在低度发展国家常常与大规模的本土工业相结合的例子俯拾即是。大家庭不仅提供了大规模工业所需要的资本来源及行政人事资源,更重要的是在主要职位上提供了互信、合作和纪律。总之,一些先前被看作传统主义的东西,现在却证明是能够促进现代化进程的,因此,人们很难再说它们是传统性的。

　　心理现代性研究与人格心理学之间也具有一种特殊关联。在美国心理学

---

① M. Rokeach, *The Nature of Human Value*. New York: Free Press, 1973.

界,迄今仍把人格心理学与社会心理学放在心理学的一个分支里。一般说来,可以做出如下的基本区分:人格心理学研究的是人格特质的形成和发展规律,涉及自然与教化之间的关系,涉及较稳定心理特质的形成,而社会心理学则主要研究直接社会情境对个人的影响以及个人对这种社会情境的积极反作用。不论是人格心理学还是社会心理学,都共同强调个人所处社会情境的重要作用。

作为人格心理学和社会心理学中的时间维度的表现,就在于研究现代化进程中的人格变迁或人格类型的更替。法兰克福学派阿多诺对权威人格进行了经典性研究,1950 年出版的《权威人格》一书代表了他在这一领域的主要贡献;弗洛姆对西方工业社会中社会性格问题做出了深刻分析,1955 年出版了他在这一领域的主要代表作《健全的社会》。美国学者布劳勒(Blauner)(1964 年)和伊奇昂里(Etzioni)(1968 年)等则从马克思的异化理论视野出发,对西方社会心理问题做出过许多有价值的探讨。

三、三种主要的学科取向

关于社会心理与社会结构及其变迁或者说对于心理现代性的研究,从具体的学科角度来看,主要包括三种重要的取向:

第一种是心理学取向的社会心理学。其特点是强调社会心理属性或人格特质的变化对于社会变迁所可能产生的重要影响,这一方面的主要代表人物及其理论有:麦克莱兰的成就动机论、哈根的创新人格论等。

第二种是社会学取向的社会心理学。其特点是着重关注社会结构变迁过程中人的心理属性或人格特质对于这种变迁的适应性,这一方面的主要代表人物及其理论有:勒纳的"过渡人"理论等。

第三种是心理社会学取向或社会结构与人格之间关系研究取向。其特点是强调宏观层面的社会心理因素或社会性格类型与社会结构变迁之间的相互作用、相互影响,这一方面的主要代表人物及其理论有:英格尔斯的个人现代性理论等。

表 3-2　社会心理变迁或心理现代性研究的三种取向及其比较

研究取向	理论及其代表人物	研究重点
心理学取向的社会心理学	麦克莱兰的成就动机论、哈根的创新人格理论等	人的心理属性对于社会的作用，或人格特质对于社会结构变迁的影响
社会学取向的社会心理学	勒纳的"过渡人"理论等	人对社会的适应性，或社会结构变迁中人的社会适应性
心理社会学或社会结构与人格之间关系的研究	英格尔斯的个人现代性理论等	宏观社会心理因素（价值观和社会人格类型）对社会结构变迁的作用

四、理论模式及其关系类型

关于社会心理与社会结构及其变迁的研究，或者说对于心理现代性的研究，从社会心理这一主体的角度来看，则可以划分出四种主要的理论模式。

第一种理论模式的基本特征是：在社会心理与社会结构变迁的关系模式中，社会心理是作为社会结构变迁的自变量。这一模式的主要代表人物及其理论有：麦克莱兰的成就动机理论、哈根的创新人格理论等。

第二种理论模式的基本特征是：在社会心理与社会结构变迁的关系模式中，社会心理是作为社会结构变迁的因变量。这一模式的主要代表人物及其理论有：勒纳的"过渡人"理论等。

第三种理论模式的基本特征是：在社会心理与社会结构变迁的关系模式中，社会心理是作为社会变迁的伴生变量。这一模式的主要代表人物及其理论有：里斯曼的社会性格理论等。

第四种理论模式的基本特征是：在社会心理与社会结构变迁的关系模式中，社会心理是作为社会变迁的互构变量。这一模式的主要代表人物及其理论有：英格尔斯的个人现代性理论。

如果从理论模式内在因素相互关系的角度来看，以上四种理论模式又可以进一步划分为三种关系类型：

一是，第一种理论模式和第二种理论模式都属于说明社会心理与社会结构变迁之间关系的单一向度的因果关系类型,而且是以一种长时段作为其背景的。

二是,第三种理论模式属于说明社会心理与社会结构变迁之间关系的相关关系类型,即其因果关系不确定的模式。

三是,第四种理论模式属于说明社会心理与社会结构变迁之间关系的互为因果关系类型。

表 3-3 社会心理与社会结构变迁研究四种理论模式及其所含关系类型

理论模式	理论及其代表人物	社会心理变迁与社会结构变迁之间的关系	内含的关系类型
第一种理论模式	麦克莱兰成就动机理论、哈根创新人格理论等	社会心理作为社会结构变迁的自变量	单一向度的因果关系类型
第二种理论模式	勒纳"过渡人"理论等	社会心理作为社会结构变迁的因变量	单一向度的因果关系类型
第三种理论模式	里斯曼社会性格理论等	社会心理作为社会结构变迁的伴生变量	相关关系类型
第四种理论模式	英格尔斯个人现代性理论等	社会心理作为社会结构变迁的互构变量	互为或复合因果关系类型

五、单维时间向度分析模式(从两阶段论到三阶段论)

自从社会心理学研究中出现了时间维度以后,对社会心理与社会结构及其变迁之间关系的研究,尤其是作为这种研究成果的理论发展进程中呈现出了两种主要形态,即从两阶段理论到三阶段理论。

两阶段论的主要代表人物及其理论形式有:英格尔斯的个人现代性理论中关于从心理传统性到心理现代性的分析,英格哈特的价值观后物质主义转向理论中关于从物质主义价值观到后物质主义价值观的分析。

三阶段论的主要代表人物及其理论形式有:里斯曼的社会性格理论中关于从传统导向型人格到自我导向型人格再到他人导向型人格的分析。实际上,英格尔斯也曾论述了后现代社会的问题,只不过他没有对有关的社会心理表现进行更系统的研究。而英格哈特也涉及了传统社会的价值观问题,但他对这一领域的涉及似乎没有成为他的主要兴趣方面。

　　但是,不论两阶段理论还是三阶段理论,它们都只属于单维时间向度分析模式,因为这种模式的建立者都只是处在一种、至多只有两种时间成分所构成的具体向度情境之中,换言之,创立它的理论家在一个特定的时间向度上只可能面对着两种时间成分(传统的与现代的,或者是现代的与后现代的)共存的情境。

第二部分
探寻心理现代性的理论源流

第四章　韦伯命题:新教价值观与成就动机

为什么我们不能把现代性更多地看作是一种态度,而不是一段历史时间。所谓"态度",我指的是一种与当代现实发生关联的模式,一种由某些人做出的自愿选择,总之,是一种思考、感觉乃至行为举止的方式,它处处体现出某种归属关系,并将自身表现为一项任务。无疑,它有点像是希腊人所说的"ethos"(社会精神气质)。

——米歇尔·福柯

在德国的社会心理学思想家中,看来韦伯离我们是最近了。这倒不是从时代角度而言,而是从他思想中所包含的我们时代的价值和风尚而论的。他的成就动机理论依然富有生命力,这一点不仅体现在当前富有成效的研究中,而且,从该理论在目前社会心理学中所占的地位来看也是显而易见的。

——威廉·S. 萨哈金

正如前面所述,在经典社会理论的丰富遗产当中存在着一笔非常重要的财富,那就是对于社会心理与社会变迁之间关系的关注,其理论形态被一些学者称为心理社会学,而其中的一个重要内容,实质上就是对于心理现代性的探索。

就社会理论与心理社会学的关系而言,社会理论是具体学科形态的心理社会学的知识母体,而心理社会学则是社会理论的一种具体的学科化表现形式。

心理社会学的主要思想渊源在于社会理论。许多社会理论家,尤其是经典社会理论家对于心理社会学的形成,都产生过不同程度的影响。

社会心理与社会变迁之间的关系,或者说,社会变迁与社会心理之间的关系,自现代社会科学诞生以来,就一直成为备受关注的主题之一。处在现代社会的发生时点上,许多经典社会理论家都非常关注社会心理与社会变迁之间的关系,包括社会心理的各个层面对于社会变迁所具有的重要作用,并对这一主题做出过独到而深刻的探索,为后来这一研究领域的延伸和扩展留下了极其丰富的理论和方法遗产。

在一定意义上可以说,正是来源于经典社会理论中关于社会心理与社会变迁之间关系的探索,促成了心理社会学的产生,而其中也孕育了心理现代性探寻的最早的学术思想渊源。

在经典社会理论大师中,韦伯的思想表现出了最为明显的心理社会学特征。在他对于宗教社会功能的探讨中,有相当重要的论题可以说是心理社会学方面的。韦伯非常关注社会结构、社会地位与个人的价值观、动机、信念之间的关系。在《新教伦理与资本主义精神》这一重要著作中,韦伯十分强调价值观、动机和信念在社会生活中所起的自主性作用,尤其是可能成为引起社会结构发生变迁的重要动因。最突出的一点是,韦伯断言,基督教新教在经过改革之后所形成的世俗意识形态,是导致西方资本主义产生的一个主要因素。然而,他也认为,特定的社会结构、社会地位在形成之后,同样也会反过来对人们的价值观、态度和信念具有塑造和影响作用。可以说,韦伯是心理现代性探寻的第一位社会理论家,他开启了心理现代性的重要命题,成为后来学科化的心理现代性研究的最早学术思想之源。

在从经典心理社会学向现代心理社会学的转折过程中,帕森斯的社会学理论,尤其是他的现代化理论起着一种承前启后的作用。他成了心理社会学从经典形态向现代形态转折过程中发挥了重要作用的一个人物。

帕森斯的社会学理论对于心理现代性这一研究领域的具体形成和发展,提供了非常直接的思想洞见和知识动力。在帕森斯的社会学理论体系中,模式变量是一个对于探讨社会心理与社会结构及其变迁之间关系具有举足轻重地位的范畴。在模式变量中,包括了一个非常重要的内容,即从传统价值取向到现代价值取向的对应性划分。更具有扩展意义的是,这两种价值取向类型是判断社会结构、人格体系和行动定势的一种重要尺度。换言之,价值取向的意义是综合性的,不仅用于判断社会文化,而且还用于判断社会结构、人格体系和行动定势等多个层面。

作为一种具有巨大影响力的社会学理论遗产,帕森斯的模式变量学说在实际上产生了这样的作用:它成为从社会、文化、心理多个层面上分辨传统取向与现代取向并说明从传统取向到现代取向变迁的一种指标体系。在其中,也包括了对于心理传统性与心理现代性的一种较独特的说明。

第一节　韦伯对心理现代性主题的最初预设

英格尔斯曾经极具概括性地指出,韦伯也许是研究大规模社会过程的最伟大的社会学家,他富有心理学的敏锐知识。诚然,在许多方面,韦伯分析基督教新教对于资本主义的影响,其研究进路则是通过对于人格类型的一种详细阐述。在他看来,这些人格类型是资本主义发展的必要条件。然而,在他的基本问题——新教的经济伦理中是何种因素激发了资本主义的产生——却并不是特别需要关于人格的一般理论所介入。在韦伯的理论中,人格类型至少是隐含在宗教伦理之中的,而重要的问题则在于把这种宗教伦理变成为经济实体过程中的行动。

在韦伯博大精深的思想体系中,他最为关注的主题之一,就是探讨主要几个世界性宗教与产生于西方的资本主义经济体系之间的关系。他的大部分学说都诉诸结构层面与文化层面之间关系的分析,如加尔文教、佛教、儒教和其他宗教的信奉者的思想、行动与社会结构、社会制度的变迁之间的关联。正是通过对世界性宗教结构的考察,韦伯探讨了在这些宗教所存在的社会中,各种社会精神、结构要素如何促进或是阻碍了理性化进程。

在韦伯关于宗教与资本主义的产生这两者之间关系的分析中,实际上包含了一个极其庞大的泛文化历史研究的理论体系。弗洛恩德(Freund)曾将韦伯这一思想体系所内含的分析层面及其诸多复杂关系,进行了一定程度的梳理并总结为以下一些方面的内容:第一,经济力量影响基督教新教;第二,经济力量也影响到基督教新教以外的宗教,如印度教、儒教和道教;第三,宗教的观念体系影响人们的思想和行动,尤其是经济思想和行动;第四,宗教的观念体系的影响力遍及世界各地;第五,宗教的观念体系、特别是基督教新教教义在西方曾经具有独特的影响力,促进了经济部门的理性化,以至于最后促进了每一种制度的理性化。[①]

瑞泽尔在总结和概括韦伯极其庞大的泛文化历史的理论体系时,又增加了一个观点,即非西方的宗教观念体系遭遇了无法抵抗的结构障碍,限制了其理性化。

十分明显的是,在经典社会理论大师中,韦伯的思想表现出了最为鲜明的对于社会心理与社会结构及其变迁之间关系的系统关注。他对于宗教所进行的社会学研究在相当重要的层面上就是属于心理社会学性质的。在宏观层面上,韦伯关注世界性宗教与资本主义经济体系之间的关系。而这种理论思考的具体化,就体现在他对社会结构、社会地位与个人的价值观、信念、动机之间的关系做出了分析。在《新教伦理与资本主义精神》这一部重要著作中,韦伯十分强调价值观、动机和信念在社会生活中所发挥的自主性作用,尤其是考察了这些社会心理因素对于推动社会结构变迁的可能的和具体的作用。

作为韦伯思想的一个非常出色的方面,也是他理论工作的焦点问题之一,就表现为,基督教新教是如何在长期发展过程中逐渐地理性化即减除了巫术和迷信的成分,并引发出一种具有普遍性的社会伦理,以及这种伦理又如何影响了人们的经济行动,从而最终导致了现代资本主义在西欧的产生。为了对这些问题进行回答,韦伯广泛地比较了犹太教、基督教、儒教、道教、印度教和佛教教

---

①Julien Freund, *The Sociology of Max Weber*. New York: Random House, 1968, p. 213.

规教义的差别与东西方民族不同文化背景的关系,①具体分析了体现在不同宗教背景后的精神对于人们生活态度的影响,并指出正是这种精神因素致使东西方民族走上了不同的发展道路。从这个意义上说,韦伯的宗教社会学也可以看作是"世界宗教的社会心理学"。②

换言之,似乎可以这样认为,韦伯的宗教社会学,实质上成了一种社会心理学研究,尽管他不是以社会心理学名义进行的,但是,这一工作确实体现出了对于现实社会心理层面的分析,从考察社会文化、价值观念、心理氛围的背景作用,到探讨阶层心理或群体心理的具体内容,再到分析个体心理层面上的作为社会行动的反应,韦伯始终强调个人及其行动是社会学的最基本分析单位。于是,不难看到这样一幅存在着有机联系的图景:宗教伦理、实际伦理(阶层伦理)和经济伦理在作用于人们的心理并形成人们的社会行动动机时,都变成能够直接作用于社会心理的要素;与此同时,也产生了诸多社会心理层面的内容如宗教心理、经济心理和阶层心理。于是,宗教伦理和实际伦理原来具有的精神因素属性与经济伦理的物质因素属性之间的差别消失了,它们都被社会心理学化了,成为对个体心理发生影响并且构成个体行动动机的原因。③

韦伯在探讨宗教文化因素与资本主义现实形态的产生这两者之间的关系时,面临的一项极其关键的工作,就是要找到这两个环节之间实现转换的中介因素。在韦伯深入分析两者之间的关系时,他发现了一个至关重要的中介因素,即他所说的"资本主义精神"。而导致这种资本主义精神产生的一种很具体的力量,则是他所表述为一个重要的命题式的思想,即理性化。

在韦伯看来,理性化的意义是极其重要的,作为近代欧洲文明发展最高产

---

① 但是,不无遗憾的是,韦伯对于天主教和伊斯兰教的研究工作在他的有生之年并没有来得及完成。

② H. 格斯和 C. 米尔斯在选编《韦伯社会学文选》时,便将《世界宗教的经济伦理》这一篇导论改译为"世界宗教的社会心理",可谓是一个较好说明。参见苏国勋:《理性化及其限制:韦伯思想引论》,上海人民出版社 1988 年版,第 59 页。

③ 苏国勋:《理性化及其限制:韦伯思想引论》,上海人民出版社 1988 年版,第 114 页。

物的现代资本主义①则是理性化的结果。韦伯认为,资本主义不仅是一个经济学和政治经济学的范畴,还是一个社会学和文化学的范畴。总之,应将资本主义主要当作一种文明来理解。它是18世纪以降在欧洲的科学、技术、政治、经济、法律、艺术、宗教中占主导地位的理性主义精神发展的必然产物。对此韦伯指出:

> 理性主义是一个历史的概念,它包含着由各式各样东西构成的一个完整的世界。我们的任务就是要找出理性思想的这一特殊具体的形式到底是谁的精神产品,因为关于一种职业以及在这种职业中献身于劳动的观念都是从这里生发出来的,而如我们已经看到的,这一观念从纯粹幸福论所强调的个人利益这一角度看完全是非理性的,但它却一直是,并且至今仍然是我们资本主义文化的最有特征的因素之一。
>
> 这里我们特别感兴趣的恰恰就是存在于这一观念之中以及存在于每一种关于职业的观念之中的那种非理性因素的起源问题。②

就韦伯而言,不仅所探讨的理论主题本身具有较强烈的社会心理意蕴,而且探讨这一主题所使用的方法论和具体方法又进一步加重了这种社会心理意蕴。在方法论上,韦伯十分强调对于作为社会研究基本单位的社会行动的阐释性理解,而且他还强调应由这种方法视野来界定社会学的性质和研究领域。正是由于韦伯将他的社会学定位为理解社会学,认为社会学就是对社会行动进行阐释性理解的一门科学,因此,在具体目标上,也就致力于寻求对社会行动过程和结果作因果性解释。

在韦伯的视野中,社会行动是指个体将主观意义赋予具体行动的一种体现

---

① 韦伯曾经反复强调,他所谓的资本主义是指现代工业资本主义,从而区别于以获得战利品为取向的政治资本主义,区别于以谋取利润为取向的金融资本主义,以及区别于以扩大疆域为取向的殖民资本主义,等等。

② [德]马克斯·韦伯:《新教伦理与资本主义精神》,于晓、陈维纲等译,生活·读书·新知三联书店1987年版,第57页。

在现实层面上的过程。而社会属性则是指行动者将他人的社会行动纳入自己的考虑范围,并作为一种参照系。韦伯还强调,在对社会行动进行阐释性理解的时候,集体性现象必须看作是个体特定行动的组织模式的结果。因此,可以清晰地看到,在韦伯的社会学研究中,不仅只是他的理论内涵涉及了社会心理层面,而且他的理论体系的建构也是以"社会行动"这一包含着丰富的社会心理意涵的基本概念为基本逻辑起点的。

正是出于这种理论的视野和方法论的特征,人们便会很容易地看到,韦伯在探讨资本主义的发生学问题时,更偏重于文化分析,尤其是注重社会心理层面的分析,而不是偏重于制度分析或结构分析,尽管他并不忽视制度分析或结构分析的重要性。更具体地说,韦伯主张通过研究构成社会现象的人们社会行动的动机来理解社会事件的意义,这一点集中体现了他所倡导的理解社会学的要旨。韦伯基于发生学的考察之后发现,资本主义这一合理性①的劳动组织形式的产生,与资本主义精神这一特殊的社会精神气质(ethos)之间,存在密切的因果关联。虽然韦伯也承认其他因素是不可或缺的,但其他因素没有成为他所要考察的重点。韦伯这样指出:"近代资本主义扩张的动力首先并不是用于资本主义活动的资本额的来源问题,更重要的是资本主义精神的发展问题。不管在什么地方,只要资本主义精神出现并表现出来,它就会创造出自己的资本和货币来作为达到自身目的的手段,相反的情况则是违背事实的。"②

可见,对于理解韦伯的理论命题来说,有一些环节性的概念是至关重要的。这种理论上的逻辑性环节以及其中涉及的关键性概念包括:如果说导致资本主义这种经济体系产生的文化动力是新教伦理的话,那么,在新教伦理与资本主义经济体系之间起着联结、转化和发动作用的中介性因素就是资本主义精神,

①在韦伯理论的术语中,"合理性"(rationality)、"理性化"(rationalization)是两个最常用的概念,而且它们在一定程度上具有同等意义;但是,"合理性"这一概念更倾向于一种价值判断和事件评估,而"理性化"这一概念则具有更多的事实判断和过程描述的意味。苏国勋把韦伯"合理性"这一概念的涵义总结为四个方面:(1)由法规支配的;(2)体系化的;(3)基于逻辑分析意义的;(4)由理智控制的。参见苏国勋:《理性化及其限制:韦伯思想引论》,上海人民出版社1988年版,第222页。
②[德]马克斯·韦伯:《新教伦理与资本主义精神》,于晓、陈维纲等译,生活·读书·新知三联书店1987年版,第49页。

而这种精神实际发挥作用的过程又必然要依赖于社会心理机制。

韦伯对于在他的理论体系中扮演着关键性角色的"资本主义精神"做出了特定的界说。他指出,所谓的资本主义精神,指的是近代资本主义精神。这种精神强调个人有增加自己资本的责任,而增加资本本身就是目的。韦伯指出,事实上,这种伦理所宣扬的至善——尽可能地多挣钱,是和那种严格避免任凭本能冲动享受生活结合在一起的,因而首先就是完全没有幸福主义的(更不必说享乐主义的)成分掺和在其中。这种至善被如此单纯地认为是目的本身,以致从对于个人的幸福或功利的角度来看,它显得是完全先验的和绝对非理性的。人竟被赚钱动机所左右,把获利作为人生的最终目的。在经济上获利不再从属于人满足自己物质需要的手段了。这种对我们所认为的自然关系的颠倒,从一种素朴的观点来看是极其非理性的,但它却显然是资本主义精神的一条首要原则,正如对于没有受到资本主义影响的诸民族来说这条原则是闻所未闻的一样确实无疑。与此同时,它又表达了一种与某些宗教观念密切相关的情绪……在现代经济制度下能挣钱,只要挣得合法,就是长于、精于某种天职(Calling)的结果和表现……这种我们今天如此熟悉,但在实际上却又远非理所当然的独特观念——一个人对天职负有责任——乃是资产阶级文化的社会伦理中最具代表性的东西,而且在某种意义上说,它是资产阶级文化的根本基础。[1]

韦伯进一步分析说,资本主义精神与前资本主义精神之间的区别并不在于赚钱欲望的强弱程度上。就在要求伦理认可的确定的生活准则这种意义上的资本主义精神而言,一直与它形成抗争的最重要对手,就是可称为传统主义的那样一种对待新事态的态度和反应。

从某种意义上说,韦伯首次提到了对于后来的现代性研究或现代化研究具有开创性或启示性意义的理论论题:现代与传统或者现代性与传统性之间的区分及其相互关系问题。当然,在他那里,则具体地表现为资本主义精神与前资

---

① [德]马克斯·韦伯:《新教伦理与资本主义精神》,于晓、陈维纲等译,生活·读书·新知三联书店 1987 年版,第 35～38 页。

本主义精神之间,或者说现代资本主义精神与传统主义之间的区分及其关系问题。

在探讨资本主义精神的产生时,韦伯首先回顾和评价了以往关于资本主义精神发生学的一些主要理论观点。在他看来,以往的西方学者大多把资本主义精神看作欧洲理性主义整体发展的一个组成部分,并从理性主义的原则中推论出资本主义的产生。而韦伯则认为,经济合理性的形成无疑是资本主义精神的体现,由此,可以顺理成章地将资本主义精神看作整个理性主义发展的一个组成部分。但是,在他看来,这样一种观点似乎过于概略了,难以清楚地解释资本主义之所以会首先在欧洲发生而不在世界其他地方发生的原因。韦伯指出,解决这一难题的根本途径在于,必须分析社会精神气质如何促成了一种具体的理性的经济行动,换言之,必须具体地考察宗教伦理是如何经由社会伦理而作用于经济伦理的。在这里,充分体现了韦伯将精神动因与物质动因结合起来进行考察,达成对于人们行动动机的透视,从而理解社会事实的意义的研究方法论特色。而在这种考察中,人们不难看到,对社会心理机制的探寻无疑成了一个关键性的环节,因而也成了韦伯分析的重点层面。而在探讨社会心理机制形成的过程中,理性化成为分析的焦点。

韦伯首先从宗教发展的角度来分析理性化的丰富含义,或者说,在韦伯眼中,理性化首先是从宗教发展进程中体现出来的。如果要从韦伯的宗教社会学分析中概括出他的一般社会理论的话,那么,在一定意义上可以说,理性化就是高度涵括了现代性发生学的一个最重要的理论命题。

为了实现这一目标,韦伯对几大世界性宗教的经济伦理①进行了独特的考察。他发现,在欧洲宗教改革以后,基督教新教中出现的禁欲思想及其所产生的天职观念,与资本主义精神的产生之间,存在着一种密切关联(一种亲和性)。欧洲宗教改革之后,新教加尔文宗的预定论产生了一种入世的禁欲观。这种入世的禁欲观与中世纪基督教所主张的入隐修院的那种出世的禁欲观之间是根

---

①韦伯所说的经济伦理,指的是在宗教这一社会文化体系的基础上所形成的社会心理及其在现实情境中所形成的行动驱力。

本对立的,从而使教徒们产生了一种特殊的宗教神圣感,而在这种情感的引导下,教徒们努力争取以世俗职业的成就来确证自己蒙受恩宠,成为上帝的选民,从而迈向参与现世的救赎之途。预定论的宿命论非常规逻辑地导致了积极的入世禁欲主义伦理,其中关键性的环节在于,马丁·路德在将《圣经》译成德文时,把"神召"一词译成"天职",从而使其包含了对世俗日常生活行为的肯定性评价,让世俗活动具有了宗教意义。于是,这种天职观便为一切新教提供了核心定义,成为新教徒改变世俗生活这一理性化行动的信仰基础,也就是说,原本带有浓厚宿命论色彩的神学预定论,通过天职观这一中介,尽管只是偶然地引发了新教徒的功利主义的社会行动,但其结果却在客观上促进了社会生活的理性化。

基于对几大世界性宗教的经济伦理的分析比较,韦伯指出,现代资本主义精神的本质源起于对加尔文教预定论的新教天职观的信仰,正是在对待世俗社会生活上,新教天职观表现出了与其他世界性宗教迥然有别的态度:新教天职观强调入世的理性主义和自制的禁欲主义。正因如此,现代资本主义只可能产生于欧洲而不是世界其他地区。

可以看到,韦伯通过分析宗教的演变来探讨社会的转型,分析了特定的宗教观念如何通过社会心理这一中介变成了人们社会行动的具体动因。他最重要的发现是,宗教的发展是一个从非理性向理性演进的过程,在这种过程中,宗教伦理通过世俗伦理的作用对人们的社会行动作出了引导。而宗教摆脱巫术以及宗教伦理具体化为世俗伦理的程度,则表征了宗教理性化的程度。韦伯将这种宗教理性化的趋势称为"世界的祛魅"(the disenchantment of the world),并把它看作影响社会成员的社会行动、社会组织的理性化及其发展的最根本力量。

总之,韦伯认为,理性化是时代无法规避的命运,换言之,它是人类社会历史发展的必然趋势。

韦伯的理论中包含着这样一个主题:现代资本主义或者广义上的现代社会的合理性,从根本上说,导源于它的理性化,如果简略地概括一下理性化的实质的话,它表现为精神世界的祛除巫术之魅,以及社会生活中结束了自然状态。

关于这种理性化社会的特征,韦伯从不同角度做出了表述。瑞泽尔(George Ritzer)对韦伯关于理性化的思想进行了简明扼要的归纳。他认为,韦伯理论中关于理性化的主要思想要素是效率性、可计算性、祛除巫魅和去人性化。第一,效率性(efficiency),是指一个社会强调发展"从某一点到另一点的最直接、通常也是最快捷的途径"的重要性。第二,可计算性(calculability),是指对于可预测性(predictability)的重视,同时也意味着对定量化因素的重视超过了对于定性化因素的重视。第三,祛除巫魅(disenchantment),即解除神秘性(demystification),是指从社会生活中消除巫术因素,进而代之以系统性的、逻辑性的和合理性的因素。第四,去人性化(dehumanization),是理性化所最终达成的状态,其特征表现为缺乏甚至消解了对人类价值的关怀。因此,瑞泽尔认为,可将"理性化"界定为一个过程,在这种过程中,社会将逐渐地由效率性、可计算性和祛除巫魅的规范与价值所支配,并且最终导致去人性化的状态。可以说,正因如此,韦伯对于理性化表现出了一种极其矛盾的心理:一方面,他对效率性、计算性和祛除巫魅的积极价值给予了肯定;另一方面,他又对人性的日渐丧失深感悲观。①

在韦伯看来,近代欧洲文明的一切成果都是理性主义的产物,因为只有在合理性思维方式和行为方式的支配下,才会相应地产生出数学、自然科学,才会产生出合理性的法律、社会行政管理体制以及合理性的社会劳动组织形式——资本主义。但是,他把上述一切方面只看作理性主义发展的形式。更重要的是,韦伯在理性主义的形式发展过程中看到已经有价值合理性、卡里斯玛式情感等实质非理性因素渗入其中。由这一视角可以看出,韦伯的理论命题的宗旨表明,近代欧洲社会生活的本质特征是一切行动以工具合理性为取向,但这种工具合理性取向又与价值合理性取向具有内在关联,实际上它源于价值合理性:从发生学上看,除了其他因素的配合之外,合理性的社会劳动组织(资本主义)与一种特殊的社会精神气质(资本主义精神)之间具有因果关系。如果更深入地考察就会发现,它们最终源于一种潜在的入世禁欲宗教的价值观,即新教

①[美]乔治·瑞泽尔:《社会学理论》,麦格罗·希尔国际股份有限公司1995年版,第250~253页。

伦理。宗教伦理在其发生时本来属于先知预言,是具有个人魅力(卡里斯玛式)人物发布的具有感召力的预言戒律,本身就与情感、价值因素相关联,因而具有"非常规性"。而宗教伦理如果要发挥强有力的作用,就必须转化为世俗伦理,将彼岸的、抽象的教义变为此世的、指导日常社会生活的道德信条,这就是"常规化"的过程。因此,要判断一个宗教的理性化程度,就必须以宗教教义与世俗社会伦理体系相结合的程度,即以世俗化、常规化作为衡量尺度。在这种意义上,宗教理性化程度标志着摆脱了不可用理智计算和控制的巫术、情感因素的程度。以此观之,宗教理性化程度越高,就越能够在更大程度上指引人们按照目的—工具合理性的选择去行动,因而,也就越能够导致人们行动的定型化、常规化。

第二节　韦伯视野中心里现代性的具体面相

　　韦伯在研究现代资本主义产生的过程时,更具体地说,在探讨由资本主义精神导致资本主义体系发生的过程时,表现出了两种特别的关注:一是由资本主义精神引发了资本主义体系的产生;二是资本主义精神的产生和演化过程内含一种从传统维度向现代维度的分化。

　　如果用另一种话语来表述,在韦伯看来,由于社会文化上的理性化趋势,使得区别于传统主义(或前资本主义时期的社会精神气质)的心理现代性(主要表现为"资本主义精神")导致了社会现代性的形态(资本主义这一社会劳动组织)的产生。或者,用一个简化公式来说明,社会文化的理性化→心理的现代性→现代性的社会形态。这是韦伯命题的要义。

　　韦伯认为,正是一种独特的资本主义精神引发了资本主义的活动和制度。"资本主义精神(就我们所赋予它的意义而言)无疑在资本主义秩序出现以前就已存在。"①可以说,韦伯在这里已经预设了资本主义精神与资本主义体系之间在时间上的前后次序,从而也就预设了两者之间的因果关系。

因此,在韦伯看来,理解特定历史条件下的社会精神气质,则是分析社会现代性发生学的关键方面。在韦伯的理论中,心理现代性与社会现代性之间呈现为一种互构性变量之间的关系。

如前面所述,由于宗教意识形态转化为社会物质形态的中介环节是社会精神气质,具体而言,是资本主义精神,因此,在很大程度上,对于资本主义精神的界说,就体现了韦伯对于心理现代性的一种具体规定。

韦伯指出,他所谓的资本主义精神,是指近代资本主义精神。他借用富兰克林的话来阐述这种资本主义精神:

> 认为个人有增加自己的资本的责任,而增加资本本身就是目的。的确,富兰克林所宣扬的,不单是发迹的方法,他宣扬的是一种奇特的伦理。违犯其规范被认为是忘记责任,而不是愚蠢的表现。这就是它的实质。它不仅仅是从商的精明(精明是世间再普遍不过的事),它是一种精神气质。这正是我所感兴趣的。②

韦伯指出,资本主义精神这种伦理所提出的要求,即尽可能多地挣钱,是完全没有幸福主义的更不必说享乐主义的成分渗透于其中的,换言之,它是与一种禁欲主义的伦理相结合为一体的。

但是,对于资本主义精神与前资本主义精神之间所进行的区分,却成为韦伯划分传统(性)或前现代(性)与现代(性)之间的一个重要标志。那么,这种分界在哪里? 具体而言,资本主义精神与前资本主义精神之间的根本区分点是什么?

---

① [德]马克斯·韦伯:《新教伦理与资本主义精神》,于晓、陈维纲等译,生活·读书·新知三联书店 1987 年版,第 39 页。

② [德]马克斯·韦伯:《新教伦理与资本主义精神》,于晓、陈维纲等译,生活·读书·新知三联书店 1987 年版,第 36 页。

韦伯指出,资本主义精神与前资本主义精神之间的区别并不在赚钱欲望的程度上,而在于是否将获利作为一种职业伦理。他指出:

> 在"一种要求伦理认可的确定生活准则"这样一种意义上所说的资本主义精神,它一直与之斗争的最重要敌手就是我们可以称之为传统主义的那种对待新情况的态度和反应。①

在韦伯看来,以高度理性化的方式获利,把劳动作为一种伦理或天职,这就是资本主义精神的实质方面。② 所谓的前资本主义,是指这样一种状况:在一个长期存在的企业中,合乎理性地使用资本、按照资本主义方式合乎理性地组织劳动,这样一种情形尚未成为决定经济活动的主导力量。而这种态度也正是各地的人们在适应一种有序的资本主义经济状况时所遇到的最顽固的心理障碍之一。

传统主义的另一种表现形式则是认为,人们并非天生就希望多挣到钱,而仅只是希望按照已经习惯了的方式去生活,并为了这一目的而挣到必需的钱。因此,无论在什么地方,只要近代资本主义采取了通过增加劳动强度来提高劳动生产率的方式来进行生产,就会遇到前资本主义劳动方式的顽固抵制。

那么,传统主义是如何逐渐地被取代的? 韦伯分析指出,把劳动当作一种绝对的自身目的,当作一种天职来从事,这样一种态度绝对不是天生的;相反,在很大程度上,它是宗教塑造的一种结果。那些拥有最好的教育机会的人,往往容易培养出宗教精神。全神贯注的能力、忠于职守的责任感,与精确计算高收入可能性的经济观,以及最大限度地提高效率的自制力和节俭意识最经常地

---

① [德]马克斯·韦伯:《新教伦理与资本主义精神》,于晓、陈维纲等译,生活·读书·新知三联书店 1987 年版,第 41 页。

② 韦伯认为,自人类产生以来,就一直存在获利的欲望。但是,在前资本主义状态下,在谋求利益的过程中,绝对有意识的、冷酷无情的态度往往与最严格遵从传统的行为最密切地相联系在一起。无论历史上的哪个时期,一旦有机会的话,就会出现置任何伦理道德于不顾的残酷谋利行为。即便随着传统的崩溃和自由经济的扩张,资本主义性质的追逐利益的行为在伦理上也不是很快就得到了认可。这似乎成了前资本主义时期公众的一种标准态度。

结合在一起。这一切就为形成资本主义必不可少的以劳动为自身目的和视劳动为天职的观念,提供了最坚实的基础。概言之,具有宗教教育背景的人最有可能战胜传统主义。

那么,宗教因素和对资本主义的适应,这两者在资本主义兴起之初是如何实现了结合的? 资本主义精神怎样促进了资本主义经济实体的产生?

韦伯指出,若是暂用"(近代)资本主义精神"这一用语来描述那种理性地和系统地(按照他用本杰明·富兰克林的例子阐述过的方式)去追求利润的态度,那么,资本主义精神导致资本主义制度具体产生的过程已经得到了历史事实的证明:一方面,这种精神在资本主义企业中找到了它最合适的表现;另一方面,企业又从资本主义精神那里汲取了它最合适的动力。①

关键性的一点在于,这种变化往往不是由于对工业的不断投资所引起的,而是由于一种新的精神即资本主义精神开始发生作用所引起的。在韦伯的分析中有一点非常重要,体现了他的心理社会学思想,即资本主义精神是通过一些具体的人格特质表现出来的。当这种精神刚刚萌芽时,它的成长并不一帆风顺,常常会经受各种怀疑、仇视,乃至道德义愤的不断攻击。在此情形下,只有具备坚强性格才能使一个新型企业家不至于丧失适度的自我控制,从而避免道德上的伤害和经济上的毁灭。正是由于这种新型企业家拥有坚定的伦理品质、卓识的决策判断和果断的行动能力,所以,他才能在社会上和工人中赢得基本的信任。换言之,除了这些人格特质之外,没有其他东西能够为他提供战胜困难的力量,并胜任时代和社会赋予他的使命。因此,可以看到,新型企业家的这些人格特质与那些传统主义的人格特质之间呈现出巨大的反差。

人格特质的变化并不会以外在形式明显地表现出来,但是,对于促使新的精神气质逐渐渗透进社会和经济生活当中而言,却起到了关键性作用。韦伯对

---

①根据韦伯的分析,在近代开始之际,商业贵族中那些具有资本主义特征的企业家既不是资本主义精神的唯一体现者,甚至也不是主要体现者。只有那些处于上升时期的工业中产阶级才体现了资本主义精神。在激烈竞争的重压之下,原来田园牧歌式的状态分崩离析了。大量财富积聚了起来,这些财富并没有用来进行贷款以赚取利息,而总是重新用于商业投资。从前休闲自在的生活态度让位给了一种冷峻精密的节俭精神。在商业活动中,一些人通过节俭而致富。他们所追求的是赚钱,而不是消费。

于新教改革所产生的社会人格类型进行了描述和分析。促成这一变化的人往往是在一种僵化理性的生活环境中成长起来的，他们既精打细算又敢想敢为。最重要的是，具有这种性格的人节制有度、讲究信用、精明强干，全心全意地投身于事业当中，并且固守严格信奉的思想观念和行动准则。

那些体现了理想类型的资本主义精神的企业家，在现实中注重节俭、避免奢侈、谨慎内敛，对已有成就不会沾沾自喜。相反的是，却常常为自己已拥有的社会声誉而感到窘迫不安。这些人的生活方式以某种禁欲倾向为特征，具有自我克制的诚实谦逊态度，视财富仅为一种职业上的成就。这些人格特质从传统主义价值观的角度是难以理解的，因为从这种观念看来，人生工作的唯一目的就是为了获得金钱和财富。

韦伯指出，资本主义精神的发展应该理解为理性主义整体发展的一部分，并且能够从理性主义对于社会生活基本问题所内含的根本立场中演绎出来。可以认为，在这一过程中，基督教新教形成了一个先于纯粹理性主义发展的阶段。理性主义是一个历史的概念，它包含了由各种事物所构成的一个完整世界，因此，有必要弄清理性思想这一特殊而具体的形式究竟是谁的精神产品，因为关于一种职业以及在这种职业中献身于劳动的观念，都是从这里发生出来的。而这种观念从纯粹幸福论强调个人利益这一角度来看，完全是非理性的，但它却一直是并且至今仍然是最能代表资本主义文化特征的因素之一。

总之，韦伯所说的资本主义精神，包括了极其丰富的内涵，在宏观层面上，可以说是特定的时代精神即理性主义具体化为文化精神的一种表现形式；在中观层面上，其内涵实质可以理解为一种价值取向和生活态度；在微观层面上，它十分具体地表现为一种职业观念。而不论是价值取向、生活态度，还是职业观念，都是社会心理的特定表现形式。此外，这种时代精神和社会心理形态在实际生活中体现为一些人格特质和行动倾向，如果略做一下概括的话，大致包括了这样几个方面的内容：勤勉、刻苦、谦逊、禁欲、节俭、进取、成功等。

第三节 韦伯对心理现代性的文化根源考察

在韦伯的思想逻辑中,就文化分析层面而言,资本主义精神是资本主义体系的促成因素,而基督教新教伦理则是资本主义精神的孕育者。这种因果逻辑可以简要地表述为:基督教新教伦理→资本主义精神→资本主义体系。尽管从多种层面进行全方位分析来看,在促成资本主义体系产生的过程中,资本主义精神只是因素之一,并非唯一因素。但是,仍然不能否认资本主义精神在其中所扮演了重要角色和发挥了独特作用。可以说,在韦伯的视野中,于历史维度上或因果关系上,心理现代性都是社会现代性的动因之一。

韦伯对资本主义精神的具体发生机制进行考察之后所得出的结论,实际上也回答了他理论视野中关于心理现代性的起源问题。

为什么现代资本主义会起源于西方?这是韦伯的研究工作所致力于的突破点。基于自己的方法论,他通过对几大世界性宗教的经济伦理进行考察之后得出结论认为,在欧洲宗教改革之后,基督教新教中所产生的禁欲说、天职观与资本主义精神的产生这两者之间存在着一种亲和关系(affinity)。于是,韦伯在做出充分的分析之后断言,正是这种亲和关系的存在,再加上其他一些因素的共同作用,最终促成了资本主义体系在欧洲的产生。

韦伯在探讨现代资本主义兴起的动力源时,或者,从广义上说,在探讨现代性的发生学时,于研究方法上主要是从文化层面进行分析的,即通过基督教新教伦理来解释西方现代资本主义的出现。于是,韦伯的有关思想成了从宏观层面上研究成就需要或成就动机的最早的学术思想源头。在《新教伦理与资本主义精神》中,韦伯指出,基督教新教伦理,尤其是加尔文宗(Calvinism)与资本主义的产生之间存在着亲和关系。加尔文宗强调,人应该进取、勤勉、节俭;通过勤奋劳作而获得财富,不能奢侈浪费、好逸恶劳;必须谦逊禁欲、创造业绩,从而获得拯救,成为上帝的选民。

具体而言,韦伯认为,由基督新教教义所引发的资本主义精神,与教徒们的成就动机之间存在着亲和关系。而这种亲和关系所导致的内在整合（inner integration），对于资本主义的兴起起着十分重要的促进作用。在韦伯看来，基督教新教伦理是现代资本主义的启动机制（starting mechanism）。虽然新教伦理并没有直接生成资本主义，也不是促进资本主义产生的唯一动因，但是，其内涵却与资本主义精神之间表现出高度的契合性，从而成为导致现代资本主义起源和发展的重要力量。如果说韦伯对心理社会学的突出贡献表现于，他发现了在基督教新教教义与资本主义精神之间存在内在必然联系的话，那么，他对心理现代性研究最重要的贡献就是，揭示了资本主义精神所衍生的社会心理机制，则是促进现代资本主义生产方式和组织形式发生和发展的重要力量。

在对几个世界性宗教与经济伦理之间的关系进行分析时，韦伯划分出了几种宗教象征类型。第一个大的宗教象征类型是禁欲主义（asceticism），第二个大的宗教象征类型是神秘主义（mysticism）。而每一个大的宗教象征类型中又具体包括一些小的宗教象征类型。

作为第一个宗教象征类型的禁欲主义，其基本的行动取向表现为，信仰者拒绝在世俗中享乐。禁欲主义的宗教可以区分为两种类型，它们也是基督教为了使灵魂得到拯救所采取的自我节制或禁欲的两种形式。

一种被韦伯称为出世的或拒绝现世的禁欲主义（world－rejecting asceticism），它是中世纪天主教隐修院的禁欲观，其主要特征表现为，为了获得救赎，教徒完全从世俗生活世界中隐退出去，隐居独处、苦身修行，并把这种方式视为获得救赎的唯一途径。出世的或拒绝现世的禁欲主义用一整套价值观念和行为规范引导追随者在现世生活中努力工作，同时抗拒各种诱惑。

禁欲主义的另一种形式更受到韦伯的关注，他称之为入世的禁欲主义（inner worldly asceticism）。它是欧洲宗教改革之后基督教新教的禁欲观，其主要特征表现为，教徒怀有一种独特的宗教神圣情感，努力在世俗职业中确证自己是上帝的选民，走向一种全面参与世俗生活的获得救赎之路。它并不要求教徒拒绝现世生活，相反，却积极鼓励他们在现世努力工作，创造业绩，从而找到救赎之路，至少发现救赎的征兆。可以说，其特有的目标严格而有序地控制着教徒的生活方式。教徒被要求拒绝每一件纵欲的、不道德的事情，并且被鼓励将自己的行动系统化，以成为"天职召唤的人"（men of vocation）。

　　可以看到，不论是出世的禁欲主义，还是入世的禁欲主义，其中都包含了某些类型的自我拒绝行动。

　　第二种大的宗教象征类型是神秘主义。它把行动取向确定在冥思、期待、感情情绪和怠惰方面。韦伯进一步区分了神秘主义的两种具体形式，即拒绝世界的神秘主义和入世的神秘主义。

　　拒绝世界的神秘主义意味着完全地拒绝和排斥现世生活。而入世的神秘主义则会导致冥思的努力，以理解现世的意义。但是，这一种努力也注定会失败，因为现世被视为超越个体理解与包容的限度。

　　总之，韦伯看来，出世的或拒绝现世的禁欲主义、入世的神秘主义和拒绝世界的神秘主义都是阻碍理性发展和资本主义兴起的观念体系。对于西方的理性发展和资本主义的产生来说，入世的禁欲主义则是一个具有重要贡献的价值和规范体系，这一点是十分显然的。

　　正因为入世的禁欲主义对于西方的理性化进程和资本主义的产生具有重要作用，因此，成了韦伯加以着重分析的内容。他认为，欧洲宗教改革之后，新教加尔文宗的预定论①所倡导的入世的禁欲主义的救赎方式与中世纪基督教主张的入隐修院的那种出世的禁欲主义之间是根本对立的，其结果是使教徒产生了一种特殊的宗教神圣情感，并于实际行动上努力在世俗职业中做出成就来确证自己，给上帝增添荣耀，从而迈向参与现世生活的救赎之路。

　　从表面上看，预定论的逻辑必然导致宿命论。韦伯却指出，预定论内在固有的消极宿命论却导致了加尔文宗和清教②形成积极的入世禁欲主义伦理。预

---

①加尔文宗（Calvinism）是基督教的一个变种，韦伯对其表现出了最为强烈的兴趣。加尔文宗的特征之一是，主张只有少数人才能获得救赎。此外，加尔文宗有一个预选（predestination）观念，认为人类已经被事先预选为获得救赎或是受到永远惩罚。无论是个人或是宗教都不能改变这种命运。于是，预选观念使得人们留下了不确定感，不知自己是否能够获得救赎。为了减少这种不确定感，加尔文教徒发展出了一种观念，即认为存在某种"预兆"（signs），可以表明某人是否获得救赎。因此，人们被鼓励去努力工作，因为只要勤勉不懈，就可以揭示能否得到救赎的预兆，而这些预兆必须在从事经济活动成功的业绩中才能发现。总之，加尔文教徒被鼓励去积极地参与现世生活，成为一个"天职召唤的人"。
②清教和加尔文宗同属于基督教新教的一个派别。

定论的宿命论非常规逻辑地导致了积极的入世禁欲主义伦理的关键环节就在于，马丁·路德在将《圣经》译成德文时，把"神召"（Calling）一词译成"职业"（Beruf）、"天职"，从而使原来指"神的召唤"的 Calling 一词被赋予了对世俗日常行为肯定性评价的意味，即把克勤克俭地履行世俗职业的义务尊崇为一个人道德行为的最高形式，这样的话，使得日常世俗行为具有了宗教的意义。

可以这样认为，加尔文宗与资本主义精神之间的亲和关系，只是一种比较概括化的表述，实际上，这种亲和关系是通过天职观这一中介表现出来的。于是，这种天职观便为一切新教提供了核心定义，成为新教徒改变世俗生活这一理性化行动的信仰基础，也就是说，本来带有浓厚的宿命论色彩的神学预定论，经由天职观这一中介，虽然是偶然引发了新教徒的功利主义的社会行动，但却在客观上促进了社会生活的理性化。①

基于对几大世界性宗教中经济伦理的比较分析，韦伯指出，现代资本主义精神的本质源起于对加尔文宗预定论的新教天职观的信仰。正是在对于世俗社会生活的态度上，新教与其他世界性宗教之间表现出根本性的差别。而由于新教强调入世的理性主义和自制的禁欲主义，所以，才会出现这样的结果——现代资本主义产生于欧洲。

韦伯强调，由于这种天职观为新教提供了核心教义，于是，新教徒才可能只以世俗职业成就来确证上帝对自己的恩宠。这种天职观强调世俗职业上的责任，成为入世禁欲实践的社会心理基础，也是新教徒产生理性经济行为的信仰背景。可以认为，原来属于宗教神学的信仰预定，最终却变成了改变世俗生活

①在韦伯的分析中，只有勤勉不懈、努力工作等这些单一层面的行动是不够的，作为一种价值伦理规范的加尔文教义，还要求教徒自我控制和遵从一套系统化的生活方式，包括一个综合性的活动范围，特别是有关经济领域的活动范围。这一切与中世纪的基督教观念形成了鲜明的对照，在那时，为了赎偿特殊的原罪（sins）和增加拯救的机会，个人只能借机参与一些单一的活动。反之，加尔文教的上帝（God），并不希望信仰者们做出单一的善行，而是要求他们将一生的善行结合进统一的体系之中。因此，加尔文教产生出了一个伦理道德体系，其结果便是促进产生了一批早期的资本家。同时，加尔文教教义对那些严肃清醒的中产阶级和自力更生的人们给予了最高评价。韦伯提炼出他对于加尔文教与资本主义的产生这两者之间关系的观点是：对于以现世为天职而持续地、系统地工作的行动而言，宗教成为禁欲主义的最大源泉，同时也是重获新生和真诚信心的最确定和最明显的证据，这一切必然成为资本主义精神扩展的最有力杠杆。

方式的精神力量和心理动因的源泉。

在韦伯看来，人们身上所表现出来的对于天职的担当人格，是资本主义文化中最具有代表性的部分，从某种意义上说，甚至构成了资本主义文化的一种重要基础。对于天职的担当人格在现实中则具体表现为每个人应该感到并且确实感到的对于职业活动的一种责任。

在韦伯对于新教伦理如何转化成为资本主义精神这一过程所做的具体分析过程中，他揭示出了两种极其重要的机制：第一种机制表现为，处于价值观念层面的、由预定论所产生的天职观；第二种机制表现为，处于社会心理层面上的、作为动机模式的人们内心的张力。而这两种机制常常又是结合在一起的。进而言之，这两种机制也就是资本主义精神促进资本主义的生产方式和组织形式得以实际生成的社会心理机制。如果换一个视角看，这两种机制处在作为社会文化层面的宗教信仰与作为社会行动层面的创业活动之间，成为联结社会文化与社会行动这两者之间一个关键性的中介环节。

就两种机制之间的关联而言，从预定论所引发出的天职观，对于新教徒来说，不仅具有价值观念层面上的导向作用，还会表现为人们内心的张力或焦虑感，从而实现了价值观念与行动驱力这两者之间的有机结合，这便是社会心理层面的动力机制。于是，在新教伦理转化为社会行动的这一种过程中，天职观作为社会心理结构中的价值观念，①便起到了一种承上启下的联结作用，成为从社会思想转变为社会行动的中介环节。可以说，这种价值观念与内心张力或焦虑情感的有机结合就促进了人们成就动机的生成。

如果以最简要的方式加以表达的话，韦伯关于心理现代性的理论命题的基本逻辑表现为：在欧洲宗教改革之后的新教加尔文教中，经由预定论引生的天职观，孕育了强烈的入世禁欲主义的成就动机，从而在具体行动层面上推动了资本主义生产方式和组织形式的兴起。可以用图4—1加以说明：

---

①社会心理作为一种系统实际上包含了两个层面的内容：一是观念层面，以价值观为核心；二是心态层面，以认知为基础的对于现实满足主体需求程度的感受表现。

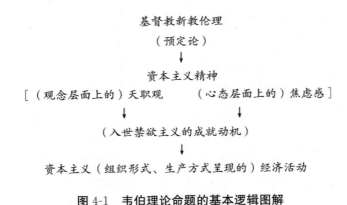

基督教新教伦理

（预定论）

↓

资本主义精神

［（观念层面上的）天职观　　（心态层面上的）焦虑感］

↓　　　　　　　　　↓

（入世禁欲主义的成就动机）

↓

资本主义（组织形式、生产方式呈现的）经济活动

图 4-1　韦伯理论命题的基本逻辑图解

可以说，作为社会心理动力机制一个重要能源的天职观，对于其信仰者的作用具体表现在两个方面：一方面对入世禁欲主义思想方式产生影响；另一方面对入世禁欲主义生活方式产生影响。韦伯对此的解释是，由预定论引发的天职观要求教徒过一种有系统性的、讲究方法的理性生活，这种理性的生活使人超越了"自然状态"，摆脱非理性感官冲动的诱惑，而服从某种有计划的意志（神学目的论）的支配，从而使人进入一种"蒙恩状态"，并能够冷静地思考行动的后果，在行动中保持不断的自我控制。①

在很多情况下，韦伯比较直接地对这种社会心理机制从不同的层面进行了描述和解释。

这种世俗的新教禁欲主义与自发的财产享受强烈地对抗着；它束缚着消费，尤其是奢侈品的消费。而另一方面它又有着把获取财产从传统伦理的禁锢中解脱出来的心理效果。它不仅使获利冲动合法化，而且（在我们

———————

① 一般而言，救赎宗教都强调禁欲，但是，不同宗教之间禁欲的形式与内容却存在着一定差别。根据预定论，清教徒除了在现实生活中确证自己蒙受恩宠，是上帝的"选民"之外，没有其他解决救赎宿命论的途径，于是，只有在世俗生活中更加倍地努力工作、严于律己和深刻反省，自始至终地做到"一切为了增加上帝的荣耀"，从而在每一时刻都使生活的意义发生根本性的转变，才能证明自己从"自然状态"进入了"恩宠状态"。

所讨论的意义上)把它看作上帝的直接意愿。……禁欲主义,为了与《圣经·旧约》保持一致,为了与善行的伦理评价相近似,严厉地斥责把追求财富作为自身目的的行为;但是,如果财富是从事一项职业而获得的劳动果实,那么财富的获得便又是上帝祝福的标志了。更为重要的是:在一项世俗的职业中要殚精竭虑,持之不懈,有条不紊地劳动,这样一种宗教观念作为禁欲主义的最高手段,同时也作为重生与真诚信念的最可靠、最显著的证明,对于我们在此业已称为资本主义精神的那种生活态度的扩张肯定发挥过巨大无比的杠杆作用。①

在分析新教的入世禁欲主义与资本主义精神之间的亲和关系时,韦伯指出,在教徒那里,浪费时间或用于享乐,都不是为了给上帝增添荣耀,相反,却是一种极大的罪恶。人们必须努力工作,履行天职以"荣耀上帝"。这种天职观在一定程度上对于现代社会的劳动分工起到了促进作用。此外,勤勉、刻苦、节俭、营利等品行也被赋予了宗教伦理的内涵,从而充分肯定了世俗生活的价值,而这种世俗生活逐渐地演变成资本主义的生活方式。从更广的角度看,这些生活方式的一些元素在中古时代一些欧洲民族那里就可以找到,但是,对这些行为方式赋予宗教伦理意义并且使之系统化为一种长期生活方式,产生了久远的影响力,却是宗教改革之后的新教天职观所产生的结果。更具有现实意义的是,在后来的历史发展进程中,新教徒的入世禁欲主义天职观逐渐地放弃了原来的宗教神学基础,而与现代资本主义精神之间形成了有机的结合。正如韦伯所指出:

在构成近代资本主义精神乃至整个近代文化精神的诸基本要素之中,以职业概念为基础的理性行为这一要素,正是从基督教禁欲主义中产生出来的……被称为资本主义精神的那种态度,其根本要素与我们这里所表明

---

① [德]马克斯·韦伯:《新教伦理与资本主义精神》,于晓、陈维纲等译,生活·读书·新知三联书店1987年版,第134~135页。

的清教世俗禁欲主义的内涵并无二致,只不过它已经没有宗教的基础。①

就心理现代性的发生与社会现代性的发生及其相互之间的关联来说,在《新教伦理与资本主义精神》中,韦伯探讨了基督教新教、主要是加尔文教派对于资本主义精神的产生所起的作用。在该书的导言中,韦伯明确地指出,他最主要的兴趣在于关注西方独特理性的出现,其中一个部分是理性化的科学、法律、政治、艺术、建筑、文学、大学制度和政体等,而另一个部分则是自由劳动的理性组织、开放市场、理性的簿记制度的资本主义,而这两个部分之间则呈现出一种平行发展的态势。

在分析视角上,韦伯并不是将新教伦理的观念体系与资本主义的结构体系加以直接联系,他的匠心之处就表现在,把新教伦理这种社会文化形式与一种社会心理体系即资本主义精神相关联。换言之,在韦伯的学说中,正是通过从一种文化观念体系向一种社会心理体系的转化,从隐含中揭示出了新教伦理这种文化形式、心理体系与资本主义的经济体系、组织形式之间的关联。

以方法论而论,韦伯的这种分析首先是从检验和反思先前的某些替代性解释开始的,先前的这些解释,对于资本主义为何在16、17世纪的西方得以兴起,提供了一种说明。针对把资本主义的发生看作当时某些物质条件的产物这样一种观点,韦伯提出了反驳并且指出,在其他的一些时代里,某些物质条件也同样是成熟的,但是,资本主义却并没有产生。此外,韦伯也驳斥了某些心理决定论的观点,这种观点把资本主义产生的原因仅仅归结于人通过学习而获得的本能。在韦伯看来,人的这种本能也是经常存在的,但却未能在其他环境条件下导致资本主义的产生。总之,韦伯方法论的核心观点是,对于现代资本主义的发生或起源问题,主要的解释性变量,既不是适合的物质条件,也不是人的本

---

① [德]马克斯·韦伯:《新教伦理与资本主义精神》,于晓、陈维纲等译,生活·读书·新知三联书店1987年版,第141页。

能,而是 16 世纪宗教改革之后所形成的一整套新的宗教观念。①

　　在分析新教教义时,韦伯考察具有综合性宗教体系的国家时发现,在经济领域和相关活动中的领军人物,如商业领袖、资本所有者、高级技术人员和商业培训者等,几乎都是新教徒。这一重要现象意味着,所信奉的新教教义无疑是促使人们选择这些职业的一个非常重要的动因。与此情况相对照的是,其他宗教如罗马天主教却没有产生类似的观念体系引导人们步入这些行业。

　　由此而引发思考的一个根本性问题是,资本主义精神的实质是什么? 在韦伯的眼中,资本主义精神,并不是在经济上谋利的动机。相反,在许多方面,特别是在伦理体系上,其实质是一种社会精神气质(ethos),尤其表现为对于经济上取得成功的重视与关注。韦伯认为,利润观念融入社会思潮与社会精神演进的过程中,这一点在西方表现得极其明显。但是,在其他社会中,对利润的追求,如果被作为个体层面上的行为来理解,至少部分地被看作是由贪欲所引发的。正因如此,许多人把这一行为视为道德上值得怀疑的。然而,新教教义却成功地将对于利润的追求融入伦理的变革当中。正是得益于一种新的伦理体系的支持,促进了人们追求利润的行动呈现空前的增长态势,并最终导致了资本主义生产方式和组织形式的形成。

　　就方法论层面而言,在探讨一种社会文化(新教教义)与一种社会精神(资本主义精神)以及与一种社会行动(资本主义经济活动)之间的关系其及转化时,韦伯尤其表现出了他的研究方法上的一个重要特色,即,首先从社会文化层面的分析开始,再进入社会心理层面的分析,然后再进入社会行动层面的分析。

　　对于作为韦伯理论中一个极其重要概念的资本主义精神,马克斯·韦伯曾经多次地做出过界说。在他视野中,资本主义精神可以被看作一种社会价值规范体系,其中包含多个层面的观念和要求,目标是为了灌输和渗透一种生活态度,即,应该理性地、系统地追求利润;同时则强调应该避免生活上的享乐行为。

---

①在《新教伦理与资本主义精神》一书中,虽然韦伯更多地探讨了加尔文教派对资本主义精神的影响,但是,他仍然十分清楚地认识到,社会因素和经济因素对于宗教也具有特定的影响。至于这种影响,韦伯并没有投入太多的精力加以探讨。然而,韦伯却十分明确地指出,他的目的并不是从单一的精神主义角度对资本主义的产生进行阐释。

此外,这种社会价值规范体系还包括一些重要观念,如:勤勉、俭朴、节约、守时、公平、公正以及赚钱本身就是一种合法的目的。总之,这种社会价值规范体系所主张的核心思想是,永无休止地增加自身的财富乃是人的义务。因此,这些具体的观念所综合体现的资本主义精神,既涉及个人成就动机的领域,同时又涉及社会伦理的领域。尽管韦伯认识到,某些类型的资本主义,如冒险或探险式的资本主义,曾经在古代中国、印度、巴比伦或中世纪时期的某些国家出现过,但是,它们却不同于西方的现代资本主义,主要原因就在于,它们缺乏资本主义精神这样一种特殊的社会精神气质。

韦伯还对这种社会价值规范体系的作用及其变化进行了分析。他认为,虽然基督教新教、特别是加尔文教派对资本主义精神的产生起了非常重要的促进作用,然而,却不是唯一的促进因素。甚至可以认为,加尔文教教义在资本主义经济体系持续发展之后已经变得不再重要。事实上,在许多意义层面上,现代的资本主义就其世俗性而言,已经与加尔文教教义和一般宗教之间形成了对立。

韦伯指出,还应注意的是,资本主义的产生是新教伦理的一种非预期性后果,换言之,加尔文教徒并非有意地试图创建一个资本主义体系。非预期性后果这一概念在韦伯理论中具有十分广泛的适用性和重要性,他相信,无论是个体的还是群体的现实行动常常会导致一些与其本来意图相背离的变异性结果。虽然韦伯未曾对这一观点进行更详细的探讨,但是,它与韦伯的另一观点之间似乎密切相关,韦伯主张,人类创造了社会结构,可是,这种社会结构立即表现出其自身的生命力,因此,人类几乎很少能够、甚至根本无法控制它。由于人们缺乏控制它们的能力,因此,社会结构就会自由且多样化地朝着完全非预期的方向演变。[1]

---

① 韦伯的这一种思路,导致了阿瑟·米茨曼(Arthur Mitzman)在1970年认为,韦伯提出了一种物化社会学(sociology of reification)。其言外之意是说,马克思和韦伯都曾在他们对资本主义的分析中表明了这样一种看法,即物化的社会结构总是会自由而不受限制地朝着一种非预期的方向演变。关于非预期后果的思想在吉登斯对于晚期现代性的研究中得到了更新的发展,成为分析现代性后果的一个重要概念。

第四节　韦伯关于心理现代性的理论遗产

韦伯是开启心理现代性命题的社会理论大师。站在社会现代性发生时点上，站在社会学诞生时点上，站在心理社会学之源的起点上，他在对"现代社会何以可能"的思考中，将社会现代性的发生学与心理现代性的发生学融成了一体，从而将现代性理论（可以理解为广义上的发展理论）与心理变迁研究（前学科化的社会心理学）融成了一体。

韦伯在他的社会理论中所进行的有关探讨，对于后来的社会心理学发展，尤其对于心理现代性的研究，奠定了极其重要的思想渊源和命题基础。历史已经证明韦伯对于这个领域的贡献是开拓性和启示性的。我们在这里，仅只简要总结一下主要方面的内容。

第一，在韦伯的社会理论中包含着这样的思想逻辑：作为社会文化层面的新教伦理在具体转化为作为社会行动层面的资本主义经济活动的过程中，经过了这样一种中介环节——作为一种社会心理机制的资本主义精神的产生。韦伯对于这一过程的考察结果具体表现为：作为社会文化体系的新教加尔文教的"预定论"，引发了作为价值观念层面的"天职观"，而这种价值观念层面的"天职观"又进一步引发了作为心理动力层面的表现为成就动机的心理张力。这一研究结果实际上开创了一种研究关于宏观层面上的社会文化（价值观、伦理观）转变成为影响社会发展力量的心理社会学，同时也开启了一种研究关于中观层面和微观层面上的价值观念转化成为社会心理动力并最终影响个人行动的社会心理学。韦伯以社会学研究进路所做出的心理社会学的研究成果（关于这一点以往的社会学史家几乎未曾提及）却同样为后来诞生的社会心理学的研究提供了滋养成分。

第二，韦伯的重要研究结果，即由价值观念层面上的天职观和社会心理层面上的心理张力或焦虑感所共同激发的入世禁欲主义的抱负冲动，导致形成了在资本主义经济活动中追求职业成功业绩的成就动机模式。这些深刻而独特的洞见在后来成为 D. C. 麦克莱兰等社会心理学家对促进一个国家经济增长的成就动机进行系统化、学科化研究，尤其是形成从社会心理因素来解释现代化进程这一重要理论视角的最早的学术思想渊源。

第三，韦伯在研究社会文化如何在个体身上塑造其社会心理机制并产生社会行动诱因的时候，注意到了微观社会化因素对于个体人格形成所起的具体作用，换言之，韦伯十分强调家庭背景和教养方式对于个体成长的影响。

宗教如何塑造了个体的人格特征，或者说，作为一种重要的社会文化形式，宗教是怎样经由社会化机制使个体对它的思想观念和行为规范加以内化的？在这个问题上，韦伯论及了家庭教育的重要性。他曾经特别地提到："富兰克林虽然是一个无特殊色彩的泛神论者，但他那加尔文教派的严父地却在他幼小的时候就反复地向他灌输一条来自圣经的古训。因此，如果我们问为什么'要在人身上赚钱'，他在其自传中所做的回答用上了这条古训：'你看见办事殷勤的人么，他必站在君王面前。'（《圣经·箴言》二十二章二十九节）在现代经济制度下能挣钱，只要挣得合法，就是长于、精于某种天职（Calling）的结果和表现；而这种美德和能力，正如在上面那段引文中以及在富兰克林的其他所有著作中都不难看出的，正是富兰克林伦理观的全部内容。"①

在这里，韦伯对于家庭宗教背景和家庭教育内容在影响个体人格发展方面独具的重要性所给予的强调，成为后来麦克莱兰等人在探索人的成就动机时所选择的一种重要研究取向，他们都将家庭教育作为社会文化转化成为个体成就动机的一个中介性变量。

韦伯对于心理现代性的探索做出了具有开创性的尝试，主要表现于，在《新教伦理与资本主义精神》一书中，他提出的基本预设是，作为社会文化的基督教新教教义所内含的价值观念即天职观，孕育并产生了作为一种社会心理机制的资本主义精神，正是在这种社会心理机制的作用下，引发了从事资本主义经济活动的这一种社会行动。这就是韦伯命题的基本意涵，它具体化为一种因果关

---

① [德] 马克斯·韦伯：《新教伦理与资本主义精神》，于晓、陈维纲等译，生活·读书·新知三联书店 1987 年版，第 38 页。

系模式。因此,韦伯最早且具体地将成就需要放在这一因果关系模式之中作为一种心理动因进行了考察。可以说,正是在韦伯所开创的经典性探究的基础上,20 世纪 50 年代心理学家 M. 温特伯特姆在研究人们的成就动机与经济增长之间关系时,进一步对社会文化塑造个人成就动机的机制问题进行了更加深入一步的探讨。她的研究成果对于韦伯命题中与成就需要有关的中介过程进行了更加丰富和精确的认识,换言之,在温特伯特姆看来,对于整个成就动机模式的形成而言,韦伯的工作特色在于假设了新教伦理引发的价值观念如勤奋、自律等是促进资本主义精神形成的动因,然而,她着重强调的是,新教伦理的价值观念是经由一个重要的中介过程影响到资本主义精神的形成的,具体地说,这个中介过程就是,新教伦理所包含的价值观念是通过受其影响的父母对于他们的子女在独立性和自律性方面进行训练,进而塑造了子女的成就需要,并最终在社会群体层面上对现代资本主义精神的产生起到了促进作用。这就是说,韦伯的理论探索工作是温特伯特姆的社会心理学研究的源泉和基础,而温特伯特姆的学科化研究成果又对于韦伯命题中的有关假设提供了经验研究材料的证明和丰富。

第四,韦伯关于新教教义内含的价值观念即天职观导致了人们在经济活动方面产生了成就动机这一重要理论预设,经过温特伯特姆的继承和创新性的研究工作,对于另一位社会心理学家麦克莱兰的研究又产生了深远的影响。作为心理现代性的重要探寻者,麦克莱兰及其同事在后来对于成就动机这一领域进行了长期持续深入的探索。麦克莱兰等人所提出的"关键假设"(key hypothesis)就是对韦伯关于成就动机理论的一种推进和丰富。

第五,在韦伯的社会理论中,他对社会文化所蕴含的价值取向做出了"传统—现代"这两个维度的划分,并在此基础上进一步对社会文化所影响及其体现形式的社会心理特征进行了心理传统性与心理现代性的区分。"非理性与合理性""传统主义与现代主义""前资本主义与资本主义"是他使用频率最高的将传统社会与现代社会区别开来的配对概念。这些概念不仅分别表达了文化和经济等不同层面上的内涵,同时也表达了不同维度上的变迁方向,即在文化层面上从非理性到合理性,从传统主义到现代主义,以及在经济层面上从前资本主义到资本主义。

　　韦伯在探讨资本主义精神导致资本主义经济体系和社会组织产生的过程中,一直表现出这样一种深切的关注:资本主义精神的形成过程,也就是西欧的社会精神气质从传统性向现代性的转变过程。尽管韦伯是在考察经济伦理的时候,最经常地使用了"经济的传统主义"这一概念,在他看来,传统主义的社会精神气质或社会心理机制的实质性表现就是缺乏资本主义精神。在韦伯的理论视野中,可以说,传统主义在一切方面都是与理性主义相悖的,换言之,社会文化上的理性化趋势,使得区别于传统主义(或前资本主义时期的社会精神气质)的心理现代性(具体表现为资本主义精神及其引发的成就动机)导致了社会现代性的形态(具体表现为资本主义的经济体系和社会组织)得以产生。

　　总之,韦伯的这一切开创性工作在后来成为关于心理现代性研究领域中不断诱发学术灵感或者是引起争论的最具先驱性的思想源泉。

第五章　帕森斯:模式变量中的现代价值取向

　　心理社会的现代性可以等同于帕森斯模式变量中所定义的行动取向。现代的个人和文化,着重的是工具性行动,强调关系的专门性与情感的中立性,以及依照成就的普遍主义特征来评价他人。

——阿莱詹德罗·波特斯

　　人们可以发现一个十分有趣的现象:在一般的心理学和社会心理学研究文献中几乎从未提到塔尔科特·帕森斯(Talcott Parsons)。但是,另一方面,在关于现代性研究的有关著述中却又不能不提到帕森斯。这就是说,帕森斯的社会理论对于社会心理学的影响,不是从所探讨的心理层面的直接结果表现出来的,而是从探讨文化和社会对于心理的深刻影响这种间接层面呈现出来的。

　　当讨论到心理现代性所表现的价值取向及其所蕴含的与之相对的心理传统性的价值取向的时候,人们完全不可能回避开帕森斯。下面先从讨论他的基本社会理论开始,然后逐渐地切入到他对于心理现代性这一研究领域所产生的深刻影响。

　　阿莱詹德罗·波特斯(Alejandro Portes)曾经指出:"心理社会的现代性可以等同于帕森斯模式变量中所定义的行动取向。现代的个人和文化,着重的是工具性行动,强调关系的专门性与情感的中立性,以及依照成就的普遍主义特征来评价他人。"在这一段评论里,关于帕森斯的社会理论对于心理现代性研究的贡献,或者说,帕森斯社会理论中与心理现代性有关的主要内容,被非常清晰和集中地揭示出来。

在帕森斯的社会理论体系中,有一个既为他带来了巨大的学术影响,又使他招致众多批评的重要范畴,就是模式变量(pattern variables)。① 不论模式变量已经或还会引起多少争论,其中却包含了一种极具重要意义的理论意涵,即对于与传统价值取向相对的现代价值取向的阐述和分析。在帕森斯的社会理论视野中,对于这种价值取向的识别构成了衡量和判断社会结构、人格系统和行动取向性质的一个重要尺度。

就理解帕森斯的模式变量而言,首先必须理解他的行动理论和意志论。在帕森斯的早期理论中,社会运行主要被理解为社会行动,而这种社会行动者本身则具有选择意志。因此,他提出模式变量的一个重要目的就在于,说明社会行动者在进行选择时所将面临的包含价值内涵的不同取向。总之,在帕森斯看来,如果要从人们社会行动的角度来理解社会,就必须首先理解影响人们社会行动的价值内涵及其选择取向。

尽管帕森斯的理论兴趣在总体上表现为对于社会与人格系统之间的整合问题的关注,因此,也可以认为,帕森斯的理论体系中同样蕴含着心理社会学的丰富智识资源。而这一点似乎以往时期曾经被人们所忽视。

但是,在帕森斯的整个思想进程中仍然表现出了一些重要的变化,最突出的方面有:在理论内涵上,从行动理论转向结构功能理论;在研究层面上,从微观取向转向宏观取向;在思想特征上,从单位行动和意志论转向强调社会结构和文化规范的制约;等等。尽管如此,就为心理社会学的发展或者说为心理现代性的探索提供丰厚的理论资源这一点来说,模式变量似乎是帕森斯理论中最有价值的一份遗产。

---

① 模式变量是帕森斯和希尔斯主编并于 1951 年出版的《朝向一般的行动理论》(Talcott Parsons and Edward Shils(eds.) *Toward A General Theory of Action*. Cambridge, Mass.: Harvard University Press,1951)一书中提出来的在帕森斯理论体系中占有重要和特殊地位的一个理论范畴。

第一节　帕森斯对社会行动主观取向的关注

在西方社会学发展从经典社会学向现代社会学转折的过程中,帕森斯是一位关键性人物。他完成了对经典社会学理论的一次综合和创新。在 20 世纪 30—50 年代他努力将相对隔离的欧洲经典社会学理论家 A. 马歇尔(A. Marshall)、V. 帕累托、E. 迪尔凯姆和 M. 韦伯等人的思想进行了系统分析,对功利主义、历史主义和实证主义方法论进行了重新审视,并在综合与创新的基础上,提出了具有社会学意义的社会行动理论(以取代心理学主义的行为理论)。

他致力于回答现代社会秩序何以形成这一问题。在社会系统理论中,他强调共享价值的一致是社会秩序形成的基本因素,将社会系统视为以制度化价值体系为标志,认为其核心是规范化的角色关系。在帕森斯看来,社会系统又是更加一般的行动系统的一个组成部分,后者包括四个基本亚系统:有机行为系统、人格系统、社会系统和文化系统。这些子系统分别满足他提出的著名的 AGIL 四个功能必要条件。他认为任何系统必须执行适应、目标达成、整合、模式维持的功能。AGIL 模式可用来分析小至两人之间、大至两个社会之间的相互作用。在帕森斯看来,社会系统受文化模式和人格系统的渗透,他在致力于说明所有行动系统的性质时,提出了一套度量这些系统特征的概念,即"模式变量",表明了行动者在互动情境中必须明确地或隐含地采取的选择。

一、对前人哲学思想和社会理论的扬弃

如果从哲学思想基础和社会理论渊源的角度来考察,帕森斯的一个突出业绩就是对近代以来的主要哲学思想和社会理论体系进行了分析和综合。

帕森斯对近代以来的主要哲学方法论进行的分析和综合,大致可以归结为以下方面:

首先,帕森斯分析指出,功利主义(utilitarianism)和古典经济学的主要缺陷表现为,只涉及孤立的个体,提出了个体理性的预设,并认为社会秩序可以由个人自我的追求和外在强制因素的惩罚而形成。在他看来,很有必要对于非理性

和理性同时加以分析,而且应该对作为社会秩序来源的内化的共同价值观进行考察。

其次,帕森斯指出,实证论(positivism)存在的主要问题在于,其世界观是一种封闭的、决定论的体系,并没有为一些重要的主观概念如心智、意识、价值、目的和规范等留下余地。

最后,帕森斯对观念论(idealism)表示了赞赏,认为它能够接受被实证论拒绝的那些观念。然而,他也并不赞同一切社会世界都可以用文化因素来加以解释的观点。

在对近代以来的主要哲学方法论的特征及其存在的缺陷进行了分析之后,帕森斯进一步对19世纪欧洲最重要的一些社会理论家马歇尔、帕累托、迪尔凯姆和韦伯的理论进行了系统地梳理,在此基础上,帕森斯形成了后来作为他的理论基石,以用于建构宏大理论体系的一些重要概念,包括非理性、行动、唯意志论、规范和价值等。帕森斯认为,在一定程度上是他把这些前人思想中的积极成分从其原来的理论局限中解放出来,并且作为他建构自己理论所需要的基本要素。

帕森斯指出,马歇尔、帕累托、迪尔凯姆在其学术生涯后期都出现了一种唯意志论的转向,出于这种立场,他们的理论中都把规范取向和共享观念放在一个十分重要的位置上。

而韦伯最为系统地论证了在一种行动模式中兼容文化观念与规范取向的可能性,不仅充分肯定了物质和社会情境对于行动具有的重要性,而且十分强调规范性取向与社会情境这两者应该在一般的行动理论中加以结合。规范取向的作用在于对行动者选择手段与目的给予指导,而情境的作用则在于对人的行动创造机会条件和约束因素。

帕森斯在创建他自己的唯意志论理论的过程中,试图对所考察过的理论体系的合理成分进行充分吸收,尤其对功利主义、反理性的实证论和观念论中的一些重要观点进行综合。于是,他的社会理论表现出以下主要特征:第一,十分强调人们在手段与目的选择上具有一定程度的自由,这与功利主义所重视的方面相一致;第二,同时强调人们的选择又会受到环境因素的深刻影响,这又与反理性的实证论所重视的方面相一致；第三，认为人们的选择还会受到共享规范与价值的调整，这又与观念论所重视的方面相类似。①

当然，韦伯对帕森斯的影响是其他社会理论家所不可比拟的。帕森斯不仅把韦伯的思想引入美国社会学界，更重要的是，他还把韦伯的许多重要思想吸收进自己的理论体系当中。正是韦伯行动理论的巨大影响，致使帕森斯在其早期理论中必然地选择了朝向行动理论。

二、社会行动理论的创立

对近代以来主要哲学思想的分析，使帕森斯具有更广阔的视野选择自己的方法论立场。而对四大社会理论体系的梳理，使他找到了建构自己社会理论的基础。帕森斯指出，先前的理论家为他建构意志论的社会行动理论模式提供了滋养和灵感，最重要的是，四大社会理论家提供了使实证论与观念论这两种对立观点统一起来的可能性。

从帕森斯建构自己理论体系的整个进程看，早期的重点在于行动理论，而后期的重点则在于结构功能理论。

在帕森斯的社会理论视野中，行动是社会现实最基本的单位。构成一个单位行动（unit act）的基本要素包括：一是，有某个行动者；二是，存在一个目的；三是，发生于一种情境当中，而这一情境包含着两种要素：行动者无法控制的环境条件；行动者可以发挥控制力的手段；四是，规范与价值影响着行动者选择达到目的的手段。② 可以说，帕森斯广泛地使用了手段—目的分析框架。强调行动受到目标所指引，并且发生在一种情境之中，而行动者在目的与手段的选择上将会受到规范和价值的调节。

虽然帕森斯试图以一种整合性取向来阐述行动要素，但仍然表现出对于意识的浓厚兴趣，而强调意志选择手段与目的便突出了这一点。可是，这种选择并非完全自由，因此，他也关心对行动具有制约作用的社会结构，只不过，他将文化实质如规范与价值放在一种比较重要的地位上。

---

① ［美］D. P. 约翰逊：《社会学理论》，南开大学社会学系译，国际文化出版公司 1988 年版，第 509 页。
② Talcott Parsons, *The Structure of Social Action*. New York：McGraw－Hill, 1937, p. 44.

　　单位行动概念的提出是帕森斯在研究微观社会层面时所做出的最重要理论贡献。他在《社会行动的结构》①一书中就表现出了对于行动和意识的强烈关注。根据瑞泽尔（George Ritzer）的看法，帕森斯早期理论中有三个核心概念：单位行动、唯意志论和理解。更有意思的是，当帕森斯在后期将其理论研究取向转向更关注宏观社会结构时，早期理论的三个核心概念便淡出了。

　　迪弗洛（Edward C. Devereux）指出，理解帕森斯理论取向的基点就在于，要把握他建构理论所依据的一般原则。帕森斯力图创立一种一般理论。但是，按照帕森斯的看法，他的这种理论具有如下特征：第一，必须是一种行动理论；第二，必须基于唯意志论（voluntarism）的原则；第三，文化现象，诸如观念、目标和规范等，必须被考虑为因果关系因素；第四，他采用"突生"（emergence）这一概念，即较高层面的体系绝对不能用较低层面的构成要素进行演绎推论或加以解释，然而，这种"突生"体系又绝不能完全脱离或超越它的构成要素。②

　　在帕森斯的行动理论中，唯意志论这一概念表现出了强烈的主观选择色彩。其基本含义是指以心智、意识和个体取向为据而做出行动决定。③ 这是《社会行动的结构》一书的最重要概念之一，成为帕森斯早期理论中偏重关注意识和行动的一个根本性标志。

　　在帕森斯后期理论的主要关注点转向宏观社会结构之后，单位行动这一帕森斯早期理论的核心概念便逐渐失去了原有的地位。在后期著作中，帕森斯又发展出了一些作为其理论新要素的核心概念，其中，"地位角色"（status role）被

---

① 于 1937 年出版的此书，对人类的理性行动者模型（rational actor models）产生了新的一次抨击。因为理性行动者模型的特征在于，假定人类是理性的、精于算计的、自私的、以个人为中心的。而在帕森斯看来，只有承认文化的作用，才能将自由与有规律的行动结合起来。他认为，人的行动始终可以分为"规范的"和"非理性的"这两大范畴。换言之，指引人的行动的因素是观念和共同的理解。这些因素对个人来说是内在的，并为其行为提供动力。因此，它们成为了自愿的行动模型（voluntaristic model of action）（而不是决定论模型）的基础。

② Edward C. Devereaux, "Parsons' Sociological Theory." in Max Black（ed.）*The Social Theories of Talcott Parsons*. Englewood Cliffs, N. J.：Prentice—Hall, 1961, pp. 1—63.

③ 值得注意的是，这个概念虽然旨在表明行动者在社会情境中具有较强的选择性，但这种选择仍然依赖于行动者，它并非意味着行动者处在选择情境中是完全自由的，或者完全具有自由意志。因此，唯意志论并不等于完全的意志自由。

作为分析宏观社会体系时比社会行动更高级的单位，所要说明的是，处于社会体系中的互动结构的位置；"需求倾向"（need disposition）虽属于人的生物性层面，但会受到外在力量所塑造，被作为分析人格层面的最重要单位；而"价值取向"（value orientation）则是对文化体系的分析单位，表明的是内化了的文化标准。在这几个核心概念中，只有"价值取向"直接涉及单位行动，而其他概念的相关性则不大。

在《朝向一般的行动理论》中，唯意志论主要关涉行动选择的主题。虽然帕森斯理论中只表现了有限的唯意志论，然而，意志的作用却是突出的，尤其表现在对结构所形成的一组可能性的选择。

帕森斯早期理论中之所以强调主观性的作用，其基本原因在于他试图用这一观点来审视唯意志论的单位行动。进入20世纪50年代，帕森斯理论中的心理学色彩加重了，他在为《社会行动的结构》第二版所写的序言似乎说明了这一原因。帕森斯认为，他早期的理论忽视了两种重要影响力：一是弗洛伊德在心理学中的影响，二是人类学家如博厄斯（Franz Boas）的学说。众所周知，这两位对于社会心理学的理论、方法论和研究取向都产生过独特而巨大的影响。而帕森斯对这些学说的重视则体现在他的后期理论当中，典型表现之一是，他提出了一些极具心理学特征的概念，如"需求倾向""动机取向"和"价值取向"等。

正是从20世纪50年代开始，帕森斯社会理论的旨趣转向了对于心理层面的关注，从早期关注单位行动、唯意志论，转向了重视需求倾向和行动者对情境的取向。

行动者受到先天需求的驱使，这种需求由于外在力量的塑造而成为倾向，因此，行动者是受到限制的，不可能完全地自由。正是在这种思想前提下，帕森斯探讨了行动者的动机和价值取向。

在帕森斯看来，行动者以动机取向（motivational orientations）探寻那些对自身有利的社会现象。而行动者所关心的则是这个现象表现出来的能否实际地或可能地满足自身需求倾向的程度。这种过程包括三个维度：一是行动者必须用感知分析情境；二是行动者必须评估社会现象的"精神摄入的"（cathectic）重要性，即必须决定有多少感情或情绪应该投入所感知的每一现象。而这种决定受到这一现象能够满足或剥夺其需求倾向的程度所影响;三是行动者进行评估的过程会决定着其自身的能量分配,以争取最大程度的满足和最低程度的剥夺。

帕森斯对于价值取向问题的研究是放在规范和价值的脉络中进行的。他从文化标准的角度探讨了如何对上述三种动机取向做出判断。在人的社会化的过程中,个体将社会的价值观及其标准加以内化,变成个体行动取向的内容,并且在必须进行抉择的任何时刻都敦促其自身遵循某些规范和标准。帕森斯提出了三种价值取向,与三个动机取向模式之间平行相对。一是"认知"标准。涉及与动机确定相关联的信息问题,影响着行动者决定其所获信息是否有用以及各种情境的重要性程度等。二是"评价"标准。体现的是社会的规则,有助于行动者决定一个既存社会实体能否满足其需求倾向。允许行动者评估其自身投入各种社会现象的"精神摄入"能量的确切性和一致性。三是"道德"标准。允许行动者根据人格与社会体系之间的整合与关系,对行动后果做出评价。

如果说帕森斯早期理论即行动理论还带有一定程度强调人的自由的唯意志论特征的话,那么,进入 20 世纪 50 年代,由于帕森斯提出了一些重要概念,如需求倾向、动机取向和价值取向等,便导致了其理论出现了一种转向,即对表现唯意志论的社会行动特征的强调逐渐减少,而日趋强调外在社会结构和文化规范对于社会行动的制约和影响。

尽管帕森斯一生的社会理论兴趣在总体上表现为整合社会与人格体系,但是,在他的社会理论的具体内容上仍然能够区别出一些变化,从而使他的理论探究历程可以划分出不同的阶段,这些变化的最突出方面有:在理论内涵上,从关注社会行动理论转为关注社会结构功能理论;在研究层面上,从重视微观取向转为重视宏观取向;在思想特征上,从强调单位行动和唯意志论的作用转为强调社会结构和文化规范的制约,等等。

正是在他的思想历程的这些转折过程中,帕森斯提出了他的著名的、重要的、当然也颇有争议的模式变量。

第二节　模式变量:社会关系的价值取向指标

十分富有社会心理学意味,而且是表现出心理社会学或社会结构与人格取向的社会心理学特征的是,帕森斯的社会行动的一般理论所关注的是支配个人做出行动选择的主观取向。这种选择无疑会受到共享价值观和规范性标准的调整。这一点也可运用于人们选择的目标和为达成这些目标所使用的手段上,原因在于,即使对基本的生理需要的满足也会受到规范性的调整。无论具体的社会或文化情境如何不同,这些价值模式仍然具有普遍性,并且会支配着所有人们的行为。

从 20 世纪 30 年代起,帕森斯试图建立一个包罗万象的行动与社会模型。赞誉者称之为"一般理论"(general theory),批评者则称之为"宏大理论"(grand theory)。①

在《社会系统》(1951 年)、《朝向一般的行动理论》(1951 年)两部著作中,帕森斯对行动与社会模型的重要构成方面进行了阐述,关涉社会是否能够有效运行的核心问题是整合与分配。分配的含义有:第一,在人们中间分配稀缺的激励资源;第二,把人们分配到特定的社会位置上。整合的含义是:处理分配过程中产生的紧张关系。基于这些探讨,帕森斯建立起由四个系统所组成的模型。

第一,社会系统(social system)。由人与人之间的互动构成的社会系统所要处理的问题是潜在冲突的来源,并维持一种稳定的、可预测的态势。社会系统通过角色这一环节来实现这一目标。而角色则界定了合法的行动模式。代表特定价值模式的机构在日常运行过程中则渗透着角色的作用。角色本身内含了社会的预期,从而有助于巩固具体的互动模式。

第二,人格系统(personality system)。由需求倾向所构成的人格系统,包括了喜好、欲望、要求等成分。需求倾向以及通过合理手段加以满足这些需求

---

①美国社会学家米尔斯称之为"宏大理论"(grand theory),又译"广涵理论"。

的认知层面则是由社会化进程和社会价值体系所塑造的。这种塑造的意义则体现在对于社会秩序的维持。

第三,文化系统(cultural system)。在促进人们顺利地进行相互交流和行动协调的文化系统的运行中,角色预期发挥着特定的作用。帕森斯将文化系统划分为三个主要领域:(1)认知符号。这一领域涉及对世界的观念与认识。通常以关乎真理的规范性标准来进行评价,主要与工具性活动联系在一起;(2)表达符号。这一领域涉及一般表达的是情绪。其评价需要借助审美标准。主要与创造性的活动和快乐有关;(3)道德标准和规范。这一领域涉及关注对与错的问题。价值观在其中扮演着重要角色。对具体行动的评判标准在于看其是否符合抽象观念。

第四,行为有机体(behavioral organism)。这是通过适应和改变外部世界来运用适应功能的行动系统。尽管帕森斯视之为行动系统之一,然而却很少有过论述。之所以将它归入行动系统,是因为它是其他系统的能量源。行为有机体基于遗传因素,但是,它的构成受到个体生命中条件性学习过程的影响。由于考虑到这种社会性因素,帕森斯在他的后期著作中提出了有机体这一概念,并称之为"行为系统"。

在研究整合问题时,帕森斯把重点放在价值观上,因为价值观有助于人们在稀缺资源的分配过程中规定角色和预期。他指出:

> 价值取向的模式在行动系统的组织中具有决定性的意义。这是因为一种取向界定了相互的权利义务关系的形态,而角色的预期与认可即由此形态构成。①

帕森斯认为,社会秩序的核心问题是社会成员对普遍价值的赞同。通过对规范的内化以及对共同目标的认同,个体便会使自己的行动与其他人之间保持一致。此外,他们还能够在证明具体行为与资源分配模式的标准上达成共识。

---

①Talcott Parsons, *The Social System*. London: Routledge and Kegan Paul, 1970, p. 21.

虽然帕森斯申称,应该将社会系统、人格系统和文化系统这三者之间区别看待,每个系统具有各自的独立地位,但是,在帕森斯的模型中,实际上这三个系统的地位并非完全一样。文化系统似乎更为重要,它通过对需要倾向的塑造而进入人格系统,又通过角色在社会系统中的作用而实现了制度化。可是,帕森斯的模型却没有说明人格与社会系统是如何对文化系统产生了影响。

在 20 世纪五六十年代,帕森斯除了探讨行动与社会模型之外,对社会变迁以及文化在社会变迁中的作用也给予了特别的关注。他提出了著名的模式变量。这是一种对于各种范畴发展和分析个人主观取向的分类系统,借助于它,帕森斯探讨了各种角色以及相应的互动规范。在探讨这一主题时,帕森斯无疑从几位经典社会理论大师那里受到了启示,尤其是他们理论中关于社会变迁以及文化在其中所具有的作用。滕尼斯对于从共同体(Gemeinschaft)向社会(Gesellschaft)演进的分析,迪尔凯姆关于从机械团结向有机团结变迁的阐述,韦伯对于从以传统权威为特征的社会向科层制式社会转变的探讨,使得帕森斯得以进一步地提出,可以根据社会所信奉的关键性价值模式来区分不同类型的社会。也就是说,面对各种在理论上相互对立的价值范畴,社会应该"选择"以哪一种作为建构自身的基石。

帕森斯整个行动理论中所体现的一个基本原则是,其理论旨归既是目标取向的,也是规范调节的。目标和规范的替代取向则综合体现在五对模式变量中,这些模式变量描述了人们在社会关系中显性或隐性地必须做出的选择。模式变量提供了同时分析文化价值取向、社会系统的角色期望以及人格需求—倾向的框架。模式变量所提供的替代性选择代表了一种对于暗含在社区—社会这一两分法中或初级群体—次级群体这一两分法中的基本内涵与取向的内容,因此,也在时间维度上暗示了从过去向现在或从传统社会向现代社会的转变。

如果从帕森斯的一般理论视角来看待,行动者的取向由两个基本因素构成的:一是动机取向,一是价值取向。动机取向所指的是行动者希望在行动过程中得到最大程度的满足和接受最低程度的损失这样一种意向。它的一个关键部分就是要努力在长远目标与当下需要之间达到平衡。价值取向所指的是支配着行动者在对手段和目的进行选择时以及对不同需要和目标进行优先考虑时所依据的规范性标准。

行动者的动机取向和价值取向中又具体地包含着三个维度,具体而言,动机取向包括了认知维度、情感维度和评价维度,价值取向包括了认知维度、欣赏维度和道德维度。

表 5-1　帕森斯理论中关于行动者取向及其内含的具体维度

A. 动机取向	B. 价值取向
A-a. 认知维度	B-a. 认知维度
A-b. 情感维度	B-b. 欣赏维度
A-c. 评价维度	B-c. 道德维度

动机取向的认知维度(A-a)指行动者对于其所处情境的认识和了解,尤其它与个行动者的需求—倾向和目标定向密切相关。认知维度反映了行动者对于不同刺激物的分辨能力和概括能力。

动机取向的情感维度(A-b)指行动者对其所处情境及其有关方面所做出的情感反应,反映了个体的需求—倾向和目标定向。一般而言,人们对于能够满足自身需求或能被作为达成目标手段的环境因素都会表现出积极的情感反应,而对于具有限制需求满足或阻碍目标达成的环境因素却会表现出消极的情感反应。

动机取向的评价维度(A-c)指行动者在不同的认知取向或情感取向之间做出选择的依据。每一个体总会有各种需求和目标,因此,就大部分情境而言,人们出现多样化的认知解释或情感反应是一种正常现象,而在这些多样性中进行选择就会需要标准。①

尽管价值取向所包含的三个维度与动机取向所包含的三个维度之间具有相似性,但是,帕森斯认为,它们之间仍是存在差别的。

最根本的差别是,价值取向的构成要素涉及一般的规范性准则,而不是具体取向的定位。具体而言,价值取向的认知维度(B-a)指在接受或拒绝情境不

---

①［美］D. P. 约翰逊:《社会学理论》,南开大学社会学系译,国际文化出版公司 1988 年版,第 511 页。

同的认知解释时所采用的标准。价值取向的欣赏维度(B-b)指包含在情感表达中的标准或情感的投入。价值取向的道德维度(B-c)指评价不同行动类型的抽象标准。而做出这一评价依据的是行动类型中所蕴含的整个行动系统(个人或社会)的含义。从动机取向与价值取同这两者之间的关系而言,一般的价值取向将影响着动机取向的评价维度。①

价值取向的三个维度反映了个人所内化的文化模式。这些维度也能被用来对文化系统的不同维度进行分类。简言之,认知维度(B-a)与社会文化的信仰系统相对应,欣赏维度(B-b)与符号化的文化系统相对应,而道德维度(B-c)与价值取向的文化价值相对应。② 实质上,这些概念提供了一种与对文化模式和个人的主观取向相类似的分析工具。③

虽然行动者的取向中总是存在认知维度、情感维度和评价维度,然而,从静态上看,是否某一方面具有优先性? 从动态上看,是否因情境变化而发生变化? 如果认知维度处于优先地位,那么,人们将表现出一种知识性的行动类型;如果情感维度处于优先地位,那么,人们将表现出一种表现性的行动类型;如果评价维度处于优先地位,那么,人们将表现出一种道德性的行动类型。④

正如可以对于行动者取向的各个维度加以系统地分类一样,对于情境的各个维度也可以系统地分类。情境的最基本分类是社会性客体和非社会性客体。所谓的社会性客体是指与某一个体进行互动的其他个体或者群体。而所谓的非社会性客体是指物质性客体和文化性客体。帕森斯十分强调一个个体及其与之一同投入互动之中的其他个体的取向。⑤ 正是在他早期所建构的一般理论和系统模式的基础上,帕森斯提出了模式变量这一独特的概念体系和分析工

---

① Talcott Parsons and Edward A. Shils (eds.), *Toward A General Theory of Action*. Cambridge, Mass.: Harvard University Press, 1951, p. 71.

② Talcott Parsons, *The Social System*. London Routledge and KeganPaul, 1951, p. 57.

③ 在帕森斯的研究工作中经常有这种考虑,即试图确定那些用来整合社会现实的不同层次的概念。

④ Talcott Parsons and Edward A. Shils (eds.), *Toward A General Theory of Action*. Cambridge, Mass.: Harvard University Press, 1951, p. 75.

⑤ Talcott Parsons and Edward A. Shils (eds.), *Toward A General Theory of Action*. Cambridge, Mass.: Harvard University Press, 1951, p. 58.

具。模式变量代表一个行动者在任何社会情境中面对其他人时必须明确地或隐含地采取的五种对应性选择。在《朝向一般的行动理论》一书中,帕森斯等人对模式变量做出了详尽阐述。

1. 情感涉入—情感中立①

这一对变量内含的两难问题涉及行动者是否在一种社会情境中从与自己互动的其他人那里获得情感满足这样一种抉择问题。如果选取的是情感涉入一端,那么,就意味着将要进行情感投入,并且互相提供直接的情感满足。这些情形表明,情感涉入将处在优先地位。与此相反,如果选取的是情感中立一端,那么,就意味着将避免做出情感投入,而且也不会互相提供直接的情感满足。

2. 集体取向—自我取向

这一对变量内含的两难问题涉及行动者在一种社会情境的互动过程中如何选择优先性的利益。如果选择的是集体取向,那么,就意味着行动者将会把集体或他人的利益放在优先考虑的地位上;如果选择的是自我取向,则意味着行动者将主要以个人或自我利益为优先考虑的方面。

3. 特殊主义—普遍主义

这一对变量内含的两难问题涉及支配社会关系的规范性标准的范围。特殊主义的模式意味着对于互动对方的接纳或融合,所采取的是一种特殊的标准或根据。与之相反,普遍主义的模式意味着对于互动对方的接纳或融合,所采取的是一种共同的标准或根据。② 换言之,适用于社会中全体成员的行为规范性标准就是普遍主义的关系模式,而仅只适用于社会中部分成员的行为规范性标准就是特殊主义的关系模式。

帕森斯试图说明,这种两分法内含的两难选择就在于:是给予认知维度的

①帕森斯承认,他的这一类型学受到了滕尼斯关于共同体和社会这一两分法的影响。在帕森斯眼里,共同体的特征无疑是情感性,而社会的特征则是非情感性。(〔德〕诺贝特·埃利亚斯:《文明的进程:文明的社会起源和心理起源的研究》第一卷,王佩莉译,生活·读书·新知三联书店1998年版,第7页。)

②实际上,这种两分法在韦伯对于宗教的比较分析中就已经有所体现。在韦伯看来,一种普遍主义的宗教总是试图把所有人结合到一个单一的道德共同体中去,而不论其种族、民族或其他属性方面的区别。相反,一种特殊主义的宗教,例如,某一种民间宗教,则仅仅结合了特殊社区或社会的成员,并且对内部的人和外部的人所运用的规范性标准是不同的。

标准以优先地位,还是给予欣赏维度的标准以优先地位? 从实质上说,普遍主义的模式乃是给予了认知维度的标准以超过欣赏维度的标准的优先地位,因为按照它们的性质来分析,认知维度的标准是独立于特殊主义的关系的。与之相反,特殊主义的关系则是由于给予欣赏维度的标准以优先地位而获得的,因为其中包含了对于那些共同享有这种特殊关系的人们的一种情感依赖。①

4.先赋性—自致性(身份—成就)

这一对变量内含的两难问题涉及在一种特定社会情境下的互动中行动者是依据对方的什么特质对其接纳或与之融合。

先赋性的关系准则是以互动对方呈现的特殊身份或特征为依据来对其接纳或与之融合的。自致性的关系准则却是以互动对方呈现的能力或业绩为依据来对其接纳或与之融合的。

因此,先赋性与自致性这一对变量与前面三对变量之间存在区别,已经不是对互动主方的考量,而是对互动客方的考量,不是考量互动主方的主观层面(情感和价值观)的特质,而是考量互动客方的客观层面(社会属性)的特质。

先赋性或身份的准则就是指互动主方根据互动客方的既定地位或已有身份来与之建立关系;自致性或成就的准则就是指互动主方根据互动客方的能力表现或工作业绩来与之建立关系。

5.扩散性—专一性

这一对变量内含的两难问题表现为,在一种特定的社会情境下互动双方所涉入其中的权利、义务的范围。如果互动双方的权利义务都没有明确的限定,不论是一方给予另一方满足或是从另一方那里获取满足的范围都是宽泛的,那么,这种关系模式就是扩散性的;如果互动双方的权利义务都是明确规定的,不论是一方给予另一方满足或是从另一方那里获取满足的范围都是有限的,那么,这种关系模式就是专一性的。

---

①Talcott Parsons and Edward A. Shils (eds.), *Toward A General Theory of Action*. Cambridge, Mass.: Harvard University Press,1951, pp. 85-86.

扩散性与专一性这一对变量和先赋性与自致性这一对变量的共同特征在于,都涉及对于互动客方的认知,即以对方客观状态的考量作为互动基础。在一种以扩散性为特征的关系模式中,应该注意的关键是,向提出要求的一方解释清楚其要求之所以不能被满足的原因;而在一种以专一性为特征的关系模式中,应该注意的关键是,向对方提出要求的这一方能够解释清楚其要求为什么是正当的。

从一定意义上说,帕森斯的模式变量很容易使人想起滕尼斯关于社会关系模式中共同体与社会的类型区分和转变,甚至还可能被看作是滕尼斯这一类型学内涵的更具体的表达形式。

在经典社会学时期,一些社会理论家们为了分析社会变迁而建构的各种社会类型学,①成为社会学遗产的一个重要组成部分。这些社会类型学的旨趣似乎都表现了一种共同的归属点:描述和阐释与传统社会特质完全不同的现代社会的来临。社会学的奠基者们大多基于自己的理论视角,建构出了分析社会转型的社会类型学。其中,滕尼斯就是一个典型代表人物。在 1887 年出版的那本使他载入史册的《共同体与社会》一书中,他对于两种社会类型的划分和比较,表达了他对于传统社会与现代社会的看法。② 在滕尼斯的社会学视野中,"意志"的概念占有极其重要的地位。③ 在他看来,意志是构成一切社会生活的基础。意志表现为两种基本形式:第一,情感意志(又称自然意志),是一种简单的、冲动性的行为动力;第二,理性意志,是一种复杂的、考虑目的和方式的行为动力。这两种形式的意志之间常常是相互冲突的。滕尼斯把这两个规范性的概念作为考察和测量社会现实的工具。④他以此为根据把社会联合体划分为两

---

①这种社会类型学主要是从两种依据出发来加以发展的,第一种依据是基于社会进化阶段的划分,以孔德、斯宾塞为代表;第二种依据是基于传统与现代的两分法,以滕尼斯、迪尔凯姆等为代表。

②滕尼斯关于"共同体"与"社会"这两种社会变迁类型的划分非常深刻地影响了后来的社会学家对于传统社会与现代社会的特征及其关系的分析。

③滕尼斯从心理学的开山始祖德国心理学家威廉·冯特关于"目的意志"和"本能意志"的思想中受到了启发。

④在滕尼斯看来,这两个概念也属于理想类型,在现实中不可能找到纯粹形式的存在物,之所以将其归属于某一种类型,只不过是因其某一方面的成分占主导地位。

种形式:共同体与社会。以自然意志为主导的社会联合体就是共同体(Gemein-schaft)。它的建立是以亲族血缘为基础的。在共同体中,个人意志被情感性的共同意志所抑制。而以理性意志为主导的社会联合体就是社会(Gesellschaft)。它是为了达到特定的共同目的而构成的。在社会中,个体的意志构成总体的理性意志。尽管在滕尼斯看来由共同体向社会的演进已经成为社会变迁的必然趋势,但是,他仍然难以掩饰地表露出了对共同体的浪漫主义式的眷恋。① 他不仅批判了社会出现的不平等、强制性的统治与服从关系,而且认为这种新的形式难以解决分化带来的有关的整合问题。②

从一定意义上说,可以把帕森斯的模式变量中的对应性方面看作体现了滕尼斯关于社会变迁类型学的基本维度。共同体的特征表现在情感涉入、集体取向、特殊主义、先赋性和扩散性这几个维度,而社会的特征表现在情感中立、自我取向、普遍主义、自致性和专一性这几个维度。③

帕森斯的模式变量与滕尼斯的共同体—社会两分法之间的相互对应性,可用表 5-2 加以说明:

表 5-2 帕森斯的模式变量与滕尼斯的共同体—社会两分法之间的相互对应性

共同体	社会
情感涉入	情感中立
集体取向	自我取向
特殊主义	普遍主义
先赋性(或身份)	自致性(或成就)
扩散性	专一性

①在某种程度上,我们可以发现这样的微妙之处,即滕尼斯对共同体的怀旧与韦伯对理性化社会的伤情在思想深层处如出一辙。
②〔美〕W. D. 珀杜等:《西方社会学——人物·学派·思想》,贾春增、李强等译,河北人民出版社 1996 年版,第 96 页。
③〔美〕D. P. 约翰逊:《社会学理论》,南开大学社会学系译,国际文化出版公司 1988 年版,第 515～516 页。

帕森斯认为,这些能够独立发生变化的模式变量可以被分别加以分析,一种综合性的社会关系的理论类型学能够由每一变量与其他所有变量的交叉分类而创造出来。模式变量提供了分析处于共同体与社会这两个极端类型之间的具体社会关系的一种理论工具。

在帕森斯的理论体系中,他把行动体系划分为四种:人格系统、社会系统、文化系统和行为有机体。

帕森斯指出,从最基本的层面上说,模式变量是行动者在任何情境中必须面对和确定的五个具有两分特征的选择取向。就行为有机体这一层面而言,模式变量是分析心理过程的工具。模式变量是行动者在一个情境中将产生决定意义之前所必须面临的带有普遍性的选择,因此,它们涉及一个将自我导向情境的基本问题。帕森斯进一步运用模式变量分析了其他行动体系:可以用作区分人格体系中的选择习性,或是检验社会体系中的不同角色期待,以及区别文化体系中的各种规范体系。

第三节 衡量传统取向与现代取向的工具

帕森斯认为,经由制度化所建立的稳定的互动模式就构成了社会系统。当特定的社会系统的规模较大时,其组成部分则被视为子系统。

在帕森斯看来,从最基本的层面上说,模式变量是行动者在任何情境中必须面对并确定的五种对应性的选择取向。由于他把行动体系划分为人格体系、社会体系、文化体系和行为有机体四个层面,因此,模式变量也就可以运用于分析不同层面的社会现实。也许可以运用于分析的最明确的层面是人际互动,换言之,将涉及分析支配行动者选择的主观取向。此外,模式变量也适用于分析人格系统层面、社会系统层面和文化系统层面。在人格系统层面上,模式变量涉及的是可选择的需求意向;在社会系统层面上,模式变量涉及的是可选择的角色期待;在文化系统层面上,模式变量涉及的是可选择的价值取向。①

　　在帕森斯看来,五个模式变量是以社会系统的角色结构的关系为中心的。当把模式变量放在一般行动框架内时,它们就表现出一种非常重要的系统性的相互关系,其中存在着一种围绕某个轴的对称关系,这个轴的两个主要方面都十分重要:一端是动机取向,另一端是文化取向,而文化的价值取向则是至关重要的方面。他认为,行动系统参照点的两极性在模式变量上都有所反映,其中的情感涉入—情感中立、扩散性—专一性这两对变量与动机取向这一端有着特殊联系,而特殊主义—普遍主义、先赋性—自致性(身份—成就)这两对变量则与价值取向一端存在相互关联,从而又构成了两种具体的分析框架:一种主要用于分析人格结构;另一种主要用于分析社会结构。这四对变量都关涉系统结构的构成部分,第一对变量几乎完全能够解释一个社会系统对个人需要的动机是否恰当,第二对变量更关注功能参照的社会系统一端。在某种意义上,在分析作为结构类型的社会系统的变化时,第二对变量占主导地位。在分析调适和人格问题以及在分析某一既定社会结构背景下的相关现象变化时,第一对变量占主导地位。

　　第五对变量即集体取向—自我取向则是中立性的,原因在于,它不起主要的结构作用,其功能是整合性的。当然,与其他变量一样,它也是社会系统结构的成分之一。但是,这个变量的参照点则内在于社会系统本身。从实质上看,这些参照点只是关系性的,而其他四个变量的参照点则是外在性的。

一、模式变量对人格层面的分析

　　若要了解帕森斯是如何运用模式变量对人格进行分析的,那么,首先需要了解他对于人格及其地位进行的界定。

　　帕森斯将人格定义为,个体行动者的行动动机和取向的一种组织化体系。人格的基本组成成分是需求—意向。而需求—意向这个概念则是指最重要的行动动机单位。需求—意向与驱力(drive)之间是有区别的,驱力是与生俱来的

---

① Talcott Parsons and Edward A. Shils (eds.), *Toward A General Theory of Action*. Cambridge, Mass.: Harvard University Press, 1951, pp. 80—84.

倾向,驱力是生物有机体的一个部分,是一种使行动变得可能的心理能量。需求—意向却不是与生俱来的,而是通过行动过程本身所获得的,也就是说,需求—意向是由社会环境所塑造的驱动力。①

需求—意向的作用体现在,促使行动者接受或拒绝环境中出现的事物;或者当行动者所惯用的事物难以再适合于满足其需求—意向时,促使行动者寻求新的事物。因此,帕森斯划分出了三种基本的需求—意向类型:第一种表现为在社会关系中促使行动者寻求爱和赞同等;第二种表现为涵盖内化的价值观,引导行动者遵从各种文化标准;第三种表现为角色期待,引导行动者投入或得到恰如其分的反应。

从一定意义上看,行动者并不是自由的,而总是受到驱力的促动,受到文化的支配,或者说更经常的是受驱动力与文化的综合物(需求—意向)所塑造。

现在我们进入模式变量对人格的分析。如前所说,五个模式变量是以社会系统的角色结构关系为中心的。当把模式变量放在一般行动框架内时,它们就表现出一种非常重要的系统性的相互关系,其中存在着一种围绕某个轴的对称关系,这个轴的两个主要方面都十分重要:一端是动机取向,另一端是价值取向。

如果从动机取向一端进行分析的话,这种分析不是在需求要素层面上进行的,而是在评价行动取向的组织层面上进行的。在这种层面上,情感涉入—情感中立、扩散性—专一性与动机取向之间具有最直接的联系,从而成了关键性环节。

它们与人格结构有着明显的相关性。而就人格需求而言,即在社会系统功能必要条件问题的背景中,它们是行动组织的主轴,在两个基本方面表达了平衡的必要性:一是行动者必须得到报偿,因为如果缺乏满足的话,行动者要么是不能生存,要么是没有充分的动力来承担社会角色;二是行动者必须接受约束,这种约束不仅出现在其较长期的"满足—损失"平衡的个人利益之中,而且也出

---

① Talcott Parsons and Edward A. Shils (eds.), *Toward A General Theory of Action*. Cambridge, Mass.: Harvard University Press, 1951, pp. 111—113.

现在其所扮演角色的社会价值之中。另外,在心理参照对象上,扩散性—专一性这一对变量首先表示了广泛忠诚的意义,同时也表达了对这种忠诚加以限制的必要性,这是就工具行为和各种不能与归属相联系的满足而言的。就群体而言,以对群体责任的弥散性为特征的团结是没有制度化的个人之间的忠诚制度化的对应物。

因此,情感涉入—情感中立、扩散性—专一性这两对变量涉及协调作为社会系统构成要素的行动者的人格需求、能力与社会系统自身结构之间的机制。

这种协调机制的一个基本含义在于,每个行动者在所处各种社会关系中表达的取向反映了共享的价值观和规范的影响。这些价值观和规范内化在行动者的人格系统中,给予他们的需求意向以指导和命令,从而塑造着他们的行动。需求—意向这一概念不涉及生而具有的动力或非社会化的需求,而是涉及从社会获得的需求或目标。基本的生物需求如食物需求、性的需求等可以被包括在其中,但是,它们必然会受到文化的塑造。①

二、模式变量对于社会系统层面的分析

正如区别于人们动机取向的模式变量可以产生出需求—意向的类型学一样,用来区别社会系统价值取向的模式变量则产生出角色期待的类型学。正如前者可以用于对人格层面的分析一样,后者则可以用于对社会系统层面的分析。

在帕森斯的五对模式变量中,另外两对变量,即特殊主义—普遍主义、先赋性—自致性(身份—成就),对社会系统具有参照作用,它们分别涉及进入社会系统结构中的价值—规范类型以及形成社会系统结构的选择过程、对作为行动取向对象的行动者特征的考察方式。

以特殊主义—普遍主义、先赋—自致(身份—成就)这两对变量为主便形成一个以四种社会价值取向为主要类型的分类表。这是对社会结构的可能类型

---

①〔美〕D. P. 约翰逊:《社会学理论》,南开大学社会学系译,国际文化出版公司1988年版,第517页;Talcott Parsons and Edward A. Shils (eds.), *Toward A General Theory of Action*. Cambridge, Mass. : Harvard University Press,1951, pp. 245—249。

进行划分以及最终对社会进行分类的根本出发点。这两对变量之间的不同组合，便可以划分出由社会价值取向决定的四种社会结构类型。①

第一个类型是普遍主义的先赋性模式。它涉及运用与社会成员相关的普遍主义的规范，其基础是人们所拥有的某些不同的先赋特性。在此模式中普遍主义要素具有同样的作用，但是，它与先赋性特征的结合产生了一种重要结果：强调重点变成了分类。实际上，自致性必然会发挥重要作用，而它的作用越大，社会结构也就越加分化。在某一方面，对集体主义的强调可能是这种模式内在冲突的一种表现形式，因为集体主义旨在禁止对自致性给予强调的个人主义趋势。

第二个类型是特殊主义的先赋性模式。其含义在于，对待和评价他人的根据，是呈现出特殊关系的某些先赋性。这一模式由于对自致性的不重视，甚至更进一步地阻止了工具取向及其相关结构的发展。因此，所强调的重点便放在了表达取向上，这完全成为一个艺术取向的社会。这种社会倾向于传统主义。此外，这种模式所构成的社会容易成为个人主义而非集体主义的社会，如果不是反权威的社会，至少也是非权威的社会。

第三个类型是普遍主义的自致性模式。它的含义在于，对待和评价他人的依据，是他们基于普遍主义规范所取得的成就。普遍主义与自致性的结合所形成的模式，在某种意义上完全对立于主要由血缘、社区、种族和阶级等关系性先赋团结所组成的社会结构的价值。与普遍主义—自致性复合体更类似的是目标的多元性，这些多元目标的方向是一致的，而目标状态的特定内容则是非一致的。普遍主义与自致性价值模式的结合，导致在价值取向上摒弃了传统主义，而在社会结构上出现工业社会的类型。

第四个类型是特殊主义的自致性模式。其含义在于，对待和评价他人的依据，是他们基于特殊主义规范所取得的成就。由于特殊主义取消了自致性取向的个人主义含义，正如先赋性取消了普遍主义的含义一样，因此，这种模式因其

---

① Talcott Parsons and Edward A. Shils（eds.），*Toward A General Theory of Action*. Cambridge, Mass.：Harvard University Press，1951，pp. 250—253.

模式变量的对立组合而具有一种集体主义特征。另外,较之于两种普遍主义模式的理性主义,这一模式更倾向于传统主义,因为其特殊主义使得主要自致性目标不可能置于既定的关系系统之外。①

诚然,模式变量是帕森斯早期理论成就的一个重要代表。但是,模式变量本身并不能提供比一系列范畴的基础更多的东西。根据一系列范畴对于现象进行分类,只是科学分析中的第一步,还不能达到对于现象的满意解释,因此,要试图解释模式变量为什么呈现出它们所具有的价值,就需要去分析人的基本需求和社会关系的功能要求。

模式变量涉及的是个别行动者。由于作为理论工具的模式变量被用以分析个体在特定社会关系中对其他人取向的不同类型,而处在这种特定社会关系中的其他人有着各自的取向,因此,一种社会关系的动力学势必反映出两个人或更多人之间的相互取向,而不仅只是一个人的取向。互动概念就包含了这一意涵。涉及其中的所有互动者都会关心改善他们满足—剥夺之间的平衡关系。一种社会关系的发生和维持将依赖于互动者进行这种平衡时的成败状况,这一点正如交换理论所指出的报酬—成本之间的关系一样。而社会成员在一种关系中寻求满足的具体方式无疑将会受到特殊文化的规范性标准和价值取向影响。

除了通过互动来满足个人需要之外,对于这种互动关系本身的持续而言,尚有其他的要求应该得到满足。其中包括互动过程中应该保持一致的相互取向,不仅根据一般的文化价值和规范,也根据特殊的角色期望,同时还包括准备好解决可能出现的冲突的有效方法。所有的社会系统,从最简单的二人组成的关系到复杂的社会,若要保持其认同和正在运行的系统的结构,就必须满足某些最低限度的要求。

识别社会系统尤其是社会所面临的各种功能要求,是帕森斯大量研究所探讨的一个主要问题。社会系统是由人所构成的,一般的要求应该是保证社会系

---

① [美] T. 帕森斯:《模式变量与社会系统的结构分析》,载谢立中、孙立平主编:《二十世纪西方现代化理论文选》,上海三联书店 2002 年版,第 72～85 页。

统中成员的基本需求得到满足。对于社会系统中人们需求满足方式的阐述,以及对于社会系统功能要求的强调,在帕森斯的理论中是密不可分的。

模式变量与对功能要求的分析是相关的,因为模式变量被用来对社会关系的一般结构进行描述和分类,而各种功能要求又通过社会关系得到满足。这就是帕森斯的方法被称为结构—功能理论的原因。这种方法的基本策略是:第一,识别所涉及的系统的基本功能要求;第二,分析满足这些功能要求的特定的社会结构。①

三、模式变量理论意义的扩展

在帕森斯的社会理论体系中,模式变量的作用和意义是丰富的,它不仅是社会关系模式的一种分析工具,更重要的是,它所包含的内涵上的对称性两端成为划分社会变迁进程中传统与现代这两种价值取向的一种重要指标体系。

当帕森斯的后期研究转向结构功能理论甚至后来的纯粹功能主义时,他倾向于放弃模式变量,但仍喜欢它的概念架构。

由于使用模式变量和功能必要条件等概念,帕森斯受到了一些人的指责,批评者认为他的结构理论不能说明和解释社会变迁问题。虽然帕森斯长期以来就已经感到了社会变迁问题的重要性,但他表示需要首先对结构问题进行应有的研究。到了20世纪60年代,他终于在理论重心上做出了转变,开始研究社会变迁,尤其是社会进化问题。

为了探讨社会变迁过程,帕森斯提出了一个进化式变迁范式(a paradigm of evolutionary change)。

首先,这个范式的第一个构成要素是分化(differentiation)过程。帕森斯假设任何社会都是由一系列的子系统所组成,而子系统之间存在差异的基本原因是由于它们的结构以及对于更大社会系统所具有的功能重要性的不同。当社会进化的时候,新的子系统便开始分化。然而,这还不够,它们必须比原有的子系统更具有适应力。因此,帕森斯提出了进化范式的另一个重要维度,即适应

---

① [美]D. P. 约翰逊:《社会学理论》,南开大学社会学系译,国际文化出版公司1988年版,第520~521页。

力的提升(adaptative upgrading)的概念。也就是说,这种社会变迁模式假设,在社会进化的时候,社会全面地增强了它应对问题的能力。

其次,帕森斯指出,分化过程导致社会产生了一系列新的整合问题。当子系统增殖之后,社会所面对的新问题就是调节这些单位系统的运行。

在帕森斯看来,社会进化的过程,就是一个从先赋性转变成为自致性的体系,这需要更广阔的技术和能力的安排,以应对较为扩散的子系统。因此,人类的概化能力必须从他们的先赋性纽带(ascritive bonds)中解放出来,这样的话,才能在社会中得以运用。更概括地说,这表明那些以前被排斥而无法对系统做出贡献的群体,而今已经自由地被容纳为社会的完全成员。

最后,当社会结构与功能日渐分化之后,整个社会的价值体系也必须进行变迁。然而,由于新的体系更加多样化,因此,价值体系也就更能涵盖它们。一个比较分化的社会要求一种特殊的价值体系,它们是较高层次的概化线索,以至于能将其子系统广泛多样的目标与功能合法化。然而,这一价值概化的过程,并非经常那么顺利地进行,而是常常会面临一些群体固执自己狭隘价值体系而表现出的抗拒。

可以说,帕森斯在分析社会变迁尤其是社会进化时,也运用了模式变量,更确切地说,是模式变量的演变形式,并且将它作为划分传统社会与现代社会的一种重要指标。

实际上,帕森斯模式变量所内含的一种作为划分人格、社会和文化取向的类型学,潜在地表达了一种对于传统性与现代性的比较性区分和描述:

表 5-3　帕森斯模式变量所表述的传统性与现代性之比较

传 统 性				现 代 性
情感涉入	文	社	人	情感中立
集体取向	化	会	格	自我取向
特殊主义	层	层	层	普遍主义
先赋性	面	面	面	自致性
扩散性				专一性

帕森斯的价值取向类型学与古典社会理论中关于社会变迁的类型学之间的最大不同之处在于,它不再像后者那样以宏大的社会形态为关注重点,而是以较具体的人际互动的分析为基点建构出可用于分析更大层面的社会结构和文化领域的概念工具。模式变量在某种意义上成为一种颇具启发性的测量与传统性相对的现代性的基本指标。正是在帕森斯研究工作的基础上,后来的一些社会学家、社会心理学家又进一步深化和扩展了对于现代性条件的社会心理状况或者心理现代性的探索,其中较有代表性的有:英格尔斯进一步发展出了关于人的现代性的较为微观和量化程度较高的分析工具。而里斯曼对于传统导向型人格与现代的自我导向型人格的探讨也是沿着这种方向进行的。

第四节　帕森斯对于现代性的特殊理论热情

应该说,帕森斯对于现代性表现了独特的个人热衷和学术敏感。在他的博士论文中,帕森斯就对马克思、韦伯和桑巴特的理论中关于资本主义的思想进行了研究。

在帕森斯的理论视野中,如果加以概括性地表述的话,现代性具有三个标志性的特征:市场经济、民主政治和个人自由。在他看来,凡是具备这三个特征的社会,就是现代型社会;而不具备这三个特征的社会,则是非现代型社会。

模式变量是帕森斯用于分析社会变迁的观察和测量工具。处于不同发展阶段的社会类型对于模式变量所涉及的价值取向的选择呈现出规律性:在现代化进程中,社会的变迁往往表现为从选择每对变量内含的前一种价值取向向着后一种价值取向转变,即从情感涉入转向情感中立,从特殊主义转向普遍主义,从集体主义转向个体主义,从先赋性转向自致性,从扩散性转向专一性。帕森斯把这一过程称为价值概化(value generalization),并认为这一趋势是社会为了适应进化而做出的反应。随着社会变得越来越复杂、越来越分化,文化系统也需要变得更加抽象、更加灵活和更具普遍性。唯有如此,才能够促进社会整合的实现,并且使社会机构发挥更大的功效。

对于这些抽象理论的说明,帕森斯以一些具体实例进行了对比分析。他指出,在前现代社会中,人们只忠于自己的家族群体或传统的统治者,认为自己信奉的神才是正统。相比之下,现代社会的人们有着共同的遵从对象,即抽象法律的统治。而对其他宗教传统的尊重和容忍,以及对世俗道德体系的信仰,也逐渐取代了早期社会以圣战和宗教裁判来解决教义差别的主张。

帕森斯还指出,现代社会越来越遵从制度化的个人主义(institutionalized individualism),而它是价值概化的一个部分。其深刻的意味在于,社会成员看待和评价他人的标准,由原来的等级、阶级或家族等变成了能力和成就,而这种变化具有积极的意义。帕森斯相信,这些更加具包容性的价值模式能够进一步有助于实现正义、公平与和谐。

当然,帕森斯在充分肯定社会变迁的总趋势的同时也着重指出,这些价值模式在生活的不同领域中的体现方式可能是存在差别的,例如,在家庭领域,可能会看到前现代的价值模式仍占据支配地位,家庭成员的相互认同往往以情感和血缘关系作为基础。因此,在很多情况下,人们会认为对亲戚有所偏爱并给予特别待遇是合理的。于是,在遵从现代价值模式上所表现出的差异程度,就可以作为在不同的现代社会类型之间做出区分的一项重要指标。

在20世纪六七十年代出版的一些重要著作如《社会:进化与比较的观点》(1966年)、《现代社会体系》(1966年)中,帕森斯继续对他感兴趣的现代性特征进行了探讨。然而,从基本态度上看,与马克斯·韦伯和社会批判理论家们对现代性所持的立场不同,帕森斯对现代性充满了赞赏之情,认为现代化进程中的社会分化过程带来了更大的繁荣与自由。在他眼里看到的是现代性的光明面相,即更尊重个体,更加包容,更加民主。①

可以说,帕森斯在他的早期理论中,对于社会变迁并没有给予应有的探讨,因此,受到了一些学者的批评。在他学术生涯的最后10年,他越来越关注社会变迁。尤其突出的是,运用他所建构的分析社会系统普遍功能要求的 AGIL 模型对社会结构的变迁问题做出了研究。

―――――――――

① [英]菲利普·史密斯:《文化理论——导论》,张鲲译,商务印书馆2008年版,第49~51页。

由于 AGIL 模型具有高度概括性的特征,所以,它很容易被用来比较不同类型的社会系统或一个社会的不同历史阶段。一切比较分析中的关键问题在于实施四种功能要求的不同单位或社会子系统之间的结构分化的程度。

在对于所有社会的分析中,结构分化问题都显得极其重要。分化程度较低的社会中,存在着一些有限的不同类型的结构,这些结构实现了某些功能要求,例如,扩大式家庭是原始社会中的主要结构形式之一,它的功能包括经济生产、政治活动、履行宗教仪式和对后代的教育。四种基本功能在单一的结构单位中都得到了满足。

结构分化程度较高的社会中,例如现代城市工业社会,则是以一种广泛的分工为特征的,这种高度的结构分化,意味着不同类型的结构专门执行不同的功能要求。从历史角度看,这就是各种功能从家庭制度向更专门化制度的转变,例如生产功能向经济制度中的专门化结构(如工厂)的转变,社会化过程的许多领域和教育过程向形成专门教育机构方向的转变,等等。这种转变过程使得家庭成为更专门化的制度。家庭保留的主要功能包括青年社会化(这一功能与学校共有)、性的满足、紧张缓解和社会情感支持。

自帕森斯与斯梅尔瑟出版《经济与社会》(1957 年)以来,结构分化过程是帕森斯关注长时段社会变迁的一个关键性的分析方面。但是,帕森斯整个理论研究工作的重点仍然放在社会秩序和均衡方面,鉴于他对这一方面给予高度的重视,以至于一些批评者指责他没有关注社会变迁和社会冲突。或许,部分原因是出于对他的批评者的回应,帕森斯后期的著作开始探讨社会变迁的动力学。

从总体上看,帕森斯对于社会变迁的探索导致了一种现代进化理论的发展,而帕森斯的现代化理论在作为一个学术研究领域的现代化理论中占有极其独特的地位。我们曾经指出,帕森斯对于社会变迁的研究是从社会进化的视角出发的,而在他的这种进化理论中,吸收并发展了经典社会学家的一些重要理论命题,主要有斯宾塞关于社会结构异质性增长的思想,迪尔凯姆关于专门化和有机团结增长的思想,以及韦伯关于科层化中合理性增长的思想等。在帕森斯的独特理论视野中,社会进化或变迁的总方向是受到结构分化过程以及受到推进这个一般过程的相对发展所规定的。帕森斯所分析的一些相互关联的特殊发展方面包括:第一,出现了与亲属组织相互分离和区别的作为社会结构一个方面的分层系统;第二,出现了政治结构的文化合法性;第三,科层制组织;第四,金钱系统和非个人的市场网络;第五,普遍主义规范的一种框架;第六,民主联系的模式。这些过程被看作是"进化的共相",由于它们增强了社会的适应能力,因此具有重要意义。这意味着呈现出这种模式进化的社会能够更有效地使用其物质和人力资源,从而比没有呈现这样模式的社会能够更好地存在并满足其功能要求。

这些特殊的"进化共相"后来被帕森斯合并到四个发展过程中,这四个发展过程是与被 AGIL 模型所专门化的四种功能子系统相联系的。这些发展过程及其与 AGIL 模型的联系可以表示如下:

适应性的提高→适应

分化→目标达成

包含→整合

价值概化→潜在模式维持

在这个系列中,适应性的提高是专门与适应功能联系在一起的。从这个意义上说,适应性提高的过程集中在提高效率和生产率。在经济系统中,通过专门化和技术的发展,这种适应性的增长便成为可能。

即使分化的过程并没有被限制在政治系统这一承担着目标达成功能的主要制度,它也和这个系统中的目标达成相联系。根据政治结构和其他制度性结构的分化及其内部的分化如政府的立法、行政和司法功能分化为不同结构,分化也就体现于政治结构。但是,目标达成或政治功能并不限于政府。相反,所有的社会系统都有政治的方面。分化是与这种政治方面相联系的,因为这一分化过程包含了取向于种种集体目标的各种集体的建立。确实,帕森斯给复杂组织所下的定义,其首要的根据就是,组织取向于目标达成过程。①

_____

① 参见[美]帕森斯《现代社会的结构与过程》,特别是其中的"社会学的组织理论研究",梁向阳译,光明日报出版社 1988 年版,第 15～47 页。

社会结构分化为专门化的集体和角色,便提出了把各种结构整合到某种更大的系统中去这一问题。"包含"的发展过程可以使分化不至于导致分裂和瓦解。在这一点上,具有特殊意义的是,建立以民主为基础来组织社会的原则、以及扩大作为公民对包括在社会领域内越来越多的事务进行表决和参与权的原则。这些过程的功能被视为,增强社会成员对全社会的忠诚,而这种忠诚则独立于以先赋性纽带(种族、民族等)为基础的其他忠诚或其他有关的联系。

最后,与潜在模式维持功能要求相联系的价值概化的发展过程涉及由于分化程度的提高而造成的共享价值观越来越抽象的趋势。分化程度低的简单社会可以由整个社会所共享的特殊规范模式结合起来。但是,特殊规范不能作为一个复杂的高度分化社会的统一基础,因为不同社会群体、不同社会角色和不同类型情境都存在着不同的规范。因此,仅仅能适用于高度特殊的规范性模式的特殊价值,将逐渐被更抽象和更概括的价值取向所代替,这种价值取向能够向各种不同的规范性模式提供最终的合法性。①

帕森斯从社会进化的角度,对人类历史进行了描述,尤其是对西方的现代化进程做出了独具特色的分析。他把现代化进程分为三个阶段:第一个阶段是以欧洲的西北角(英国、法国、荷兰)为主导潮流,其代表是英国的产业革命和法国的政治革命;第二个阶段是以欧洲的东北角(德国)的迅速工业化为主导潮流;第三个阶段则是以北美为主导性潮流,其代表是美国。与欧洲相比,美国的民主革命和工业革命这两者之间结合得更加密切。

总之,帕森斯的社会学理论是欧洲社会学传统的种子在美国社会土壤上生长出来的一种特殊的"嫁接物"。一方面,由于受到欧洲古典社会学大师的影响,帕森斯的工作倾向一直是,置身于美国社会学经验研究这一主流之外,而致力于建构一种高度抽象的综合性理论;另一方面,在帕森斯的工作中人们似乎又可以某种程度地看到孔德赋予社会学的使命。帕森斯不仅通过他的模式变

---

① [美]D. P. 约翰逊:《社会学理论》,南开大学社会学系译,国际文化出版公司1988年版,第543～547页。

量将现代性的量度具体化了,而且他还以乐观的态度描绘了一种似乎具有普适性①的现代性的理想模式;再一方面,由于帕森斯生活在美国社会现代性发展的空前鼎盛时期,一种强烈的现在永恒之感②使他的现代性社会理论缺失了欧洲经典社会理论大师学说中普遍具有的历史感或时间意识,因此,这种在一定程度上遮蔽了历史视角的社会理论,就很难达成对于现代性进程及其结果的充分预见。

---

①帕森斯的现代化理论带有明显的"美国中心论"色彩,因为他把美国的现代化模式当作现代化的典范和终极取向。对于早先的现代化而言,帕森斯也看到了其发生模式的差异性,他就把欧洲范围内的现代化划分成为两种不同的模式,即英法模式和德国模式。可以说,在这个时候他思想中还存在着历史或时间维度。但是,当涉及到美国的现代化的时候,他便丧失了这种历史感和时间意识。

②显然,帕森斯并不具备福柯所谓的将现在英雄化的意志,因为这种英雄化在注重现在的同时,又反讽性地不会因为维持现在或将其永恒化而把它抬到神圣的位置。

第三部分
心理现代性的经典研究

第六章　麦克莱兰:成就动机与经济增长

一个国家的经济发展不能仅仅从资本形成率等经济因素来理解,而且还要从成就动机的角度来理解。成就卓著的人将会使自己找到通向经济成功之路,为他带来各种机遇并使他实现向上的社会流动。……这就使社会科学家们的注意力不是仅仅集中在历史的表面现象上,而是去关注那些决定历史事变的始终起作用的内在心理因素。

——戴维·C.麦克莱兰

20世纪50年代,在现代化理论刚刚兴起的时期,当多个学科的社会科学家们在探讨现代化动力问题的时候,一些学者逐渐地注意到了社会心理因素在现代化进程中所能够扮演的重要角色。也就是说,在这些学者眼中,某些具有普遍性和稳定性的社会心理特质将会不同程度地影响着社会和经济的发展进程。这种观点的出现无疑使社会心理学学科中长期仅只关注微观社会心理层面、静态社会心理维度的状况受到了极大的触动。

实际上,当社会科学家把社会心理因素或社会人格特质作为一种变量来看待,并把它与社会发展和经济增长等变量一起放在现代化这一个大系统中加以考量的时候,便导致了现代化理论中的一个重要流派,即现代化理论的社会心理学派的产生。

由于关注社会心理与社会变迁之间关系的视角不同,因此,现代化理论的社会心理学派中又形成了一些不同的学说。20世纪50年代,在现代化理论的社会心理学派当中就形成了一个重要而独特的研究领域及其相关学说,即成就动机的研究及其理论。如果从一般学科的角度看,成就动机是心理学和社会心理学中的一个研究领域,但是,当它出现在现代化理论中的时候,成就动机理论则成为心理现代性探究的一个重要方面,或者说,成就动机与经济增长、社会发展之间的关系,成为心理现代性探究的一个极其具有学科代表性的领域。

在探索这个领域的努力中,研究成果丰硕并产生了较大影响的学者是麦克莱兰(D. C. McClelland)所发展出的成就动机理论,具体而言,他关于成就动机与经济增长之间关系的假说及其研究观点,成为现代化理论中社会心理学派的一个代表性学说,丰富了关于社会心理与社会变迁之间关系的理解,有力地推进了心理现代性的探究。

麦克莱兰的成就动机理论有其多方面的学术思想渊源,在探讨成就动机与经济增长关系这一重要研究领域的主要动因上,他最重要的思想渊源无疑是来自韦伯学说的影响,而在具体的学科化动因上,则主要受到温特伯特姆(M. R. Winterbottom)为了验证韦伯学说所进行的有关研究带来的启示。而在具体的心理学知识层面上,麦克莱兰的工作则从许多心理学家的学术思想中汲取了养分。

麦克莱兰学说的核心概念是"成就动机"(achievement motivation 或 achievement motive),而作为"成就动机"概念的基础概念是"动机"(motive 或 motivation)概念。"动机"这一心理学概念的创造和使用大约在20世纪初叶,其主旨在于探讨引发个体行为的内在动力及其原因。

学术界对于成就动机的研究,主要可以区分为两个层面:第一,从微观层面上对于成就动机的研究。它所确立的分析单位是个体,探讨的内容包括成就动机的本质特征、形成过程及其与行为表现之间的具体关系等。第二,从宏观层面上对于成就动机的研究。它的分析内容主要表现为一种从宏观社会文化向

微观行为规范的切入，探讨的内容涉及处在特定社会文化背景下的社会成员如
何经由社会化过程而塑造其自身的成就动机，以及社会成员对于成就所持有的
价值观念和态度倾向，最终落脚在考察社会成员的成就动机与其所处社会的经
济增长、社会发展之间的具体关系上面。

第一节　成就动机的个体心理机制

在心理学领域，成就动机研究有一个独特的历史进程。最早并且较系统
地提出"成就需求"（need for achievement，简称 n-Ach）这一概念的是心理学家
是亨利·A. 默里（Henry A. Murray）。他所做出的具体界定是：成就需求表
现为这样一种需求，即"个体为了解决难题；运行、控制或者组织事物、人和思
想；迅速而独立地完成工作；克服障碍并达成目标；超越自我；与他人竞争并
试图超过他人；个人才能经由成功练习以增强自尊"。[①] 如果加以概括性地表
达的话，所谓成就需求，就是试图以高标准把工作做得尽快尽善尽美并在完
成困难任务的过程中超越自我与胜过他人这样一种主观愿望和内在动力。
成就需求越强烈的人，就会越多地表现出努力克服障碍，高标准地完成困难
任务的行动倾向。

在默里所提出的成就需求理论的影响下，麦克莱兰和他的同事阿特金
森（J. W. Atkinson）等人在 20 世纪五六十年代对成就动机进行了系统的研究。

对于"成就动机"这一概念，研究者们进行了较为深入细致的区分。首先，
认为"motivation"与"motive"这两个概念在含义上存在着一定程度的差别。在
阿特金森看来，"motivation"为"motive"、期望（expectancy）和诱因（incentive）
三项的乘积。[②] 麦克莱兰指出，"motive"可以看作是个体的特性、倾向或特质

[①] Henry A. Murray, *Explorations in Personality*. New York: Oxford University Press, 1938, p. 164.

[②] J. W. Atkinson and N. T. Feather, *A Theory of Achievement Motivation*. New York: Wiley, 1966, p. 602.

(trait)；而"motivation"则是指个体在某一特殊时刻和情境下被激发出来的"motive"，即一种"aroused motive"（唤起动机）。换言之，可以这样认为，应将"motive"称为"内在动机"，"隐含动机"或"动机状态"，而将"motivation"称为"外显动机""呈现动机"或"动机倾向"。

麦克莱兰创建其成就动机理论的一个核心要素就是，提出了成就动机的"情感激发模式"（affective-arousal model）。这一模式包含这样的基本观点：如果说成就需求（n-Ach）是个体人格所具有的一种非常固定的特性或倾向（disposition）的话，那么，个体人格中追求特定目标，尤其是重要目标的特性或倾向就可称为"内在的成就动机"或"隐含的成就动机"或"成就动机状态"（achievement motive）。如果当个体所处具体情境的特征或信息对于个体的动机倾向（motive）产生了影响作用，那么，这一情境的特征或信息便成为一种诱因，它就会激发起个体想达成一定目标的愿望和冲动。个体因为情境性诱因而引发出的追求较高目标的内在冲动，就是"外显的成就动机"或"呈现的成就动机"或"成就动机倾向"（achievement motivation）。

在这种理念指导下，成就动机的情感激发模式假设了成就需求或"内在成就动机"或"隐含的成就动机"或"成就动机状态"具有较强的感受性（susceptibility）。如果进行实验操作，便可能激发出个体的"外显成就动机"或"呈现的成就动机"或"成就动机倾向"。[①]

麦克莱兰及其同事（1953年）运用实验室中不同情境状态下的实验操作手段来检验他们的理论假设，所得到的主要发现有：被试者在成就取向（achievement-oriented）情境下，的确比在中性（neutral）情境下或轻松（relaxed）情境下，表现出更强烈的成就动机。而研究者继续将"内在成就动机"界定为"与自己所持有的优秀或卓越标准（standard of excellence）相竞争之下，个体习得的一种追求成功的需求或驱力"。值得注意的是，在这个时期，麦克莱兰等人在探讨成就动机时所使用的"优秀或卓越标准"这个概念，对于后来成就动机研究的进展和成就动机理论的发展，产生了深远的影响。

---

①D. C. McClelland, *Human Motivation*. Glenview: Scott, Foresman and Co. ,1985, pp. 123—135.

　　默里的"成就需求"（need for achievement）概念，在很大程度上可以等同于麦克莱兰和阿特金森的"内在的成就动机"（achievement motive）概念，换言之，"成就需求"和"内在的成就动机"都是指个体追求成就目标的一种稳定、持久的特质。而"外显的成就动机"（achievement motivation）的含义则是指，某一具体情境所激发出来的个体想要达成一定目标的愿望或冲动，表现为当下情境因素所引发出的个体的一种临时性的激活状态。

　　总之，默里的"成就需求"概念与麦克莱兰和阿特金森的"内在的成就动机"概念在内涵上大致相同。"内在的成就动机"指个体所具有的一种稳定而持久的人格特性、倾向、需求，是驱使个体朝着某一目标去努力的内在动力；而"外显的成就动机"则是指个体所呈现的一种被激发出来的临时性的兴奋状态，具有驱使个体朝着某一目标去努力的活性力量。因此，可以说，"内在的成就动机"和"外显的成就动机"是同一个事物的两个不同侧面，或者说，是在两种不同的具体情境之下所表现出的不同形式。在一般情况下，不论是"内在的成就动机"，还是"外显的成就动机"，都可以将其统称为成就动机。

　　在将成就动机作为个体心理机制看待的探讨中，由于受到了默里的影响，麦克莱兰和阿特金森等人把成就动机或成就需求看作是单一维度的心理建构（unidimensional psychological construct），指的是个体追求成就或成功的一种需求或冲动。在这样的视野中，成就动机被看作影响或决定个体成就行为的主要动力。①

---

①然而，以阿特金森为代表的另一些学者对成就动机理论又做了进一步的扩展。他们中的大多数人认为，成就动机或追求成功的动机只是影响成就行为的因素之一；个体的成就行为主要是由于"希望成功"与"害怕失败"两种心理倾向所导致的；个体在主观上认为他或她所从事的工作会成功或失败的概率以及该工作失败时的诱因价值，都会是影响个体成就行为或冒险行为的重要认知因素。

　　洪勒提出的"害怕失败"的概念，对于男女两性在成就行为上的差异性，提供了比较充分的解释依据。

　　至于威诺夫、尼考斯、库喀拉等认知取向的学者，则十分强调个人的归因历程、期望程度以及价值大小等因素对于个体成就行为的重要性，而相对地忽视默里和麦克莱兰等人所强调的成就动机或成就需求对于个体成就行为的影响。赫克豪森等人的认知模型主要统合了各个流派理论的重要概念，试图从成就行为发生的历程着眼，同时也考虑了情境、行动及行为后果等之间的相互作用关系，以期对人类的成就动机与成就行为提供更周延而详尽的理论模式。

　　作为个体心理机制层面的成就动机,可以通过心理学的方法和工具来加以具体测量。麦克莱兰等人所采用的测量方法主要是主题统觉测验(Thematic Apperception Test,简称 TAT)。[①] 在用 TAT 测量被试者的成就动机方面,一项非常重要的工作就是对成就动机测量结果的计分。用 TAT 对成就动机进行测量的学者,一般只选择 4～6 张具有代表性的图片,作为获取被试者成就动机得分的工具。麦克莱兰等人却发展出了 TAT 测量成就动机的"C 计分制"(Scoring System C),这种计分制使得对于被试者在 TAT 内容反应上的量化工作变得更客观化和标准化。这种计分制在后来的研究者那里得到了广泛采用。但是,由于 C 计分制在实际操作过程中仍难免存在一些缺点,如计分者不易认定故事语句的意义、计分过程需要花费较多时间等,于是,麦克莱兰在 1972 年又提出了一套更加简便的计分方法。这种计分方法的第一个步骤是决定被试者在其故事内容中是否出现"与成就有关目标"的反应,这种反应又称为"成就意象"(Achievement Imagery,简称 AI)。[②]

　　作为一种心理学研究方法,主题统觉测验的目的就是通过对个体的投射性

---

①这种方法是默里于 1930 年在哈佛大学创用的。测验所用的图片都是一些实物景观,一整套共有 31 张图片,其中有一张是空白图片,图片内容带有中等程度的模棱两可性(ambiguity)。由于整套测验中有几张图片仅能适用于不同特征的被试者,因此,在实施测验时通常仅选择其中的 20 张图片(测验共分两次进行,每一次用 10 张图片)让被试者作出回答。实施测验时,测验者把一系列图片逐一地呈现给被试者观看,要求被试者根据所看到的每张图片讲出一个故事。测验者尽量地鼓励被试者进行自由想象,并且把想象出的故事表述出来。在通常情况下,每一张图片都将会显示基本的主题(theme),使被试者想象出某些事物;被试者根据自己过去的已有经验,以某种知觉方式去观看这些图片并做出解释;透过被试者所喜欢的情节或主题来描述故事,便可以反映出他或她内在的心理状况。

　　在进行测验的整个过程中,测验者使用指导语的主要目的是为了提出四个方面的问题,以供被试者在写出(或说出)其所想象出的故事时作为参考线索,这四个问题是:第一,发生的事情是什么? 其中的当事人是谁? 第二,导致这种情况产生的原因是什么? 过去产生过什么样的情况? 第三,当事人在想什么? 他或她所想要的东西是什么? 第四,将来还会发生什么样的事情? 将来会有哪些事情结束?

②在这种决定过程中,计分者有 4 项指标可供参考:第一,表现得比其他人更好;第二,达到或超过某些自我设定的"优秀标准";第三,完成某些独特的任务;第四,预定要花费一段较长的时间把工作做好。假如被试者所表述的故事内容涉及上述 4 项指标之一,那么,这个故事即可以给予正 1 分,从而表示被试者所表述的这一故事中存在着成就意象。一旦有成就意象存在,试验者将继续就所表述的故事内容进行计分。当故事内容涉及其他 10 项计分类别时,每涉及一个,即给予 1 分。假如被试者所表述的故事内容涉及所有的计分类别,那么,则可得到 10 分。因此,每一故事所得分数的范围,最低为 0 分,最高为 11 分。

反应所表现出的他或她的基本需要和动机加以评估。①

在麦克莱兰看来，通过实验方法可以唤起人的动机并且测量出这种动机对于被试者想象的影响，换言之，可以测量出在人的想象中所反映出的成就动机的强度，或者通过唤起和控制人的成就动机的强度并测量出它对于人的想象或幻想的影响。

为了引导自我涉入，试验者在主题统觉测验中使用了纸笔测验和幻灯；此外，还使用了字谜游戏、拼单词、运动性言语重复测验等总共七项主要的测验。

麦克莱兰把成就动机的唤起条件总结为六种：放松条件、中立条件、自我涉入条件、成功条件、失败条件和成功—失败条件。在实验中，麦克莱兰计算出了成就动机的平均得分，并且发现伴随着被唤起的成就需要强度从放松条件到中立条件再到失败条件的不断增加，成就动机的得分也出现了有意义的增加。

麦克莱兰和温特(David G. Winter)于1969年提出了一系列有关成人高成就动机的命题，涉及：(1)成就症候群(A)；(2)自我学习(S)；(3)目标确立(G)；(4)人际支持(I)。

成就症候群具有四种行动模式特征：第一，当高成就动机者为自己确定了中等程度的目标之后，虽然他们知道获得成功的可能性并不很大，但仍会为之做出最大努力；第二，高成就动机者偏爱的工作环境是，在其中能够了解自己对导向目标成就的工作所负有的责任；第三，高成就动机者乐于接受有关其工作业绩的反馈信息，并且会做出反应；第四，高成就动机者对研究他们周围的条件、情境或环境具有极大的主动性。②

麦克莱兰认为，对于涉及动机变量的普遍的想象产物进行系统解释，与为了解释个人行为(即那种把集体成就与经济快速增长相联系的行为)而分析个人的幻想方式一样，都是非常有益的。为了增强社会成员的成就动机，建立能

①对于主题统觉测验方法的普适性，学者中一直存在着争议，其主要焦点在于，主题统觉测验不可能完全地被运用到西方之外的其他社会文化背景中的人们身上。因此，要使它具有更广泛的适用性，还需要进行必要的修订和完善。

②[美]威廉·S.萨哈金:《社会心理学的历史与体系》，周晓虹等译，贵州人民出版社1991年版，第330~331页。

够促进成就动机的社会结构是极其重要的,因此,必须通过多种渠道激励人们去寻求向上的社会流动,如宗教等意识形态观念就能够创造和维持较高水平的集体成就动机。

麦克莱兰描绘了具有较高成就动机的个体的基本特征:第一,对于预想成就的界定是:一心要干得更好,进一步提高成绩;第二,行动的诱因是:挑战难度适中的任务;第三,相关的活动表现为:精选并更好地完成具有挑战性的任务,愿意承担自己的责任,寻求并利用有关操作质量的反馈信息,以进行革新从而寻求进一步的提高。

麦克莱兰把动机变量划分为四种类型:(1)动机要求(生物的或社会的压力);(2)诱因;(3)强度;(4)动机倾向。他认为,在一个人所处的环境中是可以发现动机要求和诱因的,通过"情境定义"对这两者加以测量就可以确定它们是否会发生。与此相应,强度和动机倾向是内在的,但是,也能够通过它们的反应特征(如快速学习或改变和指导行为)来加以测量。①

第二节 成就动机的社会文化动因

在成就动机这一重要研究领域中,从宏观层面上对成就动机进行的研究,主要是探讨处在一种具体的社会文化背景之中,社会成员的价值观、社会化内容对于他们成就动机所产生的影响,也许更为重要的是,探讨的是他们的成就动机强度与其作为成员的社会中经济和科技发展之间的关系。

在成就动机的这种宏观层面的研究领域中,如果说麦克莱兰的研究工作具有一定标志性意义的话,那么,不得不承认,在他之前,韦伯理论中关于基督教新教教义所形成的资本主义精神与人们的成就动机之间存在亲和关系(affinity)的基本命题成了麦克莱兰最早的也是最重要的思想源头,而心理学家玛丽

---

①[美]威廉·S. 萨哈金:《社会心理学的历史与体系》,周晓虹等译,贵州人民出版社 1991 年版,第333~336 页。

安·R.温特伯特姆对于成就动机的研究工作,则对于麦克莱兰的探索提供了更直接的和学科化的动力。①

在韦伯的《新教伦理与资本主义精神》(1904 年)出版半个世纪之后,即 20世纪 50 年代,温特伯特姆基于心理学研究进路,进一步揭示了人们的成就动机与国家的经济增长之间的具体联系。麦克莱兰则在韦伯的理论预设和温特伯特姆的实证研究基础上,对于人们的成就需要与国家的经济发展之间的关系进行了比较系统的经典性研究,其重要成果是 1961 年出版了《成就社会》一书。

首先,让我们回顾一下韦伯理论中关于成就动机的基本思想及其预设命题,以及由此所引发的对于成就动机与社会发展之间关系这一重大主题的研究。

麦克莱兰指出,韦伯在他的《新教伦理与资本主义精神》一书中预设了宗教(具体而言,基督教新教)价值观对于一个社会的经济增长所可能具有的重要影响作用。如果简明地表述,可以说,韦伯描述了新教价值观如何塑造出了一种新型的社会性格。而这种社会性格类型在工人和企业主当中灌输了一种更强有力的精神因素或生活态度,最终导致了现代机器工业资本主义的产生。麦克莱兰指出,韦伯对于这种新型的社会性格的描述与他们所描述的高成就动机者之间具有惊人的相似性。在韦伯那里,他将这种成就动机的来源归因于新教伦理,尤其是加尔文教派的预定论。

我们知道,韦伯在探索现代资本主义的产生原因时,主要是从文化分析角度进行的,他通过分析基督教新教伦理、特别是其中的价值观念来解释西方资本主义的发生和发展。韦伯的理论成了从宏观层面上探讨成就动机及其对社会经济发展影响力的一个最主要的思想源泉。在《新教伦理与资本主义精神》一书中,韦伯指出,基督教新教尤其是加尔文教(Calvinism)与资本主义的兴起

---

①如果从社会心理学的视角可以看到,韦伯从历史考察中发现了新教改革孕育了一种自我依靠(self-reliance)的心理倾向,以及资本主义精神孕育了一种强化的成就需要。正是得益于韦伯思想的启示,在 20 世纪 50 年代,温特伯特姆基于心理学研究进路,进一步揭示了人们的成就动机与国家的经济增长之间的具体关联。麦克莱兰则在前面两人的理论预设和实证研究基础上,对于人们的成就需要与国家的经济发展之间的关系进行了比较系统的经典性的研究。

有着重要的关联。因为在加尔文教教义中,非常强调人应该努力工作、勤劳、节约;主张人对于因勤奋工作所获得的财富不能奢侈浪费,更不可因此而好逸恶劳;人必须克勤克俭,努力工作,改造世俗,以增加上帝的荣耀。在麦克莱兰看来,加尔文教教义中的这些精神促成了个人主义和自我拯救的责任伦理,促成了自我教育和掌握阅读技巧等的例行,也使得儿童们为了更好地履行他们的宗教义务而接受较好的宗教教育。麦克莱兰由此得出这样的假设:

> 新教对于独立性训练具有一种不断增长的压力,并因此产生了较高的成就动机,而正是这种成就动机促进了蓬勃旺盛的创业活动并带来了经济的快速增长。[1]

在韦伯看来,新教价值观导致人们产生的成就动机与资本主义精神之间存在着一种亲和关系,这种亲和关系导致的内在整合(inner integration),对于资本主义生产体系和组织方式的发展起到十分重要的推动作用。在韦伯的思想中,新教伦理是现代资本主义的启动机制(starting mechanism)。虽然它并没有直接创造出资本主义,也并不是资本主义的唯一动因,但是,新教伦理的内涵却与资本主义精神之间高度契合,从而成为引发现代资本主义产生和发展的重要动因。韦伯理论的一个重要贡献也就体现在,将新教教义与资本主义精神这两者结合起来进行思考,从而使他找到了宏观层面上的宗教教义(新教伦理)与社会的经济发展这两者之间的独特关联。当然,这种关联的中介是成就动机及其作为独特表征的社会性格类型这一社会心理因素,正是而且只有通过社会心理系统,社会文化(具体表现为价值观的影响力),才能转化为实际的社会行动。

其次,我们简略地回顾一下温特伯特姆对于成就需要所进行的具体探索,因为这一项工作对麦克莱兰的兴趣和研究产生了独特的影响。

麦克莱兰认为,韦伯在《新教伦理与资本主义精神》一书中提出了新教价值观念对于社会的经济增长具有重要促进作用的理论预设。而最早将成就动机

---

[1] D. C. McClelland, *Studies in Motivation*. New York: Appleton, 1955, p. 46.

放在一种具体的因果关系模式中加以考察的人是温特伯特姆。可以说，在她对于成就动机的探索性观点中也包含着麦克莱兰理论中的关键假设。温特伯特姆最先提出了在成就动机（achievement motivation）与经济发展之间可能存在一种联系，而她所具体关注的是父母，尤其是母亲的教养方式和内容如何对孩子的成就需要产生了影响。这就是说，她在韦伯的理论预设中又引进了一个与成就需求有关的中介性过程。换言之，在关于成就动机的整个理论模式里，温特伯特姆认定，韦伯预设了新教价值观如自立等乃是促进资本主义精神形成的动因，只不过她认为，新教价值观是经由另外一个中介性过程而影响到资本主义精神在个体身上形成的，具体而言，新教伦理中所内含的价值观首先是通过影响父母对于子女在独立性和自立性方面的训练，进而导致了子女成就需求的形成，最后则对现代资本主义精神的形成产生了作用。

温特伯特姆通过自己的研究来探讨韦伯理论预设中所涉及的父母在子女独立性和自立性方面的训练及其对于子女成就需求的影响。温特伯特姆的研究结果发现，对于在成就需求上得分较高的儿童来说，是因为母亲对他们提出了较高的要求，希望他们在更早的年龄便具有自我依靠和自我控制的能力。[①]他们的成就需求得到了母亲所施加的独立性和自主性训练的强化。与此相反的是，对于在成就需求上得分较低的儿童来说，他们的母亲则表明她们对自己的孩子有较大程度的限制。[②]

如果说，在韦伯的理论中，改革之后的新教表现出了培养人们的自我依靠这一种倾向，并且新的资本主义精神表现出了一种成就需要的增强的话，那么，温特伯特姆所发现的在这种背景之中包含的一些更加丰富的关系，在西方的发展进程中则会在社会层面上呈现出来。麦克莱兰用一个示图（见图 6-1）说明了

[①]温特伯特姆通过访谈研究了 29 名 8 岁儿童发现，高成就动机者的母亲一般都希望她们的孩子尽早具备完成以下事情的能力：1. 认识城市内外他要走的路；2. 进行户外活动；3. 尝试新的活动；4. 精力充沛、活跃；5. 尝试完成困难的工作；6. 在竞争中表现得出色。

[②]温特伯特姆把与低成就动机者的母亲所不同的、高成就动机者的母亲在孩子独立性和自主性训练方面的表现总结如下：1. 在孩子 8 岁前，她们对孩子提出的要求较多；2. 她们对孩子的成功给予的评价较高，并给予了较多的酬赏；3. 孩子在 10 岁时受到的限制较少，但他们在 7 岁时受到的限制较多；4. 尽管她们对 7 岁以后的孩子限制较多，但在这一时期，她们提出的要求仍然多于单纯的限制。

韦伯的理论预设与温特伯特姆的研究假设之间的具体关联。

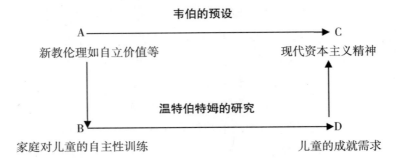

图 6-1　韦伯假设和温特伯特姆研究的内涵及其相互关系

（来源：D. C. McClelland, *The Achieving Society*. Princeton, N. J.: Van Nostrand, 1961.）

　　温特伯特姆所提出这个理论模式的特点表现在，它使韦伯的理论预设变得更加具体、明确和可操作化。她的工作提出了一种重要的社会心理学研究方法，而这种方法的贡献则在于：揭示了韦伯在描述社会历史发展进程中宗教价值观对于社会经济发展的作用时所蕴含着的逻辑关系：新教价值观可能导致人们更早地进行独立性与自主性的培养，而进行这种培养的家教过程又激发出了更大程度的成就需求。人们的这种成就需求在整个社会历史进程中呈现出来，就会变成促进现代资本主义发展的动力。

　　正是在韦伯的理论预设和温特伯特姆的研究工作的基础上，麦克莱兰进一步推进了从宏观层面上对于成就动机的研究，尤其是对于一个社会中其成员的成就动机与这个社会的经济增长之间关系的探讨。

　　在温特伯特姆所提出的成就动机研究的理论模式中，麦克莱兰最感兴趣的地方，实际上，最后也成为他研究的关注焦点的是，成就动机与经济增长之间的关系。他与他的同事首先通过心理学的研究方法，将成就动机转化成为一种可加以量化分析的一些心理变量，而把经济增长这一客观状况也操作化为可加以测量的各种客观变量，从而最终寻找出在这两者之间所存在的相关关系或因果关系。在麦克莱兰后期的研究工作中，基督教新教和资本主义精神已不再是他探讨的中心主题。一个重要原因就在于，从对于韦伯的理论预设和温特伯特姆的研究工作中,麦克莱兰提升出了并且不断加以完善的他自己关于成就动机影响经济发展的理论。

　　麦克莱兰及其同事在研究成就动机的过程当中,进一步将韦伯的理论预设进行了扩展,具体而言,他们在韦伯理论预设中关于新教伦理与资本主义精神两者之间的关联中,加入了一些中介性变量,从而丰富了成就动机理论模式的解释力。麦克莱兰的基本主张是,新教伦理十分强调在家庭的社会化过程中,父母采取独立性训练(independence training)的方式来教养子女,而独立性训练的重要结果则会使子女形成强烈的成就动机。而这种强烈的成就动机对于社会所具有的作用将表现为,促进企业的活动更加积极,经济的发展更加快速等。更确切地说,麦克莱兰认为,新教伦理或资本主义精神中的有关价值观念,导致了父母尤其是母亲在教养子女时注重其独立性和克服困难能力的训练,而这种教养方式正是导致子女形成较高成就动机的原因。因此,新教伦理在现实生活层面的具体化结果将表现为,促进大部分社会成员努力追求成功,并且乐于从事企业活动,从而最终使该社会的经济和科技呈现蓬勃发展。

　　在成就动机这一研究主题上,韦伯的理论预设与麦克莱兰的理论观点之间的联系,可以具体地归纳为以下几个方面:韦伯的理论预设所关注的是新教伦理与经济、科技发展之间的关系;而麦克莱兰的理论模式所要探讨的焦点则包括:第一,新教伦理与父母对子女进行独立性训练之间的关系;第二,父母对子女的独立性训练与子女成就动机之间的关系;第三,社会成员的成就动机与社会的经济、科技发展之间的关系。根据麦克莱兰的设想,通过对这三种关系的考察,最后便可能验证新教伦理,尤其是其中的自立价值观与社会的经济、科技发展之间关系的有关假设。

　　麦克莱兰及其同事对于成就动机的研究包含了这样两个相互联系的重要方面:一是以韦伯的理论预设和温特伯特姆的研究工作为基础;二是在上述两项工作的基础之上麦克莱兰及其同事对于成就动机研究的进一步深入。

　　让我们分析一下麦克莱兰根据韦伯的理论预设而扩展出来的理论模式中所包含的两种关系命题。

　　第一,新教伦理与父母对子女的独立性训练之间的关系。在探讨新教伦理与家庭中父母对子女独立性训练这两者之间的关系时,麦克莱兰根据对有关资料的研究之后指出,由于受新教伦理的影响,信仰新教的父母在日常家庭教养过程中常常要求子女在生活中不应依赖父母的帮助,而应该独立自主,以寻求得到来世的"救赎"(salvation)之道。因为根据新教教义,一个人如果想要得到上帝的救赎,最重要的途径就是必须通过自己在现实世俗生活中做出成就,来证实自己是上帝选定的子民,从而最终获得上帝的"恩宠"。[①] 这样的话,在信徒的生活过程中,尤其是在其早年的人格发展进程中,独立性训练与自主性训练(mastery training)就显得特别重要。麦克莱兰发现,与天主教信徒的家庭相比,在基督教信徒的家庭中父母对其子女尤其是对儿子寄予了更早的成就期望。此外,基督教信徒通常认为,让儿童在早期就接受独立性训练和自主性训练会使他们更多地关注自己的成就。

　　第二,父母对子女的独立性训练与儿童的成就动机之间的关系。关于父母对子女的教养方式(主要是独立性训练)与儿童的成就动机之间的关系,出现了很多的研究成果。在 1952 年麦克莱兰和弗里德曼(G. A. Friedman)就曾以北美 8 个印第安部落为研究对象,分析了那里的家庭教养方式对儿童独立性训练与成就动机之间的关系。通过对这些民族的民间故事内容的分析以测量其成员的成就动机得分,麦克莱兰等人发现,独立性训练与成就动机之间存在着较大程度的正相关关系,换言之,如果一个社会中的家庭对儿童的教养方式越强

[①]对于新教主义如何塑造了信徒们的成就动机,韦伯解释说,是由他们的宗教信仰的本质特征决定的,而不是由他们特殊的政治或经济环境所造成的,因为同样宗教信仰者所在的国家之间的差异很大。韦伯特别强调两点:第一,新教徒笃信人的天职的重要性。这种天职观认为人活着的重要职责在于一生中应该尽力做好上帝指派于他的事,在世上辛勤劳作,并把自己完全奉献给上帝。第二,新教尤其是加尔文教的宿命观将一切生活的"理性化"引入了新教伦理当中。在韦伯看来,对于普通的信仰者而言必须解决的一个实际问题是,他想知道自己是否属于上帝的选民之列。然而,只有一言一行都努力像《圣经》里那些已然是上帝的选民的人一样做,他才有希望摆脱被上帝永远罚入地狱的恐惧。因此,韦伯认为,一般的新教徒都应该在每一方面都表现得优秀,但不是作为购买拯救的技术手段,而是用来作为摆脱恐惧被罚入地狱的手段。因此,加尔文教创造了自我拯救,或者说,产生了对于自我拯救的信心。然而,与天主教相同,这种对自我拯救的创造并不在于个人善行的逐步积累,而在于面临被选入天堂或被罚入地狱的无情抉择时所保持的有条不紊的自我控制。韦伯强调,一切行为都必须强调恪尽天职,这么一种僵化的行为理性破坏了人们生活的从容,并一直伴随着资本主义的发展,至今仍然如此。

调独立性训练,那么,这个社会的成员的成就动机将会表现得越强烈;反之,如果一个社会的家庭越不强调儿童的独立性训练,那么,这个社会的成员的成就动机就会表现得比较弱化。

麦克莱兰的研究工作产生了两个重要结果:一是他的一些研究结论得到了其他学者的相关研究结果的支持,产生了一些共识性的知识;二是他的一些研究结论引发了其他学者的进一步探讨,促进了这一领域认识的深化。

需要提及的是,在麦克莱兰等人研究工作的稍后时期,温特伯特姆曾以6～8岁美国白人中产阶级的男性儿童及其母亲作为被试者,探讨了母亲对于独立性的态度与子女的成就动机强度之间的关系。温特伯特姆基于她的研究结果指出,与只有低成就需求男孩的母亲相比,具有高成就需求男孩的母亲通常会更加期待自己的子女较早地形成独立性,也就是说,家庭中的独立性训练是导致儿童的成就动机出现个体差异的主要原因。此外,父母对子女成就的期望水平(即父母希望子女在其某一年龄段所应达到的成就目标)、父母期望子女实现成就的行为数量、父母加诸子女身上的优越标准,以及父母对子女成败的奖惩方式等,也都是影响儿童成就动机强度的重要因素。温特伯特姆的研究结果的确印证了麦克莱兰的这一假设:一个社会越强调对于儿童的独立性训练,那么,这个社会的成员的成就动机也就会越强。①

另外,在麦克莱兰之后,一些学者又深入探讨了父母教养方式与其子女成就动机之间的关系。其中,一项重要研究是由罗森(B. C. Rosen)等人所共同完成的,所关注的重点是父母当下的教养行为与子女成就动机之间的关系。他们的研究是用实验方法进行的。在实验情境中,被试儿童需要完成某些作业。进行实验的过程中,被试者的父母也在场,而且允许父母与儿童之间进行一定的互动或协助儿童完成作业。罗森等人的实验结果发现,与表现出低成就需求的男孩的父母相比,具有高成就需求的男孩的父母会更多地投入到对于实验作业

---

①M. Winterbottom, "The Sources of Achievement Motivation in Mothers' Attitudes towards Independence Training. " in D. C. McClelland, J. W. Atkinson and F. L. Lowell (eds.), *The Achievement Motive*. New York: Appleton Century-Crofts, 1953.

的完成过程中,他们总是给予自己的子女较多的奖励或惩罚,而且对子女也会寄予较高的期望。罗森等人最后指出,在影响儿童成就动机发展的先决因素中,成就训练(achievement training)(即要求自己出色地做事)比独立性训练(即要求自己独立地做事)显得更加重要。[1]

关于父母对子女的独立性训练或成就训练与儿童成就动机的发展之间是否存在必然的正向关系这一问题,后来一些学者的研究工作却显示出了正反两方面的结果。正是出于这一原因,麦克莱兰于 1961 年提出了"最适水平"理论(optimal level theory)。这一理论主张,如果父母过早地对儿童进行独立性训练,即可能会抑制儿童成就动机的发展。然而,麦克莱兰的这一论点在后来并没有得到有力的研究证据所支持。

实际上,麦克莱兰对成就动机的研究工作可以划分为两个主要阶段,分界线是 20 世纪 60 年代。20 世纪 60 年代之前,麦克莱兰的研究工作主要是在韦伯的理论预设和温特伯特姆研究工作的基础上,进一步推进了关于成就动机的理论探讨和实验研究。进入 20 世纪 60 年代之后,在麦克莱兰的研究工作中,新教伦理和资本主义精神已不再是他探讨的主题,家庭教养方式与儿童的成就需求的形成之间的关系,也不再是他研究的重点。在前期研究工作的基础上,麦克莱兰进一步提炼出一种成就动机与经济发展之间关系的理论。对此他引导一些学者开展了许多研究,涉及对于古代希腊、近代美国和西班牙以及现代一些国家中人们的成就动机与经济发展状况之间关系的探讨。在麦克莱兰研究工作的第二个阶段,他和同事不仅努力地以经验研究来确证他的理论预设,同时采用了实验研究方式来培养和提升人们的成就需求,并且在企业的经营实践中检验这些研究结果的实际成效。

---

[1] B. C. Rosen and R. d'Andrade, "The Psychosocial Origins of Achievement Motivation." *Sociometry*, 22(1959):185—218.

第三节　成就动机与经济增长的关系

在麦克莱兰看来,促进文明的力量,并不是外在的资源如市场、矿产、商业、工厂等之类的东西,而是开发这些资源的创业精神。在一个社会中,这种创业精神主要是从商业从事者的身上体现出来的。麦克莱兰于 1961 年出版的《成就社会》①一书就体现了他探讨人类的成就动机对于经济发展所具有的重大作用的研究成果。基于研究结果,麦克莱兰指出,商业从事者的主要动机并不是获得利润本身,而是强烈的成就需求,即想把工作做好的冲动。而获得利润只是衡量工作成效的指标之一,并非工作的根本目标。

麦克莱兰认为,如果一个人愿意花时间把事业做好,就表明了他关注成就,换言之,他具有成就动机。麦克莱兰使用了与其他心理学家不同的方法来进行研究,他没有简单地询问研究对象的动机、兴趣、态度,而是通过让他们看图讲故事的方法来了解其在正常情况下的想法。

麦克莱兰理论所蕴含的逻辑是:如果测量个人成就动机程度的实验得出的理论是正确的,那么,许多能够适用于个体层面的原理也就能够适用于国家层面。

麦克莱兰认为,对于某个国家中一个商人个案的研究自然不足以说明成就动机程度对于国家兴衰的影响,但是,对于某个国家的过去和现在的流行文学作品进行分析,就能够得到对这个国家特定时期成就动机程度的大致估计。因此,麦克莱兰及其同事所采用的一种独特研究方法就是,收集不同时期大量流行的想象性文学作品如诗歌、歌曲、戏剧等,并从中获得对于成就动机程度的测

---

①D. C. McClelland, *The Achieving Society*. Princeton, NJ: D. Van Norstrand Co. , 1961. 正是在这本书中,麦克莱兰提出了他著名的关键假设:人们的成就需要与国家的经济增长和衰落之间密切相关。而这一关键假设的学术思想源头无疑应追溯到韦伯深刻地分析了新教改革导致了一种新型社会性格的产生。这种社会性格在企业主和工人的人生态度中注入了一种强劲的精神力量。于是,这种精神最终推动了现代工业资本主义的兴起。

量分数,就像在个体层面上对一个人所写故事进行的测量一样。

麦克莱兰通过对于流行的文学作品的分析来测量一个社会中人们成就动机的具体方法是:把某一时期文学作品中每 100 行内出现的与成就有关的念头的数量绘成曲线图,并与同一时期经济指数的曲线图进行比较,这样的话,便可以发现这两种曲线之间存在的十分有趣的相关:当成就动机水平达到峰值大约50 年之后,社会的经济发展将会达到高速阶段。他的分析表明,古希腊和中世纪后期的西班牙都出现了这种情形。不仅如此,在这两个案例中还表现出这样的情形:一旦成就动机水平下降,那么,社会便会出现经济衰退的状况。

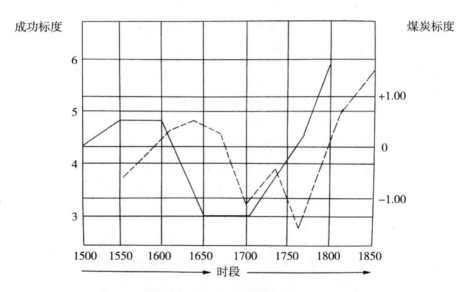

图 6-2 英国文学中表现出的成就需要如何预测 50 年后的工业增长速率

资料来源:谢立中、孙立平主编:《二十世纪西方现代化理论文选》,上海三联书店 2002 年版,第 658 页。

成就需求(n-Ach)= 每 100 行中出现的成就联想的平均数;

工业增长率 = 伦敦煤炭进口收益率,以偏离平均趋势的大小表示(标准平均差单位)。

麦克莱兰曾根据英国从都铎王朝(Tudor)①时期到工业革命时期 300 年间的有关数据,分析了两种曲线之间的关系。在这一时间范围内,英国曾出现过两次经济增长,一次是 1600 年左右较小幅度的增长,一次是 1800 年左右工业革命开始时较大幅度的增长。而每一次经济增长的峰值之前都出现了一个文学作品中所反映的成就动机水平的峰值。1600 年经济增长峰值之前的那个成就动机水平峰值相对较小一些,而 1800 年经济增长峰值之前的那个成就动机水平峰值则相对较大一些。

在麦克莱兰看来,人们目前关注的东西决定了他们将来的行为,所以,他们所做的一切决定了历史的结果。在麦克莱兰对于成就动机的研究方法和思想原则中,有几个重要内容值得特别重视:

第一,人们能够以当前的东西去推测过去。麦克莱兰认为,在现代国家中,成就动机的曲线图与经济增长的曲线图之间几乎都是一致的。在许多不同国家,学校教科书中的儿童故事是能够表现为最标准的流行文学形式。事实上,各国用来教育儿童的简单想象性故事在形式上与被试对象所写的故事是十分相似的。因此,这些故事可以非常便利地用来测量出其中所包含的成就动机的得分。经济的增长速度也需要通过一种简明的能够适用较广泛国家范围的指标来加以测量,而且应该只能用一种单一的曲线来加以说明。

经过研究之后,麦克莱兰指出,对于不同国家的成就动机水平及其随后经济增长速率之间的比较,都惊人地证实了历史研究的一些发现。1925 年左右儿童教科书中成就动机水平越高,随后的经济增长速度也就越快。② 而且 1950 年儿童教科书中成就动机水平越高,该国在 1952—1958 年之间经济增长的速度也就越快。1950 年,在成就动机水平高于平均值的 20 个国家中,有 13 个在 1952—1958 年之间经济增长速度较快,而在成就动机水平低于平均值的 19 个国家中,却只有五个国家经济增长速度较快。

---

① 英国的封建王朝。1485 年由都铎家族的亨利(即"亨利七世")结束"玫瑰战争"后建立。王朝统治期间,建立国王专制统治,鼓励工商业,推进对外殖民,展开圈地运动,资本主义迅速发展。1603 年被斯图亚特王朝取代。
② 在 22 个国家,儿童教科书中成就动机水平高与随后经济增长速度快之间的相关系数为 0.53。

第二，人们能够以当前的东西去预测未来。麦克莱兰认为，这些研究所得到的发现的意义就表现在：文学作品中的故事告诉人们一个国家的精英在最自然的状态下会想什么。① 如果故事着重于成就，则说明这个国家存在着十分普遍的创业精神，由此表明很多关键人物在不经意的时候也在思考着成就。在一个国家，强烈的成就动机将会非常明显地影响到这个民族的商业或经济领域，所以，儿童教科书中的故事便成为企业界发展质量和动力的象征性预兆。

麦克莱兰的一个根本性的观点是，成就动机是一个国家在发展方面上升和衰落的决定性因素。在他看来，不是社会制度或经济体制而是人们的成就动机决定一个国家的经济增长和技术进步。所以，在他的视野中，机遇也只是一种外在动因，因为它只激发那些早就具有成就动机的人。

麦克莱兰指出，历史学家有时宣称美国的西部开发推动了发展，然而，在许多南美国家也曾有而且仍有大片未开发的蛮荒之地，但是，却并没有引起同样的反应。麦克莱兰认为，是美国富有成就动机的移民把西部看作有待征服的一种挑战，而不是西部使他们产生了成就动机。机会和蛮荒之地一样经常地存在，但是，只是有一些人才能看见它们，而且相信可以开发它们。由于美国远离欧洲，并且能够容忍宗教少数派，所以，美国这个国家的最初移民则很幸运地来自成就动机较高的国家，这一点保证了美国拥有更多具有高成就动机的国民。

既然成就动机对于一个国家的经济增长和社会发展来说是如此重要，而且它往往不是来自外部，而是来自人自身，那么，成就动机的源泉究竟是什么呢？

在麦克莱兰看来，一个国家的民众所表现出的成就动机，就其真正的来源而言，是在于价值观、信念和意识形态。有关家庭教养方面的研究结果表明，如果一个男孩表现出了高成就动机，那么，则是与三个因素密切相关的：一是父母对成就的高标准；二是父母对孩子提供的温暖和鼓励；三是父亲的不独断专横。

麦克莱兰指出，历史上存在一个悖论：最早的成就需要并不是表现在商业领域或经济领域，例如，在英国历史上出现成就动机的两个高峰都与新教改革

_____

① 麦克莱兰认为，从这个意义上看，文学作品中的这些故事与个人看图片所写的故事性质是相似的，即是在一种没有压力情境下的心态的自然流露。

或复兴相关联,它们的目标明显地不是世俗化的,而是严格宗教性的,如在英国新教复兴的第二个峰值时期卫理公会教徒就强调现世的宗教完美性。对于由此产生的宗教完美性的强烈关注,使得教徒及其子女产生了成就动机,从而转向商业活动,似乎成就需要更容易在商业活动中得到满足。在当今时代,世俗的宗教如民族主义把成就视为重要目标,而且在不发达国家产生了高成就需要水平。在麦克莱兰看来,意识形态所形成的浓厚成就氛围对于经济发展产生了重要的推动作用。

麦克莱兰认为,如果要使人们在经济领域进行竞争并取得成功,就必须培养其成就动机。如果要促进不发达国家加速发展,获得更加独立的地位,就必须认识到首先要在这些国家中培养创业精神,而不能仅仅停留在为他们提供物质资源、满足他们的物质需要这一层面上。①

麦克莱兰所提出的关于成就动机与经济增长之间关系的研究假设,是以韦伯关于基督教新教伦理与经济增长之间关系的理论预设作为前提的。而麦克莱兰所进行的研究工作,不仅使韦伯的理论预设在具体操作化层面上得到了基本的检验,还丰富和深化了韦伯理论预设的内涵。

为检验基督教新教伦理与经济增长这两者之间相关性的理论假设,麦克莱兰(1961 年)曾使用一种独特方法进行研究,即他比较了信仰基督教新教的国家与信仰天主教的国家之间在单位人口电力消耗量上的差异。在麦克莱兰看来,单位人口电力消耗量可以成为说明一个国家的经济增长状况的最好指标,而且从研究方面来看,获得电力消耗量的有关资料较为方便,而且这种资料能够用于进行国别之间的比较。

在对 12 个基督教新教国家与 13 个天主教国家进行了比较研究之后,麦克莱兰发现,基督教新教国家的经济活动水平确实超过了天主教国家的经济活动水平,或者说,信仰基督教新教的国家比信仰天主教的国家在经济方面的发展快得多,因此,这一分析结果明显地支持了麦克莱兰事先所提出的研究假设。

---

① [美]D. 麦克莱兰:《商业动机与国家成就》,载谢立中、孙立平主编:《二十世纪西方现代化理论文选》,上海三联书店 2002 年版,第 646~660 页。

那么,如何证明在新教伦理与经济增长之间存在一种中介因素,即成就动机,具体而言,成就动机是否在新教伦理与经济增长之间扮演了一种重要的转化性角色?

实际上,麦克莱兰早就从研究中发现成就动机与企业行为之间存在联系,并且观察到基督教新教教义与高成就动机之间的相关。于是,他提出了这样一个假设:一个国家民众的成就动机的形成应该先于该国的经济增长。

为了对这一假设进行检验,麦克莱兰首先面临的任务是,如何测量不同社会文化背景中成就动机水平与经济增长程度之间的关系。麦克莱兰及其同事认识到,对于一个现代国家或社会的成就动机水平的判断,可以从一个具有代表性的样本如企业家对于主题统觉测验中的故事内容那里获得。但是,对于早期社会或原始部落的成员来说,如果要用 TAT 来测量他们的成就动机水平是十分困难的。因此,麦克莱兰则采用儿童读物、民间故事、社会领导人的讲演词、诗歌、甚至花瓶或陶器上的图案等,作为对这些社会成员的成就动机水平的分析资料。另一方面,对于国家经济增长程度的测量,麦克莱兰则采用了电力消耗量、贸易范围、煤炭出口量、船只总吨数等作为重要的指标。

从麦克莱兰所做的一些经典性研究案例,可以看到他所创用的研究方法的新颖性和独特性。

通过一项较有代表性的研究——发电量增长的国际性比较,让我们来看一下麦克莱兰是如何研究不同社会中成员的成就动机水平与国家经济增长程度之间关系的。在这一项探索性工作中,麦克莱兰所进行的研究设计和方法选择的步骤是:

首先,分析儿童教科书中的成就需求,以作为因果关系模式中的自变量。研究者收集了有关国家的儿童读物,其中主要是教科书,从中寻找出 1300 个故事。而这些故事中的一些是在 1920—1929 年期间从 23 个国家收集到的,另一些故事则是在 1946—1955 年期间从 40 个国家收集到的。通过对这些故事内容进行具体分析之后,研究者对其中所体现的成就需求、亲和需求与权力需求三个方面分别给予了评分。关键之处是,研究者就是用这些故事在成就需求上的得分作为影响经济增长的重要心理变量的。

其次,收集有关国家在相应时期里发电量情况的资料,以作因果关系模式中的因变量。发电量的计算单位是每人千瓦小时。与此同时,也收集到每一国家的人均收入资料。例如,以 1920—1929 年的资料当作 1925 年的指标,而以 1946—1955 年的资料当作 1950 年的指标,则共有两批资料:第一批是 1925 年的成就需求、人均收入、发电量的资料;第二批是 1950 年的成就需求、人均收入、发电量的资料。最重要的问题是要探讨成就需求对于经济增长究竟产生什么样的影响。而解开这个谜的关键在于,麦克莱兰需要计算出在不同时期内人们的成就需求与国家的经济增长之间的具体关系。

表 6-1　成就需求与经济增长之间的相关关系

成就需求	国家人均收入 1925—1950 N=22	人均千瓦小时 1925—1950 N=22	前两项经济指标综合平均
1925 年	0.25	0.53($p < 0.01$)	0.46($p < 0.02$)
1950 年	-0.10	0.03	-0.08

(来源:D. C. McClelland, *The Achieving Society*. Princeton, N. J. : D. Van Norstrand Company, Inc. , 1961, p. 92.)

麦克莱兰根据这一研究的结果,强调一个时期中人们成就需求的强度的确与此后一个时期中的国家经济增长有关,其中主要证据乃在于 1925 年的成就需求程度和发电量增加程度之间呈现出 0.53 的显著相关,证明了前后两个变量之间存在因果关系。相应地,1950 年成就需求的强弱却与当时发电量的增长程度无关(相关系数为 0.03)。

由此说明,一个社会的成就动机水平越高,该社会在此后一个时期里的经济增长程度也越高;反之,一个社会的成就动机水平越低,其后一个时期里的经济增长程度也越低。可以说,这一研究结果有力地支持或证明了麦克莱兰的假设:一个国家或社会的民众的成就动机的增长,必然先于该国家或社会的经济增长;而且成就动机的增长成为该国家或社会的经济增长的重要推动力。

在上述研究项目结束之后,麦克莱兰进一步又以 1950 年各国出版的儿童读物的内容作为材料来测量这些社会的成就动机水平,并以此得到的结果来预测从 1952 年到 1958 年这些社会的经济增长状况。结果发现,相关程度也高达 0.43(p ＜0.01)。这一研究结果仍然支持了麦克莱兰原有的假设,即一个国家或社会的民众的成就动机增长先于该国家或社会的经济增长。因此,民众的成就动机便可以成为预测一个国家或社会的经济增长的一种有效指标。

为了进一步检验一个国家民众的成就动机与该国家的经济增长之间存在的相关性,麦克莱兰甚至采用一种历史考证方法来进行探究。对两个国家的具体情况分别进行了考证。一个是 1500—1830 年之间的英国,另一个是 1200—1730 年之间的西班牙。

对于 1500—1830 年之间英国民众的成就动机的测量,麦克莱兰所具体采用的方法是,以一个时期(大约半个世纪)的文学材料(如戏剧、航海记录、街头民谣等)来进行分析,然后计算出社会民众的成就动机水平的得分。与此同时,他对经济增长的程度也进行了数量化分析,具体选用的指标是煤炭的进口数量。

对于 1200—1730 年之间西班牙民众的成就动机水平的测量,麦克莱兰所具体采用的方法是,对一般性读物和著名文学作品进行分析,然后,计算出成就动机水平的得分。至于对经济增长程度的数量化分析,由于当时对外贸易是西班牙经济增长和衰退的最明显方面,因此,他便以每年从西班牙开往新世界的船只总吨数来作为测量指标。

麦克莱兰的研究结果清楚地表明:第一,在 1500—1830 年之间,英国民众的成就动机的高涨,预示了这个国家的经济增长趋势,而且成就动机呈现高涨的时间先于经济领域出现增长的时间大约是 30～50 年。第二,在 1200—1730 年之间的西班牙,当成就动机最初呈现高涨势头之后,接着便开始出现经济起飞,而当成就动机呈现衰退的时期,经济增长的势头也随后出现下降之势。这一研究结果支持了麦克莱兰的理论预设:一个国家或社会的民众的成就动机是这一国家或社会发展的重要基础,同时也是决定一个国家或社会的经济增长或衰退的主要因素。

总之,在对成就动机进行宏观层面或以一个国家或社会为单位的研究方面,麦克莱兰所率领的一批学者取得了丰富的经验资料和理论洞见,而且这些研究成果在很大程度上支持他们最初的研究假设。

进入 20 世纪 60 年代,麦克莱兰及其同事不仅试图以客观层面的经验研究来确证他的研究假设,同时也采用实验研究方式来培养和提升被试者的成就需求,并且检验这种培养工作在企业经营上的实际成效。麦克莱兰和温特(David G. Winter)在印度的三个地区进行了有关的实验研究。在与印度小型企业推广训练中心合作之下,研究者安排了一种课程来强化参加者的成就动机。经过训练之后发现,这些训练的参加者与未参者之间在企业经营行为上表现出十分明显的差别。于是,麦克莱兰等人再度确认成就动机对于经济活动具有重要的影响作用。

第四节　关于麦克莱兰研究的争论

麦克莱兰关于成就动机的理论在发展研究尤其心理现代性理论中是一种独特的学说。可以说,麦克莱兰对于心理变迁的探究做出了重要贡献,这是他在学术史上为人们所记住的一个重要原因。但是,由于各种因素所导致的局限性,麦克莱兰对于成就动机的研究也引起了一些论争。当然,一方面,这种论争中的一些观点有待在时间中加以检验;另一方面,这种论争中的一些观点则成为这一领域不断深化与丰富的一种动力。

萨哈金这样指出:

毫无疑问,麦克莱兰及其同事对社会心理学尤其是实验社会心理学的发展做出了卓越的贡献。他们不仅创设了自己的极有价值的理论,而且对马克斯·韦伯的成就理论给予了科学的论证。

但是,正如麦克莱兰等人清楚地意识到的那样,他们的研究并非尽善尽美,韦伯的假设也并未从所有主要的方面予以证实。麦克莱兰本人承认,成就动机与经济发展有关的假设尚需要进一步的研究,这种研究应能提出一种适应所有社会(无论是古代的或是现代的,也无论是文明的或是原始的社会)的假设。进一步,如果能够发现这种适合于所有社会的假设,那么紧接着产生的问题是:为什么会这样? 另一个重要的问题:是否是尊重企业家的社会态度促使年轻人对企业家的创业作用给予赞同? 还有一个需要解决的重要问题是:一个人的成就动机能否成为他能够获得卓越(无论他选择什么职业,医生、管理者、牧师或律师)的单纯标志? 换言之,成就动机能否成为一个人在某项特定的经济活动中终将成功的标志? 显然,有必要进行一项包罗该问题的方方面面在内的广泛研究,以期在所有方面精确地确定成就动机和经济发展的关系。[①]

麦克莱兰及其同事有关成就动机的一系列研究工作在 20 世纪 60 年代引起人们的高度关注,他在探索中逐渐形成了自己的理论,具有一定的独特性。但是,一些学者也对麦克莱兰的研究设计及其研究结果提出了批评。

科林斯(Randall Collins)认为,在理论方面,麦克莱兰实际上曲解了韦伯关于文化心理在社会变迁中作用的思想,他一味地强调了心理因素的决定作用,从而忽略了韦伯把对文化心理因素的作用置于社会结构之中加以考察的理论特征。[②]

对于麦克莱兰的研究设计和研究方法,一些学者提出了自己的异议。首先,最经常受到质疑的是,教科书的主题和内容是否能够代表一个社会中民众的成就需求? 其次,在测量经济增长程度时以发电量作为具体指标,考察发电量状况自初始点以来的变化用增长率加以表示这一方法也引起了争议。马泽尔(Allan Mazur)和罗莎(Eugene Rosa)于 1977 年运用麦克莱兰的研究方法,先测量得到 39 个国家 1950 年成就需求的指标数值,然后,再与 1950 年至 1971 年的经济指标数值之间计算其相关,结果发现,不论是以发电总量的对数值,还是

---

①[美]威廉·S. 萨哈金:《社会心理学的历史与体系》,周晓虹等译,贵州人民出版社 1991 年版,第 337 页。

②R. Collins, "Weber's Last Theory of Capitalism: A Systematization."*American Sociological Review*,45(1980):925—942.

以人均所得发电量作为经济指标,实际上都无法从成就动机等心理因素来加以解释。换言之,心理因素对经济指标的净解释力趋近于零。① 马泽尔和罗莎的研究结果对麦克莱兰的理论,尤其是其理论的普适性给予了直接的否定。因此,关于成就需求或成就动机是否是经济增长的先决条件,似乎在很大程度上还是存疑的。而关于心理因素对于经济增长的作用程度,则必须充分考虑到各种客观社会历史背景因素所形成和规定的具体条件,才能给予正确的说明。进入 20 世纪 70 年代,这种一味强调心理因素对现代化作用的理论观点大多已不再为学术界所接受。

斯科特(F. R. Scott)1984 年的一项研究结果对麦克莱兰的理论假设提出了质疑。对于麦克莱兰所强调的成就需求与经济增长以及国家兴衰之间的因果关系这一理论核心,斯科特指出,麦克莱兰的观点不仅在理论上不具有最充分的说服力,而且在实证材料方面同样缺乏最有效的证据,至于实际应用上,麦克莱兰的理论对于促进一个国家的经济增长所具有的价值十分有限。因此,斯科特建议,将来对于这个领域的探讨应该更加重视心理因素(如成就动机)与结构因素(如国际关系)之间的相互作用,尤其是这种相互作用与经济增长之间的具体关系,这个领域的研究要强调人、国家和国际这三个层面的因素对于经济增长的具体影响。②

成就动机是受到特定社会的具体文化所影响的个体产生的一种心理形式。因此,对于成就动机的研究就应该从两个层面上进行,换言之,成就动机研究可以划分为个体心理与社会文化两个层面的相关内容。

就成就动机研究所涉及的个体心理层面的内容而言,经常会引起论争的一些问题主要有:第一,成就动机应该被看作是一种内在于个体的持久而稳定的人格特质,还是应该从个体认知活动的角度来加以探讨? 这两种视角之间是存在明显差别的。如果是从认知角度来进行探讨的话,研究者则是以行为作为分

---

①A. Mazur, E. Rosa, "An Empirical Test of McClelland's 'Achieving Society' Theory."*Social Forces*55(3)(1977):769—774.

②F. R. Scott, "Need for Achievement, Entrepreneurship and Economic Growth: A Critique of the McClelland Thesis."*Social Science Journal*2(2)(1984):125—134.

析单位的,所探讨的内容是归因过程与成就行为之间的关系。无疑地,这与默里、麦克莱兰等人将成就动机看作一种人格变量的视角是不相同的。第二,成就动机究竟是单一维度的心理建构,还是多重维度的心理建构? 这两者之间是否是存在分歧性的观点? 形成鲜明对比的是:默里和麦克莱兰以及阿特金森等人认为成就动机是单一维度的心理建构;而威诺夫、尼考斯、库喀拉等人则认为成就动机是多重维度的心理建构。①

而就成就动机研究所涉及的社会文化层面的内容而言,经常会引起论争的一些问题表现为:第一,不同的文化都会有着各自所处其中的不同的社会结构及其系统,如社会阶层状况、科学技术水平等,这些因素对于处在这一社会中的成员的成就动机将会产生不同程度的影响。② 因此,不信奉新教的非西方社会成员的成就动机与西方社会成员的成就动机之间就可能表现得非常不同。第二,处在不同社会文化背景中的社会成员在社会化过程中所接受的价值观念、行为规范等方面可能存在差异,因此,不同社会文化背景中的社会成员的成就动机的本质与内涵可能表现得不同。第三,究竟社会化的内涵对于个人的成就动机产生了什么样的影响,换言之,个人的成就动机在形成和发展过程中,是否会因为不同社会文化背景下社会化机制的不同而表现出一定的差异性?

以上问题都表明了一种基本的质疑,即成就动机可能不是一个具有跨文化普遍性的心理建构。因此,对于成就动机的研究必须从社会文化背景的角度,尤其是其差异性上来加以考察。梅尔(Martin L. Maehr)曾对此做出过明确的说明。在他看来,对成就动机的研究不能脱离开社会文化而单独地进行,因为不同社会文化背景对于成就或成功表现出不同的价值观念和评判标准。由于

---

① 例如,威诺夫(J. Veroff)(1977 年)认为,以往默里和麦克莱兰等人对于成就动机的界定都过于笼统,而他则主张必须从两个维度来看待成就的性质:第一个维度是,个人心目中认为"卓越"或"优秀"标准的来源,这些来源可分为"自我""社会参照"以及"非个人任务"三种;第二个维度是,当个人完成某项工作时,个人强调的是完成工作的过程或者工作结果的影响。根据这两个维度,威诺夫将成就分为"自主性成就""责任性成就""能力性成就""权力性成就""竞争性成就"和"任务性成就"等六种。而每一种成就的内容将分别对应于一种成就动机,因此,总共可分为六种性质不同的成就动机。

② U. Pareek, "A Motivational Paradigm of Development of Immediate Activity." *Journal of Social Issues* 24(2)(1968):115—122.

不同社会文化背景界定成就或成功的观念和标准不同,因而必然使处在不同社会文化背景下的社会成员在成就动机的本质与内涵,以及成就行为的表现方式与强度上显现出差异性。①

正是因为成就动机在本质和内涵上具有浓厚的社会文化特征,因此,也就使得它可以被看作一种多重维度的心理建构,更准确地说,那些认为成就动机具有多重维度的学者大多是从本土文化的角度来考察成就动机的本质与内涵特征,因此,进一步把成就动机划分为不同的类型或不同的维度。研究成就动机的这种角度,与麦克莱兰等人将成就动机视为具有高度概化特征且具有同质性单一维度的观点形成了鲜明差异。

在麦克莱兰的成就动机理论中,对家庭教养方式的意义给予了重点关注。然而,这也引起了不少论争。家庭教养方式对个人成就动机的塑造作用究竟有多大? 强调家庭环境对个人成长的影响,是一些关注个人现代性或心理现代性形成的社会心理学家在理论上的一个重要特征。但是,对于个人现代性或有关人格特征的塑造而言,家庭环境究竟能起多大作用,英格尔斯似乎并不完全同意麦克莱兰肯定家庭环境对个人成就动机的塑造作用时所说明的那种重要程度。

英格尔斯非常强调,个人现代性是人生早期家庭生活氛围的一种重要产物。在他看来,强调这种解释角度的学者,往往把学习看作是个人现代性形成的主要原因。然而,与此同时,他却不太同意这样的假设:形成个人现代性的学习过程主要发生在人生的早期阶段,并且受到了独特的家庭结构所影响,而由此所形成的人格特质将或多或少地在人生历程中保持稳定。

英格尔斯强调的是,将家庭环境差异看成是导致个人现代性差异的原因这样一种假设,事实上只是提出了一个一般性的模型。而通过对于家庭环境的认识去预知个人现代性的状况,实际上并不比预测其他人格特征更为容易。在他看来,家庭的主要作用是赋予后代以特定的社会地位特征,而并不是传递出一

①M. L. Maehr, "Culture and Achievement Motivation. " *The American Psychologist* 29(12)(1974):
887-896.

组预先既定的人格特征。然而,确有某些证据表明,代与代之间具有人格特征上的传递作用,尽管这一点在统计学意义上并不显著。总之,基于决定个人现代性的主要因素是早期经验中父母及家庭所塑造的独特性格这种假设之上,开展的有关研究仍然具有一定的价值。

英格尔斯指出,哈根(1962年)在他的研究结果中也强调家庭环境对于形成创新人格具有重要影响,尽管他用于研究的资料基本上是趣闻轶事,而且其结论并不是基于对当代个人的直接研究。麦克莱兰(1961年)及其同事的著作也就家庭教养对个人高成就需求的影响提出了比较系统的证据。这些研究结果都意味着,在家庭中从父母到子女之间有着某种明显的心理现代性的直接传递作用。然而,英格尔斯的结论性观点则认为,家庭环境也许有其重要性,但并不像许多人所假定的那么重要。[1]

也许这个问题的更深层内涵是如何看待文化特质在一个社会中所能产生的作用。在英格尔斯看来,某些宗教、种族或其他文化亚群体,似乎较能在现代化过程中扮演一种独特的角色,这些文化特质也使得人们在履行这些角色(尤其是企业家角色)上更为出色。不论是韦伯对新教伦理的精辟分析,还是麦克莱兰对家庭教养方式产生高成就需求的研究,以及哈根对创新人格的个案探讨,实际上都以这一假设作为出发点的。然而,他们都只是进行了一种个案研究,而并未形成其一般效度,即便是采用了较大规模企业家样本的研究,似乎也并未对这种角色是起源于一种独特的家庭氛围的假设提供更多的证据。

麦克莱兰对于成就动机的探讨在研究方法上做出了一些创新。他所采用的最主要方法表现在,用社会心理特征来预测经济发展的态势,而且表现为用当前一个时期的状况去预测未来一个时期的状况。英格尔斯对此曾给予了基本的肯定。他指出,只有在当前我们拥有了测量个人现代性平均水平的技术,才能就民众的心理特质对于社会现代化的相对贡献做出一种客观的估计。而对于这些心理特质的测量,则可以通过加权,并与其他因素相联系,以评估如何

---

[1] A. Inkeles, "Understanding and Misunderstanding Individual Modernity." *Journal of Cross-Cultural Psychology* 8 (1977): 135—176.

用早先时期的国家特质能够预测后来时期的国家情况。而这种方法正是麦克莱兰在他的《成就社会》一书中所采用的。但是，英格尔斯也指出，麦克莱兰测量个人特质的方法不够直接，因此，他的研究结论的信度与效度还令人有所怀疑。①

在成就动机研究这个重要学术领域中，有一些主题还需要且值得进一步地加以探讨，主要有：

第一，当把成就动机看作因变量时，在探讨影响个人成就动机的先决因素中，父母对子女的教养态度或训练方式与个人成就动机之间究竟包括了多少种具体关系。由于不同社会文化背景中所强调的家庭社会化的方式和内涵不尽相同，因此，这种家庭社会化的方式和内涵的差异，对于个人成就动机的形成与发展，将会产生多种不同的影响。以往在探讨父母的教养方式对子女成就动机的影响时，一些研究结果认为，父母对子女的独立性训练是培养他们高成就动机的必要因素之一。然而，也有一些研究结果与麦克莱兰等人的研究结论不太一致。显然，针对不同的社会文化，清理一个社会的社会化内涵，如父母对子女的训练方式与其社会成员的成就动机之间的关系，是进一步建构关于成就动机的社会化理论的一项重要课题。

第二，需要进一步研究的主题的焦点是，应该探讨个体成就动机本身的发展。它将以个体成就动机形成作为出发点，假设成就动机是一个多重维度的心理建构。在此方面的具体问题包括：在个体发展进程中不同类型的成就动机在质的方面和量的方面将会呈现出什么样的具体变化？在个体身上首先形成的是哪种类型的成就动机？不同类型的成就动机之间是如何相互作用和相互影响的？

第三，值得进一步探讨的主题是，把成就动机看作是自变量，探讨个人的成就动机与成就行为，以及人们的成就行为与国家的经济发展之间的关系。西方研究者一般是在"基督教伦理→社会化历程（独立性训练）→成就动机→国家经

①A. Inkeles, "Understanding and Misunderstanding Individual Modernity." *Journal of Cross-Cultural Psychology* 8(1977):135—176.

济发展"这样一种理念框架之下做出关于成就动机的各种理论建构与实证研究工作的。但是,问题在于,这一理念框架是否适用于解释或说明与西方世界不同的其他社会文化背景之下社会成员的成就动机? 一些学者曾经分析了 30 个不同社会文化成员对成就所持的看法,结果发现,在不同的社会文化中,人们对成就意义的看法确实存在某些程度的差异性。①

　　用儒家伦理来解释东亚经济发展的奇迹,迄今为止,仍然是一个争论很大的课题。然而,在建构儒家伦理与东亚经济发展之间的因果关系时,社会取向的成就动机和集体取向的成就行为这两个概念,也许能够扮演一个积极的角色,从而使得儒家伦理与东亚经济发展之间存在联系的理论预设更具有解释力。按此逻辑,"儒家伦理→社会取向→成就动机→集体取向的成就行为→东亚经济发展"便是成就动机理论研究领域的一个重要主题。

---

① L. J. Fyans, Jr., F. Salili, M. L. Maehr and K. A. Desai, "A Cross-Cultural Exploration into the Meaning of Achievement." *Journal of Personality and Social Psychology* 44(1983):1000—1013.

第七章　哈根：创新人格与社会变迁

　　在传统社会中，每一个成年人都表现出了强烈抗拒对于权威决策和其他传统方式的任何怀疑，而这种抗拒则成了社会变迁的一种重大障碍。

　　创造性人格和革新型人格可能出现在传统社会消失之时。创新者将技术进步看作是达成目标的希望之路。这种文化氛围影响着新一代的价值观，并使其沿着这一方向继续前进。这样的话，生产上的创新随之即将出现。创新者将根据需要来指导制度变革。从而经济增长也必将获得所需要的动力。

——埃弗里特·E.哈根

　　在20世纪中叶，社会心理因素对于社会变迁或社会发展的重要意义，更具体地说，社会人格变化与国家经济增长之间的关系问题，似乎成为现代化理论或发展研究与社会心理学这两个学科之间的一个重要交叉领域。一些学者从各自的学科角度加入了有关的探索。

　　在整个世界范围内，为什么一些国家，例如西欧国家，在较短时期内便能够实现经济迅速增长，而其他地区的一些国家经济增长速度却一直较为缓慢？对于这样的问题,有许多学者从不同角度进行了探索并做出过不同的解释,从而形成了现代化理论中对于心理现代性的探索具有知识生产促进作用的一些学说。其中较有代表性的有哈根关于创新人格与技术进步的洞见,以及勒纳关于"过渡人"的构念。

第一节 权威人格与传统主义

为什么一些国家在较短时期内实现了经济增长,而另一些国家的经济发展速度却一直较为缓慢?

从一定意义上可以说,韦伯是最先对这样的问题进行文化分析而且是跨文化解释的人。在他看来,引起这种现象的原因不仅在于经济因素方面。韦伯的探索结果认为,在欧洲经济高度增长的国家中,大多数人都信仰基督教而非信仰天主教。他所得出的重要结论是,基督教新教的独立和自律以及强调生活禁欲和工作勤勉的价值观和行动伦理在其信仰者身上塑造出了新型的社会性格。正如本书前面章节中已经指出的那样,这是社会理论层面的学说对于心理现代性探索的一个极其重要的贡献。

韦伯思想中关于社会性格类型与社会变迁或经济增长之间关系的理论预设,启发了后来许多学科学者的研究工作。于 1961 年出版的两本著作在这一领域中具有标志性意义。它们把对于社会性格类型与国家经济增长之间关系的研究向前推进了一大步。其中一位作者是哈佛大学的心理学家戴维·C. 麦克莱兰,另一位作者是麻省理工学院的经济学家埃弗里特·E. 哈根(Everett E. Hagen)。尽管哈根是经济学家,但是,他在其后期的工作中则偏重于对社会性格类型与国家经济增长之间关系的研究。两位学者对于韦伯在这一问题上的观点都表现出了很高程度的认同,即认为仅仅从经济学角度去理解经济增长现象只能是肤浅的做法。

在社会心理与社会变迁之间的关系问题上,哈根是属于把社会心理因素看作是自变量那一派的社会心理学家。与麦克莱兰的理论一样,哈根理论的特点是强调社会心理属性或人格特质的变化对于社会变迁所可能产生的重要影响。哈根的创新人格论与麦克莱兰的成就动机论一起,成为这一流派的主要代表人物和理论。如果从具体的学科取向角度来看,哈根的创新人格论与麦克莱兰的成就动机论都属于心理学取向的社会心理学。

但是,应该着重指出的是,哈根的创新人格论是现代化理论对于心理现代性探寻所提供的强有力的知识动力。而麦克莱兰的成就动机论则代表了关于心理现代性的心理学取向的经典研究。

在探讨社会心理与社会变迁之间的关系问题时,或者说,对于社会变迁进程中社会心理因素所扮演的角色问题,哈根把社会心理因素的作用看作是社会变迁的一项基本的前提性条件。在他看来,社会性格类型的变迁乃是社会变迁,尤其是经济增长和技术进步的重要动力因素。在不同的社会中,所表现出来的发展速度各有所不同,而导致这种发展速度差异的主要原因则在于社会成员人格特征的不同,而不在于其他方面的状况,例如经济因素、信息资源或教育条件的不同,等等。哈根对于作为创新人格对立面的权威人格也进行了深入的研究,他非常强调,在一个社会中权威人格类型向创新人格类型的转变便意味着将会对社会变迁产生关键性的推动作用。

在哈根的理论中包含了两个方面的重要内容:一方面,他强调特定的人格类型对于社会发展具有重要的促进作用;另一方面,他也强调社会文化对于人格类型的形成具有重大的塑造作用。然而,人格的能动作用与社会的塑造作用这两种不同的作用,具体是通过发展程度不同的社会体现出来的,换言之,就处于不同发展程度或阶段上的社会而言,人格作用与社会变迁之间的关系将会呈现出不同的性质和特征。

如果用一个最简明的方式来加以表达的话,哈根的理论中所蕴含的一种具体的因果关系模式可以表示如下:社会结构→父母行为→儿童成长→个体人格→社会变迁。

具体地说,一种特定的社会结构通过家庭生活过程中父母的不同教养行为模式而具体地影响儿童的成长环境,而儿童的成长环境对于其人格类型的塑造作用的最后结果,就表现为对于这个社会的变迁所产生的影响作用。哈根在他的《社会变迁理论》①一书中,用这一理论蕴含的因果关系模式对于传统社会和转型社会进行了独特的分析,就心理因素或人格特质对于社会变迁的影响进行了非同一般的关注。

一、权威人格及其表现

从理论基础和方法论上看,哈根的理论在很大程度上受到了精神分析学说的影响。他强调个体成长过程中6岁之前的经历是影响其人格发展的关键性因素。在哈根看来,个人的早期生活经历对于其成年之后的行为模式可以起到一种预测性的作用,同时,个体的早期经历比其后来的经历对于行为模式所具有的预测力也将大很多。② 哈根在论述其理论的过程中,用很多篇幅描述并且归纳了在传统社会中父母对于子女的教养态度和行为。在这一基础上他指出,儿童由此所形成和发展出来的一些人格特征,至多是有助于传统社会的稳定,而不会是有利于社会变迁与经济增长。哈根曾经运用跨文化研究方法,对爪哇人和缅甸人的家庭教养模式进行了考察比较,对人们在儿童期的成长状况进行了研究。基于研究结果,哈根认为,爪哇人和缅甸人虽然在社会文化结构上存在着差异性,但是,在家庭教养过程中,父母对儿童所持有的态度和观念上却表现得非常相似,具体而言,父母都认为年幼儿童没有能力处理甚至抵抗自己的冲动以及外界的诱惑,因此,父母和其他成年人对于儿童成长所起的作用就非常重大。正是由于这一原因,通过长期生活形成的习惯,传统的教养方式就会促成儿童形成自我怀疑、卑微谦恭的心理特征,其结果是,他们总是学习压抑愤怒,并且在生活中常常成为成年人发泄情绪的对象。在哈根眼里,这一切家庭教养过程及其方式都是滋养传统的权威人格的重要土壤。

哈根认为,在传统的农业社会里,经济发展与技术进步的速度都表现得极其缓慢。进入近代以来,一些传统的农业社会,虽然加强了与先进国家之间的

---

① Everett E. Hagen, *On the Theory of Social Change: How Economic Growth Begins*. Homewood, IL: Dorsey Press, 1962.

② 哈根的这些理论观点,与英格尔斯关于个人现代性形成的理论观点以及麦克莱兰关于个人成就动机形成的理论观点正好相互抵触。

接触，但是，这种接触却不能单方面地促进整个社会结构发生根本性的变迁。这就是说，社会的外在因素对于经济增长和社会发展并不能起关键性的作用，而社会的内在因素，尤其是物质资源、文化特征和心理因素，对于社会变迁来说其作用才是至关重要的。

哈根指出，在一个在传统型的社会中，就影响经济增长和社会发展的内在因素而言，将会发挥最重要作用的或者说具有核心性的因素是传统主义。在传统型的社会里，个人的行为是受到社会习俗而非法律体系所制约的，这种社会不仅在结构上等级非常分明，而且社会流动的程度非常小，因此，人们社会地位的获得主要是来自世袭而不是个人成就。这样的话，传统主义所孕育出的人格类型，就是所谓的权威人格(authoritarian personality)。

通过对一些具体个案的经验分析和理论研究，哈根将权威人格所表现出的特征概括为以下主要方面：具有权威人格的人把世界看作一个体系，而认为对于这个体系的运行状况是很难加以进行分析的，因为它不是俨然有序的，因此，他的依赖需求就会比较强烈，与此同时，他也认为自己在这个世界中并不具有很高的价值，由于权力与地位相联系，而且并不来自个人的成就。因此，这种社会现实造成的不平等状况难以被直接地表达出来，人们只能对内心的不公平感加以压抑，于是，便使得具有权威人格的人在屈从—支配(submission—dominance)的需求方面表现得比较强烈，而在救助—抚育(succorance—nuturance)的需求方面表现得比较弱化。也可以说，具有权威人格的人在自主需求和成就需求方面都表现得不强。他很少会顾及其他人的福祉，而至多是关心与自己关系密切的少数人，在大多情况下对于自己所属群体之外的人们表现得漠不关心。①

毫无疑问，在这种定义之下的权威人格与现代社会的变迁方向及其要求之间是相互矛盾的。也就是说，这种权威人格的特征与社会变迁需要的创新特质之间是不相符合的，甚至是相互抵触的。哈根也曾经明确地指出，权威人格实际上就是不利于创新的人格类型之一。在《社会变迁理论》一书的许多地方，哈

---

①Everett E. Hagen, *On the Theory of Social Change：How Economic Growth Begins*. Homewood, Ill.：Dorsey Press,1962,p. 119.

根都是把权威人格与创新人格对立起来加以看待的。

这里简略地进行比较分析,在哈根看来,与权威人格形成对照的是,具有创新人格的人在看待世界时,认为人是可以去分析它的,而且世界这个体系的运行是井然有序的。在这个世界里,个体有其自身的价值,只是人要以自己的成就来证明和肯定自己的价值。当然,正是出于这个原因,也就会造成个人的焦虑感。

哈根关于创新人格的上述观点可以追根溯源到韦伯对于新教思想考察时所涉及的预定论。此外,在哈根看来,由于具有创新人格的人在自主需求、成就需求和秩序需求方面都表现得比较强烈,因此,在面对新事物的时候,甚至在面对表面上看似杂乱无章的现象时,其个人也就比较能够把握情况,并且主动地去解决问题。哈根还认为,由于具有创新人格的人善于对自身进行了解和把握,所以,他就更容易去关心他人的需求,于是,在需求方面也就自然会表现得比较强烈。正是基于这些原因,具有创新人格的人在道德价值方面就有较大的广度,他会关切周围群体和广大人群的福祉。简言之,具有创新人格的人非常重视经验,并且充满了对社会的关怀。

二、权威人格与家庭环境

哈根认为,权威人格是与创新人格相对立的人格类型,其总体特征表现为对于权威的自愿屈从。由于受到精神分析学说的影响,哈根非常强调个体的早期生活经历,尤其是其家庭教养方式对于个体人格的塑造作用。在他看来,权威人格的形成来源个体早期社会化过程的有关经历。处于儿童期的个体如果不能将其周围的现象看作世界这个系统的构成元素,如果认识不到世界这个系统的运行是可以加以分析的,是对他先前明智行动的一种反应,那么,其所获得的只是另外两种关于外部世界的印象,这些印象对其成年之后的行为将会产生决定性的影响。一种印象是,外部世界被看作是任意的、变幻莫测的和不可分析的,是现象的堆积而不是因果链条构成的网络;另一种印象是,外部世界被看作并非任意的、偶然的、是某些远远超出自身力量的展现,这种展现有其自身的目的而不受他个人意志的影响,除非他将自己的意志服从于那些力量的安排。由于有这样的体验和认识是令人痛苦的,所以,他就将这样的认识排除在显意识之外,但这样的认识仍然会保留在他的无意识之中,并对其成年之后的行为产生影响。

这样的认识会使个体害怕使用自己的创造精神，不敢确定自己的看法，而总是倾向于让别人做决定，以避免挫折和不安，尽管在没有获得这样的认识之前，一旦遇到问题他也会产生不安。他不是通过自己的分析来解决物质世界的问题或人际关系的问题，而是通过遵循父母或早先其他权威人物所传授的传统行为方式来消除不安或逃避痛苦，通过依靠比他地位高的权威人物或权威力量的判断或意志来消除不安或逃避痛苦。

受这种认识指导的个体，他的经验的广泛性不会使其感到快乐，因为控制着他的现象或力量对他而言是不可抗拒的，从中不可能得到有益的结论。而且新颖的现象会让他感到烦恼，因为如果这种现象产生出了一个问题，就会引起他对于解决问题的前景感到不安。因此，不论是出于肯定的原因，还是出于否定的原因，对于外界的有趣细节，他都会视而不见。最后他发现，仍然是依靠传统规则或老人、智者和上级的判断会更有安全感。

产生这些认识时的痛苦经历一定在个体心中又引起了非同寻常的憎恨感，从而使其既怀疑自身的男子汉气质，又怀疑自己具有爱慕同性的倾向和要求。他压抑了自己的恐惧感，把那些不可接受的冲动驱逐出显意识之外，并尽可能地封闭自己的无意识过程，因为他对自己所思考和所惧怕的内容感到不安。因此，他的无意识过程对于他来说就是不可用的、无效的。他的表现不是对所看到的现象做出反应，而是立刻察觉到面临问题时出现的不安又重新激起内心原已压抑下去的不可接受的冲动和要求。

尽管他把愤怒和痛苦多次压抑下去，可是，这些东西仍会一直留存于他的心里。对于从前任意支配过自己的上级或权威，他不敢直接表示自己的愤怒，因此，一旦他自己变成了特定环境中的上级或权威，如社区中的长者，或一个父亲或兄长，他就会对自己在下级或晚辈面前的支配地位略感满足。而当他一步步地沿着权威地位的阶梯不断上升时，他隐隐感到的担心便会使其坚持认为，他的权威是不可怀疑的，就像早先自己被迫服从上级或权威的判断和意志一样，他的下级或晚辈对他的态度也理应如此。

总之，在传统社会里，每一个成年人对于权威决策和传统方式都不会表现出任何强烈的怀疑态度,而这种态度则成了社会变迁的一种重大障碍。①

三、权威人格与传统社会

韦伯在探讨新教伦理在社会变迁中的作用时指出,那些被置于具有影响力的政治地位之外的少数种族群体或宗教团体,为了赢得社会对它们能力的重新认识,往往会转向于从事经济活动。哈根对于与此相似的主题也进行了探讨。他认为,在经济发展的转型时期,其引领者大多来自那些丧失了早先地位的群体,他们现在正受到在社会中居于主导地位的群体所鄙视。在传统社会里,那些居于主导地位的精英对于经济发展所必需的革新往往缺乏兴趣。在这些精英看来,他们与哈根所称的平民(the simple folk)之间存在着天壤之别。哈根所指的平民,包括农民、工匠、技工、店主和仆人。由于这些所谓平民具有一些共同的特点,即用双手从事劳动,并且由于劳动而浑身很脏,因此,这些精英们往往为自己不用做这些低贱的工作而感到自豪。可以说,这些人是不具备新教伦理的。这些精英常常具有与改革创新的人格特质相对立的权威人格。根据哈根的看法,一个具有权威人格的人,不认为整个世界会呈现为一种有序的体系,相反,却会认为整个世界是无法加以分析的。因而这种类型人的依赖性很强,并缺乏进取心。具有权威人格的人总是认为权力来自一个人所承袭的地位,而不是来自一个人的成就。与此相反,具有创新人格的人则认为,世界上的一切现象都是可以分析的,他深信自己在这个世界上所应有的价值。这样的话,他对于自主、成就和秩序也就怀有十分渴望。②

根据哈根的分析,在传统社会里,成年人在一般情况下都不愿鼓励自己的孩子去探索、开拓和创新。人们极其强调父亲具有至高无上的权威性,这一特点在男性儿童的恋母时期表现得尤其明显。儿子对于父亲唯命是从的结果,则是导致了他对于其他权威人物也一样地俯首帖耳、唯唯诺诺。哈根认为,在这样的社会里,人们被压抑的情绪总是会寻找发泄的渠道,或表现为虐待狂态度,

---

① [美]E. 哈根:《人格与经济增长》,谢立中、孙立平主编:《二十世纪西方现代化理论文选》,上海三联书店 2002 年版,第 671～672 页。

② [美]V. 巴尔诺:《人格:文化的积淀》,周晓虹等译,辽宁人民出版社版 1989 年版,第 599～600 页。

或对于男性作用过分夸张。而经受了种种痛苦和折磨的个人,只有从那些支配整个世界的超自然王国的等级制度中寻找解释。①

哈根认为,在传统社会里,由于权威人格的盛行,因此,根本不可能出现高速的经济增长。但是,社会的不稳定或许会对那些丧失了地位并且试图恢复地位的群体产生某种影响。他们对于地位的下降深感震惊,而由此所产生的第一种反应便是退却主义,即不断放弃传统文化的目标和制度化的行为规范。但这样一来,家庭生活环境就发生了新的变化。而这种新的情况对于儿童的影响而言,与传统的教养模式及其结果相比则会显得大不相同,从而便使得一种开拓型的创新人格能够得以诞生。他对英国、日本、哥伦比亚、印度尼西亚和缅甸等国的经济发展情况进行了考察,为他的推论和判断提供了一些证明材料。②

哈根与派伊(Lucian W. Pye)曾经对缅甸的政治和经济发展状况进行过专门深入的研究。他们高度关注文化和人格因素对于政治和经济发展所产生的效应。基于研究结果,他们认为,在缅甸,人们在童年期社会化过程中所形成的人格,对其成年后的经济行为和政治行为都会产生重要的影响。哈根与派伊注意到,在缅甸人身上存在着一种矛盾性格:一方面,缅甸人表现出温和谦逊、无忧无虑、逍遥自在的性格特征;但另一方面,暴力行为等违法犯罪现象在缅甸却又层出不穷。尽管哈根与派伊对于缅甸较缓慢的经济增长状况以及缅甸国家建设过程中所存在的心理障碍都进行过一些富有洞察力的分析,但是,他们关于缅甸人的社会化过程及其结果究竟对缅甸经济增长和社会发展起到了什么作用这一问题,并没有做出清晰的解释。③

哈根曾经将他的研究框架运用于分析日本社会。他注意到,在德川时期,商人阶层虽然在经济方面表现出了很大程度的发展,但在社会地位方面却呈现十分低下的状况。与此同时,藩主或封建领主的经济地位每况愈下,因此,不得不削减发放给武士们的薪水。商人、武士和农民都体验到了地位与尊严的丧

①[美]V. 巴尔诺:《人格:文化的积淀》,周晓虹等译,辽宁人民出版社 1989 年版,第 600 页。
②[美]V. 巴尔诺:《人格:文化的积淀》,周晓虹等译,辽宁人民出版社 1989 年版,第 600~601 页。
③[美]V. 巴尔诺:《人格:文化的积淀》,周晓虹等译,辽宁人民出版社 1989 年版,第 611~614 页。

失。在哈根看来,这些情况正是退却主义态度之所以产生的根源。可是,对于这一观点,哈根并没有提供富有说服力的证据。有趣的是,他所列举的一些例子初衷是试图证实退却主义的存在,可结果却是表现了创新精神,如新型戏剧的发展,包括歌舞以及表现日常生活情景的木刻艺术。然而,哈根仍然坚持认为那是一个轻浮放荡的时期。不过,继这种退却主义的表现之后,许多武士、商人对于儒家说教和禅宗教理有了新的理解,并受到极大的激励和鼓舞。他们认识到应该以勤奋工作、积累资本作为生活的行为规范。[①]

第二节 创新人格与技术进步

就如同韦伯的理论一样,哈根的理论主要关注经济发展开始阶段的启动因素。在他看来,如果一个社会中没有人格的改变,那么,从传统社会到现代社会的变迁就不可能发生。哈根在一种传统社会与现代社会的两维时空框架下发展了自己的理论,认为传统社会与现代社会都是不同人格类型的产物。

在哈根看来,传统社会的结构特征是阶层固化,在这样的社会群体中,人格是专制型的、缺乏创造性和不寻求改革进取的。传统社会成员之所以一般都缺乏创造性,就是因为他们将世界视为专断的,并且不是生活在这种世界支配下的人所能控制和理解的。人与人之间关系问题的解决是以"权力归属"为基础的,而人们却都尽量避免因向权力求助所可能带来的麻烦。这种类型的社会在制度上表出现十分稳固的特征,也许在一些世纪里都不会出现社会变迁。哈根指出:

> 这种人格与社会结构的内部关系十分清楚地说明了一点:没有人格上的转变,社会就不会发生变迁。[②]

---

① [美]V. 巴尔诺:《人格:文化的积淀》,周晓虹等译,辽宁人民出版社 1989 年版,第 616~617 页。
② Everett E. Hagen, *On the Theory of Social Change*: *How Economic Growth Begins*. Homewood, Ill.: Dorsey Press, 1962, p. 86.

在哈根看来,现代社会则是创新型人格的产物。这种人格类型以创造性、好奇心、对经验的开放为主要特征。拥有这种类型人格的人将会持久地寻找新的解决方案,而不会认为通常已经被接受的标准是理所应当的。这样的人将世界看作一个可以被解释和理解的具有逻辑性和连贯性的秩序。尽管他们偶尔也会有所猜疑,但是,这样的个体对于自己能够寻找出事物的规律满怀信心,而且他们对于解决所面对的问题也同样充满信心。具有这种人格类型的人未必一定会感到幸福,他们可能经常会被一种持续的焦虑感带入创新进程中去,这种焦虑感使他们认为,只有在做出努力并达成目标时,或自己的成就得到公认或受到较高评价时,他们才能得到满足。

在哈根看来,传统主义是权威人格的土壤,而作为一种社会心理状态的权威人格,反过来又必然进一步促进传统主义的巩固和延续。正因如此,对于社会变迁来说,与权威人格相对的一种新型人格的出现,就显得具有极其重要的意义。而这种新型人格,在哈根那里则被称为创新人格。

那么,哈根是如何具体地分析和解释创新人格在社会变迁过程中的地位和作用呢?作为心理学家,他首先探讨了创新人格的心理基础及其相关机制。

一、创新人格的意涵与特征

哈根指出,一个社会的技术进步将有赖于各种创造性活动,因此,对于创造的讨论不仅涉及天才这一有限的领域,而且涉及广义的创造特质。任何人都不同程度地具有创造特质。哈根看来,创造的主要特质大致包括以下一些内容:第一,经验的广泛性。这是指一种感知现象的倾向,尤其是感知那些生活中能够引起个人兴趣的现象的倾向。通过对现象的感知,形成多种心智力量交互作用的系统,从而使个体的行动成为可以解释的;第二,创造性的想象。这种特质的核心是无意识过程代替个体本身暗自发挥作用;第三,在面临问题和战胜困难时,以及在解决混乱和不一致问题时的踌躇满志;第四,责任感与成就感;第五,智力水平;第六,精力状况;第七,与上述几个方面相联系,个体经常感到世界具有某种程度的威胁性,而要战胜这种威胁,就必须不断地与之搏斗。受威胁感驱使的创造性人格,有时属于焦虑型的。因此,创造性人格便可以划分为两种类型:一种类型是理想的或纯粹的无焦虑型创造性人格,而另一种可称为焦虑型的创造性人格。①

　　曾有学者把"感受奇异现象的能力"和"经验的广泛性"视为构成创造性的两个必不可少因素。针对这一观点,哈根认为,它们在含义上并无区别,都是强调一种能力,即,使个体关注日常现象和预期现象的不同之处,同时重视这些不同之处的意义。

　　首先,这种观察特质的基本点表现在:一是坚信自己对于所经历事实的评价,摆脱那种通常认为是理所当然从而忽视与其不一致地方的看法;二是总是猜想能够弄懂所看到的事实这种倾向。有创造力的人还有一种比理性地接受因果关系更深层的感觉,即感觉世界是有序的;生活中或经验中的各种现象只是这个有序系统中的一部分,这个系统的运行能够被理解和解释;此外,还会感觉到,如果他接近于某个感兴趣的有机体,这个有机体就会做出相应的反应,虽然这种反应可能是以复杂方式做出的,因此,如果掌握了足够信息的话,他就能够理解这种反应。如果他认为世界是无序的,或者如果他对于自己理解世界秩序的能力不自信、不满意,那么,他就不会无意识地警觉到现象的意外方面,因为这些东西表面上对于他来说是似乎是没有意义的。

　　其次,经验的广泛性与下述能力有关,即能够注意到那些可以作为分析起点的现象。创造性想象力则属于超过起点联想到别人还未发现的关系这一倾向性,从某种意义上说,它的确是较高级天赋智力的产物,是将许多同时出现的现象进行综合思考和分析的结果。但远不仅只是如此,它还包括了两种心智活动:一种是能够将有趣或不满意的情境作为想象力漫游的跳板,以此开始进行显然不受控制的间接迂回,在各种相互交叉的小道中前进,折回,再继续,然后或很容易地就找到了一个可行的概念,对不满意情境进行重构或转换,或者找到了一种新颖的分析模型来解释所观察到的事实。显意识活动在分析过程中的作用极小,主体并未有意识地询问这种漫游是否与所要解决的问题相关。另一种心智活动就是能够让其纯粹无意识的过程发挥作用,而不需要任何显意识

───────────────

①[美]E.哈根:《人格与经济增长》,谢立中、孙立平主编:《二十世纪西方现代化理论文选》,上海三联书店 2002 年版,第 661 页。

的知觉或对活动的说明，并且在显意识里接受无意识活动的结果。主体并不知道他的思维已经在活动，而问题的答案已被找出，一条合适的线索，一种可能的解释就将要出现。

在创造性想象的上述两个方面中都包含着两个重要因素：一是，个体的无意识过程在本质上是有助于产生答案的；二是，个体对于自己的无意识过程几乎没有恐惧或根本没有恐惧。① 哈根指出：

> 具有创新性人格的人，在看待世界时会认为人可以去分析它，而且世界这个体系的运行是井然有序的。在世界上，个体是有价值的，只是人应该经由自己的成就来肯定自己的价值。当然，这样的话，也会导致个体的焦虑。②

在哈根看来，创新人格或者说具有创造性的人格一般将会表现出以下一些重要特征。

第一，具有创造性的人能够理解自己的无意识动机。与其他人相比，具有创造性的人更能够理解自己的无意识动机。一个人一旦理解了自己的无意识动机，便能够将自身与外部世界之间的互动看作是一种因果系统，而在进行自我分析时，就会像旁观者一样观察自己的行为。这种理解似乎提供了一种知觉模式，个体以此将外部世界看成是一个可以分析的系统，并且使自己的经验变得广泛化，创造性地想象日常现象之所以如此的原因。

第二，具有创造性的人能够表现出某种超然性。具有创造性的人多少会表现出某些超脱于自我和超脱于社会的特征。在某种程度上，所有正在进行的事件都是他要从其外部进行观察的对象。这种超然态度似乎是构成创造性的一个必要的组成部分。这并不意味着他对世界没有兴趣或毫不关心，实际上，这

---

① [美] E. 哈根：《人格与经济增长》，谢立中、孙立平主编：《二十世纪西方现代化理论文选》，上海三联书店 2002 年版，第 662～663 页。
② Everett E. Hagen, *On the Theory of Social Change: How Economic Growth Begins*. Homewood, Ill.: Dorsey Press, 1962, p. 123.

种态度通常恰恰与一种道德责任感联系在一起。持有这种态度的人在内心里总是怀有一种关怀社会、关注世界的责任感。

创造性人格的这种超然特征与技术创新有着重要关联，难以想象的是，如果一个人不将其周围世界看作一个外在于自身、超脱于自身的系统，他就难以操纵这个世界，就难以用一种新的方法将各种要素重新组合以发现一种新的秩序。

第三，具有创造性的人不惧怕尚未解决的问题。具有创造性的人由于首先假定了世界对于他审慎的行动会做出相应的反应，所以，他对于还尚未解决的问题就不会感到恐惧，他不需要求助于别人的判断来安慰自己或减轻自己的不安，他相信自己的看法，他的价值判断的重心掌握在自己的手中。当然，这并不是说他总是能断定自己是正确的，而仅只是说他对自己的观察和看法没有什么会感到不安。如果知道别人的看法会提示一种新的解决办法，或给这个尚未解决的复杂问题赋予一种新型关系，他就会求助于别人，但这仅只是作为一种帮助，而不是作为一种安慰。在面临问题或能力受到检验的时候，对于检验将会出现的结果总是充满了信心，并且勇于去进行尝试。如果答案还没有显现，只要问题与他的兴趣有关，那么，他的头脑中就保留存放答案的空间，因为他预知稍后就可能会有答案产生。

第四，具有创造性的人有耐心去认识明显对立或有差别的事物。具有创造性的人由于对问题或世界不会感到恐惧，所以，也就有耐心去认识那些明显对立或是存在差别的事物。他不会无意识地或习惯地忽略掉这些事实，因为事物之间的差异引起了他的警觉。又因为将世界看作是有序的系统，他就会猜测到，虽然两种不一致的事实都确证是真实的，但是，它们之间并非一定真正地对立，或许只不过是某种更高级的尚未被认识的有序系统的一个部分而已，因此，正如任何问题的出现一样，这种不一致对他来说是一种挑战。他乐于去探求那个更高级的有序系统，以使这种不一致的双方达成协调。他感觉到，需要将双方置于一种逻辑的或令人满意的关系之中。对于太简单的排列秩序他不会感兴趣，也不会满意。这样的话，他可能更喜欢某种无序或逻辑矛盾，既然它们预示着他可能会获得一种更高级的排列秩序。

随着自身经验的扩大和对自身能力的自信心逐渐增强,他就会对相对简单的问题失去兴趣,而试图去解决那些复杂程度更高的问题,有时甚至只愿意去解决那些有困难的问题。

第五,具有创造性的人负有某种宗教意义上的责任感。哈根对于这个特征的描述是极其令人感兴趣的。他写道:

> 创新者不仅会感到解决问题的愉快,而且还会获得成就感的满足。经济领域的创新者们公认的目标或者感到负有责任去实现的目标,在不同的社会里会有重大差别,但是,责任感却都一样。一般而言,这种责任感具有宗教上的意义。虽然与创新活动特别相关的新教异端者的特殊宗教信条已经过时,然而,在不同社会中,许多观察经济增长的学者却注意到,创新者在其早年的成长过程中,不论所树立的信条是什么,似乎都拥有一种共同的、可以恰当地看作具有宗教意义的伦理性格,他们都超越了自己的现实利益考虑而深感到负有责任去改变世界。①

第六,具有创造性的人有着较高的智力和旺盛的精力。智力能力在一定程度上是先天的。毫无疑问,创新者的天赋能力大多要高于普通人。然而,创新者的智力能力部分地也是来自上述几个特质。对于具有一定才智的人来说,他越是将世界看作一个有序系统,他对自己的判断和反应越是充满自信,在解决问题或处理不一致情况时越是踌躇满志,以及用于压抑内心不可接受冲动的能量越少,那么,他就越能够有效地使用其智力能力。但是,这种态度不是天赋高的一种直接结果,而主要是来源于个体在成长过程中尤其是儿童时期所处环境条件的影响。这些环境条件与天赋能力是两种完全独立的变量。

一个人的精力状况是由其天生因素或者说体质因素所决定的,体质好的人其精力比一般人旺盛,因此,做出创造性工作的可能性也就比一般人要大。但

---

① [美]E. 哈根:《人格与经济增长》,谢立中、孙立平主编:《二十世纪西方现代化理论文选》,上海三联书店2002年,第666~667页。

是,调动精力的能力似乎很大程度上依赖于一个人对于自身的信任与否,依赖于他是否将世界看作是一个有序的系统,以及他是否认为世界对于他施加的刺激会呈现出预料中的反应。也许将产生的情形是,只要不用于控制内心冲突方面,他便会将自己的精力有效地用于处理外部世界的问题。

有创造性的人不一定就是幸福的人,在面临问题时所获得的不纯粹是乐趣。相反,大多数具有创造性的人正是由于处在经常性的焦虑之中,才去进行创造性的活动,他们关于世界具有威胁性的认识,促进了他们一次又一次地独立工作。而其他人的焦虑却往往伴随着愤怒,并由此激发了他们的无意识过程,使之处于波动和幻想之中;由于害怕暴露所想的内容,他们就压抑自己的无意识过程。而这种焦虑也处在无意识之中。这种焦虑型人格与焦虑型的创造性人格之间是不可同日而语的。①

二、创新人格与焦虑感

哈根把创造性的人格划分为两种类型:一种是理想型的或纯粹的无焦虑型的创造性人格,而另一种类型可以称为焦虑型的创造性人格。他还指出,焦虑型的人格与焦虑型的创造性人格之间也不可画等号。因此,焦虑似乎与创造性人格之间存在各种关联,所以,引起了哈根极大的关注。

为此哈根区分了两种焦虑源:一种是由于个体对于世界的看法所产生的焦虑感;另一种是个体在童年时代因为情境刺激所产生的焦虑感。在前面我们介绍了哈根分析过个体由于对于世界的看法所产生的焦虑感。对于个体在童年时代因为情境刺激所产生的焦虑感,哈根认为,如果一个人在其早年生活中经历过一系列重要事件,而他又不能满意地加以解决,或者只是在多次尝试之后才能满意地加以解决但又需要克服一系列困难如饥饿、被迫流动等,那么,他就会长时间地处于焦虑之中。

焦虑型人格与焦虑型创造性人格之间是不能等同的。一个人可能因面临某个重要人物如其母亲的潜在伤害而感到不安,如果是这样,他的这种不安之

①〔美〕E. 哈根:《人格与经济增长》,谢立中、孙立平主编:《二十世纪西方现代化理论文选》,上海三联书店 2002 年版,第 664～668 页。

感便会变成对他母亲的愤恨，并且导致他产生进行复仇的幻想。但他又必须在显意识层面压抑这种冲动，因为母亲对他而言是极其重要的，以至于他不能允许自己恨她。于是，他便封闭了自己的无意识过程。其结果表现为，他的无意识过程不可能是有创造性的，或者，他的创造性会受到极大程度的削弱。

如果儿童时期的经验给了个体一种稳定而愉快的印象，他觉得自己的母亲既可亲近又有教养，那么，这种愉快而轻松的感觉本身也不能使他取得成就，尽管他母亲希望他能够取得成就。但是，随后他会认为是自身存在缺陷，于是，内心便会产生焦虑感，担心不能很好地完成任务。持续一生的焦虑感会驱使一个人决心去努力争取成就，以便重新获得从自己母亲的赞扬和爱抚中所感到的那种转瞬即逝的安全感。在这种情况下，他心中几乎没有什么愤怒和仇恨，他的无意识过程将变得是有效的，只要具备了其他方面的必要素质，他就会成为一个有焦虑感的创造性人物。

个体早期的生活经历中与母亲之间的关系所产生的这些感受，在与另外的重要他人之间的关系中也可能产生。

这类具有焦虑感的创造性人物的经验也许并不像无焦虑感的创造性人物的经验那样广泛，因为他们比无焦虑感的创造性人物更害怕体验。他们比无焦虑感的创造性人物更少可能有效地利用自己的无意识过程，他们在儿童时期的紧张已经在心中产生了恐惧感和不能接受感，并不得不永远地把它们压抑下去。然而，这种缺陷则由于他们眼界的不断扩大而得以弥补，也由于具有充沛的精力而得以抵消，因为这种充沛的精力使他们能够不断地战胜心理上的不安之感。

总之，在哈根看来，创造性与焦虑感之间总是存在各种各样的关联。创新活动总表现为一种对不同程度的焦虑感做出的反应。个体完全不是因为需要摆脱焦虑感而去创造，而仅仅是因为可以得到巨大的快乐才去创造。然而，这只是一种理想状态，在现实生活中往往不存在。创造性活动并不要求个人完全进入无意识状态，对自己的判断绝对自信等，只是要求比一般人略多地具备上述几个方面的素质。而且某些类型的创造性活动也许仅只要求个体具有中等水平的创造力,加上顽强的意志或比一般人更强烈的内驱力。①

三、创新人格的决定因素

在哈根看来,从最一般的意义上说,任何个体都具备创造力,特定的个体只是在某种或某些特殊的情境下才表现出其创造力的。因此,能够有效地调整自己去适应某项活动,则是创造性本身的一个重要构成因素。

能够把自身的创造性引导向某一领域的个体,一定在以下三个方面表现非常出色:第一,对相关活动的评价。具有优先重要性的因素可能是,对任何活动都保持一种完全超然的态度。从某种意义上说,个人本身就愿意欣赏从事某种活动的乐趣。第二,焦虑感或对自己与他人关系的满意度。个人对与他人之间的关系会采取各种各样的态度,在与他人互动,如竞争或合作,或是其他性质的交往时,所产生的快乐和安全感或者是焦虑感或不安全感,这些因素以及个人所处的外在环境条件,就决定了个人所能够选择的工作岗位。第三,个人感到安全或满意的活动规模或影响范围。如果一个人具有试图影响或支配他人的人格特质,那么,他对于自己在这一方面的做法就会感到满足;或者相反,只要还存在着一个较大的群体,而他还没有在这个群体中检验过自己的能力,他就会觉得自己的能力还没得到完全证明或还没有获得安全感。因此,人们可以在自己的人群池域(pond)中满意地工作,这个池域无论从智力、技术或社会的角度看,对于个人来说都是极其重要的,或者也可以试图在自己的行业或全社会中寻求广泛的影响,甚至改造整个社会。

哈根强调,在一个社会中,如果技术创新要成为一种现实,就需要人们具有上述各种态度。但是,在以往的传统社会中,精英阶层的身份认同使其不可能在与体力劳动者共处时发挥有效的作用。一般而言,传统社会的权威人格是不具有创造性的。如果说精英阶层的某个叛逆者变成了具有创造性的人物,那么,只要他仍然保持精英阶层对于有兴趣使用体力、简单工具和机器等进行劳动的人的那种反感态度,他就难以实现技术创新。

---

① [美]E. 哈根:《人格与经济增长》,谢立中、孙立平主编:《二十世纪西方现代化理论文选》,上海三联书店 2002 年版,第 668～669 页。

总而言之,富有创造性的人对于新现象总会表现出一种无意识警觉。他猜测到自己所经验的现象构成了一个系统,这是一个他能够加以理解和控制的系统。因此,在遇到意外情况时,他便会从新的角度来理解这一情况,而不是表现出灰心丧气。对于所观察到的新现象,他总是依靠想象去寻求解答,他大脑中的无意识过程对问题的实质做出了反应,而不是遇到问题就出现气馁,通过发怒、攻击性幻想或魔术式的幻想来解决问题。因为他对自己的无意识过程并不感到惧怕,这种无意识活动的成果会呈现在显意识里。他以超然的态度观察自己与外界的互动,他关于自身对于外界和外界对于自身反应的认识的合理性的依据是:他自身是一个系统。或许正是基于此,他认定外部的更大世界也是有序的和可以理解的。他对自己关于世界的看法充满自信。因此,能够解决问题的乐观前景在吸引着他。他勇敢地去进行探索而不是加以逃避。许多卓有成效的创新活动实际上都是个人在生活中遇到深感不安的压力时所做出的,这种不安之感并非在平静之后就会变得麻痹松懈的那种内心矛盾,而是由于自觉做得还不够高标准这样一种内心折磨所产生的。换言之,个体通过创造性的成就来暂时逃避自己的内心不安。在卓有成效的创新者身上还具有一种一定要取得成就的责任感。①

正因为权威人格的形成受到家庭教养方式的深刻影响,因此,哈根认为,对于提高社会成员的创造性而言,儿童教养实践是关系到社会变革的一个决定性因素。受弗洛伊德学说的影响,在哈根看来,童年期的经验决定了一个人在将来会成为什么样的人,并且决定了一个人将会以怎样的方式对事物和价值做出反应。个人早期所受到的价值观影响会一直伴随其一生。由此可以预言,一个群体中男人在失去原有地位的时候将会比女人感到的痛苦更多。由于地位的丧失,男人可能绝望,变得十分脆弱,接受退却想法。而女人却相反,会对丈夫的软弱感到愤怒,其结果,她们会尽一切可能在儿子头脑中灌输这样的观念:一定要做得比父辈更加出色。而她们也将会更加注重培养孩子的独立精神,使他

---

① [美]E.哈根:《人格与经济增长》,谢立中、孙立平主编:《二十世纪西方现代化理论文选》,上海三联书店 2002 年版,第 669~671 页。

们能够产生对于成就的向往和证明自己价值的渴望。如果这些男孩有如下的经历和感受,那么,以有创新性想象为特征的创造性人格便将会出现。

> (男孩)幼儿时期以及童年时期的经历,给予他一种坚定的和可信的印象,即他热爱自己的母亲对于他的养育。然而,如果他一次再次地难以达成他母亲所期望的样子,那么,他便会感到自己一定出了错,这样的话,就可能给他自己带来焦虑感,认为自己或许真的做得不够。这种焦虑感会促使他将用自己的全部生命去争取成就,以尽快换回那种由于得到自己母亲赞扬和爱抚所带来的安全感。在这种情况下,他心中可能会有少量的愤怒和憎恨被激起,而这种愤怒的无意识过程将会与他联成一体。①

在哈根看来,这样的家庭环境和母亲的教养将会在恰当的时候激发她们的儿子成为创新者和改革者。他们会获得并建立新的角色来挑战当前的精英。

四、权威人格向创新人格的转变机制

在对权威人格和创新人格这两种人格类型的特征进行了分析之后,哈根提出了一个关键问题,即由专制性人格支配的稳定的传统社会是怎样转变成为一个以创新性人格为基础的变迁的现代社会的? 对这一问题的破解,哈根所提供的答案是:当一个特定社会群体的成员察觉到自己的目标和价值观不被他们所尊重和珍视的其他社会群体所认可的时候,社会变迁就即将发生。他创用了一个独特的概念"地位退却"来表述这一种机制。他具体说明了地位退缩的一些情形,例如,当一个传统的上层群体被另一个群体所取代的时候,当一个下层群体所认同的重要象征和信仰被一个上层群体所轻视甚至禁止的时候,当一个移居的群体不被新居住地的群体所接纳的时候,以及当出现了那种没有引起权力结构变化的所谓授权的时候,诸如此类的现象。

哈根认为,地位退却意味着对一个人所拥有的社会角色或对其信仰或愿望

---

① Everett E. Hagen, *On the Theory of Social Change: How Economic Growth Begins*. Homewood, Ill.: Dorsey Press, 1962, p. 94.

的蔑视。这一情况将会导致他感到沮丧和痛苦。地位低的群体或被迫接受一种较低地位的群体成员所积累下的愤恨情绪将会传递给他们的后人。其结果是,愤恨情绪和挫败感必将从上一代传递给下一代,而且不断地产生积累效应。

在哈根看来,默顿社会学理论关于个体适应类型学的模式中所论及的退却主义,就是哈根理论中所论及的地位退却的典型反应形式。

默顿在运用迪尔凯姆的社会失范概念对美国社会成员的社会适应问题尤其是越轨、犯罪现象进行功能主义分析时提出,越轨行为是社会结构内在"紧张"(strain)的产物。在他看来,维持社会整合的条件中存在着两个十分重要的因素:合法的文化目标与合法的制度手段。文化目标就是一个社会中由主流社会文化所确定的价值目标,制度手段或制度化规范则是指达成价值目标的正当途径或方式。正是文化目标与制度手段这两者之间的相互作用及其形成的关系性质,才构成了社会失范的发生学机制。基于这一理论预设,默顿提出了他关于"失范"的独特洞见:失范是一种社会文化所规定的价值目标与实现这些目标的制度性手段之间相互脱离的状态。而越轨行为的产生则是源于文化目标与制度手段之间的断裂,即社会成员无法通过制度性手段实现自身认同的文化目标所产生的压力。文化目标与制度性手段之间的不同关系性质引发了不同的行为反应形式,主要有:服从、创新、仪式主义、退却主义和反叛。在默顿看来,在这些不同的反应形式中,除了服从这一形式之外,其他的形式都属于越轨行为。

服从(conformity)是指文化目标与制度性手段这两个因素之间呈良好整合状态下所出现的行为方式,其实质表现为个人既认同社会文化所规定的价值目标,又采取了达成目标的合法途径。创新(innovation)这一种行为方式,其实质表现为个人认同社会文化所规定的价值目标,然而因为在现实中缺乏相应的制度性途径,所以试图通过不合法的方式来达成社会文化所规定的目标。仪式主义(ritualism)的行为方式的实质表现为拒绝社会文化所规定的价值目标,然而却坚持采用合法的制度手段。退却主义(retreatism)这一种行为方式的实质在于,个体不再考虑社会文化所规定的价值目标及其相应的制度性手段,而是退回到自我的个人世界中去。反叛(rebellion)的行为方式的实质表现为,试图以另一套文化价值目标和相应的制度手段来取代现有的文化价值目标和相应的制度性手段。①

哈根认为,社会中那些地位退却的人们,在实际上不可能从愤恨情绪中完全解脱,相反的情况是,这种愤恨情绪却在不断地积累和加剧,表面上被暂时压抑住了,但是,实质上则不定什么时间就会突然爆发。

> 退却并非已经陷入绝境。随着退却在一代一代人当中加深,它创造了一种对于发展个人的创造性十分有益的家庭生活和社会环境。历史的顺序似乎是:权威主义、地位尊重的消失、退却、创造。②

总之,哈根提出了破解一个由专制型人格支配的僵化的传统社会转变成为一个以创新型人格为特征的活力的现代社会这一关键性问题的答案:当一个特定社会群体的成员察觉到自己的目标和价值观不被他们所尊重和珍视的其他社会群体所认可的时候,社会变迁就即将发生,而退却主义成为最直接的助产因素。而这种发生机制就表现在,传统社会所发生的人格特征变迁呈现为这样一种基本次序:权威主义→地位尊严的消失→退却主义→创新精神。

五、创新人格与技术进步

在哈根看来,一个社会的变迁尤其是经济增长,是需要价值观来加以引导和推动的。但是,价值观对于经济增长及其相关活动的促进作用,则又是需要通过人格特征这一中介作用,最后从人们社会行动的具体层面上体现出来。他指出:

> 如果社会变迁是朝着经济增长的方向发生的,那么,有助于技术创新

---

①R. K. Merton, "Social Structure and Anomie." *American Sociological Review* 3(5)(October, 1938): 672—682;罗伯特·K. 默顿:《社会理论和社会结构》(唐少杰、齐心等译,译林出版社 2008 年版)中"第六章 社会结构与失范""第七章 社会结构与失范理论中的连续性"。

②Everett E. Hagen, *On the Theory of Social Change: How Economic Growth Begins*. Homewood, Ill.: Dorsey Press, 1962, p. 217.

以及其他与经济增长相关活动的价值观就必须体现在人格特征之中。这种价值观在创新者身上出现的可能性要大于在改革者身上出现的可能性，因为改革者主要关心的是道德和权力问题，而不是效率问题。有益于经济增长的制度变迁多为非改革者的创新者所促成，尽管他们可能会影响到改革者，并通过改革者而发挥作用。①

那么，从某一受尊敬群体中退却出来的人，只有在对有兴趣使用体力、简单工具和机器等进行劳动的人不反感的时候，才有可能成为有创造力的人。然而，他怎样能够很快地从深层上形成一种新的价值观呢？

哈根认为，关键在于寻找到新的认同。新的价值观显然不能通过理性选择的方式被人们接受。这一接受过程主要发生在无意识之中。作为对内心需要刺激的一种反应，无意识过程就去寻找一种确实能满足需要的精神模式。促进个人开始接受新的价值观的环境压力不是来自较大规模的社会，而是来自其儿童时期直接遭遇的压力情结。例如在欠发达国家，没有人仅仅出于理智的判断就决定终生从商，认为只要掌握了西方的技术，从事这种职业就会有利可图，就会使自己拥有经济实力。实际情况是，只有当职业活动本身而不是活动的结果使一个人产生了一种权力和认同的满足感时，他才会在内心中倾向于这一职业，或者只是在想到同类追求者的价值意义时，他才会这样做。

由于从原有受尊敬的地位中退却出来而遭受压力的群体，总会想努力掌握高超技术以证明自己的价值。在各种可以看到的模式中，只要有一种模式使之可能得到更为满意的身份感，比其他模式更有可能赢得声望较高的参照群体的关注和尊敬，他们就一定会按这种模式去行动。地位不再受尊敬的群体在其存在的整个过程中，选择了各种各样的角色，通常是那些能够带来社会权力的角色。一旦技术进步的模式及其相应的权力模式出现之后，许多群体就必然会抛弃原有的可受尊敬的地位，来追求自身价值的实现。

---

① [美]E. 哈根：《人格与经济增长》，谢立中、孙立平主编：《二十世纪西方现代化理论文选》，上海三联书店 2002 年版，第 672 页。

在旧的社会秩序尚未遭到致命的破坏之前,随着经济上的成功,创新者倾向于去获得传统的地位象征,以保持他们经济上的影响力,因为他们还没有放弃社会中对于地位价值所持有的普遍看法,而仅只是暂时抛弃了限制他们的陈旧价值观。

具有创造力的、革新式的人格可以出现在传统社会消失之时。创新者将技术进步看作是实现目标的希望之路。这种文化氛围影响了新一代的价值观,导引他们沿着这个方向继续前进。如果是这样的话,生产上的创新便会随之出现。创新人物将根据需要指导制度变革。于是,经济增长就将获得所需要的动力。①

第三节　与其他相关理论的比较

在发展研究领域中,马克斯·韦伯、戴维·C.麦克莱兰和埃弗里特·E.哈根的理论一般都会被归为心理学派的行列。极其有趣的是,如果从严格的学科角度上看,除了麦克莱兰之外,其他两位都不是心理学家。当然,他们的理论中包含着心理学所需要的思想。同样非常有意思的是,在20世纪60年代这个现代化理论发展呈现高潮的特殊时期,很多学科的学者都对传统社会中引发经济起飞的因素抱有浓厚的兴趣。而被归为发展研究的心理学派的人物当中,在寻找这种经济起飞的原因时,都会将寻根之旅追溯到韦伯的思想那里。作为经济学家,哈根不仅对引发经济起飞的因素关心备至,而且还将这种因素追寻到心理层面,认为最为关键的因素是创新人格。尽管他的理论后来很少被学科化的心理学家所继承和发展,但是,他的思想对于发展研究却具有独特的贡献。他的一个重要思想似乎一直是得到公认的,即创新的心理因素及其新型一代人的培育是导致社会变迁与进步的重要的因素。

---

① [美]E.哈根:《人格与经济增长》,谢立中、孙立平主编:《二十世纪西方现代化理论文选》,上海三联书店2002年版,第673~677页。

　　当然，出现批评者在所难免。例如有的批评指出，哈根对于不同社会成员所处的不同社会结构特征的关注不够，因为正是这种社会结构特征使得身处其中的成员对于他们孩子的教养方式不一样；有的批评则质疑哈根对于传统社会中权威型人格以及现代社会中创新型人格的分析有失精准，尤其是对于权威型人格的描述过于泛化，很容易使一些时代、社会中的不同类型的人们都被套用上。

　　就哈根理论模式的总体而言，在内容方面表现出了一些独特之处，但同时也存在着一些缺憾，可以概括性地总结为以下一些方面。

　　第一，在社会心理与社会变迁之间的关系上，哈根是属于把社会心理看作是自变量的那一派社会心理学家。然而，如果从具体的学科角度来加以分析，哈根的研究与麦克莱兰的一样，属于心理学取向的社会心理学，其特点是强调社会心理属性或人格特质的变革对于社会变迁所可能产生的重要影响。哈根的创新人格论与麦克莱兰的成就需要论一起，成为这一方面的主要代表人物及其理论成果。

　　第二，哈根是从人格研究视角来分析心理传统性与心理现代性的。他所提出的代表心理传统性的人格类型是权威人格，而代表心理现代性的人格类型是创新人格，心理传统性与心理现代性之间的更替，就由人格类型之间的更替而具体地表现出来，社会变迁尤其是科技进步的主要方向需要由从权威人格变革成为创新人格的心理维度变迁来加以促进。心理传统性与心理现代性之间的更替在英格尔斯的理论视野中体现为个人传统性向个人现代性的转变，而在勒纳的理论视野中则体现为由僵化性人格向可塑性人格的转变。

　　第三，哈根把权威人格与创新人格这两种人格类型对立起来，就像将心理传统性与心理现代性、社会传统性与社会现代性作为两极看待的其他学者一样，不自觉地呈现出某种偏颇化和片面化的倾向，而且隐含着一定的西方中心主义色彩，因为它看作权威人格性质的东西或者传统主义的东西常常是那些有别或对立于西方价值观的东西。

　　第四，可以说，哈根、英格尔斯、麦克莱兰的理论都强调个体的早期经验在其人格发展过程中具有重要作用。然而，哈根的理论与英格尔斯、麦克莱兰的理论之间所存在的一个重要差别在于,由于深受精神分析学说的影响,哈根十分强调个体在 6 岁以前所受到的家庭教养状况对于其人格的形成将会产生关键性的影响。但是,英格尔斯、麦克莱兰却强调成年人在心理上或人格上发生变化的可能性也是存在的。

如何看待家庭环境或教养方式在个体的心理现代性形成过程中所起的作用,是一个倍受社会心理学家关注并时常引起争论的问题。

在不少社会心理学家看来,个人现代性是个体早期家庭生活气氛的一种产物。强调这种解释视角的学者,总是倾向于把学习看作促进个人现代性形成的原因。但是,他们往往假定这种学习主要发生在人生的早期阶段,并由特殊的家庭氛围所导致;由此所形成的心理定式或人格特质,或多或少地将会在人的一生中保持一种稳定态势。

有的学者认为,假如家庭生活氛围存在差异是造成个人现代性出现差异的原因的话,那么,事实上是提出了一个一般性的模型。然而,通过对家庭生活氛围的了解去预测个人现代性的状况,实际上,并不比预测其他人格特质更加容易。家庭的主要功能是赋予后代以社会地位特征,而非传递出一组预先决定的人格特征。但是,确有某些证据表明,代与代之间具有人格特征上的传递作用,虽然这种作用在统计意义上并不显著。但是,基于决定个人现代性的主要因素是早期经验中父母及家人所提供的特殊性格这一假设的研究仍然是非常重要的。

由于受精神分析学说的影响,哈根十分强调个体早期生活经历中所受到的家庭教养对于其人格形成会产生关键性的影响,而他用于进行分析和研究的资料基本上是属于趣闻轶事一类的东西,并且他的结论也并不是基于对处在当代社会中的个人所做的直接研究。

麦克莱兰及其同事的著作,也对人们形成高成就需求的家庭教养影响提出了系统的研究资料证据等。但是,在英格尔斯看来,这些研究都意味着,从家庭到子女,有着某种显著的心理现代性的直接传递作用。总之,家庭生活氛围或教养方式对于个人的人格特质或心理现代性的形成也许有其特定的重要性,但是,并不像一些人所假定的重要程度那么大。①

第五,在社会心理与社会变迁之间的关系问题上,哈根与麦克莱兰的基本立场是一致的,他们都把心理因素的变化看作社会变迁的重要动因;然而,哈根与英格尔斯、勒纳在观点上略有不同,英格尔斯只是把个人现代性的形成看作社会现代化的一种伴随物,而勒纳则把社会心理因素作为社会变迁的直接后果。

关于是否只凭借创新动机就可以成为导致经济发展和技术进步的关键条件? 德国社会学家维尔纳·桑巴特(Werner Sombart)曾经在《资本主义的精华》(1913年)一书中进行过精辟的分析并提出了深刻的见解。在他看来,勤奋工作和创新动机这些品质是经济增长和技术进步的前提条件。但是,这些因素对一个社会的影响无疑是受到制度方面极大程度地强化的,在有关制度的影响之下,勤奋工作和创新动机这些品质因素才能发挥作用。具体地说,正是利益的合法化、对于经济活动追求利润最大化的社会认同这样一些重要制度支撑了西方社会中勤奋工作和创新动机这些品质。而且在西方社会全面进入工业化过程之前,社会的制度与人们的品质这两样东西就已经具备了。正是在这个意义上,工业化和为了经济目的而开展的技术创新便获得一种重要的动力。② 这些洞见对于从更全面的角度理解社会心理在社会发展进程中的作用,或更广泛一点说,全面理解社会心理与社会变迁之间的关系尤其是实现的机制,无疑是具有启示性的。

我们看到,在对于社会变迁的社会心理学研究领域中,学者们关于社会心理与社会变迁之间关系的分析,实际上呈现出四种类型的理论模式:第一种类型的理论模式的基本特征是,把社会心理因素作为社会变迁的自变量,即看作社会发展或现代化的前提条件。属于这一模式的典型例子是,麦克莱兰把成就动机看作是经济增长的驱动力的研究,哈根把创新人格看作经济发展动力的探

---

① [美]A. 英格尔斯:《有关个人现代性的了解与误解》,谢立中、孙立平主编:《二十世纪西方现代化理论文选》,上海三联书店 2002 年版,第 700~702 页。
② 参见 B. F. 霍塞利兹:《分析技术变迁之社会影响的主要概念》,谢立中、孙立平主编:《二十世纪西方现代化理论文选》,上海三联书店 2002 年版,第 580 页。

讨。第二种类型的理论模式的基本特征是,把社会心理因素作为社会变迁的因变量,即看作社会发展或现代化的直接后果。属于这一模式的典型例子是,勒纳对于从传统人向现代人过渡的研究。第三种类型的理论模式的基本特征是,把社会心理因素作为社会变迁的伴生变量。属于这一类型的主要代表人物及其理论有里斯曼的社会性格理论等。第四种类型的理论模式的基本特征是,把社会心理因素作为社会变迁的互构变量。属于这一模式的主要代表人物及其理论有英格尔斯的个人现代性理论。可以说,第一种和第二种类型的理论模式分别处于两个极端,因此,我们在这里试图通过对两种类型的理论模式之间的异同做出比较,从而加深对于哈根理论的认识。

附论　勒纳关于"过渡人"的构念

如前所述,在关于社会变迁的研究中,来自不同学科或理论视角的学者们对于社会心理与社会变迁之间关系的分析,其主要成果实际上呈现出四种类型的理论模式,其中有两种类型的理论模式分别处于两个极端。第一种类型的理论模式,以麦克莱兰把成就动机看作经济增长的驱动力以及哈根把创新人格看作经济发展的动力为代表,其主要特征在于强调社会心理因素是导致社会变迁的自变量,换言之,将社会心理因素看作社会发展或现代化的前提条件。第二种类型的理论模式,以丹尼尔·勒纳(Daniel Lerner)关于从传统人向现代人的过渡理论为代表,其主要特征是认为社会心理因素是社会变迁所引起的因变量,也就是说,把新的社会心理因素的生成看作是社会发展或现代化的一种直接后果。

可以说,在看待社会心理与社会变迁之间的关系问题上,勒纳的理论是非常独特的一种,与大多数学者的观点不太一样,具体而言,既不把社会心理因素作为社会变迁的伴生变量,也不把社会心理因素作为社会变迁的互构变量,更不把社会心理因素看作是社会变迁的自变量。勒纳的理论模式的基本特征是把社会心理因素作为社会变迁的因变量。而表现他这一理论模式的典型案例就是他关于从传统人向现代人过渡的研究。

勒纳在《传统社会的消失：中东的现代化》①（1958 年）一书中，并不赞成仅仅用个人心理特质或社会结构因素来解释现代化进程。在他看来，现代化个人与现代化制度之间是一种相辅相成、互相促进的关系。他强调，个人的变化与其所处环境的变迁在现代化进程中实际上是同步的，否则的话，现代化就会朝着另外的方向进行。人们把现代化看成一种参与社会生活的方式，现代化所包括的一种明显的人格机制就是移情（empathy）。

作为现代化理论的一位重要倡导者，勒纳主张，与这种社会现代性联系在一起的是一种独特的人格。对于成为一个现代个体而言，人必须能够与其他人之间进行移情，或者说，人必须具备移情能力。勒纳强调，那些不能设身处地为他人着想的人是不会进步的。

勒纳认为，在一个社会的现代化进程中，由于外界环境状况的不断变迁，个体成为一种从"传统人"朝向"现代人"转变的"过渡人"。如果想要能够更有效地适应外界环境的变化，那么，就必须具备一种重要的心理特质，即移情能力。它所指的是这样一种能力，即一个人在心理上把自己放在其他人的位置上加以考虑，并充分想象自己有限的周围环境之外的世界是什么样的。通过以这样的方式考虑问题，就可以促使个人不断提高，更好地适应经常变化着的环境。

在勒纳的视野中，"现代人"的特征主要表现为以下七个方面：第一，参与（participation）：现代人具有参加有关组织和选举过程的动机和能力；第二，抱负（ambition）：现代人希望自己的子女能够向更高的社会地位流动，并且具有风险意识；第三，世俗主义（secularism）：现代人有限地依附于宗教，并且较少接受宗教的和意识形态的诉求；第四，见多识广（information）：现代人经常接触全国性和国际性事务的新闻媒介和知识；第五，消费取向（consumption orientation）：现代人渴望拥有新的商品以及技术上更先进的娱乐和劳动工具；第六，都市偏好（urban preference）：现代人渴望迁移到都市或停留在都市地区；第七，地

---

①Daniel Lerner, *The Passing of Traditional Society: Modernizing Middle East*. New York: Free Press of Glencoe, 1958.

域流动性（geographic mobility）：现代人已经或将愿意从原居住地流动出来，到外地寻找更多更好的发展机会。

勒纳划分出了两种具有变迁意涵或者说体现时间维度的重要人格类型。在他看来，生活在传统农业社会中的人所表现出的典型人格类型是一种"僵化人格"（constricted personality），与此形成了鲜明对照的是，生活在现代工业社会中的人所表现出的典型人格类型是一种"灵动人格"（mobile personality）。灵动人格的一个关键特征便是具有移情能力，也就是说，为了适应变化的环境而能够对自身进行重新调整的能力。

表 7-1　哈根与勒纳理论中对于传统人格特征与现代人格特征的比较

	传统人格特征	现代人格特征
哈根的理论	权威人格	创新人格
勒纳的理论	僵化人格	灵动人格

在勒纳这里，传统人格特征或者说心理传统性的人格表现类型是僵化人格，而现代人格特征或者说心理现代性的人格表现类型是灵动人格。心理传统性与心理现代性之间的更替，是由人格类型之间的转换而表现出来的，具体而言，体现为由僵化人格类型向灵动人格类型的演变，正如在哈根那里，体现为由权威人格类型向创新人格类型的演变一样。

勒纳的一个重要理论贡献是，在"传统人"与"现代人"这两种人的类型之间划分出第三种人的类型，即提出了"过渡人"的概念，它成为理解转型社会中的人格特征的一种重要建构。"过渡人"处在"传统—现代连续统"（traditional-modern continuum）之中：一方面，他不生活在传统社会中，也不生活在现代社会中；另一方面，他既生活在传统社会中，也生活在现代社会中。

勒纳对"过渡人"进行了研究之后指出，"过渡人"与"传统人"的区别之处就在于，这两种类型的人之间在"倾向"和"态度"的"潜在结构"（latent structure）上存在差异。"过渡人"的"倾向"是"移情能力"，也就是说，他能够看到其他人所看不到的事物，他生活在"传统人"所无法分享的幻想世界里。"过渡人"的"态度"是一种"欲望"，也就是说，他真正地想看到他"心灵的眼睛"所看到的；真正地想生活在他一直幻想着的世界里。

勒纳的理论在哲学方法论上带有浓厚的行为主义色彩。因此,他与 J. H. 昆克尔等人的行为主义社会心理学观点在实质上呈现出很大程度的相似性。

在将社会心理因素看作社会变迁后果的这一类型理论模式中,还有一些学者认为,一个社会发展的突破性的第一步在于,社会结构与其他社会经济制度首先发生改变,然后,当变迁开始之后,政治发展与持续的经济增长就会使个人的行为也必须做出某种调整以适应业已变化的环境,因而社会心理因素就在初始的宏观社会变迁与后来的个人行为调整之间起着关键性的中介作用。所以,现代社会与其政治制度的稳定运行最终取决于具有良好心理素质的个人,这些个人必须能够对新的机会、不断变化的环境做出及时而有效的反应。

在这一类型的理论模式中,有的学者表现出了鲜明的行为主义取向。从行为主义的视野来看,制度安排是影响社会变迁的首要因素,而心理因素的作用比起制度安排的作用来说要小得多。因此,这种行为主义视野将心理因素放在了次要的地位上。属于这一种类型的理论家不多,主要代表人物是昆克尔(John H. Kunkel)。

在行为主义取向的社会心理学家看来,无论是把社会心理因素看作社会变迁的自变量的麦克莱兰的成就动机理论,还是把社会心理因素看作社会变迁的伴生变量的英格尔斯的个人现代性理论,实际上都着重于讨论人格结构的外部表现,如价值观和态度等。而昆克尔认为,这些东西对于解释和预测人的行为来说,其作用并不大,因为它们无力深入到人格的内在结构中进行测量和分析。[1] 行为主义取向的社会心理学家认为,过去的现代化理论对于人的行为所做的研究是很不充分的,原因就在于社会学家和经济学家在讨论经济增长和社会变迁时只考虑到了人的态度、观念和人格,却没有深入考虑过人的行为变化方向。因此,关于现代化的基本前提之一是发展中国家人的态度、观念和人格结构的变化这种结论也是不充分的。对此,他们提出了一种"行为调适理论"

---

[1] John H. Kunkel, *Society and Economic Growth : A Behavioral Perspective of Social Change.* New York: Oxford University Press, 1970, p. 259.

(theory of behaviour modification),以试图取代其他的心理学理论。这种理论着重于研究个人所表现的外部活动及其与过去、现在的社会结构和心理状态的关系。它是关于如何使用积极的奖励和消极的惩罚来制约个人行为的模式。[①]众所周知,价值观、态度和人格结构决定了个体的行为,而行为反过来又会改变个体的价值观、态度和人格结构。这一过程实际上是由相互交替的两个层面所构成的。因此,有必要集中力量研究这种交替性过程是如何实现的。这种理论的核心思想是强化。不同的刺激手段所形成的强化导致了某种行为方式,个体的行为之所以会呈现出不同的方式,是因为有着不同的系统和刺激,这些东西激励某些反应,或者抑制某些反应,从而导致了行为方式的形成与改变。因此,发展中国家人们的行为模式应当从社会系统中的操作条件方面加以解释。这就是说,并非个体的态度、价值观和人格特征决定了他们的行为方式,而是社会系统的操作条件程序决定了人们的行为方式。只要改变社会系统的操作条件的程序就可以达到促使人们行为调适的目的。任何人都属于社会系统的操作条件程序中的一个部分。因此,若要改变人们的行为,只需要改变操作条件程序中的某些成分就可以了,而没有必要去改变人的价值观。这种理论还认为,如果要使人的行为发生某种变化,那么,首先就要在强化的刺激因素上做出改变,而这一点则只有通过社会某些领域的变革才能实现。这些领域的变革对于操作条件程序中的某些成分产生了作用,因而决定了行为方式的变化。由此,可以得出的结论是,对于每一个体而言,意味着在一种新的环境之下,他的行为方式也就相应得到了新的强化。经济发展的问题于是便体现为在社会环境中与学习新型行为方式有关领域的变化,而不是人格或人格中某些因素的变化。按照这种理论,"发展中国家的经济发展和工业化必须依赖于精英的角色作用,因为社会结构和社会环境的变化不可能造成全体人口的行为方式的变化,但是,却可以造成少数人的行为方式的变化。"[②]

---

①John H. Kunkel, *Society and Economic Growth: A Behavioral Perspective of Social Change*. New York: Oxford University Press, 1970, p. 267.

②John H. Kunkel, "Values and Behavior in Economic Development."*Economic Development and Cultural Change*13(3)(Apr,1965):266,Chicago and London:The University of Chicago Press.

如果更进一步地具体展开这种思想的话,也就是说,相关的研究工作应该"从决定行为的因素方面,而不是仅仅从人的内在特征去考察经济发展的心理前提"。①

英格尔斯在谈到心理现代性的研究时,曾经对于勒纳的工作做出了较公允的评价。英格尔斯认为,在把这些假定的现代化过程的结果纳入个人现代性的定义中,已经排除了对于最重要命题的检验。因此,在勒纳(1965年)富有启发性的研究中,对"现代人""传统人""过渡人"的分类及其定义,都同时考虑到了个人的社会特征及其在移情测验上的得分。

但是,英格尔斯同时也指出,这种方式也使人无法精确地辨别出作为一种主观结果的移情是否真正地源自客观情况的变化,例如,接受了教育、居住在都市、接触大众传播等。因为其他的变量也被视为个人现代性指标的一部分。②

戴维斯·阿普特(Davis Apter)认为,在被看作"现代"的价值中,最有特色的是被称为"移情"的方面,它常常被描述为能够象征性地使自己置身于都市工业生活之中,并且对这种生活有所了解的能力。这些心理特质进而被用来和"示范效应"联系在一起。"示范效应"指个人消费的需求超过一个贫穷国家所能够实际承担的程度。由大众传媒的宣传所引发的过度经济需求,成为第三世界国家所要面对的一个问题,因为它对长期投资所最为必需的稀有资源造成了较大的压力。于是,满足当前的消费需求以赢得大众在政治上忠诚,或是限制消费需求以益于长期发展计划,便成为发展政策中的一个主要问题。

大众传媒尤其是广告对现代价值的传播起到了非常重要的作用。进入20世纪以后,国家发展的历史经验一再表明了限制消费的必要性,以及国家发展

---

①John H. Kunkel,"Values and Behavior in Economic Development."*Economic Development and Cultural Change*13(3)(April,1965):276,Chicago and London:The University of Chicago Press.

②勒纳对现代人、过渡人和传统人的类型学进行了独特而精心的建构。当然,勒纳并不是唯一一个对于综合的客观地位特征及其态度价值建立量表的学者。其他学者,如斯耐伯格(Schnaiberg)(1970年)和罗杰斯(Rogers)(1969年)也以相同的立场制作过量表,试图对于现代个人的心理与社会属性进行完整的描述。这样一种程序是十分合理的。但是,应该指出的是,人们很难辨明在因果过程中主观因素与客观因素的交互影响模式。参见[美]A.英格尔斯:《有关个人现代性的了解与误解》,谢立中、孙立平(主编):《二十世纪西方现代化理论文选》,上海三联书店2002年版,第691页。

目标与个人需求满足并行的必要性。可是,第三世界的发展动员策略,反而是要大力推广这些"非现代性"的价值。①

在阿莱詹德罗·波特斯(Alejandro Portes)看来,勒纳是在将现代性作为一种意识形态的知识传统下建构他的理论的。它以一种非此即彼的界定方式,把大多数人类文化都划归为传统一边。现代性扫除了传统的文化差异,并宣称比其他价值取向更加具有进化的优越性。因此,受到这种知识传统影响的理论建构,就不会把概念本身的公平评价作为基点,反而会对欠发达国家有所进展的实际含义加以讨论。这种追问并不是科学的超然表现,而是反映了少数特权的需要和愿望,它潜在的意味在于现代性所包含的行为模式和价值取向能够促进发展的结构转化。即便我们首先不做判断这是否是一种意识形态,最关键的问题在于,现代性的心理社会特质对一个国家的社会经济增长的确具有积极的价值吗? 它与发展之间潜在的因果关系也就成为最需要研究清楚的课题。

---

①D. Apter, *The Politics of Modernization*. Chicago: University of Chicago Press, 1967, pp. 75—76.

第八章　英格尔斯：个人现代性与国家现代化

　　如果一个国家的人民缺乏能够赋予先进制度以生命力的广泛的现代心理基础，如果掌握和运用先进制度的人自身在心理、思想、态度和行为上还没有经历一场向现代性的转变，那么，失败和畸形的发展就是不可避免的。

　　……

　　对于我们而言，从社会心理学角度看，最切合实际而又富有挑战性的工作，似乎莫过于解释人们从具有传统人格转变为具有现代人格的过程。

——阿列克斯·英格尔斯

　　落后和不发达不只是一堆能勾勒出社会经济图景的统计指数的集合，同时也是一种心理状态、一种表达方式、一种展望的形式以及一种具有长期虚弱与调适不良的集体人格。

——萨拉加·班迪

　　现代社会的最重要特征之一就是它的变迁性格。尤其是由于受到早发型现代化国家在科学技术、政治制度、教育体系、思想文化等方面所形成的冲击和影响,因此,社会变迁已经成为晚发型现代化国家最主要的发展基调和取向。在寻求以经济增长作为普遍目标这一前提下,晚发型现代化国家大多会以寻求社会变迁作为基本的发展策略和路径。

20 世纪 50 年代,在社会变迁的研究领域中,经济学扮演了领军者的角色,它的"经济发展"概念成了发展的主导性概念,经济学范式成为发展研究所共同遵守的惯例。但是,当其他学科也开始关注这一主题,并把社会生活的其他层面也纳入研究范围时,另一个更能够反映世界性社会变迁的新术语出现了,它就是"现代化"一词。换言之,最先由经济学家倡导的所谓"发展"或"增长"研究,到 20 世纪 60 年代,则演进成为一种跨学科协作的新的研究领域,即现代化研究。"现代化"迅速成为一个被普遍接受的概念。此后,社会及其制度便开始有了一种可以测量的向度,不仅社会体系之间,而且社会成员之间,都可以用一个比较简化的向度来进行划分,即"传统"与"现代"的两极。当然,这种向度的划分在后来引发了一些批评。

在现代化研究这一跨学科协作的研究领域中,不同学科的关注重点和研究层面是不同的。经济学家试图识别发达国家共同的社会经济特征是什么,并试图揭示导致经济增长的共同道路是什么;政治学家注重研究民族国家的发展;人类学家把这一过程看作是一种涵化和社区发展;人口学家注重研究人口的过渡;心理学家侧重于探讨孕育创业行动的重要人格特质,或测量个人面对急剧变迁时所呈现的心理调适能力。

巴洛齐齐认为,在众多研究政治发展与社会变迁的理论中,实际上内含了两种不同的分析视角。这两种视角之间有时相互补充,但也常常彼此对立。第一种视角是从基本的社会结构条件入手考察落后状况与变迁过程的问题。而在分析落后状况的原因、特点以及变迁的必要条件时,这种视角着重考察历史、经济、社会因素的作用。相比之下,第二种视角则更强调文化价值、信仰、心理倾向因素的作用。这种视角认为,文化价值、信仰、心理倾向不仅是社会变迁的前提条件,而且在社会变迁过程中,这些因素对变迁过程本身也发挥作用。所以,要理解发展过程,就必须考虑这些因素。尽管持后一种视角的学者人数较少,在他们看来,文化和心理属性是发展的基本决定因素。但是,大多数学者则只是认为全面的发展研究应该考虑到这些主观因素。①

　　就是说,在现代化研究领域中,有一批学者比较注重研究人在现代化过程中的作用。他们探讨了个人特质与社会制度特征之间的关系。但是,在这种着重于个体与社会体系之间关系的研究中,又可以划分出几种不同的取向,其中之一便是探讨社会变迁的心理过程、以及接触现代制度并参与社会经济和政治角色的个人适应性。

　　具体而言,自现代化研究开始以来,在其众多的研究领域中,于 20 世纪 60 年代中期又出现了个人现代性这一独特的研究领域。个人现代性这一研究领域的重要开创者是阿列克斯·英格尔斯(Alex Inkeles)。他的总体思想是,在社会变迁过程中,有一些社会价值观和个人心理建构都会发生变化,而这种个人心理方面的变化又是影响经济增长与社会发展的重要动力,因此,应该成为现代化研究的重要领域。

　　在英格尔斯看来,现代化研究领域中主要有两种流派:第一种流派的分析重点是社会组织的类型,第二种流派强调的重点是文化和观念的类型。第一种流派以沃德(Robert Ward)和亨廷顿为代表的研究方式强调的是组织与行动;第二种流派优先关心的是思想和感情。第一种流派更加关心制度,第二种流派则更加关心个人。前者偏重于社会学和政治学的研究,后者则更加偏重于社会学和心理学的研究。社会心理学对现代化的研究主要是把现代化视为理解、表现和评价方式的改变过程。因为现代化被确认为个人发挥作用的一种方式,以某种方式行动的集合体。②

---

① [美]A. 巴洛齐齐:《发展的社会心理学分析》,载谢立中、孙立平主编:《二十世纪西方现代化理论文选》,上海三联书店 2002 年版,第 711 页。

② [美]阿列克斯·英格尔斯、戴维·H. 史密斯:《从传统人到现代人——六个发展中国家中的个人变化》,顾昕译,中国人民大学出版社 1992 年版,第 20 页。

第一节 个人现代性研究的基本出发点

在英格尔斯的理论中,个人现代性研究的潜在预设是一种以结构功能主义为基础的趋同论(convergent theory)。具体而言,个人现代性的研究者认定人们心理建构从传统性向现代性的变迁,或者说个人现代性的形成,在不同的国家或地区的背景下,都会呈现出相似的变化趋势。正如萨兹曼所言,工业化促成了不同社会中的普通组织形式,而当这些组织产生共同的价值、知觉和思想方式时,它们就形成了标准的、有利的环境。更一般地说,具有相似结构的制度总会倾向于导致共同的心理结构或其参与者人格方面的规律性。正如学校和工作场所的情形一样,如果某个体在这种制度中生活并且这些制度控制着有效的奖励和惩罚措施,那么,情况就将更是如此。①

正是由于许多社会学家和社会心理家都预设了"现代人"的存在,并试图勾勒出这种现代人的特征,于是,他们从各自学科角度出发编制研究工具,以测量出个人在多大程度上具有现代人的特质。

在研究方法论上,就对于个人现代性的研究而言,英格尔斯主张的是一种结构决定论,即社会结构对于社会心理变迁具有决定性作用。正是在这一点上,与此前关于心理变迁的文化与人格研究、国民性研究的方法论之间形成了明显的区别。在研究的方法论方面,20世纪60年代之前的文化与人格研究以及国民性研究,不论是早期的人种志研究,还是晚期的抽样调查研究,实际上都或隐或显地可以归结为一种文化决定论的范式。② 20世纪60年代以后,通过英格尔斯等人的努力,却使得一种相当不同的研究范式,即结构决定范式逐渐得到了重视,用以解释不同社会之间和同一社会内部的人格与行为方面的差

---

① [美]詹姆斯·S. 豪斯:《社会结构和人格》,载[美]莫里斯·罗森堡、拉尔夫·H. 特纳主编:《社会学观点的社会心理学手册》,孙非等译,南开大学出版社1992年版,第554页。

② 然而,不可否认,这种文化决定论的范式也是文化与人格研究、国民性研究的先驱者和代表人物在反对此前居主导地位的经典精神分析的生物决定论的过程中所取得的一种重要成就。

异。尽管英格尔斯指出,这种结构决定论思想几乎不是他的独创,至少应该追溯到马克思那里。但是,英格尔斯毕竟是这种结构方法的第一个重要的当代学科化的阐释者。在有关社会现代化和个人现代性的研究中,他清晰地阐释了这种结构决定论的具体作用。

不可忽视的是,与英格尔斯同时期的一些社会心理学家也进行了有关个人现代性或现代人格特征方面的探讨和测量,例如,卡尔(L. A. Kahl)就是其中较有代表性的一个,他在巴西和墨西哥的研究中总结出了 14 项现代性的特征:积极主义、生活机会的低度阶层化、社区的低度阶层化①、职业成就取向、与亲属关系的低度整合、个人主义、信赖感、大众传播与参与、反大企业倾向、尊重体力工作、偏好都市生活、家庭现代主义、宗教性低、高冒险倾向。② 但是,他们的研究结果更多的是提供了一种对英格尔斯研究结果的印证或微弱的修正,因为英格尔斯的影响力确实是不可替代的。

此外,勒纳对现代人的特征也进行了比较系统的探讨,他认为,现代人表现出 7 个主要特征:参与的动机和能力;向较高社会地位流动的抱负;有限地接受宗教的和意识形态的世俗化倾向;了解全国性和国际性事务的见多识广;拥有新潮商品和新科技劳动和娱乐工具的渴望;在都市工作和生活的向往;离开原居住到外面寻找更好发展机会的追求。

勒纳进行总结认为,现代人具有一种与传统人的"僵化人格"形成鲜明对照的"灵动人格",灵动人格的特征是具有一种移情能力,也就是为了适应环境而

---

① 所谓低度阶层化,主要是强调不受传统阶层化力量的限制,例如,个人的机会不受上一代阶层的影响,或不受所居住社区的束缚。

② 卡尔归纳出了现代人应该具有的七大特征:(1)是一位积极分子,而不是消极分子;换言之,不是一位宿命论者,而是试图企划未来、以求实现自我理想的人;(2)在实现计划时,依靠自己,而不依赖亲戚朋友;(3)个体主义者,不愿过度地认同他人;(4)乐意接受都市生活的刺激和机会;(5)不认为都市生活的基本结构是固定不变的,相反,认为普通人也都有可能对社会产生影响;(6)认为生活和事业上的机会并不是固定不变的,每个人都有机会改变自己的命运;(7)尽可能地运用报纸、广播和电视等大众传播媒介。(参见 J. A. Kahl, *The Measurement of Modernity*: *A Study of Values in Brazil and Mexico*. Austin: University of Taxes Press, 1968.)

对自身进行重新调整的能力。①

一、个人现代性研究的现实意义

对于个人现代性研究的重要意义，以及对于个人现代性与社会现代化之间的关系问题，英格尔斯曾经明确地指出：

> 经济学家以人均国民生产总值衡量现代性，政治家以有效的管理制度机构来衡量现代性。我们的意见是，如果在国民之中没有我们确认为现代的那种素质的普遍存在，那么，无论是快速的经济增长还是有效的管理，都不可能实现；即便是已经开始发展，也不会维持太久。在当代世界的情况下，个人现代性素质并不是一种奢侈品，而是一种必需品。它们不是派生于制度现代化过程的边际效益，而是这些制度得以长期成功运转的先决条件。现代人素质在国民之中的广为散布，不是发展过程的附带产物，而是国家发展本身的基本因素。②

在阐述探索个人现代性的现实意义时，英格尔斯用研究结果进行了论证。他指出，关于个人现代性的研究结果已经提供了充分的证据，说明个人现代性的态度和价值观的改变，同时会有行为的改变与之相伴随，相信这种行为的改变能够导致国家经济体制朝向现代化的改变，并且支持这种改变。已有大量资料显示，伴随着人们态度的现代化，在政治和公民行动方面所产生的变化。现代人对于政治事务有较大的兴趣，他们随时对重要的政治事件和人物有较大的信心。现代人常常同政府和政治机构相接触，更加经常地参加许多组织、参与选举。而所有这些活动是十分广泛的。在任何方面，现代人都是社会的积极参与者。显而易见，作为一个现代国家的公民必须具备下列这些特质。除非是积极的、有兴趣的、见多识广的公民能使那些制度机构真正地运转起来，否则，从

---

① Daniel Lerner, *The Passing of Traditional Society: Modernizing Middle East.* New York: Free Press of Glencoe, 1958.

② [美]阿列克斯·英格尔斯、戴维·H. 史密斯：《从传统人到现代人——六个发展中国家中的个人变化》，顾昕译，中国人民大学出版社1992年版，第454~455页。

外部输入现代政治制度,或者由精英强加给大众这些体制,只不过是徒有其表而已。正如人们所看到,这样的公民是更加现代的人,是由所确认的促成现代化制度的机构如学校、报纸和工厂等所塑造的。①

英格尔斯认为,除了政治之外,与传统人不同的现代人的所作所为,在实际上促进了社会现代化的进程。较为现代的人能够较快地接受技术创新,更乐于实施节育;他会鼓励自己的儿子尽可能多地接受学校的正规教育;如果报酬较高,他将鼓励自己的儿子从事工业方面的工作,而不追随较传统的公务员去从事办公室工作;他知道在更现代的经济部门生产的产品,他会努力去得到这些产品;他允许妻子和女儿离开厨房而更积极地参与经济生活。在这些以及其他各种方式之中,在态度和价值观方面,较为现代的人所支持的制度机构将使社会一般的现代化易于得以实现。

虽然英格尔斯充分肯定了个人现代性对于社会现代化的重要性,但是,他却并没有一味地加以夸大。英格尔斯明确指出,虽然在态度和价值观上较为现代的人以他们较为现代的方式诉诸行动是非常重要的,但更为重要的是,要向这样一种假设提出挑战,即在态度和价值观方面的"单独"改变,就可能成为国家发展过程中一种真正重要的因素。我们不赞成某种形式的心理决定论。我们知道,一种现代的心理不可能单独地使一个国家现代化。而一个国家的现代化需要有现代的制度机构、有效的政府、有效的生产和适当的社会服务。这样一种发展可能会遇到结构上的障碍,但是,这种障碍不仅根植于本性,也根植于社会、政治和经济。总之,是许多客观力量妨碍了现代化。虽然如此,我们相信在态度和价值观上的改变会成为这些机构实质性地和有成效地运转的最基本先决条件之一。大部分的实际发展计划都打算建立这些现代的机构。我们的经验使我们同意第三世界许多思想领袖的意见,他们认为落后在很大程度上是

---

① [美] 阿列克斯·英格尔斯、戴维·H. 史密斯:《从传统人到现代人——六个发展中国家中的个人变化》,顾昕译,中国人民大学出版社 1992 年版,第 451 页。

一种心理状态。① 以我们现在可以获得的技术和知识来科学地说明这种情形无疑还有困难,但是,我们相信,精神障碍和心理因素在许多国家的确构成了更加有效的经济增长和社会发展的主要障碍。②

二、个人现代性研究的学术动因

英格尔斯曾经多次指出,就一个国家的发展过程而言,一个基本因素就是个人。除非国民是现代的,否则一个国家就不会是现代的。在任何情况下,除非在经济以及各种机构工作的人们具有某种程度的现代性,否则,我们就会怀疑这个国家的经济将会有高度的生产力,或者其政治与行政机构会具有很高的效率。而要清晰地证明这一点,就需要做许多研究。我们的努力仅仅是一个开始。

英格尔斯指出,他和他的同事们之所以选择开展个人现代性的研究,从理论意义上看,则是出于五个方面的动机:

第一,试图调整关于国家发展的研究焦点,使个人尤其是"普通人"而非精英,更接近受到关注的中心;

第二,试图向心理学的一些理论提出挑战,这些心理学理论假定在人格发展的过程中所有重要的方面在个体 6 岁之前就已经形成了,而且在个体 16 岁之前就已经定型;

第三,试图在理论上澄清并且在经验上验证他们自己关于社会结构的精确方面所具有的某些观念,这种社会结构在个体之中产生了一些特殊的反应;

第四,试图证明"强大的"机构会给个人带来同样的变化,尽管这些机构是设置在不同的社会中,而它的就职人员也具有不同的文化特质;

第五,出于对一个普遍得到认可的假设进行质疑。这个假设认为:只有牺

---

①1971 年,一位秘鲁的知识分子领袖萨拉加·班迪(Salacar Bondy)博士曾经说过在后来被广泛引用的一段话:"落后和不发达不只是一堆能勾勒出社会经济图景的统计指数的集合,同时也是一种心理状态、一种表达方式、一种展望的形式以及一种具有长期虚弱与调适不良的集体人格"。

②[美]阿列克斯·英格尔斯、戴维·H. 史密斯:《从传统人到现代人——六个发展中国家中的个人变化》,顾昕译,中国人民大学出版社 1992 年版,第 451~452 页。

牲精神上幸福的人才能够达成其现代化。①

实际上，从某种意义上说，英格尔斯的这些理论动机，也促成了他及其同事们关于个人现代性研究的一些最为基础和最具前提性的理论假设。

三、个人现代性研究的基点

英格尔斯指出，探索个人现代性的基本出发点就在于，把社会结构与个人属性之间的关系看作是有问题的。探索个人现代性的学者都具有一种共同的关怀，即对社会体系与个人属性之间关系的广泛假设（社会体系决定个人属性）进行验证。

英格尔斯认为，大多数研究个人变迁的学者，也都把个人现代性视为在制度现代化背景下的产物，并非认为个人现代性导致制度现代性，而且在解释社会现代性的不同层次时，他们也常常诉诸政治的、经济的或历史的因素，而不仅只就现代人格的影响力加以论述。但是，麦克莱兰和哈根的研究则是例外。

因此，在英格尔斯看来，个人现代性研究实际上是为了验证"社会结构决定人格"这一假设。验证的意图倒不是为了对这一假设提出挑战或是加以拒绝，也许是为了进一步确定有关理论的适用范围。所以，可以认为，在一定意义上说，这种验证也就是为了证明个人现代性与社会现代性之间的关系。

但是，正如前面已经阐述的那样，英格尔斯在方法论立场上的结构决定论，使得他更倾向于选择这样的研究基点：把一个国家的经济和政治发展的水平，即工业化、城市化和科层化的水平及其显著的文化传统，看作是对于出现在它的人民中的知觉、态度和价值观的"替代性解释"。换言之，通过探讨在范围广泛的工业化社会中处于相似的社会经济地位上的人们也同样具有很大相似性，相对而言，他们至少在价值观念和态度方面具有相似性，于是，英格尔斯对于结构力量的作用给予了最初的肯定。②

---

①〔美〕阿列克斯·英格尔斯、戴维·H. 史密斯：《从传统人到现代人——六个发展中国家中的个人变化》，顾昕译，中国人民大学出版社1992年版，第9~16页。
②〔美〕詹姆斯·S. 豪斯：《社会结构和人格》，载〔美〕莫里斯·罗森堡、拉尔夫·H. 特纳主编：《社会学观点的社会心理学手册》，孙非等译，南开大学出版社1992年版，第554页。

四、个人现代性概念的实证性分析

英格尔斯指出,在社会学和社会心理学的思想传统中,时常出现对于人的类型的构想。虽然这些类型只不过是理论建构,但是,在社会学惯例中,至少在过去是这样的,即常常把这些类型看作是已然存在之物,而很少通过系统的努力来进行测量,以检验它们是否可以在现实世界里被发现,以及确定它们在不同社会和不同社会阶层中的具体分布状况。与此相反,关于现代人的假设或建构则较经常地在实地研究中与其他相似的人的类型概念得到了同样广泛和系统的检验。

英格尔斯认为,检验人的类型概念的方法主要有两种,而每一种都可以看作是建构量表的方法:一是外在效标法(external criterion);二是聚合分析法(coherence)。

关于个人现代性是否存在这一问题,英格尔斯及其同事通过研究工作获得了大量的资料和证据,并且运用聚合分析法和外在效标法进行了验证。在《迈向现代:六个发展中国家中的个人变化》①一书中,他们描述了作为一种心理社会特征症候群所构成的个人现代性。

现代人的性格,正如他们的研究结果所揭示的,可以总结为四个主题方面:现代人是一个见多识广、积极参与的公民;现代人拥有相当明显的个人效能感;就与传统影响力之间的关系来说,现代人非常独立并且自主,特别是当其对于如何处理私人事务做出基本决定的时候;现代人都乐意接受新经验和新理念,换言之,其心胸相当开放,而且在认知上具有很大的灵活性。

这些只是其中的主要成分,而绝非已经穷尽个人现代性症候群的所有特质。现代人在处理时间、私人与社会计划、依赖或隶属于他的人的权利,以及经营事物所使用的形式规则时,与其他的人也有所不同。换句话说,心理现代性以一种相当复杂、多面和多向度的症候呈现出来。

---

① Alex Inkeles and David H. Smith, *Becoming Modern: Individual Change in Six Developing Countries*. Cambridge, Mass: Harvard University Press, 1974.

第二节 个人现代性的基本内涵与特征

一、个人现代性的实质

英格尔斯指出，他们并不宣称自己发明了"现代人"的概念，在他们的研究开始之前，这一概念就已经存在，虽然它的内涵是模糊不清的。他们的工作目标之一就是对于现代人做出定义，然后通过发展编制一种态度—价值观—行为量表的方法论，对于作为一种心理社会症候群的个人现代性进行测量，从而对不同的社会群体做出识别与分类。

英格尔斯指出，他们所定义的个人现代性的特质是相当一般性的人类特质，显然可以在许多时空中出现，而不限于某种文化范围之内。就他们所说的个人现代性的特质而言，在 20 世纪的欧洲广为盛行，尤其是在近半个世纪以来，世界上其他地区的许多个人，也逐渐转变成为心理上的现代人。个人现代性的特质并不是任何一种文化传统下独有的产物，相反，这些特质呈现出了一个普遍性的模式，所表示的是人类潜能的一种形式，一种在特定社会情境下和特定历史时间里逐渐呈现的形式。

在英格尔斯看来，就个人现代性的实质而言，不是个人在现代社会中一组特别的社会经济特征，也不是一种纯粹的心理属性，而是一种心理社会特质。

我们可以这样来加以理解，人的现代性实际上包括了两个基本的层面：一是个人的现代社会经济特征的获得；二是个人的现代心理社会特征的形成。但是，在这里仍然必须加以注意的是，正确地理解这两个层面之间的相互关系，也就是说，正确地理解个人现代社会经济特征的获得与个人现代心理社会特征的形成之间的关系是极其关键的。

英格尔斯指出，如果现代人意味着是具有一组特别的社会经济特征的个人，那么，个人现代性便可以直接从社会经济体系的变迁来加以决定。不过，我们仍应确定个人的社会经济地位属性的分配与变迁，看其是否与先前社会体系的变化相关。在某些个案中，开展这一方面的测量可以提出十分重要的论题。

但是,在大多数情况下,个人客观的社会经济特征只表现在另一种形式中。

因此,另一种更重要的做法,即是将个人现代性完全由心理属性或更确切地说是由一种心理社会特质来加以定义,如价值观、态度和行动倾向等。这种定义方式,可以减少建立在个人层次上许多的测量累赘和循环论证。如果一个国家已经具有相当的都市化水平,那么,作为都市居民的人们是否就一定具有较高的自我效能感?

英格尔斯认为,把这些假设的现代化过程的结果纳入个人现代性的定义之中,已经排除了对最重要命题的检验。因此,在勒纳于 1965 年所做的极富启发性的研究中,对"现代人""传统人"和"过渡人"的定义及其分类,同时考虑到了个人的社会特征及其在移情①测验上的得分。这种方式使人无法精确地辨别出作为一种主观结果的移情是否真正地源自客观情况的改变,如接受正规教育、居住在都市以及接触到大众传播媒介。因为这些其他的变量也被看作是个人现代性指标的一部分。②

因此,英格尔斯认为,为了使社会结构与个人属性之间的关系更容易加以检验,许多学者将现代个人以心理社会的方式进行定义。并且他一再强调,只是集中于态度、价值观、需求及行动模式,我们并不能断言是哪一种因素导致了社会地位的变迁,以及社会地位的变迁将会引起什么样的后果。事实上,这个领域的大多数研究都有一个共通的假设,即地位决定了人格,而非人格决定了地位。

在确定个人现代性这一种心理社会特质时,源于不同学科背景的学者,可能会基于不同的理论视角作出分析。英格尔斯对个人现代性的研究也是从一种特殊的理论视角出发的。他关注的重点是个人变迁,但是,他所要探讨的内

---

①Empathy 一词有多种中文译法,作为心理学概念,最常见的译法有:移情,同理心,投入理解,等等。

②英格尔斯指出,勒纳对于传统人、过渡人和现代人类型的建构,是他的理论中最具有特色的部分。但是,勒纳并不是唯一通过综合客观的地位特征及其态度、价值观来制定量表的人。其他学者,如施奈伯格(A. Schnaiberg)(1970 年)和罗杰斯(E. Rogers)(1969 年)也以同样的立场去设计量表,试图对现代个人的心理社会属性做出全面的描述。虽然这种程序具有合理性,然而,我们却很难辨明在因果过程中主观与客观因素的交互影响模式。(参见[美]A. 英格尔斯:《有关个人现代性的了解与误解》,载谢立中、孙立平主编:《二十世纪西方现代化理论文选》,上海三联书店 2002 年版,第 691 页。)

容是社会制度的特征与社会角色的特质之间的关系,或者说,社会制度的特征如何被纳入为个人社会角色的一部分。换言之,他在关注现代社会制度的特征对现代社会角色的要求时,更主要的是探讨了这些要求如何融入个人,成为现代人的心理社会属性。

为了使这个所要研究的关系模式具有较高的明确性,英格尔斯选择了以工厂作为现代制度或机构的代表。首先,关于社会制度特征的探讨。英格尔斯基于对工厂特征的分析,归纳出可能在工厂中"习得"的一组个人属性。在他看来,工厂的特征主要有:使用机械力量、有普遍的分工、对工作分配的时间体系、形成了技术阶层制等。而他所归纳出的与工厂制度相配套的个人属性主要有:个人的效能感、对新经验的开放态度、对科学和技术的尊重、接受严格划分时间的必要性、对未来计划表现出积极倾向等。而这些特征中的每一点都被定义为现代人的内涵。其次,关于社会角色特征的探讨。英格尔斯认为,一个生活在现代工业社会和都市社会中的公民,都有着一些特定的角色和特别的特征,例如在政治领域中,现代政体都会期望个人的参与,包括对新闻感兴趣、认同国家体制以及积极参与投票、竞选活动和聚会等。运用相同的分析模式,便可以归纳出与特定制度相配套的角色特征。

基于这一系列的研究分析结果,英格尔斯及其同事一共提炼出24个主题,每一项都定义了一个层面,归纳为个人现代性的一个部分。

二、"现代人"概念的使用

英格尔斯指出,"现代"这一概念也许可以被认为是标志着我们当前历史时期特征的一种文明形式。现代性在当代并非在世界各地都可以见到。现代性因地区条件的不同、既定文化的历史不同、被引入的时期不同等原因而呈现出差别。然而,即使是有这些条件的限制,也仍然存在着一种标志着现代特征的综合性症候,无论是在国家层面上,还是在机构层面上,这种症候都可以轻易地辨认出来。

英格尔斯认为,他们的工作从一开始就基于这样一种假设:没有任何一种单一素质可以最恰当地界定现代人。英格尔斯相信,个人现代性可以并且通常也应该以各种形式在不同背景中表现出来。换言之,他认为个人现代性是诸多素质的综合体或复合物,而不是一种单一的特质。因此,在他给现代人下定义的方法中,最显著的特征就是发展出了一系列广泛的主题,并且认为这些主题反映在现代人的态度、价值观和行为之中。他及其同事提出个人现代性的24个主题来作为综合体的构成部分加以检验。在研究工作中则把这些主题系列都纳入对现代人的测量之中。①

　　在英格尔斯的研究视野中,个人现代性的实质就是心理现代性。在他看来,心理现代性表现出一种极其复杂的多层面和多维度的特征。他在对于这种复杂的个人现代性的综合研究过程中,通过对六个国家的实地调查,获得了大量的实证资料,证实了他所定义的这种现代心理社会特征确实存在。但是,根据这些特征所确定的"现代"观念,仍然遇到了理论上的一些挑战,主要有以下三个方面:

　　第一个挑战,也是最常遇到的理论挑战,集中在使用"现代的"一词来描述所进行研究的性质或特征。不幸的是,发现无法接受这个词的人在选择替代词的时候,也莫衷一是。而在替代词中,最突出的有"工业化的""西方的""当代的""组织化的"和"科层制的"。使用"现代人"这个词有一种便利,就是人们已经习惯用"传统人"作为其反义词,它们成了一个连续统的两个端点。但是,无论"工业人"还是"组织人"都不能准确地表现出这样一种两极类型的特征。

　　第二个理论挑战表现在,英格尔斯等人把个人现代性看作一个整体的这一假说受到了质疑。个人现代性更深层的东西,即其内部联系以及形成这种内部联系的各种环境和条件,将会充分地揭示出人格各个方面的变化,在受到强有力的促进现代化的机构或环境的影响之时,并不是以一种随机相关的方式发生的。人格中某一方面的变化会与其他方面的变化产生有意义的关联,这种关联的方式就能使人们合理地宣称的确有一种个人现代性的症候群,而它对于外来影响因素的反应方式则基本上是相同的。

━━━━━━━━

① [美]阿列克斯·英格尔斯、戴维·H. 史密斯:《从传统人到现代人——六个发展中国家中的个人变化》,顾昕译,中国人民大学出版社1992年版,第19~22页。

　　第三个理论挑战是,指责英格尔斯等人的选择性过强,几乎只是集中在个人现代性症候群的那些因素。而这些因素表现的只是现代化进程的积极方面,而忽略了现代化进程的阴暗面相,即现代化常常会使人变得冷漠,缺乏人情味,严厉苛刻和官僚化,其结果往往是人与人疏远,不履行个人对亲属家族的义务,心理上出现不适应状态,等等。

　　英格尔斯指出,他们并无意把现代人说成是好的或坏的,为了探讨现代化过程中对于个人影响的密切关系,需要从理论上寻找一组一致的个人特征。但是,却并不想掩盖现代化过程中的消极一面。事实上,他们在研究中也的确考察和测量了某些理论家所假设的作为个人现代化消极伴随物的态度、价值观等。而事实是,被他们划入较为现代的那些人,更不容易于相信财富能够保障个人的幸福和快乐;他们似乎也跟较为传统的人一样,认为应该对老年人给予尊敬和关怀;他们同任何人一样,愿意帮助那些需要帮助的亲戚;他们也没有变得如此官僚化,以致竟然会建议官员偏袒那些本来就享有特权的人,而轻视那些真正出现迫切需要的普通人。这就是说,所描述的那些消极特征在一般情况下与个人现代性的症候群并不必然存在联系,与促进现代化的机构或环境也并不必然存在联系。另外,英格尔斯及其同事也注意到,较为现代的人对于社会中的其他人是较少持敌视态度的。而他们的研究结果证明,无论是个人现代性,还是与促成现代化的环境有更大程度的接触,都不会导致人们的心身状态出现较大程度的不适应性。

　　总之,英格尔斯认为,他们用以测量个人现代性的方法不是褊狭的,而那种认为在现代化进程中处于传统社会的人们会失掉诸如仁慈、友善、和谐、亲切、坦率、安全、个性化等优良品质的预言是失败的。现代人可能与以往的人有所不同,然而,他们并不是腐化的人,也不是病态的人或坏人。①

三、传统人的心理特征或心理传统性

　　英格尔斯曾指出,在传统的环境中,最广泛遍布的素质就是他们的研究所

①［美］阿列克斯·英格尔斯、戴维·H.史密斯:《从传统人到现代人——六个发展中国家中的个人变化》,顾昕译,中国人民大学出版社1992年版,第425~432页。

确认的传统人的特征。他们把这种传统人的特征归纳为这样一些方面：被动地接受命运，普遍缺乏效能感；害怕革新，不相信新事物；同外面的世界隔绝，对外界发生的一切毫无兴趣；信赖传统的权威，接受长者、宗教与习俗领袖的劝导；只关怀个人、特别是家庭的事务，对社区的事物很冷漠；只认同那些纯属地方和教区的小型群体，因而远离并畏惧较大区域和全国性的大型群体；为了适合狭隘的目的而形成或降低自己的志向，培养谦逊的、为自己一丁点利益而感恩不尽的情操；同下属和社会地位较低的人之间的关系是严厉的、具有阶级性的；对一切与维持自己日常生计没有明显实际关系的事务如教育、学习、研究，都不予重视。

当然，英格尔斯也指出，并不是所有这些素质特征在一切传统的环境中都普遍存在，而且这些素质特征并不是很一致地分布在处于传统环境的人们中间。然而，在欠发达国家，尽管存在着文化背景的不同，但是，这些素质特征在个人身上却极其普遍地存在着。

就传统人的这些素质特征而言，其中一些则能够使他们更易于适应生活，这类素质特征帮助他们成功地适应了生活过程中所遇到的实际环境。但是，这类素质特征也往往把他们固化在目前所生存的情境中和既有的地位上，这样的话，就会使那些过时的、陈腐的、时常令人难以忍受的制度继续下去，紧紧地束缚着人们。而要打破这种牢固的束缚，就要求人们在精神上变得现代，必须接受英格尔斯等人已经确认的现代人应有的那些态度、价值观和行为模式，并把这些东西融入他们的人格之中。假如没有这些现代人的因素存在，那么，无论外部条件还是内部变化，都不可能将一个落后地域带入到具有保持自我发展能力的先进地域的行列。①

对于传统人的心理特征或者说心理传统性，罗杰斯等人从心理现代性的反面角度做出了总结，他特定的指涉对象乃是农民的亚文化，主要包括了这样一些方面的内容：（1）人际关系中的相互不信任；（2）可感知到的有限善意；（3）对

①［美］阿列克斯·英格尔斯、戴维·H.史密斯：《从传统人到现代人——六个发展中国家中的个人变化》，顾昕译，中国人民大学出版社1992年版，第454页。

政府怀有敌意；(4)家族主义；(5)缺乏创新；(6)宿命观；(7)有限的期望与抱负；(8)缺乏延宕的满足；(9)狭隘的世界观；(10)较低的移情能力。①

第三节　个人现代性发生学的理论视角

如同其他一些学者对于现代心理特征或现代人格的形成做出了一些有价值的探讨，并且提供了诸多不同的解释视角，对于个人现代性的形成过程，英格尔斯也提出了自己的观点。在他看来，至少有五种主要的理论视野，可以对个人现代性的形成这一问题做出解释。

一、个人现代性的形成：一种先天倾向

似乎没有人明确地主张个人现代性的形成是一种先天倾向。但是，当对于那些来自相同背景、甚至接触了相同现代制度经验，但其身上却表现出不同程度现代性的人们进行解释的时候，这种观点却会一再地出现。

如果从个人现代性的特定社会内容来看，十分明显，在一种严格的意义上，没有任何人天生就是现代的；只有借助"变成"现代，经由成熟或社会化过程，或是经由这两者，才能变成现代的。然而，假如智力、支配和专断、活跃性、好奇心或灵活性等特质是天生气质的一部分，那么，它们势必同样能够对个人现代性的形成有所影响。

二、个人现代性的形成：早期家庭氛围的产物

强调这种观点的学者，把学习看作是个人现代性形成的原因，但是，却假设学习主要发生在人生的早期阶段，由于特定的家庭结构和氛围所导致，由此所形成的个人特质或多或少地将会在人的一生中保持稳定。

如果家庭环境差异乃是造成个人现代性差异的原因，那么，实际上则是提出了一种一般性模型。然而，从对于家庭环境的了解去预测个人现代性并不比

---

① Everett Rogers and Lynne Svenning, *Modernization Among Peasats*. New York: Holt, Rinehart and Winston, 1969.

预测其他人格发展结果会显得更加容易。家庭的主要作用实际上表现为赋予后代以社会地位特征，而不是传递出一套预先决定了的人格特征。然而，的确有某些证据表明，虽然统计意义上并不显著，但是，代与代之间的确具有人格特征的传递作用。而在"决定个人现代性的主要因素，乃是早期经验中父母和家人所提供的特殊性格"这样一种假设基础上所进行的研究，仍具有十分重要的意义。

哈根就十分强调家庭环境在形成作为个人现代性一种重要形式的创新人格时所具有的影响力，尽管他据以做研究的资料基本上是轶闻趣事，并且他的结论并不是立基于对当代个人的直接研究。麦克莱兰及其同事的著作，也对塑造个人高成就需求的家庭影响提出了系统的研究证据，等等。这些研究工作及其结果都意味着，从家庭到子女之间，有着某种明显的心理现代性的直接传递作用。总之，家庭环境或许具有其特定的重要性，但是，也并不像许多人所假定的那么重要。

三、个人现代性的形成：一种共享团体文化的表现

每个人至少都携带着一种文化基因，而来自复杂社会的人也许包容了一个或多个独特文化传统的基因。某些文化也许比较强调现代的特质，而来自这些文化的个人，自然也就比较具有现代特质。

可以说，韦伯对新教伦理的分析就是这种分析模式的原型。哈根对哥伦比亚的安蒂奎诺斯人（Antioquenos）及其他群体的叙事也可以说是这一主题的一个变种。麦克莱兰的研究为许多课题提供了比较系统的证据，而他对文化的研究则是基于对儿童读物的分析。但是，他并未就其所评估的不同儿童读物中的个人差异做出进一步的考察。

可以暂时下这样一个结论：某些国家的确比其他一些国家更加现代，而且由于这种差异在与教育因素和职业因素相互交叉之后仍然继续存在，因此，可以进一步说，这些差异的根源乃是来自特定人们所共享的文化体系。

四、个人现代性的形成：扩散—模仿—依赖理论的解释

假如界定为现代的制度以及与此相关联的情绪和行为都是西方独有的文化产物的话，那么，现代化便可看作是文化扩散过程中的一个特例。当然，工业生产、科学管理和大众传播的体系,仍然源自西方向外的扩散。同时,人们通常称之为"现代"的许多制度,也有类似的根源。

根本的而且内含的个人气质和心理倾向,就其本质而言,似乎不应该来自模仿,而是经过长期学习的缓慢发展过程而产生出来的。

经由扩散,西方以外的国家所获得的现代态度、价值观和行为究竟达到怎样的程度,是非常难以精确地测量出来的。可是,如果发展中国家的某一个社会阶级与这些新文化的国际传播者有直接接触的话,那么,模仿就会十分容易地展开。正是因为其他阶级没有这种直接接触的机会,因此,大众传媒特别是电影和电视在扩散某些西方模式的表层形式时,便会产生相当大的影响。这也正是依附理论的基本观点。

五、个人现代性的形成:社会学习理论的解释

马克思指出,人与生产方式之间的相互联系,促成了人们的社会意识。英格尔斯认为,个人之所以成为现代的,原因就在于他内化了所生活与工作的制度中的组织运行规则。

正如这一理论所预测的那样,在工厂中工作,在现代科层组织和农业合作社中工作,都会使个人效能感、对新经验开放以及对科学技术支持的程度呈现提高。由此,个人现代性变成了把某些制度环境的特征纳入为自我体系的一种特质。

英格尔斯认为,这五种理论角度或研究视野将能够对大多数个人现代性中的变量做出解释,而且他相信在这五种理论角度或研究视野中,学习理论最能够代表他本人的立场。他的这种立场在《迈向现代:六个发展中国家中的个人变化》一书中得以明确阐述,然而,能够充分确切地检验这种假设的研究尚未面世。同时,究竟是工厂和学校的哪些特质塑造了个人现代性?这些特质如何具体地产生了个人现代性的结果?对于这些问题都还有待于进行深入的分析。

第四节　个人现代性的研究设计与实施

一、个人现代性的内涵和外延

英格尔斯指出，关于现代人的观念，并不是他们的发明。在他们着手研究个人现代性之前，现代人的观念就已经存在了，尽管其内涵是含糊不清的。

以往的社会科学家提出了关于人的类型的各种观念，如雷德菲尔德阐述了乡村居民类型与城市居民类型的对立特征；斯通奎斯特（Sttoneguist）描绘了边际人；较晚近的里斯曼则描绘了传统导向的人、自我导向的人和他人导向的人；等等。关于人的"理想类型"出现在许多著名社会学家的著作中，但是，却很少被用实证研究来加以充分地分析说明。

英格尔斯强调，他们决定打破这种社会学传统，计划从事实际的测量，看一看他们在界定现代人时所依据的那些特征，与在现实的人身上作为一种心理社会的特征是否相符合。研究结果为他们提供了确切的证据，即现实生活中那些活生生的个人的确符合他们所定义的现代人模式，而且符合这种模式的人为数众多。不仅如此，在一种文化或社会里，界定个人现代性的那些基本素质，对于在其他文化和社会里界定现代人时也是基本适用的。由此可以说明，现代人不仅是社会心理学家心中的一种构想，这一类型的人在现实中的确是存在的，而且当社会心理学家对有关群体进行测量时，能够以非常高的效率和速度把现代人识别出来。

英格尔斯指出，在他们的研究中，现代人的特征可以概括为以下四个主要方面：

第一，现代人见多识广，是积极参与的公民。作为一种见多识广、积极参与的公民，现代人能够对于更崭新、更广泛的地区和国家形成认同；对国家的、国际的和地区的公共事务抱有兴趣；积极地加入各种组织和团体；随时了解国内、国际大事和形势；参与投票选举或在社会活动中扮演某种角色。

第二，现代人具有鲜明的个人效能感。反映在不论单个人时还是与别人合作时,现代人都可以用实际行动来影响自己的个人生活和社区的发展进程。他积极地致力于改善自己和家庭的境况,拒绝对生活中的一切都持被动、顺从和屈服的宿命论观点。

第三,现代人不受传统思想和习俗的束缚,具有高度的独立性和自主性。现代人独立于传统权威,在公共事务方面,乐于听从政府或工会领导人的意见,而不是乡村中长者的劝告。在个人事务方面,如选择职业和妻子时,则是依据自己的意愿而不是听从父母的安排。

第四,现代人乐于接受新经验、新观念。现代人是相当开放的,在认识上是灵活的。他乐于接受新经验和新观念,表现出对技术革新的兴趣,乐于与陌生人交往,愿意允许妇女参与更多的社会活动和扩大她们的职业范围等。

个人现代性的这些主要因素似乎对于更加工具性的态度和行为有一种共同的冲动。一般说来,综合个人现代性症候群的更具表意性方面和人与人之间的诸方面,常常显得不太重要,尽管也仍然鲜明地包括在这些症候群之中。这与相对强调以新的和有效的方法处理事务作为现代化过程的中心是相吻合的,也与主要作为负效应的与他人关系的改变是相吻合的。虽然这些是主要因素,但它们绝不会穷尽作为现代性症候群之一的部分特质清单。现代人在对于其时间、对个人的和社会的计划、对于倚重他的或者地位较低于他的人们的权利,对于使用正式规则作为处理事务的基础诸方面,也因人而异。换言之,心理现代性是作为一种非常复杂的、多层面的、多维度的症候群而出现的。①

英格尔斯对个人现代性的研究主要是基于一个国家的经济和政治发展的水平,即工业化、城市化和科层化的水平及其显著的文化传统,来对其民众的认知、态度和价值观进行分析。他的基本理论预设认为,在范围广泛的工业化社会中,处于相似社会经济地位上的人们也会在主观世界上有很大程度的相似性,至少在价值观和态度方面如此。

在设计和界定个人现代性内容时,英格尔斯从一种城市化、工业化社会的

———————————

① [美]阿列克斯·英格尔斯、戴维·H. 史密斯:《从传统人到现代人——六个发展中国家中的个人变化》,顾昕译,中国人民大学出版社 1992 年版,第 424~425 页。

"理想类型"入手,分析在一个社会中必须形成一些什么样的心理社会属性,社会成员才能以不同的社会角色有效地发挥作用,从而维持社会的正常运行。

> 我们的信念是,具有这种特征的社会鼓励一种特殊类型的人的发展,的确,它们要想有效地运转,也需要这一类型的人。由于以"现代"这个形容词来描述这一类型的社会已经被人们所接受,似乎也有理由用这个词来描述我们认为同这一类型的社会秩序有如此密切联系的人。①

英格尔斯认为,工厂是现代文明制度模式的典型形式,由此,他这样进行推测和构想:一方面,工厂将雇佣越来越多的工人;另一方面,工厂努力灌输、培养工人合理安排时间、合理制定规划、重视个人效能、接受新生事物、尊重科学技术这样一些观念和品质。与此相似,通过考察现代社会生活的其他各个方面,英格尔斯列出了其他现代社会的社会成员所应该具备的心理社会特质。

在英格尔斯所列出的十几项现代化的心理社会特质中,也包括了一些现代化在个人层面上所造成的消极后果,如其他学者所提出的不利于现代化的社会失范、社会疏离等。

二、个人现代性综合量表(OM 量表)

英格尔斯和史密斯从他们所列出的现代心理属性着手,编制了一系列量表,来测量各个生活领域中的个人现代性水平。经过广泛的试测之后,他们把一系列量表简化成一个含有 159 个项目的全面的个人现代性综合量表(Overall Modernity Scale,简称 OM 量表)。

20 世纪 60 年代初,英格尔斯主持了一项有关个人现代性的大型研究。在这项工作中,他及其同事第一次广泛地运用了 OM 量表。这项研究的样本为六个发展中国家的 5500 个 18~32 岁的男子。这六个国家具体是:以色列(集中重点在东方的或阿拉伯的居民)、阿根廷、智利、印度、尼日利亚和孟加拉国。这

---

① [美]阿列克斯·英格尔斯、戴维·H. 史密斯:《从传统人到现代人——六个发展中国家中的个人变化》,顾昕译,中国人民大学出版社 1992 年版,第 427 页。

一次调查获得了大量数据。

"现代人"的形象正是基于对这些调查数据的分析而提炼出来的,而且"现代人"的一些特质在这六个国家中也表现得相当一致。① 英格尔斯及其同事尤其对个人现代性的心理症候群表现出了高度兴趣。他们把个人现代性症候群的核心成分总结归纳如下:

(1)对新经验的开放性,易于接受崭新的事物、新交往的人和新的办事方式,如试图控制生育。

(2)越来越独立于传统人物如父母、神父的权威,而把忠诚转向政府、公共事务、工会、公益组织的领导人。

(3)相信科学和医学的作用,在困难面前不再持宿命论,也不再消极地忍受。

(4)强烈地希望自身和自己的孩子能够接受较高的教育,并获得较好的职业。

(5)遵守时间,而且总是预先计划和安排好自己的事务。

(6)对国家、社会事务、地方政治表现出强烈的兴趣,并且积极地参与。

(7)努力知晓新闻时事,在这种过程中,对具有国家和国际意义的新闻比对于涉及体育、宗教或纯粹地方事务的新闻表现出更大的兴趣。②

在经过具体研究之后,英格尔斯指出,这种心理现代性有关特质的症候群聚合在社会中的个体身上。因此,问题就在于考察导致这一过程的社会和文化力量的影响。不同于早先国民性研究中对各种文化力量如宗教、人种、家庭社会化、国家历史的残存物等的强调,英格尔斯的研究说明,心理现代性的重要决定因素是接触一个现代的或发达的政治和经济体系的诸个方面,如正规教育、

---

① 由于操作上的原因,这一次的研究对象只涉及六个国家的男子。英格尔斯认为,如果研究对象包括妇女的话,其结果也会是一样的。他强调,他们坚信所运用的绝大部分心理指标,不仅能够辨别出现代化的男子,也能够同样有效地辨别出现代化的妇女。他十分肯定地说:"那些使男子现代化的因素,诸如教育、在复杂组织中工作、与大众传播的接触——能够使女人也现代化"。(Alex Inkeles, *Exploring Individual Modernity*. Columbia University Press,1983, pp. 123—124.)

② Alex Inkeles, *Exploring Individual Modernity*. Columbia University Press,1983, p. 101.

工厂就业、大众传媒，以及在较小程度上还包括在城市居住和拥有消费品。这些因素的影响在前述六个国家中都表现为具有明显一致性。在英格尔斯看来，这种影响应较小程度地归因于有意地或直接地传授给人们的新的思想和价值观念，而应较大程度地归因于人们所处其中的社会结构本身，正是这种社会结构强迫人们以新的方式对世界作出反应，并且以新的方式看待世界。

如果更具体地加以表述的话，在英格尔斯那里，就对于心理现代性产生重要影响的因素而言，与价值观念之间呈现出弱相关关系，而与社会结构因素之间呈现出强相关关系。可以说，这一点也正是英格尔斯学说的最突出特色之一。正如他概括地指出的那样：

> 学校和工厂产生相同的结果，因为二者使个体接触组织的某些共同原则、分配权力和声望程序、给予奖惩以及时间管理的方法。个体的现代性因此就通过把某些制度性环境中的一些品质特点纳入自我系统中而变成了一种习得的品质。①

英格尔斯进一步的追问还涉及：不同社会的民众中被观察到的心理现代性的不同水平，是否基本上能够用接触这些制度环境方面的差别来加以解释，而不是用国民性、宗教或某种文化因素来加以解释。他的分析决定了有多少心理现代性方面被观察到的变异和社会之间的差别，可以用接触现代的制度环境进行解释。一旦这些接触受到控制，又有多少要用国别来加以解释。

> 我们已经提出了许多证据，表明随着受教育程度、在现代经济部门就业和接触大众传播媒介的增多，个人现代性会随之提高。由于这些导致更大程度个人现代性的经历在欧洲和北美社会的环境中较为普遍，因而在这两个大陆可能有较多的人有资格成为现代人。但是，这些人之所以是现代

---

① Alex Inkeles, "Understanding and Misunderstanding Individual Modernity." in L. A. Coser and O. Larsen (eds.) *The Use of Controversy in Sociology*. NewYork: Free Press, 1976, pp. 103—120.

的，是因为他们接触了促成现代化的制度，而不是因为他们的民族文化……

　　我们觉得我们的结论格外地明确了如下事实，即在发展中国家，更加现代的机构越多，这些机构分布越广泛，它们的人群中就有更多的人具有我们称之为现代的那些特征。①

英格尔斯发现，当学历、工厂经历、接触大众传媒、城市居住、拥有消费品及年龄等因素受到控制时，不同社会之间心理现代性的实质性平均差别减少了50％，甚至更大的比例。在一个回归分析框架中，国籍对个人现代性的影响比上述这六个因素的影响程度要小得多，尽管在统计上或实质上并非微不足道。英格尔斯指出：

　　这个结果使我们大为满意，因为我们的计划从一开始便依赖下述假设：某一个体在社会结构中的地位，而并非他的不同文化成为他的心理现代性的首要决定因素。然而，个体的这组背景因素——如教育和职业——比可变的国籍、文化环境重要得多，这一发现不应当被允许去掩盖下述事实：后者对其本身的资格而言是相当重要的影响。②

更进一步地说，英格尔斯相信，甚至这些遗留的国籍差别反映出的是更加现代的制度和民众中生活的一种"情境"影响，而不是文化和国民性方面的差别。孟加拉国的人民在态度方面始终一致地较少现代性，而以色列的人民则始终一致地较多现代性，即使在他们的教育、职业经历等被处理成相同水平之后，结果仍然如此。但是，英格尔斯争论说，这是以色列较现代的社会结构的某种情境关系的影响，它甚至影响到那些按教育、职业等来说并未直接接受现代化

①［美］阿列克斯·英格尔斯、戴维·H. 史密斯：《从传统人到现代人——六个发展中国家中的个人变化》，顾昕译，中国人民大学出版社1992年版，第433～434页。

②Alex Inkeles，"National Differences in Individal Modernity."Comparative Studies in Sociology，1（1978）：61.

影响的人,并非是体现了不同文化或宗教价值观的某种影响。

英格尔斯的工作在两种研究模式之间架起了桥梁。一种研究模式是早期整体性地探索文化与人格或国民性的方法,另一种研究模式是晚近时期的社会结构与人格的研究。虽然,他论述的是广泛的社会和个人现象即现代化和现代性,但是,哪一个也不被看作是社会或人格的整体。从概念上说,现代化和现代性已经分化成了一系列的成分或方面。在大多数的研究中,现代性被描述成一个单一的变量,但是,人们把许多注意力放在现代化(如教育、工厂劳动、大众传媒等)不同方面的影响上。对社会不同方面的这种考虑使得社会内部和社会之间的分析对于社会结构与人格的研究来说变得同等重要。此外,正如前面指出的那样,英格尔斯尤其强调那些与社会的文化层面相对应的社会的结构层面对于人格的影响,尽管他既没有在概念上也没有在经验上清楚地做出这种区分。最后他提出,要想理解任何宏观社会现象对于个体的影响,就必须考虑这样几个方面的问题:一是它在个体生活中所产生的最近的社会刺激和互动;二是个体对这些刺激和互动所做加工和反应的心理过程。然而,这最后一种兴趣仅仅微弱地反映在他所做的经验研究之中。[1]

总之,从这次调查研究中所得到的大量数据,英格尔斯总结出了个人现代性这一心理社会特质的症候群的核心成分。可以说,据此而描绘出了“现代人”的具体形象类型。而所使用的工具即个人现代性综合量表(OM 量表)。在这里,对于个人现代性综合量表的评价标准变得特别重要。英格尔斯及其合作者在设计和制定这一测量工具时,提出评价 OM 量表的标准至少有三个:

第一个评价标准是量表的信度。这是指 OM 量表能够在什么程度上于任何时间、任何地点都稳定一致地测量出心理现代性水平。根据已有的调查结果,OM 量表在英格尔斯等人所调查的六个国家的信度系数大致在 0.75～0.85 之间,所以,OM 量表是符合行为研究所要求的信度标准的。

第二个评价标准是量表的内在一致性。这是指 OM 量表各个组成成分之

---

[1] Alex Inkeles, "National Differences in Individal Modernity." *Comparative Studies in Sociology*, 1 (1978):65—67.

间的内在联系是否紧密,在什么程度上包括了个人现代性的信仰、价值观、个性
倾向等诸多方面的内容。英格尔斯用因素分析法来评估 OM 量表的内在一致
性。他发现,在所调查的六个国家中,围绕着一个相同因素,总有一组相同的价
值观、态度倾向出现。更重要的是,它们基本上与英格尔斯在理论层面上所界
定的个人现代性的那一组个人特质相同。于是,英格尔斯得出了下面颇具说服
力、或多或少有些惊人的结论:

> 我们的观察研究发现:在不同的文化中,个人现代性是由同一组个人
> 特质所界定的。这一情况表明:从结构上来说,人类的心理确实是一致的;
> 事实上,人类的心理可能确实是一致的。如要在心理结构的基础上讨论人
> 类心理的一致性,我们认为人类个性的自然属性、内在规律显然是基本相
> 似的。也就是说,人类个性是不会——我们认为在相当程度上也不可
> 能——随意变动的,就连较小程度的变化也是难以做到的。在可以预见的
> 将来,我们相信人类心理结构上的一致性为人类心理事实上的一致性提供
> 了坚实的基础。只要那些把人塑造成现代人的因素在这个世界广泛存在,
> 人类心理事实上的一致性是能够实现的。不仅仅结构上一致,而且内容上
> 也一致。[1]

在这一发现的基础上,英格尔斯自信地把现代性的各个方面组成一个世界
性的综合现代性指标。但是,一些研究者在使用相同或类似的现代性量表进行
研究之后,发现把现代性归纳成某一方面这样一种方法是有问题的,认为那些
支持这种做法的论据并无多少说服力。例如,一项研究在检验了五种广泛运用
的心理现代性量表之后发现,没有哪一种或哪几种因素能够充分地解释 OM 量
表的得分差异:在描述现在样本的态度与价值观时,现代性这个词应该包括一

---

[1] Alex Inkeles, *Exploring Individual Modernity*. New York：Columbia University Press，1983，
pp. 102—103.

组态度、行为,而这些态度、行为对各种现代性因素的反应是不同的。①

第三个评价标准是量表的预测性效度。它是指当有其他独立的评价标准认为一个人是现代人时,OM 量表能够在何种程度上准确地判断出这个"现代人"。由于没有一个能够评价个人现代性水平的独立标准,英格尔斯只能选择一种方法论上不甚严格的外部效度方法来评价 OM 量表的这一性质。他们先在六个国家中确立了几个判断群体,这几个判断群体的社会背景是不同的,因而它们的现代性水平也应该是不同的。然后,再在这些判断群之间进行统计比较分析,以评价 OM 量表的预测性效度。为了进行比较,英格尔斯挑选了四个主要的评价群体:(1)居住在传统乡村社区的农民;(2)不从事工业生产的城市劳动者;(3)刚刚从农村地区迁入城市、尚未融入工业生产的新移民;(4)已经在城市工厂中工作了三四年的正式城市居民。英格尔斯假定这四个群体的现代性程度呈现由低到高的逐渐上升状况。

在对调查资料进行统计比较分析之后,其结果与英格尔斯所预料的完全一样:正规教育、在城市工厂工作以及接触大众传播这些经历,对个人现代性水平的确会产生很大程度的影响。拥有现代化经历的个人比没有现代化经历的个人在 OM 量表上的得分明显高很多。英格尔斯的理论预设是:某些现代化的社会机构对个人的现代性水平会产生重要的影响。用 OM 量表测量的结果表明,在较多地受到现代化机构影响的人们之中,有 76% 的人具有了现代性的特质,而在较少受到现代化机构影响的人们之中,只有 2% 的人具有现代性的特质。②

由于个人现代性综合量表较大程度地符合上述三个标准,所以,英格尔斯对 OM 量表表示出较强的信心。

三、研究结果的基本解释

在个人现代性综合量表制定之后,接下来的研究工作中,英格尔斯及其同事着重考察了伴随着社会现代化的社会结构变迁过程,试图从中找到心理现代

---

① [美]A. 巴洛齐齐:《发展的社会心理学分析》,载谢立中、孙立平主编:《二十世纪西方现代化理论文选》,上海三联书店 2002 年版,第 724~725 页。

② [美]阿历克斯·英格尔斯、戴维·H. 史密斯:《从传统人到现代人——六个发展中国家中的个人变化》,顾昕译,中国人民大学出版社 1992 年版,第 8 页。

性的基本原因和前提条件。他们发现,由于国家不同,有 32%～62%(平均为
47%)的现代性差异指数可以用 10 个与社会经济状况密切相关的社会背景变
量来加以解释。在这些解释变量中,正规教育无疑是个人现代性水平最重要的
决定因素,它对于个人现代性水平的影响程度比其他任何一个背景变量的影响
程度大 2～3 倍。而大众传播和个人职业经历对于个人现代性水平的影响程度
大致相当,仅次于正规教育对于个人现代性水平的影响程度。英格尔斯认为,
工厂是复杂的、角色分化的、技术管理的工业组织的典型形式,所以,人们在现
代化工厂的工作经历对于个人现代性水平将会产生很大程度的影响。

　　在一项补充研究中,英格尔斯估计了个人种族背景对其现代性水平的影
响。研究结果表明,与受教育程度、接触大众传播、在现代化机构工作经历这些
社会背景因素相比,种族因素的作用显得非常小。对于个人现代性水平的差
异,除了其他社会背景因素所能够做出的解释之外,种族因素只能解释其中的
4%。而对于这一情形,也存在着多种可能的解释。其中的一种解释认为,由于
种族不同而呈现出来的个人现代性水平的差异,其原因在于"环境效应",换言
之,不同个体所处的社会环境不同,造成了这种由于种族不同而呈现出来的个
人现代性水平的差异。很显然,那些生活在现代化的社会和工作于现代化的机
构中的个人,由于所处的环境影响,其现代性水平应该明显地相对较高。而英
格尔斯也倾向于这种解释。因此,从本质上看,他并不认为文化、民族特征能够
影响个人的现代性水平。[①]

　　总之,在英格尔斯看来,社会结构因素对于个人现代性水平具有重要的影
响作用,而且社会结构因素对于个人现代性水平的影响有力地支持了他们的理
论预设:(1)与现代化制度或机构的广泛接触,特别是与大规模生产企业的广泛
接触,将会有助于在个人层面上产生了一系列的态度、价值观与行为方式的变
化,这些变化就是心理现代性。(2)即使在一个人成年之后,有关的现代化经历
仍然能够影响其现代性水平,换言之,这种影响并不仅仅局限在一个人的童年

---

① Alex Inkeles, *Exploring Individual Modernity*. New York: Columbia University Press, 1983,
　　pp. 164—183.

和少年时期。英格尔斯认为,这一结论是对当时广为流行的人格理论,尤其是弗洛伊德人格学说的挑战。(3)心理现代性的各个基本方面和心理现代性的发生过程在很大程度上与种族、文化、民族等因素之间没有必然联系。OM 量表的主要内容涉及被调查者的态度、意见、价值观以及被调查者所处社会环境的一些情况。这些因素占据了量表内容的 90%,其余内容大多是被调查者行为的回溯资料。因此,在评价心理现代性这个概念时,就遇到一个十分重要的问题,即,现代性仅仅是一种思想状态吗? 也就是说,现代化个人的行为方式与现代社会的制度要求是不是一致的? 对于这个问题,可以从两个方面来考虑:第一,对个人来说,现代化的态度在何种程度上一定会导致现代化的行为? 第二,现代人的行为是否明显地有助于经济和政治的发展? 对于这两个方面的问题,英格尔斯的回答是非常肯定的:

> 　　我们肯定这种研究已经提供了充分的证据,即确定个人现代性的态度、价值观的变化的确同时伴随着个人行为的变化。我们相信,这些个人行为的变化能够导致国家经济体制现代化的变迁,而且个人行为的变化支持了国家经济体制的变迁。①

四、心理现代性与社会现代性的关系

　　基于对个人现代性的研究,英格尔斯指出,个人现代性综合量表所测量出的结果并不是带有明显的欧洲文化印迹的一种心理社会症候群。相反,他相信,它有一个更高的目的,即揭示出一种具有普遍性的人类特质,这就是说,个人现代性在意义上是跨文化的,在范围上是超国界的。没有任何一个国家或任何一种文化能够宣称这种个人现代性的症候群是其所独有的财产。在所有的社会中都可以找到现代人。在任何社会中,不管它的历史文化传统是什么样

---

① [美]阿列克斯·英格尔斯、戴维·H.史密斯:《从传统人到现代人——六个发展中国家中的个人变化》,顾昕译,中国人民大学出版社 1992 年版,第 451 页。

的,现代人都能够逐渐地变成大多数。①

　　个人现代性对社会的影响是什么? 也许这是英格尔斯研究工作中自始至终面对的一个核心问题。英格尔斯指出,个人现代性研究的重点内容是个人变化如何在一个正在进行现代化的社会中发生,更具体地说,个人变化是如何经由接触现代制度而发生的。但是,却也有人指责这种研究包涵了这样的观念:"个人变迁必先于社会变迁",或者"社会变迁比体系变迁更为重要"。正像制度对个人的冲击应被看作是一个问题,个人对社会体系的冲击也应被看作研究课题。为了说明个人现代性研究的本意和宗旨,英格尔斯把需要澄清的误解归纳为以下一些问题。

　　第一,激进的或革命性的基本结构变迁,由于涉及整个社会体系,很少会受国民性格的心理特征或众数人格②所决定。

　　第二,英格尔斯认为,只有在当他们拥有了测量个人现代性平均水平的技术时,他们才能就人们的心理特征对于社会现代化的相对贡献做出一种客观的评估。而对这些个人现代性的心理特质的测量,经过加权,连同其他的因素,便可以用来评估一个国家的早期特质如何能够预测这个国家后来的状况。这种方法正是麦克莱兰在《成就社会》一书中所采用的,但他测量个人特质的方法显得不够直接,所以,其研究结论的效度和信度也都是令人怀疑的。

　　第三,某些宗教、种族或其他亚文化群体,似乎较能在现代化过程中扮演独特的角色。这些文化特质也使其成员在这些角色,尤其是企业家角色的履行上更为出色。韦伯对新教伦理的精辟分析,麦克莱兰对家庭教养方式产生高成就

---

①[美]阿列克斯·英格尔斯、戴维·H. 史密斯:《从传统人到现代人——六个发展中国家中的个人变化》,顾昕译,中国人民大学出版社 1992 年版,第 434 页。

②"众数人格"(modal personality,或译"众趋人格"),是文化人类学家柯拉·杜波依丝(Cora Dubois)提出的。其基础是"人类心理一体"的观念,即,有一些经历和一些由心理因素决定的紧张(主观感觉为各种欲望),是每个人都无法回避的,尽管各人满足这些欲望的方式和满足的水准都不尽相同。生和死、生长和性需求、疲劳、笑以及饥饿就是这些经历的一部分。在杜波依丝看来,生活在世界各地的所有人群的基本一致性,为对由文化决定的人格结构进行比较研究提供了基础。她将"众数人格"理解为,由生理与神经因素决定的基本倾向和由文化背景决定的人类的共同经验交互作用的产物。在不同的社会中,排斥、引导和满足这些需求的方式是不同的。([美]威廉·萨哈金:《社会心理学的历史与体系》,周晓虹等译,贵州人民出版社 1991 年版,第 248~249 页。)

需求的研究,以及哈根对创新人格的个案探索,都是以这种假设作为出发点的。但是,他们的研究都只是个案研究,而未建立起一般的效度。即便采用了较大的样本(如企业家样本),似乎也并未能够对"这种角色源自独特的家庭气氛"的假设提供更多的证据。

第四,个人现代性所导致的社会后果,乃是使个人在其社会中以及在较直接的社会网络中,扮演一个新转换的社会角色。获得现代性的个人,尤其是在那种尚未形成主要规范的欠发达国家中,一旦与较不现代的人相比,他们更会采取另一种社会角色。他们对于志愿者组织比较活跃,并且比较经常地参与政治;他们实行生育控制,因此子女较少;他们子女的入学年限也较长,而且鼓励子女从事技术性较高的职业;一般来说,他们比较积极地宣扬社会变迁。而且这些行为特征可以不断地持续下去。

在英格尔斯看来,这种行为只是一种比较有效的因应手段,对个人及其家庭有利,但对社会而言,却没有特殊的益处。但是,当它在许多个人当中一直累积,这些现代行为将可以变成一种集体性的输入,从而变成任何国家发展规划所必需的条件。即便是在改变生产资料所有权的革命中,情况也会是如此。

英格尔斯及其同事在所调查的六个国家中,曾经提出过这样的问题:"对于你的国家的未来,什么是比较重要的?"所提供的备选答案有四个:(1)人民的努力工作;(2)政府的完善计划;(3)神的帮助;(4)幸运。调查的结果是,较为传统的人们选择了后两者;较为现代的人们则选择了前两者。在前两者中,更为现代的人们最常选择的,不是政府的完善计划,而是人民的努力工作。

于是,英格尔斯指出,他们的许多证据表明,随着受教育程度、在现代经济部门工作和接触大众传播媒介的经历增多,个人现代性的水平就会提高。由于这些经历导致较大程度的个人现代性在欧洲和北美的社会环境中较为普遍,因而在这两个大陆可能有较多的人有资格成为现代人。但是,这些人之所以是现代的,是因为他们接触了促成现代化的制度或机构,而不是因为他们的民族文化。这样的话,英格尔斯认为他们的研究结论十分明确了以下事实:在发展中国家里,较为现代的机构数量越众多,分布越广泛,那么,置身其间的人们当中就会有更多的人具有被称之为现代的那些特征。①

第五节　关于个人现代性研究的论争

英格尔斯作为重要学术带头人的个人现代性研究,在现代化理论、社会心理学等领域中开拓了全新的视野,赢得了极大关注,并产生了重要影响。但是,与此同时,他们的研究工作和成果也引起了一些学术论争。这种论争在现代化以及人的发展成为一个重要主题的当今世界一直继续着。在有关质疑与回应的交锋过程中,反思与进展又都在不断地丰富这个学术领域。

一、个人现代性与个人传统性的相容度

早期的现代化理论将传统性与现代性理解为不可兼容或非此即彼的对立两极。由此形成了一种广为人知的印象便是,现代性,不论它可以给个人带来多少好处,都将会牺牲掉当地社区的原貌,因为它将使人们丧失了对传统的义务、特别是对亲族的义务的履行。这种假定由于理论与实证研究中所建构的"现代"与"传统"的两极对立而得以更加强化。由此便会让人认为,支持大多数现代模式必然会拒绝所有传统模式。应该说,这种直接的冲突在某些领域里也许不可避免。

现代人能够符合工业科层体系,如生产与行政的最低要求,但是,在其他行为表现上却有着很大程度的变异性或灵活性,并不一定会与研究工作中所定义的现代性标准发生抵触。简言之,个人现代性事实上可以与许多取向和行为相容共存,而这些取向和行为在某些分析家眼中乃是传统主义的一部分。

为了估计现代与传统这种看来和平共存的现象是否只是早期现代化的特征,更进一步的研究是非常必要的。英格尔斯认为,在后续研究中,应该能够发现同样的特征。

---

① [美]阿列克斯·英格尔斯、戴维·H. 史密斯:《从传统人到现代人——六个发展中国家中的个人变化》,顾昕译,中国人民大学出版社1992年版,第433~434页。

二、个人现代性定义是否只强调了现代人的积极特质

英格尔斯指出，他们对于个人现代性的定义经常遇到的挑战是，认为这种定义排除了检验其他假设的可能性，而这些假设可能使研究在一种不同的角度下进行。例如有的批评者指出，个人现代性的定义只强调了现代人的积极特质方面，而没有认识到现代人的消极特质方面，如疏离感、心理压力以及对亲族不尽应有的义务等。

英格尔斯指出，对于这种挑战，他们以两种方式加以回应：一是可以说，检验别人的理论并不是一个研究者的义务，假如有人认为现代人亦可能是疏离的、烦恼的和不可靠的，那么，检验这个假设应该是提出此观点人的义务。但是，也可以有另一种方式的回应，即他们可以接受挑战，并就此对外来的特定假设进行检验。据此原则，他们在访谈中加入了对于失范现象、疏离感、心理调适以及对亲族承担传统义务等方面内容的测量，但并没有加入他们对现代人定义中的那些特质，因此，他们的实地调查工作不仅检验了他们自己的假设，也检验了其他学者的假设。事实上，定义成现代的个人特质，在不同的研究者当中呈现出相当程度的重叠性。有关宿命观、移情、效率感、创新性、灵活性、成就取向、见多识广和积极的公民角色都存在不同的看法。研究个人现代性的学者，也常感到有测量心理压力、疏离感和失范现象的必要性。这种主题的反复出现，可能只是由于扩散和模仿，或许也暗示了后来的研究者缺乏想象力。另外，这种现象亦可说是源自差别的取用。也即只有紧随某个理论观点的人，才会接受这样的看法。但他们宁可把这种观察到的汇流现象看成是对个人现代性心理社会特征的定义已有了一种令人注目的理论化结果，并要求对其中的核心因素加以继续探究。

个人心理上对现代化冲击的不适应性，就是个人现代性消极方面的重要表现。正如许多人类学家的田野调查报告所指出的那样，一旦欧洲带给一些小型的孤立文化（即尚未运用先进科技的文化）冲击之后，就将会产生一些不利于个人的后果，尽管存在着一些重要的例外情形，正如玛格丽特·米德（Margaret Mead）所描述的马努斯人（Manus）一样，这种接触大多造成了文化消亡（decul-turation）、个人解体、酗酒或其他形式的沉溺、倦怠、沮丧、焦虑、高度攻击性以

及压力感等。

相形之下,本身具有高度文化的"非现代社会"中的个人、特别当他们属于一个多少自主的民族国家时,接触现代制度之后所产生的结果,则会显得十分不同。

因此,英格尔斯相信,有关现代化对个人心理调适所形成的冲击这一种现象的确非常复杂,尚未有任何确定的结论可以赢得普遍的支持。

三、个人现代性是否是一个属于西方的概念?

英格尔斯指出,他们所定义的现代人及其属性,可以在许多时空中出现。因此,切不可把它与基督教或日耳曼语言中的西方概念相等同。但是,一般而言,西方的文化传统却较容易孕育出它们所辨识的现代特质。从 9 世纪到 12 世纪,个人现代性的特质,在伊斯兰教统治的地区反而较为普遍。但是,它们辨识的特质,在 20 世纪的欧洲广为盛行。尤其是在晚近 50 年至 75 年之间,世界上其他地区的许多个人也逐渐地转变成为所谓的"心理上"的现代人。也许有人会说这些个人变得"西化"了,或者说是比较像西方人,但英格尔斯本人宁愿说他们变得比较"现代"了,因为他发现现代性的特质展现出一种普遍的模型,所表示的是人类潜能的一种形式,一种在特定社会情况下和特定历史时间里逐渐凸现的形式。

在现代制度如工厂、学校、医院和大众传媒等产生以后,社会必然要求形成与这些制度相适应的社会角色、价值观、态度、习惯和行为方式等。新的制度如果没有那些具备必要特质的社会成员来加以执行,以使其能够有效地运作,那么,任何设计得再完善的制度都将只是一纸空文。

每一个国家或民族,应该可以自由地选择被普遍认为是现代的制度,或者按照原有的方式生活,或者借鉴其他模式,或者自己发明创造全部崭新的制度。不论选择哪一种途径,都将会对人民的心理状态提出其独特的要求。

假如某个民族选择了现代制度,那么,现代特质便成为必需品。西方国家可以输出可口可乐、牛仔裤、好莱坞电影和资本密集型生产,却无法输出现代性。既然根植于人民的心理,那么,它必然是一种本土的产物,不管其根源是否来自外国。

四、现代化心理与现代化行为之间的关系有待深究

英格尔斯指出,当一个人在个人现代性量表中得分越高时,就表明他是一个见多识广、积极参与的公民。一个人的个人现代性得分越高,他关注公共事务和参与公共活动的频率越高,关注政治事务和参与政治活动的频率越高。正如许多研究结果所显示的那样,较为现代的个人,比较渴望变迁,对新经验采取开放态度,较不相信宿命观,并且对权威和既有传统较少怀有敬畏之心。正是因为社会和经济变迁往往十分缓慢,而社会体系常常是无法或不能即时作出反应,因此,具有变迁取向的现代人,他们的疏离程度也就会相应地较大。但是,这种推论必须视社会背景而定,简言之,在政府有较多反应的社会中,或对于正在致力于快速社会变迁的政府,较为现代的个人反而将会出现较少的疏离感。参与的公民似乎将拥有较大程度的个人现代性,这应是具有共识性的结论。另外,疏离与失范之间表现得不一致,有时与现代性相结合,有时则不是,必须视其国家或社会的不同情境而定。

但是,也有一些研究结果与英格尔斯的结论不太一致。这些研究结果显示,现代化的价值观与现代行为之间的联系是比较模糊的。20世纪70年代,麦克尔·埃默尔(Michale Armar)和拉瑞·伊萨克(Larry Issac)的一项研究专门探讨了这个问题。他们仔细考察了现代化的行为方式与现代化的心理之间的关系。在研究中他们用简化的OM量表测量心理现代性水平,以各种现代化研究文献中所描述的现代化的行为来代表现代化的行为方式。研究结果表明,在所考察的15种行为中,只有3种行为明显地受被访者的心理现代化水平所影响,这3种行为是经常读报、经常祈祷、参与政治讨论。相比之下,诸如教育、年龄、收入这些因素能够解释41.4%的现代化行为的指数差异,而被测量者的OM量表得分只能解释0.9%的现代化行为的指数差异。由此可见,心理现代化与行为现代化之间的关系是相当不确定的。[①]

由于缺乏对于发展进程做一种跨国性和长时段的研究,而且有关的心理因

[①][美]A.巴洛齐齐:《发展的社会心理学分析》,载谢立中、孙立平主编:《二十世纪西方现代化理论文选》,上海三联书店2002年版,第728页。

素与社会结构因素的资料也很少,所以,心理现代化能够在何种程度上有利于经济政治发展,仍然存在着很大的争议,只能进行一些大致的推测。但是,由于这个领域中的大多数学者都把心理现代性看作一个中介因素,而不是理解为社会发展的动因,所以,心理现代性对于社会发展会产生什么样的具体后果,并不影响它作为一个理论概念所应有的价值。

英格尔斯指出,一些现代化研究者常常在某种程度上对这样的论断做出了相反的理解,例如,"为了摆脱落后社会的过时的、压抑性制度的束缚,首先要求人民精神上的现代化,也就是他们必须把现代人的态度、价值观、行为方式整合进他们的人格之中去。如果没有这一点,无论是外部援助还是国内革命都不能使一个落后国家进入能够自我保持发展的国家行列之中。"①尽管偶然出现这样的误解,英格尔斯却多次坚定地表示,他认为"个人变迁必须先于社会变迁是该领域中大多数研究者对这一观点的最严重的误解"。②

---

① [美]阿列克斯·英格尔斯、戴维·H. 史密斯:《从传统人到现代人——六个发展中国家中的个人变化》,顾昕译,中国人民大学出版社 1992 年版,第 454 页。
② Alex Inkeles, *Exploring Individual Modernity*. New York: Columbia University Press, 1983, p. 25.

第四部分
心理现代性与后现代境况遭遇

第九章　里斯曼：三种导向社会性格的更替

西方近几百年的历史就是后两种性格类型逐渐交替统治的历史。先是传统导向型让位于内在导向型，而内在导向型又被他人导向型所取代。当然，社会与性格类型的转变并非是一蹴而就的。

——戴维·里斯曼

在探讨现代化进程中社会心理变迁的学者当中，戴维·里斯曼（David Riesman）提出了独特的理论视野，即社会形构类型与社会性格类型之间关系的理论。他以西方工业社会，尤其是美国社会的特殊发展背景作为基点，通过将社会性格及其类型的划分作为分析视角，透视了社会心理因素及其所反映的社会结构变迁的进程。里斯曼用他自己所建构的社会性格的三种类型作为分析工具，考察了它们之间的替代性变化，即从传统导向型性格向内在导向型性格的演变，以及内在导向型性格再被他人导向型性格所取代的进程，从而独特而深刻地反映出了社会变迁进程如何从传统形构向现代形构、再向后现代形构的过渡，换言之，他用变迁的社会性格类型描述了变迁的社会形构类型。而在他看来，这种社会性格类型又是社会形构类型的产物。

第一节　社会形构类型与社会性格类型

里斯曼在 1950 年出版的代表性著作《孤独的人群》①中提出了他的社会性格类型理论。他指出,就《孤独的人群》的关注点而言,虽然总体上更重视从传统导向到内在导向、再向他人导向的特定的宏观历史发展进程,但是,却也没有忽视心理适应性这一微观的变迁进程。而在研究视野上,一般而言,精神分析的性格类型学,以卡丁纳为主要代表,是从个人出发而接近社会的。《孤独的人群》的研究则选择了另一条途径,即以工业社会和美国社会的特殊历史发展为起点。

里斯曼指出,在最重要的理论层面上他所提出的假设是,当旧的以生产和工作为特征的社会功能丧失生命力之后,以消费和人际关系为特征的新社会结构的出现,就必然会产生出一种新的社会性格类型。但他并不认为,在社会性格表现上个人是其社会角色的复制品。

在里斯曼看来,他仍然未能解决个体内部的心理机制问题。如果性格类型的划分只是为了便于理解总体社会变迁的话,那么,个体内部的作用就会是多余的。心理学家很容易出于理解社会变迁的目的而对个体作类型划分,但事实上却很难把具体个体划分为纯粹类型。

里斯曼在《孤独的人群》一书中使用了"社会性格"(social character)这一核心概念,以试图概括当代社会较为重要的社会群体,因而不同于民族性格(national character)或众数人格(modal personality)等概念,而其他一些概念通常是指群体或民族中性格倾向的集合概念。②

在对社会变迁做出解释时,里斯曼所选用的理论工具是人口发展周期理

---

① David Riesman (in collaboration with Reuel Denney and Nathan Glazer), *The Lonely Crowd: A Study of the Changing American Character*. New Haven, CT: Yale University Press, 1950.

② [美]大卫·里斯曼等:《孤独的人群》,王崐、朱虹译,南京大学出版社 2002 年版,第 9～10 页。

论。然而,他指出,用人口发展周期来描述社会发展进程,也许不如用经济发展、都市化和教育普及来作为解释工具显得更加有效。但需要理解的是,他所用的人口增长曲线并不是导致特殊社会性格出现的原因,应该说,社会心理变迁总是以社会制度变化为中介的。因此,较模糊的人口增长模式或人口增长稳定性与社会发展模式都共同地反映了某一历史阶段的要求。①

可以看到,在里斯曼的研究中充满了时间和空间维度,正如他所指出,《孤独的人群》所探讨的是社会性格以及不同地域、不同时代和不同群体的人们在社会性格上的差异。不同的社会性格类型一旦形成社会的深层积淀,便会在工作、娱乐、政治和子女教育等各种社会活动中表现出来。②

首先让我们看一下,里斯曼所提出的且作为其理论核心概念的"社会性格"的具体含义是什么?

> 社会性格既不是指现代社会心理学中用来表示整个自我的人格,也不是指天生的气质、才能、生理的和心理的成分,以及暂时性或永久性的特质。⋯⋯所谓的"性格",与当代的一般用法也有出入,后者仅仅指的是人格的一部分,由经验而非遗传作用形成的(划分经验和遗传的界限绝非易事)。而我所谓的性格,是指在社会和历史因素或多或少的作用下,形成的个人驱动力和满足需要的结构,即个人用来接触世界和他人的一种"例行"⋯⋯"社会性格"是特定社会群体间共享的那部分性格,正如大多数当代社会学家界定的那样,它是群体经验的产物。⋯⋯社会性格的概念使我们可以进一步讨论阶层、群体、种族和民族的性格。③

探究社会性格所内在具有的调适性,不仅是里斯曼研究工作的一个重要目的,也表现出他的分析视角的功能性特征。

---

① [美]大卫·里斯曼等:《孤独的人群》,王崑、朱虹译,南京大学出版社 2002 年版,第 19 页。
② [美]大卫·里斯曼等:《孤独的人群》,王崑、朱虹译,南京大学出版社 2002 年版,第 4 页
③ [美]大卫·里斯曼等:《孤独的人群》,王崑、朱虹译,南京大学出版社 2002 年版,第 4 页。

　　我把"调适性"一词与"社会性格"一词交替使用,尽管"调适性"概念不能完全表达"社会性格"概念,充其量仅只包含了其中一部分含义。比如创造力是社会性格的一部分,如果缺乏创造力,则社会和个人的生活即使是相当乏味,也能过得下去;但如果没有适应性,即使它以对抗性的方式出现,社会和个体也绝不可能维持下去。[①]

　　里斯曼研究关注的重点是,自中世纪以来西方社会两次革命以及这两次革命与西方人的"调适性"或"社会性格"之间的关系。在他看来,第一次革命在过去四百年里荡涤了统治人类大部分历史的以家庭或以家族为核心的传统生活方式。这一次革命包括文艺复兴、宗教改革、反宗教改革、工业革命以及17世纪、18世纪、19世纪的政治革命等。这一次革命仍在进行当中。

　　但是,在最发达的国家,尤其是在美国,第一次革命已经让位于另一种形式的革命,即随着生产时代向消费时代过渡而发生的整个社会范围的变革。

　　里斯曼所使用的研究方法之一来自人口学,通过运用这种方法,他试图探讨中世纪以来西方社会特定的人口变动情况与特定的社会结构和社会性格演变之间的关系,尤其是特定的社会形构和社会性格类型演变之间的关系。

　　他认为,在中世纪,西方国家的人口增长曲线呈现出特殊的S形。[②] S形曲线底部的水平线表示,因出生人口数等于死亡人口数(两者数值都非常高)而呈现出整个人口增长缓慢或几乎零增长的态势。在这种类型的社会中,年轻人占总人口的比例较高,然而,平均预期寿命却较低,所以,世代之间的更替进行得非常快。这种社会被认为是处于"高增长潜力"时期,即一旦某种因素的出现(如粮食增产、卫生保健措施改善、疾病原因认识取得新进展等)降低了较高的死亡率,就必将导致人口的快速增长,从而形成"人口骤增"现象。西方社会自17世纪起便开始出现这一现象。

---

①[美]大卫·里斯曼等:《孤独的人群》,王崑、朱虹译,南京大学出版社2002年版,第6页
②里斯曼认为,越接近西方文明的国家,其人口发展趋势越接近于S形。S形曲线并不是某种人口增长理论,而是对西方社会所发生的以及受西方社会影响的地区所发生的人口变化情况的经验性描述。

　　人口骤增现象以 19 世纪的欧洲以及欧洲人居住的国家最具典型性。这种人口骤增现象可以用 S 形曲线的垂直线来表示。人口统计学家称这一阶段为"过渡增长"时期,因为出生率随着死亡率的降低而呈现出波动,人口增长率也随后出现降低。人口统计学开始从人口的中年人和老年人的增长率发现人口增长的第三个阶段,即"初期人口减少"时期。这一阶段的社会特点,可以用 S 形曲线上端的水平线来表示。这一阶段同第一阶段一样表现出总人口增长数的减少趋势,但这是由于该阶段人口出生率和死亡率都很低所导致的。

　　生育、生存、生活的机会,人类的需求与供给、生活空间、市场规模、儿童地位、人类对生命力和衰老的感受,以及其他很多基本条件的变化,都能够影响人的性格。人口曲线的三个不同阶段从一定意义上反映了按照各种方式塑造社会性格和确保调适性的社会条件。

　　一种直观结果表现为,在人口发展的不同阶段上,就形成了不同的社会性格类型。而实质上,在人口发展不同阶段上所反映的则是社会不同形构的类型。因此,可以说,人口发展的三个不同阶段,导致了三种不同的社会形构,并且形成了相应的三种社会性格类型。

　　在"人口增长潜力"时期的社会形构中,其典型成员的社会性格表现为,他们的调适性来源于遵循传统的内在倾向。这种类型的人被里斯曼界定为"传统导向"(tradition-direction)性格的人,因为他们生活的社会是一种依赖于传统导向的社会。

　　在"人口过渡增长"时期的社会中,其典型成员的社会性格表现为,他们的调适性来源于早年生活所确定的内心目标。这种类型的人被里斯曼界定为"内在导向"(inner-direction)性格的人,因为他们生活的社会是一种依赖于内在导向的社会。

　　在"初期人口减少"时期的社会中,其典型成员的社会性格表现为,他们的调适性来源于对他人期望和喜爱的敏感。这种类型的人被里斯曼界定为"他人导向"(other-direction)性格的人,因为他们生活的社会是一种依赖于他人导向的社会。①

表 9-1　里斯曼理论关于社会形构类型与社会性格类型的对应关系

人口发展阶段	社会形构类型	社会性格类型	社会心态类型
"人口增长潜力"时期	依赖传统导向的社会	"传统导向"性格	羞耻感
"人口过渡增长"时期	依赖内在导向的社会	"内在导向"性格	罪恶感
"初期人口减少"时期	依赖他人导向的社会	"他人导向"性格	焦虑感

　　关于三种社会性格类型概念的使用,里斯曼指出,"传统导向"的概念在《孤独的人群》一书中主要用来作为一种历史背景的隐喻,衬托出"内在导向"和"他人导向"社会性格交替的历史阶段。

　　在 19 世纪、甚至更早时期,就可以发现他人导向社会的影子和社会性格的前身。他人导向的人渴望被人爱胜过于渴望获得尊严,这一类型的人不想愚弄、压抑和迷惑他人,而是力图与他人建立友谊。这一类型的人不想被别人看作是势利之人,而渴望与他人交流情感。这一类型的人真诚坦率,从不遮掩自己。

　　"内在导向"和"他人导向"的概念常常用来直接表示社会状况和社会性格,有助于分析相关的历史发展因素。在历史发展过程中,各种社会因素和心理因素都在不断地分解、消亡,而让位于新生的构成物。

　　里斯曼也指出,这种关于人口发展阶段所导致的社会形构类型与社会性格类型的划分,属于一种理想类型的建构方法。而关于这种研究方法的局限性,他已经看到并指出,人口曲线理论为其研究诸多制度方面的因素提供了一些便捷的材料,这些因素一般通过"工业主义""市民社会""垄断资本主义""城市化""理性化"等术语表达出来。因此,当把人口过渡增长期或初期人口减少阶段与社会性格、调适性的演变状况结合起来考察时,他从未把这些阶段看作一种比较详尽而完善的解释。因为其所涉及的各种制度因素既与复杂的体制、技术相关,又与人口增长或统计工作本身有关。

———————

① [美]大卫·里斯曼等:《孤独的人群》,王崑、朱虹译,南京大学出版社 2002 年版,第 7~9 页。

里斯曼认为,根据一个社会所达到的经济发展阶段来划分这个社会的阶段是比较可行的方法,考林·克拉克在经济领域中将社会划分为"原始时期"(指农业、畜牧业、渔业和采矿业时期)、"第二时期"(指制造业时期)、"第三时期"(指贸易、通信和服务业时期)。这种划分与人口统计学对于社会三个阶段的划分是非常相似的。从对应的方面看,在人口高增长潜力的社会发展阶段,"原始时期"占主导地位;在人口过渡增长的社会发展阶段,"第二时期"占主导地位;在初期人口减少的社会发展阶段,"第三时期"占主导地位。无论是人口特征,还是经济特征,不同群体和不同地区反映了不同的发展阶段,而社会性格类型正反映了这些方面的差异。①

在解释社会性格形成的动力时,里斯曼指出,人口发展曲线和经济结构只是性格形成的一部分生态学原因。在人口发展曲线和经济结构这两者与社会性格之间,还存在其他促成社会性格形成的人的因素或人为因素,如父母、教师、同辈群体和大众传媒等方面的作用。②

第二节 三种发展阶段与相应社会性格

里斯曼认为,就人口增长的某个阶段而言,既可以找到表现这个发展阶段的地区,还可以找到与这个发展阶段相适应的行为特征。换言之,不同类型的社会形构存在于不同的历史阶段上,而在不同的历史阶段上又会表现出不同的社会性格类型。

一、人口高增长潜力时期与传统导向型性格

由于在人口增长潜力时期,社会秩序不会轻易改变,因此,个人的调适性行为比较容易受到同龄人、种族和社会等级的影响。个人学会去理解和选择持续了数个世纪的传统行为模式,并随着时代更替而略加纠正了其中的一些部分。

①[美]大卫·里斯曼等:《孤独的人群》,王崑、朱虹译,南京大学出版社 2002 年版,第 8~9 页。
②[美]大卫·里斯曼等:《孤独的人群》,王崑、朱虹译,南京大学出版社 2002 年版,第 36 页。

生活的重要关系受到周密而严格的礼仪所控制,年轻人在社会化即青少年变成为成年人的过程中学习到了这一点。此外,除了经济任务之外,文化的一部分为社会的统治和支配提供了礼仪、惯例和宗教。人类没有能力去发现解决古老农业技术或医学问题的新途径,而正是这些问题使得人类被文化同化。

在这种类型的社会中,特定的一些个体,尤其是出身于上流社会家庭的人,从儿童时代起就受到鼓励去培养某种个性。这一类型社会中的大多数成员的性格结构与社会体制之间是高度吻合的,甚至少数不能适应社会的成员也会更加努力去进一步地加以适应,只有极个别人才会被排斥在主流社会之外。当然,这并非意味着这些适应社会的人们是快乐的,因为他们所适应的社会传统也许并不一定是合理的。

在西方社会的发展进程中,中世纪可被称作是以传统导向为主的时代。传统导向的概念意味着发展进程中存在着某种共同的因素,而这种共同因素不仅存在于早期资本主义兴起之前的欧洲人当中,也存在于当今欠发达的或发展中的其他完全不同的民族之中。①

具有传统导向性格的人们的调适性来源于遵循传统的内在倾向。而促成这种性格的因素是多方面的,主要包括以下一些方面:

第一,传统导向阶段的父母角色。在传统导向的社会中,儿童时代的人们就开始准备扮演成人的角色。在这种社会中,儿童性格形成的主要动因是延续家庭、维护家族或群体的存在。在通常情况下,儿童所模仿的榜样来源于整个成人群体,而不仅限于自己的父母。而儿童所模仿的内容是成人的行为及其勇敢、机智等方面的心理特质。②

第二,传统导向阶段的教师角色。从某种意义上说,传统导向的社会是一个大家庭时代,父辈对下一代的性格形成具有非常大的影响力。大家庭中的管家、保姆、仆人、家庭教师等成年人,为孩子们树立了家庭甚至阶级的价值观和行为标准,同时也有助于缓解亲子关系的紧张。而由此所导致的一种重要结果

---

① [美]大卫·里斯曼等:《孤独的人群》,王崑、朱虹译,南京大学出版社2002年版,第9~13页。
② [美]大卫·里斯曼等:《孤独的人群》,王崑、朱虹译,南京大学出版社2002年版,第38~39页。

就在于,一个由管家带大并拥有专门家庭教师教育的孩子,将会对于家庭和社会的权力差异表现出特有的敏感。

第三,传统导向阶段的传媒角色。在传统导向的社会中,常常是通过口述史、神话传说和歌谣等形式传播其相对稳定的价值观,但是,这些表述和传承形式又往往难以避免存在某些含糊不清的问题。

传统导向的人不仅具有传统的生活标准,而且关于工作时间、努力程度也都具有传统标准。而印刷读物的产生,以及与其他社会化媒介的结合,则摧毁了这些传统标准。内在导向的人通过印刷读物获得了理性思维的启迪,塑造出一种新的性格结构。这种新的性格结构驱使内在导向的人比传统导向的人投入更多的时间去工作,而且减少了休闲娱乐方面的支出。

大约在公元1600年以后,新教国家中的共识性观点认为,印刷读物的目的和主旨变得越来越多地关注如何在商业上取得成功,而不是关注爱情和社交方面的成功。

文艺复兴充分证明了印刷媒介的力量。小说和戏剧所提供的生活方式鼓励人们追求个性,而独自阅读则成为人们独处的一种新的方式。[①]

总之,在里斯曼看来,具有传统导向性格的人所表现出的基本特征是:休闲自在,缺乏努力向上流动的较高抱负。

二、人口过渡增长时期与内在导向型性格

里斯曼指出,在西方的发展进程中,传统导向型社会的衰落,与封建制度的衰落具有一致性。总的来看,在近几个世纪里,当人类摆脱了西方中古时期传统导向社会的原始束缚之后,确实发生了巨大而深刻的社会形构的变迁和社会性格的变迁。后来发生的一切变迁,包括从内在导向朝着他人导向的变迁,相比之下,其重要性都有所降低,尽管这些变迁目前仍在继续进行,但是,今天的人们对于这些变迁之后的社会将会变成什么样却没有清晰明确的预见。

出生率和死亡率的变化表现得相对稳定,成为人口增长潜力时期的特征,同时也是其他深刻社会变迁的原因和结果。死亡率的降低总是发生在出生率

---

① [美]大卫·里斯曼等:《孤独的人群》,王崑、朱虹译,南京大学出版社2002年版,第85页。

降低之前,因此,在某些时期就会出现人口急剧增长的现象。

"过渡增长"概念是一种比较温和的表述方式,实质上则可能意味着一种剧变,破坏以传统导向为主导的调适性的稳定状态。出生率和死亡率的不平衡性则会对社会习俗增加压力,因此,需要一种新的性格结构模式来适应社会组织结构的剧变以及由此所产生的新型需求。

在西方社会发展史上,以内在导向为主要调适方式的社会形构类型,自文艺复兴和宗教改革时期便开始产生,至今则已趋于消失。这种类型社会的主要特征表现为,人口流动的增加、资本的迅速积累(伴随技术创新)以及几乎持续不断的商品生产、人口增长、探险、殖民和扩张。这种类型的社会为其成员提供了更多的进行选择和创造的机会,因此,人们可以凭借其性格类型去应对新情况、处理新问题,不再受传统导向所制约。这些主要特征可以从基本上说明所谓的内在导向型。①

内在导向型性格所表现出的共同特征是,个体导向的直接来源是内在的,即个体的引导机制在其早期的生活过程中已经由长辈加以塑造,长辈引导后辈走向一条普遍的不可规避的既定人生道路。

在人口高增长潜力时期借助稳定的社会组织的疏导便可以解决的个人选择问题,到了人口过渡增长时期则需要借助高度个性化且稳定的性格来加以解决。任何依赖于内在导向的社会似乎都为其成员提供了一种更加广阔的目标选择空间。这些目标的实现手段不再像在传统导向社会中是遵循某种社会参照系,而是将会受到新的志愿组织的限制。

初级群体促进了青年社会化,并在青年人的早期生活过程中控制着他们。当初级群体的控制力减弱时,一种适合于更开放社会的新的心理机制产生了。这种新的心理机制就是"心理罗盘"。它如果一旦被父母或其他重要人物所塑造,那么,内在导向型的人就会像所预期的那样,沿着既定的方向发展,即便其性格中所带有的传统痕迹不再制约其行为时仍然如此。内在导向的人能够在其生活目标需求与外在环境的冲突之间保持某种微妙的平衡。

---

① [美]大卫·里斯曼等:《孤独的人群》,王崑、朱虹译,南京大学出版社 2002 年版,第 14 页。

内在导向的人并非不能从经验中学习或是由于外在的调适性而对公众意见表现出不敏感。他可以接受并运用来自外界的特定信息，只是这些信息要在他的"心理罗盘"允许的范围内活动和生效，因为他的"心理罗盘"并非是自发运行的。

具有内在导向性格人们的调适性源自其"心理罗盘"的作用，但以下因素同样会影响到他的"心理罗盘"的运行：

第一，内在导向阶段的父母角色。人口发展曲线上过渡增长时期的来临，为社会和地理上的流动创造了广泛的机会。随着社会分工的加速，越来越多的儿童不再把父母当作自己学习的榜样。内在导向的父母不仅对自身提出特别严格的要求，而且还常常更加严厉地要求自己的孩子。其原因在于，由于松散的家庭血缘关系已趋于消亡，所以，父母需要把子女置于自己的严密控制和关照之下。他们并不会对孩子们在行为上的一般调适性表示满意，而是要求孩子应该具备更加精细的调适能力，即孩子在性格上应该表现出更多的调适性和自律性。①

里斯曼关于内在导向性格的分析，其思想渊源在一定程度上可以追溯到韦伯对于新教伦理与新教徒内省自律人格形成的探讨。韦伯曾称新教伦理为内在导向机制的表现形式之一。《新教伦理与资本主义精神》一书中，韦伯对于新教改革之后所产生的社会性格类型进行了表现描述和根源分析。在他看来，新教徒内省自律的心理机制是由于他们宗教信仰的本质特征所决定的，而不是由他们特殊的政治或经济环境所塑造的。韦伯特别强调两个关键因素的作用：一是新教徒独特的天职观。这种天职观认为人活着的重要职责在于一生中应该尽力做好上帝指派给他的事，在世间辛勤劳作，并把自己完全奉献给上帝。二是新教尤其是加尔文教的预定论将一切生活的"理性化"引入了新教伦理当中。在韦伯看来，对于普通的信仰者而言必须解决的一个实际问题是，他想知道自己是否属于上帝的选民之列。然而，只有一言一行都努力像《圣经》里那些已然是上帝选民的人一样做，才有希望摆脱被上帝永远罚入地狱的恐惧。

---

① [美]大卫·里斯曼等：《孤独的人群》，王崑、朱虹译，南京大学出版社2002年版，第39页。

因此,韦伯认为,一般的清教徒都会在每一个方面表现得非常优秀,但不是作为购买拯救的工具手段,而是作为摆脱恐惧被罚入地狱的努力方式。因此,加尔文教徒创造了自我拯救,或者说,产生了对于自我拯救的信心。然而,其核心宗旨表现为,这种对自我拯救的创造并不在于个人善行的逐步积累,而在于面临被选入天堂或被罚入地狱的无情抉择时所保持的有条不紊的自我控制。

在西方,从文艺复兴到宗教改革过程中所形成的社会性格,被里斯曼称为内在导向型性格。内在导向过程在新教、詹生北教派、加尔文教和虔信派教国家表现得非常明显。不论在何地,只要内在导向的影响遍及大多数中产阶级,那么,他们下一代的性格形成,就会像非家庭经济的生产发展一样,逐渐地变得理性化。这时候,完成生产任务的动力不再取决于外部的群体制约或环境压力,而取决于个体的内在驱力。个体以此促进物质环境、社会环境、智识环境以及自我状况发生巨大的变化。

在传统导向的社会,大家庭中的管家、保姆、仆人、家庭教师等成年人在儿童的性格形成过程中具有非常大的影响力。当进入内在导向的社会之后,上述人物的权威性几近消失,唯有教师的权威性仍然存在。学校教育所强调的智能在促进儿童形成内在导向型性格的过程中起着十分重要的作用。

第二,内在导向阶段的同辈群体角色。随着传统大家庭的衰落,内在导向型家庭中的孩子常常受到理想化的父母更加严厉的管制。同一个家庭中的孩子们,由于年龄上的差距,无法像同辈群体那样团结。而且内在导向的孩子也很少和同辈群体一起分享个人的兴趣爱好。

第三,内在导向阶段的传媒角色。具有远大抱负使得内在导向时期的社会成员总是追求既定目标,为之付出各种努力。这里所谓的抱负,可以指人们对于名利或善行的追求。内在导向时期的竞争常常是冷酷无情的,但人们却毫不担忧自己是否具有资格去竞争,因为竞争是普遍存在的。人们只有在失败而非成功的时候,才会产生罪恶感。

里斯曼详细分析描述了内在导向的生活状态。在他看来,内在导向并不等于良知导向。在把握内在导向性格的特征时,最好首先应该了解在这一时期人们心目中的唯一导师是上帝。因此,有必要防止把内在导向性格过分地理想化,从而出现对他人导向性格做过分非难的现象。

里斯曼理论的逻辑是,在不同的历史阶段上出现不同类型的社会,不同类型的社会出现不同类型的社会性格,不同类型的社会性格表现出对社会事物的不同态度。

对于工作的意义,内在导向的人倾向于把工作视为一种非人化的目标。在内在导向者眼里,财富是可以自由转让的。在传统导向的时期,个人不论在情感方面还是在家族传统方面都必须固守自己的财产。而内在导向的人积累了财富,完全是靠自己的努力和精明投机,财富不仅扩大了家族的产业,而且还象征着个人自我能力的拓展。

在对消费和娱乐的态度上,内在导向的人只关心产品,忽视了自己也是消费者。这类人似乎不需要通过消费者的眼光审视自己。因为在内在导向阶段,消费和娱乐都居于从属地位,工作和生产才是首要的。而且对于男性而言尤其如此。有些男性对于娱乐并不感兴趣,视之为女性的事;有些男性则把消费也当成一种工作,即一种以购物为目的的工作。此外,也许对大多数人来说,娱乐则被当作逃避工作压力的一种方式。

不同的消费态度体现了从传统导向演变为内在导向的特征。传统导向的人不必在工作与娱乐之间进行选择,也不必费心去开创自己的事业,因为一切都是由传统决定的。对他们而言,娱乐与工作的差别仅限于服饰与仪式的不同;另一方面,工作与娱乐是两位一体的。内在导向的人已经脱离了传统的引导与约束,而充分意识到了工作和娱乐之间的差别。

在内在导向阶段上,工作上非常努力的人在消费行为上也表现得非常独立。内在导向的人由于培养了自立自强的人格,因此,他能够为实现抱负而奋斗。这一类人尽管有能力放纵自己,但却常常克制自己的放纵冲动。许多人则是以勤奋工作来证明他们的娱乐能力。

内在导向的人为自我酬赏而努力。韦伯曾经指出,内在导向的新教徒必然会认为,他们必须固守内在原则,时刻保持警惕,才不至于迷失生活的方向,而一旦出现了松懈就会成为世俗生活的俘虏,尽管他们的性格看似非常稳定,然而,事实却并非如此。

三、初期人口减少时期与他人导向型性格

里斯曼认为,当社会进入人口过渡增长时期,所面临的问题是,发展达到一定阶段后,资源变得十分丰富并足以有效利用来使资本迅速积累。资本迅速积累的开始,是随着社会生产的迅速增加而发生的,因为生产的增加能够养活增长的人口,满足他们现有生活方式下的消费需求。

最早阶段上的传统导向者几乎不会把自己看作独立的个体。这一类人从未曾想到个人的生活目标可以塑造自己的命运,或者子女的命运可以不必与家庭的命运联为一体。他们在心理上很难完全把自己、家庭与群体区分开来。

不同的是,在人口过渡增长阶段,内在导向型性格的人对于自己的生活方式具有控制意识,而且能够把子女看作独立的个体,认识到子女也有他们自己的事业需要开创。同时,由于社会已经走出了农业时代,童工被废止,少年儿童不再被看作经济资产。再者,由于科学思考习惯的培养,在早期人口发展阶段上对文化具有一定影响的关于人类生殖的宗教和神话的观点让位给了理性的、个性化的态度。这一点正如生产资本的迅速积累要求人们接受新教伦理思想一样,同样,出生率的降低也会要求价值观发生深刻的变化,这种深刻的变化必然根植于社会结构之中。

当出生率随死亡率降低时,社会开始步入初期人口减少阶段,从事农业生产或原料工业以及制造业的人越来越少,而且工作时间也缩短了。人们除了物质享受之外,还拥有了闲暇时间。然而,人们为了这种变化却付出了代价。工业化则加剧了这种冲突。

在这种新的情势下,内在导向型人的吃苦耐劳的精神和进取心已经显得不太必要。是他人而不是物质环境正逐渐地成为被关注的问题。人们接触越广泛,彼此之间就越敏感。因此,人口高增长潜力时期形成并留下来的传统,在工业化的滚滚浪潮中被冲击得支离破碎。"心理罗盘"的控制作用不再表现出其特有的弹性,社会变迁又必然需要另一种新型的心理机制。

许多内在导向者曾经具有"匮乏心理",在资本迅速积累的人口过渡增长时期,也表现出良好的社会适应性。但是,在目前则必须让位于另一种能够享受奢侈、闲暇和富余产品的"富裕心理"。

里斯曼认为,他所描绘的他人导向型性格似乎晚近时期才在美国大城市的中产阶级里面出现。这种性格特征与当代其他一些社会学家对于高度工业化和科层化社会中美国人性格特征的描述比较近似,例如,弗洛姆所说的"市场生意人",米尔斯视野中的"经纪人",格林分析的"中产阶级男孩"等。

在里斯曼看来,决定他人导向性格的条件一直在影响着高度工业化国家大城市中越来越多的人。而他对于他人导向型性格的分析,也就是对美国人和当代人的一种分析。很难断言某种性格类型出现于何时,而另一种性格类型又消失于何时。

他人导向型性格在美国是非常适合的,因为在美国社会中的确存在某些导致他人导向性格特征的独特因素,如美国是欧洲的受益者,没有任何封建社会的历史背景,等等。此外,里斯曼重点讨论了资本主义、工业主义和都市化等国际性趋势对于特殊性格特征形成所起的作用。

具有他人导向性格的人所表现出的共同点是,把同龄人视为个人导向力量的来源,不论这些同龄人是自己直接认识的,还是通过媒介间接认识的。当然,这种来源也是内化了的,依赖于个体在早年生活中所留下的痕迹。具有他人导向性格的人所追求的目标随着导向的不同而相应地变化,只有追求本身和密切关注他人举止的这种过程才是伴随其一生不变的。①

里斯曼同样分析了在他人导向阶段三种人物对于人们的社会性格形成所具有的作用。

第一,他人导向阶段的父母角色。在人口过渡增长时期,内在导向的人能够预见到工业发展和商业繁荣所带来的机会,并且怀着极大的热情和理智去拓展疆域。而到了初期人口减少阶段,社会已经不再需要这样的热情,而且对独立性也不太重视。究竟如何培养孩子?这样的问题使父母们越来越感到困惑。于是,他们开始请教其他的同龄人,或是求教于大众传媒。由于自身的焦虑,使他们不得在孩子面前表现出自己对于他人的依赖。而不论是以什么样的方式教导孩子,都总会将自己的焦虑感传染给孩子。

①[美]大卫·里斯曼等:《孤独的人群》,王崑、朱虹译,南京大学出版社2002年版,第20页。

在他人导向阶段,随着家庭人口和生活空间的减少,以及与长辈一起生活机会的减少,孩子们自然会直接面对父母紧张情绪的压力。因此,随着父母自我意识的增强,子女与他人交往的自我意识也就会相应地增强。

在他人导向阶段,家庭社会化出现了一个极其重要的变化:从父母培养孩子到孩子"反哺"父母。

他人导向型的孩子从父母身上学会了焦虑感,一种适合他人导向者的情绪调节机制。

在父母与子女的关系上,不同社会形构类型或不同社会性格类型呈现出了不同的情形。传统导向的孩子讨好父母,内在导向的孩子反抗或者屈从于父母,他人导向的孩子控制父母或受控于父母。

他人导向型的父母似乎在孩子身上安装了一套"心理雷达"。这种装置并非用来引导和稳定个体的内在方面以便使其沿着特定的方向前进,而是用来探测他人的行为,特别是一些象征性的行为。因此,父母对子女性格的影响,更多地局限于以下三个方面:一是父母的信号和他人的信号在雷达上混合出现;二是父母将子女置身于某一特定社会环境中,有限地改变子女接收到的信号;三是冒险检查孩子收到的信号。当然,这对于孩子而言似乎不太公平。总之,比起内在导向阶段的父母角色,他人导向阶段的父母角色的重要性已经有所降低。

第二,他人导向阶段的教师角色。由于社会已步入他人导向阶段,作为父母的代理人,教师的权力有增无减。当代教育的目的和成就的一个重要方面就在于发展孩子的个性。今天的富裕社会大力倡导人们的个性化。他人导向型的孩子在学校所受到的教育,是要求他去适应一个更重视群体内部关系和道德规范而非更重视产品的社会。①

第三,他人导向阶段的同辈群体角色。他人导向的孩子在城市和城郊长大,而城市的规模越来越大,市民的等级越来分明,并且为孩子们创造了一个以年龄和阶级来划分等级的群体。因此,人们让自己的孩子与年龄、社会地位相

---

① [美]大卫·里斯曼等:《孤独的人群》,王崑、朱虹译,南京大学出版社2002年版,第44页。

仿的其他孩子进行交往。如果成人是法官的话，那么，孩子的同辈群体就是陪审团。

他人导向者对于他人的好恶变化表现出十分浓厚的兴趣，而对于偏好的社会化差别较小的传统导向或内在导向的孩子，不论其自身心理雷达装置是否运行正常，都希望从交流当中学到新的知识。

就他人导向的儿童而言，同辈群体会成为他判断事物的尺度，因为个人无法抵抗群体压力。在这种情形下，内在导向的父母因望子成龙而灌输给孩子的成就动机，与同辈群体所需要的合作动机之间便会产生冲突。因此，孩子被迫重新考虑父母要求的成就动机，并将它转化为同辈群体所需要的合作动机。

正如内在导向者将全部精力投入到生产中一样，他人导向者则将全部精力都投入到扩张消费领域的活动中。

相较而言，内在导向的孩子被看作是有职业抱负的，即便他对于所从事的工作不一定有明确的认识。但他人导向的孩子则将会成为一批精明的消费者。真正的他人导向者，注重追求内心体验，而非注重物质，渴望被他人导向，而不奢求炫耀。

内在导向者不仅为了一直进行的生产而不断地劳作，而且一生努力敦促自己进行性格的内在修炼。这种内在修炼也如同外部工作一样会给人带来烦恼。正如担忧在经济生活中被迫退休或被解雇一样，他们在内在或外在生活中也会表现出某种心理冷漠，这种冷漠标志着对性格资源的利用不足。因而内在导向者迫切需要在意识、性格等各个方面都加以开发和利用。总之，内在导向者的突出特征表现为全神贯注于事业，是一种具有强烈成就动机的人。

他人导向者追求和谐的人际关系。在他们眼中，无论工作或闲暇都是涉及与他人交往的活动。当新的工业革命达到顶峰的时候，新的生产方式更注重于人际沟通和操纵人的技巧，而非注重生产工具和技术的进步。因此，在进入富裕时期和初期人口减少阶段，工具仅仅成为一种象征，工作的真正目的是为了保持与他人的接触和观察他人的反应。当然，管理者未必一定要具有他人导向的性格，许多内在导向性格的人也可能成为成功的管理者。但是，在通常情况下，管理者的内在导向性格会使他们忽视自己操纵和压迫他人的严重程度。就控制他人而言,管理者性格上的他人导向倾向与对他人内心微妙需要的敏感性是一致的。

内在导向者在社会化过程往往以历史上的英雄人物作为参照群体,而在现实生活中则是以伟人或明星作为效仿的榜样。成就动机就是内在导向的一种结果。相形之下,他人导向者则很少把生活看成是个人化的事业,他们不追求个人去超越特殊的同辈群体或获得特定的文化声望,而是要赢得同辈群体的尊敬。为了实现这一目标,他人导向者不仅要克服物质上的困难,而且还要与具有同样追求的、怀有敌意的合作者进行竞争,同时,还要不断地根据同辈群体的态度形成自己的价值判断。他人导向者不会像内在导向者那样将明星人物作为自己的参照群体,而是甘愿作为大众的一员。当然,他们也不会过分地随波逐流。①

他人导向时代为求职和选择个性化的职业开辟了广泛的可能性。相比之下,事业成功的标准,对于内在导向者和他人导向者却具有完全不同的含义。内在导向者所追求的是远涉边疆、开创事业,试图在新的地域和职业领域建功立业,获得安全感。

与内在导向者对于饮食的兴趣和爱好表现为个性化和多样化不同的是,他人导向者则喜欢卖弄风格和品位,而不直接通过饮食来炫耀自己的财富、体面和营养知识。他人导向者在对待饮食的态度方面,就如同对待性经验的态度一样,总是不断地追求新异而独特的东西。

在内在导向阶段,人的性欲受到压抑,在那些深受宗教改革与反宗教改革影响的地区和阶层当中尤其如此。内在导向者把修身养性、培养责任感视为头等大事,性生活则只有在适当的时间、地点或对象那里才可能有所涉及。

他人导向者把性爱看作是比生产或维系生命更加重要的事。在上流社会中,性几乎是与生产和再生产完全分离开的。他人导向者寻求性刺激的原因在于意图证明自己的活力和生命力。相较而言,深受"心理罗盘"驱使的内在导向者则专注于外在世界的生产问题,而并不需要用性生活来证明自己的活力和生

---

① [美] 大卫·里斯曼等:《孤独的人群》,王崑、朱虹译,南京大学出版社 2002 年版,第 138~139 页。

命力。

由于深受清教思想的影响,内在导向者非常珍惜时间。出身下等阶层的有志青年为了表现自己的内在导向性格,不愿与酗酒、赌马的纨绔子弟为伍,并且每天对自身行为进行反省。在他们身上祛除了浪费、懒惰等不良习惯。他们几乎从不享乐,除非认为娱乐有助于自我革新。正因如此,他们的生活总是显得十分紧张,较少闲暇。

与内在导向者不同,他人导向者身上绝不会有这样浓厚的清教思想,这一类人不在乎浪费时间,他们的穿着打扮、言行举止、伦理道德都显得比较随便。

他人导向者没有明确的自我中心可以用来逃避问题,他们在生产与消费之间没有划分明确的界限。这一类人顺应群体并为个人兴趣服务,他们的工作和娱乐之间也没有设定明确的界限。

内在导向者喜欢独自阅读,很少留意他人对自己的态度。而他人导向者却深恐孤独,总是试图在人群和幻想中消除对孤独的恐惧,而他们的这种幻想所投射出的却是他们对于自己的关心。①

与"内在导向"一词相比,"他人导向"一词似乎显得有些肤浅,尽管它们都根源于社会环境,并且在个体的早期生活中就已经内化了。

里斯曼指出,他写作《孤独的人群》一书的目的并不是为了评价他人导向的性格类型,而是为了努力揭示一种接受闲暇、显示同情心和具有富裕新潜力的社会观,而他人导向对于流行文化的追逐和吸纳就是新潜力的典型标志。内在导向时期的价值观是经济匮乏的产物,不能轻易地运用于富裕社会,即使需要运用也必须事先进行重新解释。里斯曼认为,将来取代他人导向性格的不会是内在导向性格,而是自主性格。换言之,从社会性格类型的演替过程来看,最初是从传统导向性格过渡到内在导向性格,然后是从内在导向性格过渡到他人导

①〔美〕大卫·里斯曼等:《孤独的人群》,王崑、朱虹译,南京大学出版社 2002 年版,第 143~159 页。

向性格,未来的走向可能是从他人导向性格过渡到自主性格。①

　　我们的自主性概念说明:个人有力量通过选择榜样和经验塑造自己的性格。

　　一旦个人具备了自主性、能够主动塑造自己的性格,他就能够摆脱自己特殊的出生地和特殊的家庭背景所带来的地方观念。一旦摆脱个人的地方观念,那些感到无根可循和失范的人就会振作起来,看到自己的前途。从人类未来发展的前景看,各个民族、各个国家的相互联系和合作终有一天要取代乡土气息,这是历史发展的必然。②

第三节　与社会性格对应的社会情绪

　　里斯曼对于社会心理与社会变迁之间关系研究的最重要理论贡献,不仅表现在他提出了与社会形构类型相对应的社会性格类型,而且表现在他同时提出了与社会性格类型相对应的社会情绪类型。这样便使得他关于社会心理与社会变迁理论的内涵和外延更加丰富,他的理论对于社会变迁的透视角度更加多样化。

一、社会性格与社会情绪

　　里斯曼认为,若要了解三种社会性格类型在结构方面所呈现出的差异,那么,一种基本的方法就是应该研究每一种社会性格类型的情感认可或控制方面所呈现出的差异。由此,他提出了在某种意义上成为他的社会心理与社会变迁之间关系理论或者说社会变迁中社会性格类型变迁理论的一个重要副产品的

---

①也许里斯曼所称的这种自主性格又可称为自我导向性格。然而,按照他的理论逻辑,不同类型的社会性格总是反映了不同类型的社会形构,而不同类型的社会形构又总是处在不同的历史发展阶段,那么,便会产生这样一个问题:与这种自主性格或自我导向性格相对应的社会形构类型及其相应的历史阶段是什么呢?

②[美]大卫·里斯曼等:《孤独的人群》,王崑、朱虹译,南京大学出版社2002年版,第35页。

社会情绪类型学说。

　　在里斯曼看来,传统导向的人把文化的影响力看作是一个整体。但是,认为这种影响力必须通过他在日常生活中所接触的少数个人表现出来。这些少数个人并不指望他成为具有某种典型性格的人,而是希望他的行为方式为大家所认同。结果是,认可他的行为的力量是"羞耻感"。

　　对于内在导向的人来说,在生命的早期,他的父母或其他重要他人就为其确立了某种"心理罗盘",并且接受重要他人的影响。因此,这一类人在生活中显得缺少独立性,而主要顺应内在的"导航"。一旦为了顾及内心的冲动或者是迎合当代人众说纷纭的观点,他便可能偏离常轨,产生"罪恶感"。

　　内在导向者的生活目标的形成,较深地受到家庭生活领域中少数家庭成员的影响,并且他的行为原则而非行为细节是被内化了的,所以,能够保持较大程度的稳定性,特别是当他的伙伴也显示出具有同样的行动速度、同样方向的心理罗盘的时候,这种情形就表现得更加明显。但是,仍有许多内在导向的人即便得不到社会的认同,其生活目标也能够保持稳定性。

　　他人导向者能够从比其父母建立的更为广泛的社交圈获得信息。对他而言,家庭已经不再是所从属的关系密切的社会单位,而只是其生命历程早期所接触的较广泛的社会环境的一部分。从这些特点来看,他人导向者与传统导向者之间具有很多相似之处,这两类人尽管都生活在社会群体当中,但是,他人导向者缺少内在导向者那种特立独行的能力。同时,这两类人所处的社会环境特征则是不太相同的:他人导向者对外在环境一视同仁,在这一类型的人看来,熟悉事物与陌生事物之间的界限已被打破,而这种界限在传统导向的社会里是十分明显的。一方面,由于熟悉事物不断融合并且重构着新奇事物,因此,新奇事物很快也就会成为熟悉事物;另一方面,内在导向者由于对他人的反应并不敏感,因此获得某种"身在外,心在内"的感觉;而他人导向者虽然随遇而安,但又随处不自在,似乎对每个人都一见如故,但又限于表面上的敷衍和应付。

　　传统导向者从他人身上获得信息,而这些信息具有文化上的单调性,传统导向者不需要复杂的信息接收装置,便可以将这些信息加以识别。他人导向者则必须或远或近地都能接收信息,信息的渠道来源众多而且时常变化。可以内化的东西，不是一种行为密码，而是需要收集的信息，而且还有偶尔参与信息传播的复杂装置。由于这些装置，他人导向者可以对抗罪恶感和对羞耻感有所控制，他们主要的心理约束是一种无处不在的"焦虑感"。这种控制装置不像陀螺仪，倒像是雷达。

里斯曼以雅典作为典型例子来说明，其他文明在人口发展的各种阶段上，社会性格也可以分为传统导向、内在导向和他人导向这样几种类型。

里斯曼指出，在社会性格类型与人口发展阶段之间的关系问题上，不能陷入目的论。就特定的社会而言，那些保证性格适应性的方式大多是偶然发生的，而成功地维持了社会秩序的方式一旦产生之后，便会在无形之中不断地传承下去。然而，我们也不能过高地估计了性格在社会发展进程中所发挥的作用。换言之，社会体制可以制约不同性格类型者的不同动机，从而有利于他们有效完成社会要求他们从事的同一职业。当然，这并不意味着性格只是历史的一种阴暗元素，而是表明，性格将会影响工作态度和心理素质，这些态度和素质在经济或政治的分析中似乎不存在任何区别。

因此，尽管性格会促使人们在现实生活中以某种方式去付诸行动，但是，人们仍有可能表现出与这种促使力量的方向不一致的倾向。社会变迁有时可能会比性格变化表现得更加迅速，而相反的情形同样会出现，有时性格变化会比社会变迁的速度更快。实际上，社会所要求的行为方式与性格所促使的行为方式之间的差异，也会成为推动社会变迁的一种重要杠杆。

社会性格类型是一种理论上抽象出来的概念，或者说，是一种理论建构。但是，仍然可以在现实中活生生的人身上找到具体的表现。为了寻求证明，首先必须从现实中的个体身上提炼出他们的人格特征；然后，再分析出他们的性格类型；最后，才能寻找和总结出社会性格的共性。

在里斯曼看来，传统导向、内在导向和他人导向都是人们对于社会的适应机制，与不同适应机制相配套的是一种独特的社会性格。从一个角度来看，社会、群体或个人在根本上并没有完全单独依赖于传统导向、内在导向和他人导向中的任何一种而行事。从另一个角度来看，每一种适应方式都会在不同的社会、群体或个人那里存在，关键之点在于，不同的社会、群体或个人依赖于这三种适应机制的具体程度是不同的。

与他人导向者相比，内在导向者更加漠视持续不断地从当代人及其替身——大众传媒那里获得引导、期望和赞同。

里斯曼强调，他所讨论的性格类型和社会类型都是一种理想类型，在现实中并不一定完全存在，只不过是他在选择研究某些历史问题时所建构的一种理论工具。

从社会变迁与社会心理变迁的角度来看，或者说，从里斯曼独特的理论角度来看，西方近几百年的历史进程就是内在导向型和他人导向两种性格类型逐渐交替支配的历史。先是传统导向型性格让位于内在导向型性格，而后内在导向型性格又为他人导向型性格所取代。当然，社会形构类型与社会性格类型之间的转变及其更替并非是一蹴而就的。①

二、社会性格与政治风格

里斯曼不仅用他所建构的性格类型理论来分析社会变迁，还用这种理论来解释政治风格。他提出的一个具有普遍性的命题是：内在导向者的人格特征在政治态度上的倾向就表现为"道德说教者"风格；他人导向者的人格特征在政治态度的倾向上表现为"内幕消息预测专家"风格。这两种风格的划分，一方面与政治情绪由激奋到宽容的变化密切相关；另一方面，也与政治主张由统治阶级的集权支配到权力分散，到众多处于竞争压力的边缘群体的演变相关。这些变化中也许还包括引发他人导向者出现的有关原因。

人格特征无疑会受到社会阶层和社区环境的影响和制约。现实生活中的人是一种混合体，充满了复杂多样和零星破碎的特征。当然，任何一种分类方法都不可能穷尽所有的方面。

在今天，冷漠现象似乎没有了限制性的范围。然而，从历史的角度看，政治冷漠现象最早是针对特定人群而言的，换言之，是针对能够涉及政治领域的人群而言的。而把政治冷漠看作是一种异常现象，也只是进入近代社会之后才出现的。在古代东方社会中，只有皇亲国戚、贵族大臣等少数统治集团才有权利

---

①［美］大卫·里斯曼等：《孤独的人群》，王崑、朱虹译，南京大学出版社 2002 年版，第 23～29 页。

涉足政治领域,其他人与其说是政治冷漠者,不如说是政治沉睡者。同样,在古希腊城邦制中,只有公民才可能出现政治冷漠的问题,而妇女、外国人和奴隶在根本上就被排除在政治生活之外,所以,对于他们而言,也就不存在什么政治冷漠的问题。

传统导向的政治冷漠者的特征是将政治视为他人的事务。这种类型的政治冷漠者的最重要特征是把政治权力彻底地交给他人行使。虽然他们不直接参与政治,但绝不会感到怅然若失,因为他们缺少政治责任感。因此,他们也不追逐权力,而且很少由于政治方面的原因而产生挫折感和内疚感。他们认同亚当·斯密的观点,认为只有"智者、善者、富者"才能从事政治,政治责任是上帝的事,而与人类无关。

少数政治冷漠风格与其传统导向性格、低社会地位、贫穷和政治训练欠缺密切相关。

由于内在导向者视工作为至上,将所有的情感和才能都倾注于其中,所以,在他们处理政治领域的问题时,也习惯于沿用工作领域的思维和方法。

道德说教者所表现出的一种政治风格是,将自我完善的性格倾向投射到政治生活当中,希望促进所有人和所有制度的完善。道德说教者所表现出的另一种政治风格是,试图发挥道德力量去阻止时常发生的邪恶,但却很少身体力行地去做善事。这种"抑恶"而不"扬善"的倾向,反映了道德说教者的内心冲突。

当讨论内在导向者的政治风格时,必须时常考虑内在导向者带入政治领域的自我利益。内在导向者之所以参与政治,不是为促进群体合作而尽一份义务,而是出于对自己切身利益的考虑。在通常情况下,除了上述个人利益关怀之外,内在导向者参与政治还有更广泛的利益诉求,如阶级利益、阶级对立和阶级抱负。

传统导向的政治冷漠者,既不感到绝望也不感到被政治侵犯,因为他们与政治之间隔着一层帷幕。而内在导向的义愤者只要在政治上稍不如意,就很容易产生失望和被侵犯的感觉。

道德化政治风格导致了内在导向的性格,人们对政治缺乏热情导致他人导向的性格,由于政治本身侵入了人的生活,形成了人的经验和对经验的解释,因此,政治也是塑造性格的因素之一。

他人导向型性格的出现将"内幕消息预测"态度带入了政治生活,这种内幕消息预测态度最初源于消费领域而不是工作领域。

如果把三种性格类型及其在人们身上的表现进行比较的话,便可以发现这些性格类型之间十分有趣的异同之处。

传统导向型性格与他人导向型性格之间具有惊人的相似性,两种类型的人都感到政治是无望的,并持有各种宿命论的思想。内在导向型的道德说教者则竭力放纵这种消极态度。内幕消息预测者和政治冷漠者之间也存在一些重要差别。与冷漠者不同,内幕消息预测者总是与同辈群体保持一致,这些群体把政治当作重要的消遣,并强调不带感情色彩地对待消遣。新型的冷漠者或介入政治,或避开政治。而内幕消息预测者则做不到这点,他们像内在导向的道德说教者一样,被某种强迫的动机所驱使,竭力与政治发生联系。

内幕消息预测者确实把道德说教者所欠缺的现实性带入了政治生活,他们从来不想超越社会发展的必然性。作为一个观察者,也作为一个行动者,他们十分了解政治问题的局限性,从而不会好高骛远。他人导向者将基本的政治技巧运用于其他领域,这些领域对于内在导向者来说属于政治之外的事物。内幕消息预测者反对道德说教者把政治问题简单化。在他们中间,有许多政治问题的专家。他们比那些消息闭塞的内在导向的义愤者和热心者掌握的信息更多,无论这些义愤者和热心者是否掌权,情形都是如此。除了政治专家之外,普通的内幕消息预测者也习惯于从世界政治和跨文化的角度思考问题。①

内在导向的"道德说教者"把来自生产领域的态度带入了政治领域,而他人导向的"内幕消息预测者"则把消费的态度带入了政治生活。他人导向者认为可以根据消费偏好评价政治。

他人导向者比内在导向者更强调手段,而不太注重目的。他人导向者沉湎于自己所喜欢的东西,但却不知道自己的真正需要。这一结论既适用于政治领域,也适用于其他社会生活方面。与此相反,内在导向者则把政治以及其他社

---

①［美］大卫·里斯曼等:《孤独的人群》,王崑、朱虹译,南京大学出版社2002年版,第165～187页。

会生活领域都视为工作。他们十分明确自己的需要。可是,对于自己真正喜欢什么却一无所知。①

　　亨利·詹姆斯认为,欧洲的"物质主义"和美国的"物质主义"之间的界限模糊。但是,至少在历史上的"镀金时代",美国确实盛行物质主义。

　　欧洲古老的物质主义色彩已经被他们的社会等级体系以及他们继承的传统导向时代的价值观所掩盖了。欧洲人却喜欢称美国人是物质主义者。美国人也自认为是 19 世纪的暴发户,对于"物质主义者"的名声也欣然接受。②

　　那么,我们是否可以这样来总结一下社会类型、性格类型与价值类型之间的关系:人口高增长潜力时期盛行的是传统导向型社会性格,与之相对应的是前物质主义者;"人口过渡"增长时期盛行的是内在导向型社会性格,与之相对应的是物质主义者;初期人口减少时期盛行的是他人导向型社会性格,与之相对应的是后物质主义者。

表 9-2　不同社会发展阶段的权威、性格、心态、价值和政治类型

社会阶段	人口高增长潜力时期	"人口过渡"增长时期	初期人口减少时期
权威类型	传统导向	内在导向	他人导向
性格类型	传统导向型社会性格	内在导向型社会性格	他人导向型社会性格
心态类型	羞耻感	负罪感	焦虑感
价值类型	前物质主义者	物质主义者	后前物质主义者
政治风格	政治冷漠者	道德说教者	内幕消息预测者

---

①[美]大卫·里斯曼等:《孤独的人群》,王崑、朱虹译,南京大学出版社 2002 年版,第 192 页。
②[美]大卫·里斯曼等:《孤独的人群》,王崑、朱虹译,南京大学出版社 2002 年版,第 232～233 页。

第四节　对里斯曼社会性格理论的评说

里斯曼对于西方社会发展进程不同阶段(具体表现为不同的社会形构类型)中不断变化着的社会性格类型进行了研究分析,正如他自己所指出的那样,他的整个分析工作是基于一种理想类型方法之上的。因此,从一定意义上讲,他的贡献与局限往往都与这一理想类型方法有关。

里斯曼理论关注的核心内容在于,社会运行得以实现和持续的社会成员的调适性心理机制及其变迁。具体而言,在社会变迁进程中,社会成员对于社会的适应表现出了什么样的独特心理机制和行为方式。在《孤独的人群》一书中,里斯曼认为,社会在其发展的不同阶段上,维系其成员对社会的适应方式都是不一样的,而这一状况则与人口发展所呈现出的曲线特征密切相关。他把西方社会的人口发展进程划分为三个阶段,并且指出,在每一个阶段上,必须保持对于社会适应的特殊方式。换言之,当社会处于人口高速增长潜力时期,社会完全依赖于传统导向来保证其成员对于它的适应;当社会处于人口过渡增长时期,社会成员对社会的适应是通过内在导向来达成的;而当社会处于人口渐趋下降时期,社会就得依赖他人导向来保证社会成员对它的适应。

在一些欠发达或尚未开发的国家或社会中,不难发现,主要就是运用传统导向的方式来维系人们对于它的适应。无论是在亲属关系、氏族或种姓成员中,还是在年龄和性别群体当中,都存在着非常严格的礼节和规矩。人们几乎不会为了解决那些习惯性的老问题,而去殚精竭虑地探讨新的办法。人们从小就被灌输以传统文化,因此,总是在日常生活的潜移默化中就接受了这种灌输,其结果就表现为对于文化选择的麻木和无知。

在里斯曼看来,内在导向与处在"人口过渡"增长时期这一社会发展阶段之间存在着密切联系。在这一阶段上,一个国家则处在经济起飞和社会发展的浪潮之中。文艺复兴以来的欧洲的发展就表现为这样的情势。正如伯克哈特所指出,那是一个开放性的拓展时期,个体主义和社会流动极大地加强了,资本积累也呈现大规模地增加。个人面临着更多的选择机遇,传统的力量不再像以往那么强大,社会环境非常有利于那些具有自我创见并且在生命进程中早就形成了一整套独特的社会准则或价值观的人们。这些价值观使得他们面对各种各样的挑战和困境都能应对自如。在这种时候,厚实的传统被强大的人格所取代。个人追求奋斗的目标乃是财富、名誉和成就。

许多代具有内在导向型性格特征的人,通过辛勤劳动创造了发达的工业经济,这种经济形态要求人们具有各种不同的特征。这种情况导致从事工农业生产的人口比例及其实际数量明显地下降,而白领阶层和服务行业的队伍却在不断壮大。这种社会体系要求人们在已经建立起来的组织内协调合作。他人导向性格的特征正好可以适合这一要求。具有这种性格特征的人,对于他人的感受和行为都极为敏感,而且极其容易适应外在的影响。里斯曼发现,这种类型的性格与其说是欧洲式的,还不如说是美国式的。

里斯曼在讨论美国的状况时,对"人口过渡"增长时期的内在导向性格特征的阐述,特别提到了弗雷德里克·杰克逊·特纳(Frederic Jackson Turner)关于美国国民性的研究。特纳认为,美国的国民性在形成过程中有一个重要动因,即开发边疆地区的生活经历,正是这种独特的经历导致了独立、机智、自信等性格特质的发展。随着开发边疆地区活动的结束,也许这些性格特质就变得不太需要了。或者说,在特纳的观点中,表现出了一种关于社会性格的功能分析的特征。而这一特征在里斯曼的理论中也得到了某种程度的继承。

对于里斯曼《孤独的人群》一书的主要理论观点和研究方法,有一些学者提出了批评,并且表达了他们的看法。

美国后现代理论家杰姆逊(Fredric Jamenson)尽管在总体上对里斯曼《孤独的人群》一书的评价并不高,认为此书要么过于简单化了,要么根本上就是错误的。但是,他指出,里斯曼所提出的社会发展进程三个阶段的观点还是很有意义的,具有一定的启发性。在里斯曼看来,历史上有三种社会形式,或者说有三种历史时刻:第一是所谓的传统社会,第二是市场资本主义社会,第三则是今天所处的社会。不论叫什么名称,每一个社会都有其相应的权威,并体现在人们的价值观、行为及其动机中,同时,形成这种权威的根源也导致了一种相应的消极性情感。而在论述和分析这三种社会形式或历史时刻的时候，里斯曼使用了"导向"这一个概念，它表明了是什么东西引导人们的行动，或者说社会成员是怎样受到社会引导的。

在传统社会中（包括古代社会、封建社会、以及所谓的亚细亚生产方式等），导致一个人做什么事情的原因非常简单，因为其他人都这样做，一切活动都是以这种方式表现的。我们之所以这样做，就是因为人们一直都这样做，而这样就是正确的行动方式。因此，这样的社会便可以称为"传统导向"的社会。

在市场资本主义阶段，则出现了一种新的社会形式，导致了一种新型人的产生，他们具有新的目标和动力。而这个社会的英雄或典范就是企业家，他们身上体现了鲜明的新教伦理，其生活目标之一是赚钱。然而，赚钱不是生活的全部目的，创造性才是生活中更重要的内容。创业家（entrepreneur）的含义，即不仅是赚钱，而且是力图创新，创办出新的企业来营利。这种行动当然不可能是由传统来引导的，因为历史上并不存在这样一种传统。但是，从新教尤其是清教中人们可以发现这种导向的源头或由来。正如前面所说，新教的特征之一就是新生的个人主义，以及对自我内在权威的崇拜。于是，从里斯曼的理论中，似乎可以得出这样的结论：深受新教传统或清教传统影响的企业家，是具有"内在导向"性格特质的人。这样的企业家认为，他们所做的一切无疑是理所应当的，而无须征得任何人的同意。在一定意义上，里斯曼的这种思想有点类似于弗洛伊德的精神分析理论，后者将父亲内化，从内心里相信父亲的正确性，而这种确信在新教徒那里则表现为相信自己的判断。在内在导向的社会中，社会成员相信自己的创造力，他们将职业看作是自己的唯一天职。

然而，里斯曼指出，现在不仅失去了具有"内在导向"这种性格结构的人即企业家，而且在当代资本主义社会中，已经没有什么地方可以容忍企业家类型的人物了。1950年之后，随着社会的发展，传媒的发达，社会越来越趋同化了，所形成的是一个"他人导向"的社会，即一个后现代的社会。

　　与里斯曼的理论同时期出现的探讨当代社会的著作中,有一本《组织化的人》。① 其中指出,现在已经不再是以小型企业为基础的时代,而是大企业相互合作的时代。现在需要做一个好的企业家,已经不需要成为创业家,即已经不需要以开拓精神去不断创新和发明,而是需要成为一个组织中有效能感的一员,忠诚自己的企业,具有科层制精神,或者具有唯技术人员的特质。他人导向的实质是同质性。一个人不应该与其他人之间存在任何差异,只要存在差异,他不仅会在社会生活中感到不舒服,甚至还可能在企业中被解雇。今天的社会不再喜欢旧有意义上的个人主义创业家,这种人可能会被看作古怪的人。

　　三种"导向"实际上体现了不同社会形构中的权威,以及在这种权威影响下社会行动的逻辑。在某一种社会形构中,一个有效能感的人就必须按照某一种导向来行动。里斯曼对于社会生活中当个体不按特定社会逻辑行事时可能出现的问题做出了独特的分析。他认为,在传统导向的社会中,如果一个人与社会格格不入,那么,他因此产生的感觉是"羞耻感"。这种所谓的"羞耻文化"对于社会叛逆行为所采用的惩罚形式,一般表现为排斥策略。在市场资本主义阶段,成功是个人得以拯救的外在标志,这是一种关于成功的意识形态。在这样的社会中,如果一个人不能取得成功,就会产生一种消极性的情感,即"负罪感"。这是一种"罪感文化"的表现。一个人没有取得成功,当然就是失败者。② 害怕失败的恐惧在传统导向的社会中是不存在的,在他人导向的社会中也是不存在的。

　　在他人导向的社会里,社会对个人的惩罚已经从羞耻感和负罪感(前者是内部和外部同时对个人进行惩罚,后者主要是从内部对个人进行惩罚)变成了"焦虑感",这是一种莫名的焦虑,不再像负罪感那样具体,好似一种不确定感。在他人导向的社会中,如果一个人没有做好本职工作,甚至即便做好了应该做的事,也都会经常地感到焦虑,因为他始终不知道什么是正确的。可以说,他人

①美国社会学者威廉·怀特(W. H. Whyte)在1956年出版了《组织人》一书(W. H. Whyte, _The Organization Man_. Garden City, NY: Doubleday, 1956)。

②杰姆逊指出,在英语中,失败并不简单地只是成功的反义词,失败意味着整个生命没有任何价值。因此,害怕失败成为美国人的一种普遍恐惧。

导向的人不再知道到底什么是正确的。这种导向方式说明,随着社会的变迁,社会对个人的要求也在不断变化。这种情况体现了一种经济基础决定论。但是,这也可以作为研究新教或清教给人们留下的精神遗产的一种有益观点,而且对于了解美国文化而言不无助益。①

英格尔斯对里斯曼的理论也曾经做出过评价。他指出,在社会学和社会心理学的传统中,常常会出现对于人的类型的建构工作。晚近最著名的例子便是戴维·里斯曼对于人所做的分类。这种分类的结果是,划分出了内在导向的人、自我导向的人和他人导向的人。虽然这些类型只不过是一种理论建构,但在社会学的惯例中,至少在以往的惯例中,常常会把它们看作是当然的存在,却很少通过系统的研究工作努力来检验这些类型是否可以在现实世界中找到,以及确定这些类型在不同的社会和社会阶层中呈现什么样的分布情况。相反,有关现代人的假设建构却比较经常地在实地研究中,与其他相似的人的类型概念一样,受到广泛而系统的检验。②

而利奥·洛温撒尔(Leo Lowenthal)、德查姆斯(De Charms)和莫勒(Moeller)等人的一些研究成果却支持了里斯曼的观点。在对1901—1941年各种通俗刊物上的传记人物进行研究之后发现,较近时期的刊物更注重渲染那些"消费偶像"、电影明星、棒球明星等,乃至夜总会的娱乐者都成了人们崇拜的偶像。然而,较早时期的刊物却更加推崇"生产偶像",例如商业界或企业界的巨头。在对150年之内的儿童读物进行分析之后,德查姆斯和莫勒发现,自19世纪80年代以来,成就辉煌的人物形象在社会大众的心目中却呈现出相当一致的跌落趋势。然而,可以说,这仅仅是一种间接证据,它仅告诉人们100多年来出版了一些什么,向大众宣传了一些什么,却不一定能够直接反映出读者本身的态度。弗雷德·I.格林斯坦(Fred I. Greenstein)在对一项所谓"被遗忘的调查资料"做分析时提供了比较直接的材料。他在对1902—1958年间对孩子们

①[美]弗里德里克·杰姆逊:《后现代主义与文化理论》,唐小兵译,陕西师范大学出版社1987年版,第46～48页。
②[美]A.英格尔斯:《有关个人现代性的了解与误解》,载谢立中、孙立平主编:《二十世纪西方现代化理论文选》,上海三联书店2002年版,第695页。

所做调查问卷分析的基础上,得出了一些重要发现。在他看来,从这些调查问卷看,实际上孩子们表达的是他们自己的理想,因为这些调查中要求孩子们回答他们最想成为什么样的人。格林斯坦对这些资料进行的分析表明,尽管对工商界和政界领袖的认同程度较低,然而,在 20 世纪初期,情况同样如此。于是,格林斯坦认为,里斯曼所提出的价值观和性格类型随着社会变迁而发生变化的观点几乎很难找到证据。①

巴尔诺(Victor Barnouw)则认为,里斯曼的论著与弗洛姆的一样,非常具有说服力。但是,如果我们用批评家的眼光加以仔细研读时,就会发现里斯曼的理论也存在不少问题,其中一些问题已被戴维·M. 波特(David M. Potter)、卡尔·N. 德格勒(Carl N. Degler)和西摩·M. 李普赛特(Seymour M. Lipset)等批评家所察觉,不论里斯曼本人是否发现了他自己的问题。斯坦福大学的历史学教授戴维·M. 波特对于人口渐趋下降从而导致他人导向的作用这一观点提出了疑问。波特指出,人口渐趋下降的现象在英国和法国都很具有代表性,但他怀疑是否可以说典型的英国人和美国人属于他人导向型。哈佛大学的社会学教授西摩·M. 李普赛特指出,如果这两者之间真正存在相关关系的话,那么,1961 年美国的人口增长率位于西方世界最高的行列之中,就应该预示着美国人会重新转向自我导向型。②

1961 年,里斯曼在为《孤独的人群》重新作序时也不得不承认,用人口周期变化的规律来研究社会性格的变迁,也许不如从经济发展、都市化和教育普及程度来展开讨论,会显得更为有效。

卡尔·N. 德格勒则注意到,里斯曼对美国人的社会性格进行分析时,仅仅关注了中产阶级而忽略了下层阶级,只注意分析城市居民而忽视了乡村民众。戴维·M. 波特也指出,里斯曼所得出的结论与弗雷德·杰克逊·特纳一样,只能运用于男人而不能运用于女人。按波特的说法,女人往往依赖性强,几乎都属于他人导向型,对于别人的情绪和兴趣极其敏感。但是,当今的情况则不一

---

① [美]V. 巴尔诺:《人格:文化的积淀》,周晓虹等译,辽宁人民出版社 1989 年版,第 584~585 页。
② [美]V. 巴尔诺:《人格:文化的积淀》,周晓虹等译,辽宁人民出版社 1989 年版,第 586 页。

样了。随着经济的发展,女性成功的概率也在不断地增大,许多现代女性似乎不再属于典型的他人导向型了。①

德格勒和李普赛特一致认为,他人导向是美国国民性的一个重要方面,但是,这并不是近期所出现的现象,而且与美国高度发展的经济和人口逐渐下降的趋势无关。相反,在他们看来,他人导向的特征可以追溯到 19 世纪初期,这与早期美国平等的民主传统相关联。为了证实这一点,他们引用了早期思想家亚历克西斯·德·托克维尔(Alexis de Tocqueville)和哈里特·马蒂诺(Harriet Martineau)关于美国人性格的论述。

在里斯曼和内森·格莱泽(Nathan Glazer)合著的《人群的面相:关于性格与政治的个体研究》②一书中,收集了许多支持里斯曼观点的访谈录以及个人生活史资料。但是,里斯曼对此却显得十分谦虚,他声明:"……必须澄清的是,本书中并无任何资料可以用来证实《孤独的人群》一书所提出的结论……单凭这些证据,根本不可能对规模庞大的历史性假设,尤其是其类型作出合情合理的结论性判断。"他还提到,我们还不能将他人导向与现代化、都市化和美国联系在一起,也不能将传统导向与任何特殊的尚无文字的社会联系在一起。另外,三个类型的导向之间也会相互重叠,它们之间并不是相互孤立的。如此看来,我们所获得的某些结论还是相当含糊不清的,其有效性一直尚未得到确凿的证实。③

然而,里斯曼关于由传统导向转变为内在导向的观点,与怀廷等人在六种文化研究规划中对 A 型文化与 B 型文化所做的比较研究之间存在某些一致的地方。A 型文化的特征是进行维系生存的农业模式,几乎不存在经济专业化的情形;B 型文化却具有较多样、较复杂的形式,如实行现金交易经济、存在阶级

---

① [美]V. 巴尔诺:《人格:文化的积淀》,周晓虹等译,辽宁人民出版社 1989 年版,第 586 页。

② 这部著作是《孤独的人群》的续集和补充。这是另一个研究记忆,所探索的一个基本问题是:社会变迁如何影响性格结构,反过来这又如何影响政治自由的意义和命运。David Riesman (in collaboration with Nathan Glazer), *Faces in the Crowd: Individual Studies in Character and Politics*. New Haven: Yale University Press,1952.

③ David Riesman (in collaboration with Nathan Glazer), *Faces in the Crowd: Individual Studies in Character and Politics*. New Haven: Yale University Press,1952.

和阶层分化,还有集权性的政治和法律体系。在 A 型文化中,儿童需要做的杂事较多,顺从性格被高度强调,他们不得表现出任何违抗行为;在 B 型文化中,个人主义较为盛行,竞争十分激烈。罗伯特·A.莱文对于俗民和农民社会的评论在这里值得重新提及。莱文认为,在这一类群体中,严格的攻击行为的训练"也许是使儿童倾向于秩序、遵从以及平和的部分原因,同时,也产生了表现在认知活动上的压抑性。"这也许是形成传统导向特征的途径之一。[①]

[①][美]V. 巴尔诺:《人格:文化的积淀》,周晓虹等译,辽宁人民出版社 1989 年版,第 588 页。

第十章　英格哈特：价值观的后物质主义转向

　　经济水平与后物质主义价值观的盛行并不是简单的一对一的关系。这些价值观反映的是人们的主观安全感，而不是人们的经济水平本身。……人们的安全感也会受到生长于其中的文化环境和社会福利制度的影响。因此，稀缺性假设必须用社会化假设来加以补充：人们的基本人格结构往往在进入成年时期便已经形成并且此后的变化相对不大。

　　……大多数情况下，在一个社会的成年人口中，当较年轻的出生人群取代了较年长的人群时，基本价值观的变化就会发生。

——罗纳德·英格哈特

　　在此之前，早已开始的对心理现代性的研究，是从多种理论视角或多个学科视野展开的，主要包括：哈根作为主要代表的"人格"角度，里斯曼作为主要代表的"社会性格"角度，本尼迪克特作为主要代表的"国民性格"角度，英格尔斯作为主要代表的"个人现代性"角度，以及"价值观"的角度。此外，还有其他的角度。

　　然而，"人格""社会性格""国民性格"的分析视角在时间中逐渐地淡出了，

"个人现代性"的角度因为包含了态度、价值观和行为取向的成分而受到一些研究者的追随和继承。但是,最经久不衰的探究视角似乎是"价值观",它甚至还成为一些国家或地区的制度化的研究项目,其优势在于:价值观的研究可用于多重时空维度的测量或不同时空维度之间的比较。"价值观"角度的研究有着丰富的内容,而晚近的重要代表之一,就是罗纳德·英格哈特(Ronald Inglehart)。他以现代化作为出发点来分析 20 世纪下半叶以来发达国家的变迁,并将这种变迁表述为后现代化。在他看来:

> 现代化是一种蕴涵巨大规模社会变迁的进程,这种进程一旦开启,便会以自我强化的态势渗透进一切领域,从经济运行到社会生活再到政治体制。现代化引发了一种对于变迁和创新的强烈意识,而这种变迁和创新是与人类社会进步的观念联系在一起的。①

对于一个社会而言,从实质上看,现代化首先是这样一种进程:经由工业化增强了经济能力以及经由科层化增强了政治能力。工业化是现代化的核心进程,经济增长成为主要的社会目标,成就动机成为主要的个人目标。现代化具有广泛吸引力的原因,就在于能够使一个社会从贫困走向富裕。从前工业社会向工业社会的变迁,在文化特征上则表现为韦伯所说的"一切社会领域普遍而深入的理性化"。于是,在经济、政治和社会生活中引发一种从传统宗教价值观向现代法理价值观的转变。② 英格哈特指出:

> 新型的人类活动引发了不同的存在性经验。因此,每一次社会转型都改变了人们的生活视野、兴趣、心理定位和价值观,促进了文化的变迁。很多作者都认为,与现代化一同出现的最基础的价值观变迁是从精神—宗教

①Ronald Inglehart and Christian Welzel, "What is Modernization?" *Blackwell Encyclopedia of Sociology*.

②Ronald Inglehart, *Modernization and Postmodernization: Cultural, Economic, and Political Changes in 43 Societies*. Princeton, New Jersey: Princeton University Press, 1997, pp. 1—6.

价值观向世俗—理性价值观的一种过渡，这意味着理性力量和对科学的人类能力的信仰代替了对超自然力量和天命的信仰。因此，从生产系统到政治秩序的每一件事情都被认为是人类而非上天的创造物。①

可以看到，英格哈特对现代化进程的研究，既关注其结构和制度层面的变迁：工业化和科层化分别增强了社会的经济能力和政治能力；又关注其文化和心理层面的变迁：从传统宗教价值观演变为现代法理价值观，以及人们成就动机的出现。而且他把对于后一方面的研究作为他长期追求的目标，并促成作为一种制度化的长时段的研究项目。

第一节　从现代化到后现代化的变迁

在英格哈特的理论视野中，现代化是人类发展的根本动力与形式。工业化和后工业化的最独特的政治和文化意涵，都反映在它们作为现代化两个重要阶段所出现的独特价值类型上面。

首先，工业化极大地扩展了人类在技术上对于自然环境的控制程度。人类已把大部分活动投入到全部的人造环境上，并且在面对自然力量的变迁和兴衰时不再显得无助。一切事物，乃至政治秩序似乎都是一个人类工程问题，所有的问题都能够通过科学加以解决：一切事物，从经济增长到空间拓展，都从属于人类理性。在工业世界中这些观念支持了世俗—理性价值的出现。现代化的工业阶段将世俗—理性价值与遵奉主义价值联系起来，以强调团体纪律高于个体自由。如此做法的原因是工业世界中生活的标准化。这一点对于工人阶级尤为真实，其成员几乎没有经历个人自律，而是将他们的大部分生命消磨在装配线上或公寓楼里，作为一种同质性的群体生活在强大的社会控制和群体压力之下。这些经历支持遵奉主义的价值观，它不赋予个体自由以最优先权。结

①Ronald Inglehart and Christian Welzel, "What is Modernization?" *Blackwell Encyclopedia of Sociology.*

果,自由民主并不一定出现在工业社会。工业社会的大众动员要求大众参与政治,这一点导致了普选。但是,普选更经常的是通过权威主义方式而非民主方式来加以组织的。在工业社会里,即便传统的民主也表现为一种相对权威主义的景致,运行一种精英导向的模式,其中政党领导指挥着一群忠诚的选民。

其次,后工业社会出现了以服务业为基础的经济,使经济活动和社会生活失去标准,在知识社会里,个体的判断决定和创新具有中心意义。越来越多的情况是,人们感受到自己在判断、活动和生活选择上是自律的个体。这就导致了解放的价值观,它将个体自由置于群体遵从之上。这些价值观与自由民主中的核心理念——人的自由密切相连。这些价值观的产生促进了新的民主在大半个世界出现,也致使既存民主出现一种人本取向的转型。对解放价值观的不断强调,使现代化转到了一种人类发展的进程之中,于是,后工业民主放松了它们的权威主义方面。这种类型的社会展现了民主内在的解放潜能。这一过程可以被描述为人类发展,因为它设想了最为独特的人类品质:将决策和活动建立于自律判断和选择基础之上的能力。①

在英格哈特看来,发展是不线性的,一个国家或社会实现了现代化并不是历史的最终阶段。在 20 世纪最后四分之一时间里,发达工业社会的发展方向普遍发生了根本性转变,对于这种转变,他认为将其描述为"后现代化"(postmodernization)而不是"现代化",显得更为恰当。

经济发展过程导致了两种相互接续的轨迹,具体地说,当现代化达到了一个成效递减点以后,后现代化便发生了。与之相应,后现代价值观逐渐盛行起来,并取代了自工业革命以来就一直支配着工业社会的价值观。这种价值观根本性变迁的最核心点表现为,工具理性这一工业社会的文化特征不再受强调。后现代价值观已经引发社会的各种变迁,政治、工作、宗教、家庭和性行为等领域的基本规范都发生了转型。②

①Ronald Inglehart and Christian Welzel, "What is Modernization?" *Blackwell Encyclopedia of Sociology*.
②Ronald Inglehart, "Globalization and Postmodern Values." *The Washington Quarterly* 23(1)(Winter, 2000):215—228.

后现代化理论是西方学者于 20 世纪后期提出的一种发展理论。其主旨认为,人类社会的发展不是线性的。20 世纪 70 年代以来,发达工业国家的发展取向出现了根本性的转变,已经从现代化阶段进入后现代化阶段。

1992 年英国学者克茹克等在《后现代化:发达社会的变迁》一书中把发达国家发生的变迁称为后现代化。1997 年美国学者英格哈特把 1970 年以来发达国家发生的变化称为后现代化,把发展中国家发生的变迁称为现代化。英格哈特认为,后现代化的核心社会目标不是加快经济增长,而是增加人类幸福,提高生活质量。1997 年,英格哈特出版了《现代化与后现代化》一书,该书主要以世界价值观调查项目(World Values Surveys,1981—1990 年)①的结果为依据,同时参考了从 1970 年到 20 世纪 90 年代欧洲晴雨表调查的数据,分析了 43 个国家的文化、经济和政治变化,证明发达工业国家已经进入后现代化。

一、历史发展不具有线性的特征

在英格哈特看来,现代化理论可以分为两个主要学派:一是马克思主义学派。主张经济发展决定社会政治和文化的变化,政治、经济和文化是紧密联系的。二是韦伯学派。认为是文化影响了经济和政治生活。虽然两派相互批评,但是,它们都承认一个关键点:社会经济发展是一致的和相对可以预期的;关键的社会、政治、经济特征不是偶然关联的,而是紧密相关的。了解一个特征,就可以预期另一个特征。他们在 43 个国家进行的价值观调查结果,强有力地支持了这种理论观点。但是,其调查结果不支持社会经济发展是呈现线性特征的观点。

1.社会变迁不是线性的。从农业社会向工业社会的变迁是一种转折。在发达工业国家,工业社会的发展已经达到了收益递减的拐点。在过去的几十年里,发展方向出现了根本性的变化,从工业社会转向后工业社会。

2.经济变化不是线性的。工业化是现代化的经济特征,服务业兴起是后工

---

① 英格哈特是“世界价值观调查”(World Values Surveys,WVS)委员会的执行主席,参加该项目的有 80 名学者专家。这一工作始于 1981 年,已调查过 60 多个国家,样本代表了约世界 75% 的人口,并且涉及多维度的变量:从人均基本收入低至仅每年 300 美元的社会,到人均基本收入高达前者 100 倍的社会;从建立时间较长的市场经济的民主制国家,到专制国家和正在向市场经济过渡的国家。

业社会的特征。在现代化进程中,物质激励是一个核心性的特征。在后现代社会,对经济增长的关注,让位于对生活质量的重视;工业社会的分化和成就动机,让位于对生活模式的个人选择。

3.文化变迁。后现代主义受到广泛关注。后现代主义可以分为三类:(1)反对现代性的后现代主义,反对理性、权威、技术和科学;(2)主张复兴传统的后现代主义,认为传统性有积极意义;(3)提倡新的价值观和生活方式的后现代主义,主张更加宽容的伦理、文化、性行为和个人选择。

4.现代化不是由经济或文化决定的。现代化不是由经济变迁决定的,也不是由文化变革决定的,而是由经济、文化和政治的相互作用所决定的,就像一个生命系统的不同部分,它们之间是相互影响的。

5.现代化不是线性的。现代化强调经济效率、科层权力和科学理性,新的发展方向则表现为更多的个人自主、多样性和个人表现。在过去十几年里,发达工业国家已经越过了转折点,从现代化阶段进入了后现代化阶段。

6.在现代化范式里,经济、文化和政治的变迁是一致的,可以在一定程度上加以预期。未来的发展方向则包括:(1)后现代价值将在多数富裕和安全(有保障)的社会中扩展,而发展中国家将强调的是生存价值;(2)在所有的社会里,后现代价值观将在较有安全(有保障)性的阶层扩散,富裕的和受过良好教育的人将拥有较多的幸福价值观;(3)短期波动将按照"稀缺(匮乏)假设模式"变化,富裕国家强调幸福价值,战争导致强调生存价值;(4)长期变化也将反映"稀缺(匮乏)假设模式",富裕和安全国家将从强调生存价值转向强调幸福价值;(5)在经济和物质安全(保障)的社会里,青年人比老年人更强调幸福价值;(6)不同代人之间的代际价值观差异具有一定的长时间稳定性;(7)代际价值观的变化在经济高速增长的国家比较明显,经济增长的高速度将产生相对较快的价值观变迁;(8)从代际价值观变迁的方向,也可以预见到价值观变迁的程度。①

二、从现代化到后现代化的变迁

英格哈特指出,在过去几十年里,发达工业国家发生了从现代化向后现代

---

① Ronald Inglehart, *Modernization and Postmodernization: Cultural, Economic, and Political Changes in 43 Societies.* Princeton, New Jersey: Princeton University Press, 1997, pp. 7—50.

化的转变。现代化理论和后现代化理论有两个基本的前提：(1)不同的文化因素趋向于形成一致的模式。例如，强调宗教的社会，也支持大家庭的观念。(2)一致的文化模式与经济和技术的发展有关。从现代化向后现代化的转变，发生在文化、经济、政治和社会等各个领域。

1.现代化。现代化是自工业革命以来所发生的变迁，其特征包括：城市化、工业化、专业化、大量正规教育、大众媒体、个性化、企业家（创业）精神、大规模生产线和现代国家。现代化过程的物质核心是工业化。在新教国家，新教提倡的经济动机促进了工业化和社会变迁。现代化过程的一个重要特征是从宗教权力向国家权力的转移。

2.后现代化。在20世纪的最后四分之一时间里，大量的变迁发生了，它们是朝后现代化的转向。这些变迁起源于经济奇迹，经济奇迹首先发生在西欧和北美，然后出现在东亚和南亚。伴随着现代福利国家的安全网络形成，出现了高水平的经济安全，人们更多地关心文化，从而改变了发达工业国家的经济和政治体系。新的发展迹象表现为，权力从宗教和国家向个人转移，关注个人选择如友情和休闲。后现代淡化所有权力，不论是宗教的还是世俗的，而重视个人在追求幸福时的广泛自主性。

传统社会文化的核心功能是维持社会一致和稳定。在没有社会保障和失业保险的社会里，共享意识是关键。现代化的核心目标是经济增长，通过工业化和系统的技术应用来扩大有形产品，如小麦、煤炭、钢铁等。后现代化的核心目标是使个人幸福最大化，追求生活质量和生活体验。传统社会、现代社会和后现代社会的价值观之间表现出极大的差异。

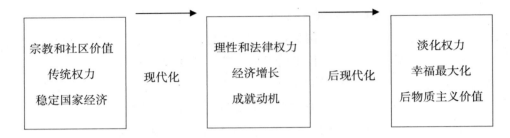

图 10-1　从现代化到后现代化：生活重点的改变

资料来源：Ronald Inglehart, *Modernization and Postmodernization：Cultural, Economic, and Political Changes in 43 Societies.* Princeton, New Jersey：Princeton University Press, 1997, p. 75.

表 10-1　不同社会的社会目标和个人价值观

	传统社会	现代社会	后现代社会
核心社会目标	在一个稳定的国家经济中存在	经济增长最快化	个人幸福最大化
个人价值观	传统宗教和社区规范	成就动机	后物质主义和后现代价值观
权力系统	传统权力	理性和法律权力	同时淡化法律和宗教权力

资料来源：Ronald Inglehart, *Modernization and Postmodernization：Cultural, Economic, and Political Changes in 43 Societies.* Princeton, New Jersey：Princeton University Press, 1997, p. 76.

　　在后现代化过程中，个人生活观念发生变化，从注重生存价值到注重幸福价值，从注重成就动机到注重后物质主义动机，强调个人自由，反对科层权力。在专业化、世俗化和个性化方面，后现代化是现代化的继续。

第二节　后物质主义价值观的主要面相

　　进入 20 世纪下半叶,西方发达工业化国家出现了社会学家丹尼尔·贝尔 (Daniel Bell)所称的"后工业社会的来临"。在一些学者的视野中,西方社会进入了后现代社会。一般而言,"后工业社会"这一概念更多地有指涉社会结构层面①的含义,而"后现代社会"这一概念则更多地有指涉文化模式层面②的意义意义内涵。

　　与后工业社会或后现代社会来临相伴随的是,社会价值观的后现代转向,换言之,后工业社会或后现代社会是后现代价值观兴起的社会基础,而后现代价值观的兴起则是后工业社会或后现代社会的文化表征。

　　人类社会的发展进程中曾经出现过两次重大的文化转向。第一次是从传统价值观向现代价值观的转向,其社会基础是从农业社会向工业社会的转变。农业社会的价值观阻止了社会流动并且强调传统、继承的地位和公共的义务,这些观念受到绝对宗教规范所支持。进入工业社会,由于社会文化的日益世俗

①丹尼尔·贝尔指出,"后工业社会"这一概念首先涉及社会结构方面的变化,即经济改造和职业体系改组的方式,而且涉及理论与经验,尤其是科学与技术之间的新型关系。具体表现在 5 个方面:从产品生产经济转变为服务性经济;专业和技术人员阶层处于职业结构的主导地位;理论知识处于中心地位,成为社会创新与进行决策的源泉;对技术进行鉴定并控制技术发展;决策上新的智能技术的兴起。参见[美]丹尼尔·贝尔:《后工业社会的来临:对社会预测的一项探索》,高铦等译,新华出版社 1998 年版,第 1～50 页。

②"后现代社会"这一概念涉及"后现代主义""后现代化""后现代性"等多个复杂方面,至今尚未有一种共识性较高的定义或界说。英格哈特指出,"后现代化"这一术语表达了一种重要的洞见:以现代化著称的过程不再处在利刃上,社会变迁现在正以根本不同的方向运动。此外,后现代主义文献表明了这一新方向的某些特性:它是这样一种变迁,即脱离强调经济效能、科层权威和科学理性这些现代化特征,而趋向于一种为个人自主、多样性和自我表达提供更多空间的更人本化的社会。"后现代"一词负载了如此众多的意义,以至于它具有既表达了一切又什么也没有表达这样一种危险。所以,他提出,后现代社会是一个正在脱离标准化的功能主义和对(曾在匮乏时代支配过工业社会的)科学与经济增长的热情,而赋予审美和人的体谅以更多意义并且将过去的因素结合进一种新的脉络之中。(Ronald Inglehart, *Modernization and Postmodernization: Cultural, Economic, and Political Changes in 43 Societies.* Princeton, New Jersey: Princeton University Press, 1997, p. 12.)

化,农业社会的价值观让位给了激励经济成就、个体主义和创新精神的现代价值观。今天,促进从传统社会向现代社会转变的某些势能,在发达工业社会里已经达到了局限。于是,社会变迁出现了一种新的方向,即后现代转向。从现代价值观向后现代价值观(postmodern values)的转变,是至今人类出现的第二次重大文化转向。

如果说后现代价值观的兴起是一种较大范围的文化变迁的话,那么,其中有一个具有特色或代表性的方面,英格哈特称之为后物质主义价值观(postmaterialist values)的盛行,或者,价值观的后物质主义转向。那么,这种价值观的后物质主义转向是通过什么样的社会机制实现的呢?

英格哈特认为,任何稳定的经济系统、政治系统都有一个和谐的和支持性的文化系统,这种文化系统使政治系统和经济系统合法化。从广义上说,一种文化是由一个社会广泛共享的态度、价值观和知识构成的一种系统,并且是从一代人向下一代人传递的。文化较为核心的方面和在生命历程早期习得的方面,对于变迁会表现出抗拒性,既因为它要求用大量努力来改变一个成年人认知结构中的核心要素,还因为人要放弃最核心的信念则会产生不确定性和焦虑感。在面对社会经济状况的持续变迁时,即便是文化的核心部分也会被改变,但这种变化不是通过已经社会化的成年人的转变来达成的,而更可能是通过代与代之间的人口更替来实现的。[1]

基于大规模长时段纵贯调查的结果,英格哈特及其同事得出研究结论认为,20世纪最后四分之一时间,西方发达工业社会里出现了后现代化这一变迁。根据他们的分析,导致这一变迁的宏观层面上的经济社会性动因在于,首先是经济奇迹,其次是经济奇迹再与现代福利国家的安全网相结合,于是,产生出了前所未有的高度经济安全性或保障性。这种态势进而导致了文化上和心理上的反应。

英格哈特等人在1994年指出,过去20年里,后现代主义价值观呈现增长

---

[1] Ronald Inglehart, *Modernization and Postmodernization: Cultural, Economic, and Political Changes in 43 Societies*. Princeton, New Jersey: Princeton University Press, 1997, p. 15.

之势,而其增长比例与人口更替模式所预测的比例几乎是完全相同的。①根据他们的研究结果,导致价值观后现代转向的宏观层面上的文化和社会动因主要有:

第一,时代精神层面上,理性、科技威信的逐渐衰落。强调科学技术的作用,宣称理性、科学和技术的力量能够解决一切问题,这是现代化的文化核心。与此相对,在后现代化文化视界中,理性、科学和技术丧失了原有的威信。这一深刻剧变在经济、技术最发达的国家表现得最为明显。在后物质主义者众多的社会中,公众越来越倾向于认为科学、技术的进展将不再有益于人类。相反的是,对生态运动的支持率却非常高。这一反对科学和技术的趋势是对现代化的基本信任感的严重背离。这一点正好反映了后现代转向的一个关键性原因。

第二,社会结构层面上,科层权威效能的日益减弱。每一种稳定的社会形态都有一种相应的权威体系。社会各个领域日益增长的科层化趋势是现代化的特征之一。政府成为最大的科层体系,而支持大政府是现代化的核心要素。后现代价值观所呈现的总体趋势是,对大政府的支持倾向日渐减少,对权威的强调趋于式微,就是说,后现代价值观既远离了传统权威,也远离了现代国家权威,不论这些权威是社会文化所赋予的,还是国家法规所赋予的。发达工业社会中的人们正放弃对等级制度的认可。

第三,社会文化层面上,短缺价值观的消退与安全价值观的兴起。相对于传统社会和现代社会大多情况下难免带有短缺经济特征而言,发达工业社会中多数人的基本生活条件已经不成问题。人们的平均寿命和主观幸福感达到前所未有的高度。因此,在发达工业社会,短缺经济背景所塑造的价值体系已经逐渐地消退,安全经济条件所促成的价值观正日益占据主导地位。在社会层面上,强调经济增长这种作为早期工业化重心的倾向已经退居次要地位,而后工

①这些证据主要有两个来源:一是,自1970年至20世纪90年代"欧洲晴雨表"以间隔方式(一般是两年一次)测量欧共体所有成员国的物质主义/后物质主义价值观的状况。这一常态化的测量工作使研究者得以将现实经济状况短期波动所带来的影响与预计代际人口更替中呈现出来的长期性变化区别开来。二是,在1981年和1990年对20个国家进行的"世界价值观调查"获得了更加广泛的资料,尽管时间系列较短,但其结果显示,在9年的时间里,这20个国家的后物质主义者比例在增加。

业社会更倾向于关注经济增长对环境的影响。在个人层面上,希望最大程度获得经济收入这一目标逐渐退出首位,越来越多的人更希望有机会表达自我和从事有意义的工作。①

英格哈特指出,1981 年和 1990 年的世界价值观调查结果显示,向后现代价值观变迁的总体趋势正在发生。与从物质主义价值观向后物质主义价值观变迁相似的是,一套安全价值观②正在代际更替过程中生长。

英格哈特认为,后现代化的一个重要特点是从重视经济增长的物质主义到重视生活质量的后物质主义的转向。这种转向在 20 世纪 70 年代就已经开始了。在获得高度经济保障之后,发达国家的人们逐步关注后物质主义价值,他们更加重视生活质量而不是经济增长。后物质主义价值观是更加广泛的后现代价值观的一个部分。英格哈特指出:

> 在西方历史上,新教伦理的兴起——一种物质主义的价值观体系,宽容经济积累并且鼓励它做具有英雄气概和值得赞美的事情——成为开创资本主义和工业化道路的一种关键性的文化变迁。但是,恰恰因为它们达到了高水平的经济安全,这些首先工业化的西方社会则已经逐渐地强调后物质主义价值观,优先考虑的是生活质量而不是经济增长。从这个方面看,后物质主义价值观的兴起背离了新教伦理的兴起。今天,由于技术发展和文化变迁变得全球化,新教伦理的功能对等物在东亚地区最为活跃,而在新教的欧洲却正在逐渐地消失。③

1995 年由欧洲科学基金会资助、来自 12 个欧洲国家的 50 名社会科学家所

---

① Ronald Inglehart, *Modernization and Postmodernization: Cultural, Economic, and Political Changes in 43 Societies.* Princeton, New Jersey: Princeton University Press. 1997, pp. 27—29.

② 英格哈特假设,在其他情况相同的条件下,无论哪一种价值观,只要与后现代主义之间呈现正相关,便会随着时间的推移而日益普及。现行的社会经济条件也会产生促进作用:生活有保障、社会繁荣就有助于安全价值观的生长,正如经济衰退、战争、国内冲突会导致短缺价值观的产生一样。

③ Ronald Inglehart, Globalization and Postmodern Values. *The Washington Quarterly* 23(1)(Winter, 2000):215—228.

完成的调查工作,证明从物质主义价值观向后物质主义价值观的转向已经发生。这项研究还讨论了这一转向对于政治所产生的影响。后物质主义价值观,支持更加人性化的社会,更加关心工作和政府,认为思想比金钱更重要,强调言论自由,希望人们在更加美丽的城市生活。

表 10-2 西方 15 个国家的物质主义和后物质主义价值观

物质主义价值观	后物质主义价值观
维持经济稳定	人性化社会
经济增长	更关心工作
维持秩序	更关心政府
与犯罪作斗争	思想比金钱重要
与物价上涨作斗争	言论自由
强大的国防	更美丽的城市

资料来源:Ronald Inglehart, *Modernization and Postmodernization: Cultural, Economic, and Political Changes in 43 Societies.* Princeton, New Jersey: Princeton University Press, 1997, p.112.

英格哈特认为,在整个发达工业社会中,从物质主义价值观向后物质主义价值观的转向仅仅是从现代价值观向后现代价值观广泛转向的一个方面。在大多数发展中国家,价值观变迁的主要趋势仍然是从传统价值观转向现代价值观。因此,向后现代价值观转向还不是所有社会的共同特征。

20 世纪最后四分之一时间里,西方社会价值观发生的转向,从与社会结构变迁相联系的角度看,可以称为后现代转向,与此相应的变迁是,从现代社会到后现代社会;如果从与人的需要层次变迁相联系的角度看,可以称为后物质主义转向,与此相应的变迁是,从物质主义价值观到后物质主义价值观。后物质主义价值观是后现代价值观的一个重要部分,更具体地呈现出个体层面而不是社会层面的主观世界的变迁。

根据英格哈特的观点,[①]可以将后物质主义价值观的主要内容概括为如下方面:

(1)强调自我表达。在发达工业社会里,基于政治的、经济的和社会的安全性所产生的重要效应就是,已经使价值选择的重心转移到个人层面上,人们所强调的是对个人价值和经验的珍视,是自我表达的机会和空间,而不是对政治强人的需要和对权威的尊重。

(2)重视环境保护。将经济增长和经济成效放在首要的位置上,这是盛行于工业社会的现代价值观的一个重要表现方面。而后物质主义价值观则将环境保护、文化关怀置于优先的地位上,即便是当这些目标与经济发展成效最大化这一目标之间发生冲突之时。

(3)珍视个人自由。现代工业社会的运行基础就在于实行了两个关键性的制度,即大规模的生产流水线和科层制组织。这两种制度使得大量产品的生产和众多工作人员接受标准线的控制成为可能。这些制度虽然是具有高度成效的,却极大地限制了个人的自主性。而在发达工业社会里,个人的自主性正在不断地增长,因此其所导致的结果是,人们对于中心控制和等级性的认可已经从内心里逐渐地淡化甚至消失。

(4)性观念的更新。在传统社会和工业社会的早期,妇女的社会角色在很大程度上被限制于生育和抚养后代,这两个功能在婴儿死亡率较高和预期寿命较短的历史时期,对于社会的延续发挥了重要作用。因此,性生活严格地限制在鼓励生育上,且仅在家庭内夫妻之间发生。而在当今时代,随着婴儿死亡率的降低和人们预期寿命的延长,后现代社会正在朝着性生活使个人生活满意度提高的方向迈进。

[①]英格哈特在《寂静的革命》(*The Silent Revolution*:*Changing Values and Political Styles in Advanced Industrial Society*. Princeton, New Jersey:Princeton University Press, 1977.)一书中最早提出了他的后物质主义价值观的思想;在《现代化与后现代化》(*Modernization and Postmodernization*:*Cultural, Economic, and Political Changes in 43 Societies*. Princeton, New Jersey:Princeton University Press, 1997.)等书中根据大规模长时段的调查结果进一步发展了这种后物质主义价值观的思想;在《全球化与后现代价值观》(Ronald Inglehart, "Globalization and Postmodern Values." *The Washington Quarterly* 23(1)(Winter, 2000):215—228.)等文章中又进行了高度的提炼和概括。

（5）重新关注意义。在不安全环境中提供一种确定感，这是宗教最重要的功能。人身方面和经济方面的不安全感则会强化人们对于宗教的需要。然而，在和平、繁荣和福利国家时代所形成的生存安全感，则减少了人们对于传统宗教的需要。对于性和生育的宗教规范接受程度的下降，对于绝对规则需要的减少，实际上都与后现代世界观相关。这一状况带来了对于生活意义关注程度的上升。在大多数发达工业社会中，尽管历史悠久的宗教组织已经衰落了，然而，宗教的精神并没有衰退，而是转向了对于生活意义的追寻。

（6）倡导宽容品质。与以短缺价值观为特征的社会相比较，受安全价值观影响的社会表现出更多的宽容性。安全价值观有助于宽容，而不安全感则会导致排外倾向。排外倾向的程度往往与不安全感的程度成正比。生存空间越是狭小，则越容易将外来的陌生人视为一种威胁。在个人层面上，后物质主义者是在经济和人身方面较安全的环境中成长起来的，因此，他们倾向于对具有不同价值取向的人持相对宽容的态度，这样也就促进了多样性的形成。

（7）注重民主和参与。随着经济的发展，由于安全性的形成和幸福感的增强，必然有助于培养宽容精神，宽容精神有助于形成多样性，而多样性又成为民主的基本成分，因为安全价值观容易促进人际间的高度信任。具有参与意愿的公众是民主的基本要素。自我表达、个人自由、文化多样性等都会促进大众进行更加广泛和有效地参与所有层面的决策。①

表 10-3　后物质主义价值观与人的需要满足之间的关系

现代价值观	后现代价值观
物质主义价值观	后物质主义价值观
人类的基本需要 （生理需要、安全需要）	人类的高级需要 （爱—归属—社交需要、尊重需要、 认知需要、审美需要、自我实现需要）

---

① Ronald Inglehart, "Globalization and Postmodern Values." *The Washington Quarterly* 23(1)(Winter, 2000):215—228.

第三节 后物质主义价值观的呈现机制

20 世纪 60 年代,西方国家进入后工业社会,与这种社会结构的变迁相伴随的主观层面的重大变化是,后现代价值观的兴起,而后物质主义价值观则是后现代价值观的一种具体化的表现形式,更准确地说是后现代价值观的一个具体层面。① 对于社会成员而言,除了经济增长和福利社会所提供的保障性或安全性之外,导致后物质主义价值观形成的内在动因在于,从人的基本需要层次理论视野来看,当生存需要和安全需要等基本层次需要得到满足之后,对于尊重需要、自我实现需要等高层次需要的追求便会日益增强,这一态势在现实生活中即表现为,人们对经济增长和社会保障等物质主义价值的关注程度逐渐降低,而对环境保护、生活质量和个人自由等后物质主义价值的重视程度则不断提高。可以说,这些分析所说明的是,后物质主义价值观的发生学或者后物质主义价值观的生成机制。

那么,后物质主义价值观具备了经济、社会的生成基础之后,是如何在社会生活中逐渐盛行起来的? 或者说,是如何逐渐替代了此前在社会生活中居于主导地位的物质主义价值观的? 这就涉及后物质主义价值观的呈现机制问题。

在西方发达工业社会中,社会价值观的后物质主义转向并非是在一夜之间实现的。英格哈特根据对调查结果的分析指出,后物质主义价值观的呈现是通过在经济安全时代成长起来的一代人逐渐替代了在短缺经济时代长大的一代人——这样一种代际更替的机制——而达成的。换言之,英格哈特通过分析西方社会变迁进程中价值观类型的转变,阐明了代际更替是后物质主义价值观的呈现机制。

作为"后物质主义"这一概念的重要发展者,英格哈特认为,后物质主义价

---

① 当然,从一定意义上说,与后现代主义价值观相比,后物质主义价值观是一种更具有经验研究可行性的表述方式。

值观的主要内容涉及生活质量、自我实现和公民自由等问题。在他看来,后物质主义理论并不认为价值观变迁是一种国家现象,而是主张,后物质主义是产生于大众社会层面的个人现象。这一点也体现了英格哈特进行价值观研究所运用的一种重要方法论。

英格哈特于 1970 年开始测量文化变迁时就提出过一个假设:在西欧社会中,"二战"后出生的一代人与前一代人之间在价值观的优先性上存在着差异,其原因在于,战后一代人一直是在较安全的环境中成长起来的。当经历了第二次世界大战,于大萧条时期、第一次世界大战之后出生的几代人把经济安全和人身安全放在价值观最高位置上的时候,较年轻一代中的大多数人则把自我表达和生活质量置于价值观的优先性地位上。

英格哈特依据两个假设进行了具体研究。一是稀缺性假设(a scarcity hypothesis)。人们的优先价值观实质上是对于社会经济环境的反映,一般总是把最重要的主观价值观赋予在相对稀缺的事物上面。二是社会化假设(a socialization hypothesis)。社会经济环境与优先价值观之间的关系并非是直接相互对应的。两者之间较大的时间堕距(time lag)虽然呈现出了个体的基本价值观,但其所反映的则是个体青少年时期的生活状况。

实际上,稀缺性假设只是说明了人们赋予某种价值观以优先性的原因,而对于人们在某种需要得到满足之后所出现的变化,则可以用边际效用递减原理(the principle of diminishing marginal utility)①来解释。这一原理进一步说明,当人们的某种需要得到满足之后,能够满足这种需要的价值就不会被作为优先性的价值,或者说,当人们的某种需要得到满足之后,便会出现需要层次上升现象,在其行动层面上的表现就是,从追求基本层次需要的满足,到进一步追求更高层次需要的满足。英格哈特指出:

---

①所谓边际效用递减,指的是当个体连续消费某种物品时,随着消费该物品数量的增加,尽管其总效用相应地增加了,但其边际效用则有递减趋势。边际效用指每消费一个单位的该物品所带来的效用增加量。

稀缺性假设类似于经济学理论中的边际效用递减原理。一种需要层次的补充概念有助于形成用于测量价值优先性的调查项目。[①]

可以认为,英格哈特解释社会价值观后物质主义转向的内在动力机制是人的需要层次上升规律。根据马斯洛(Abraham Harold Maslow)的人类需要层次(hierarchy of needs)理论,人的需要分为从低级到高级的不同层次,具体是生理需要、安全需要、爱－社交－归属需要、尊重需要、认知需要、审美需要、自我实现需要。[②] 对于生理需要、安全需要的满足而言,英格哈特的概念体系中大致相对应的是物质主义价值;而对于爱－社交－归属需要、尊重需要、认知需要、审美需要、自我实现需要的满足来说,英格哈特的概念体系中大致相对应的是后物质主义价值。

稀缺性假设意味着西方社会晚近时期的经济发展表现出了特别重要的作用。自第二次世界大战以来,发达工业社会的经济收入达到了历史前所未有的水平,再加上福利国家的出现,形成了空前的富足状况:大多数人不再生活在饥饿和经济无保障状态中。这一状况致使他们在归属需要、自我表达和社会参与方面发生了变化。社会经济繁荣时期的延长所形成的安全性和保障感,无疑促进了后物质主义价值观的盛行。

然而,在经济发展水平与后物质主义价值观盛行之间并非是一种简单的、及时的刺激与反应关系。后物质主义价值观反映的是个体对安全性的主观感受,反映的不是个体自身的经济水平。尽管富裕者比贫困者倾向于更有安全感,但是,个体的安全感还受其成长的文化背景和福利制度的影响。于是,稀缺性假设必须用社会化假设来加以补充,才能够完整地说明问题。将稀缺性假设与社会化假设结合在一起,便建构出了关于社会价值观的变迁是在代际更替过

①Ronald Inglehart, *Modernization and Postmodernization*: *Cultural*, *Economic*, *and Political Changes in 43 Societies*. Princeton, New Jersey: Princeton University Press, 1997, p. 33.
②马斯洛在他的早期研究中,将人类需要层次划分为5个,即生理需要、安全需要、爱－社交－归属需要、尊重需要、自我实现需要;而在他的后期研究中,在原有5个需要层次的基础上又增加了两个层次,即认知需要、审美需要。这样,马斯洛将人类的需要层次最终划分为7个。

程中发生这样一种理论预设。首先,稀缺性假设意味着繁荣将会促进后物质主义价值观的盛行,而社会化假设意味着个体价值观和社会整体价值观不会在一夜之间发生改变。在大多数情况下,在一个社会中,当年轻一代人的主要人群取代了老一代人的时候,基本的社会价值观变迁就发生了。其结果是,经济增长和物质安全的增强在持续一个时期之后,年老一代人与年轻一代人之间的价值观优先性便会呈现出相当程度的差异性,这种差异性是两代人经历了不同的经济社会发展环境所塑造的结果。英格哈特强调:

> 经济水平与后物质主义价值观的盛行并不是简单的一对一的关系。这些价值观反映的是人们的主观安全感,而不是人们的经济水平本身。尽管富人往往比穷人感到更加安全,但是,人们的安全感也会受到生长于其中的文化环境和社会福利制度的影响。因此,稀缺性假设必须用社会化假设来加以补充:人们的基本人格结构往往在进入成年时期便已经形成并且此后的变化相对不大。[1]

> ......

> 总之,这两个假设对于社会价值观变迁产生了一套清晰的预言。第一,尽管稀缺性假设意味着富裕有助于后物质主义和后现代价值观的传播,但是,社会化假设则意味着个体价值观和作为一个整体的社会价值观都不可能一夜之间就发生变迁。相反的是,根本性的价值变迁是逐渐发生的;在很大程度上,它的发生是在一个社会的成年人口当中出现了年轻一代替代年老一代的时候。[2]

作为经济社会发展状况的一种反映,价值观的变迁是通过个体层面的状况来加以呈现的,而个体层面上价值观得以形成的一种重要机制就是人的社会化

[1] Ronald Inglehart, "Globalization and Postmodern Values." *The Washington Quarterly* (Winter, 2000) 23 (1):215-228.
[2] Ronald Inglehart, *Modernization and Postmodernization: Cultural, Economic, and Political Changes in 43 Societies.* Princeton, New Jersey: Princeton University Press, 1997, p. 34.

过程。个体的价值观形成和人格结构的定型是在人的社会化过程中尤其是在青少年时期的社会化过程中完成的,因此,可以解释两个现象:一是社会成员某种价值观的形成或变化不是在短时间内便能够实现的;二是两代人之间的价值观之所以会呈现差异性,原因在于他们在各自的价值观和性格形成时期经历了不同的经济社会发展阶段,或者说,受到了不同时期经济社会发展状况所塑造。

20世纪五六十年代是西方社会经济高速增长的时期,加之福利国家的出现,这种物质上的富足状况导致了经济上的安全性,从而使1970年前后出生的一代人进入成年期之后,在人生价值、社会观念和政治态度方面形成了与前一代人之间明显的差异。不同于前一代人更关心经济增长、工作稳定和社会保障等直接与物质利益相关的问题,新一代人则更加关心环境保护、自我表达、社会参与和言论自由等后物质主义的价值问题。

英格哈特及其同事的调查结果表明,在年老一代人中,绝大多数是物质主义者,这些人对于经济和人身的安全性赋予了最高的价值优先性。但是,在年轻一代人中,物质主义者的比例已经下降了,而后物质主义者的比例却上升了。在"二战"后出生的一代人中,后物质主义者的比例超过了物质主义者。

如果从一般的视野来看,年龄上的差异只是简单地反映了人们生命周期的效应,这便意味着,当年轻一代人开始变老的时候,他们可能像年老一代人那样,也成为物质主义者。但实际情况则是,当年轻一代人变老的时候,他们的价值观并没有变得更加物质化。这一情形表明,由于经济社会发展所导致的代与代之间价值观的深刻变迁或者说代与代之间价值观的根本差异,当年轻一代成长起来并逐渐替代了年老一代的时候,社会价值观的新陈代谢已经悄悄地发生了。

从一定意义上说,西方社会价值观的后现代转向,是在当年轻一代成长起来并在社会生活中逐渐替代年老一代的过程中呈现出来的,换言之,后物质主义价值观是从人身和经济安全性较高的青年一代身上首先表现出来的社会价值观。这就是后物质主义价值观的呈现机制。英格哈特指出:

　　　　无论是个体的价值观还是作为一个总体的社会价值观都不会在一夜

之间改变。大多数情况下,在一个社会的成年人口中,当较年轻的人群取代了较年长的人群时,基本价值观的变化就会发生。因此,在经过了较长时间的经济和人身安全的增长之后,人们可以在较年老群体与较年轻群体之间发现价值观优先性的重大分歧;他们在其性格形成期的岁月里受到不同的经历所塑造。①

如果将西方社会价值观的后物质主义转向与年轻世代的产生及其对年老世代的更替具体地联系起来考察,可以作出这样的表述:后物质主义价值观是一种于 20 世纪八九十年代首先在欧洲、北美地区兴起并流行的社会价值观,主要反映了 20 世纪 70 年代前后出生的一代人的价值观及其取向的变化,从承载主体上说,后物质主义价值观是以雅皮士(Yuppies)②为代表的"新中间阶级"的价值选择和心理倾向。

当西方社会进入 20 世纪八九十年代,在 1965—1980 年这一富裕时期出生的一代人(又称为"X 一代")③已经成年。与生育高峰期出生的一代(Baby Boom Generation)④所不同的是,"X 一代"对生活质量的关注,超过了对消费、金钱和人身安全等的关注,或者说,在"X 一代"身上,西方社会价值观呈现出了从物质主义取向朝后物质主义取向的转变。

而在"X 一代"之后的新一代被称为"Y 一代",指出生于 1981—2000 年这

---

① Ronald Inglehart, "Globalization and Postmodern Values." *The Washington Quarterly* 23(1)(Winter, 2000):215—228.

② 雅皮士(Yuppies)是 young urban professional 的缩写,这个词在 20 世纪 80 年代产生于美国,指受过高等教育、居住在大都市、从事专业性工作、生活十分富裕的青年人。他们穿名牌衣服、用顶级化妆品、开豪华轿车、到高档餐厅就餐、喝上等好酒等。总之,衣食住行用名牌,赶时髦,重生活品位和情调。

③ "X 一代"这个词因加拿大作家道格拉斯·库普朗(Douglas Coupland)1991 年出版的小说《X 一代:加速文化的故事》(Generation X: Tales for An Accelerated Culture)而广泛传播。"X 一代"所指的是出生于 20 世纪 60 年代至 80 年代的人,他们没有了其前辈的乐观主义,深谙快速变化的世界、日趋减少的资源等现状;他们对前途较少确定性,不愿再守循其前辈的职业方式和生活状态,因此,其人生带有"未知"或"虚幻"意味。库普朗为此冠以"X 一代",X 表示"未知数"。

④ "生育高峰期的一代"指西方社会出生于 1946—1964 年这一时期的人们。

一时期的人们,也称为"千禧一代"(the Millennial Generation)。① 他们是精通高科技的一代,伴随其成长的是手机、笔记本电脑、互联网、运动型多功能汽车、自动取款机等。因此,"Y 一代"在价值观与行为方式上与"X 一代"之间又呈现出很大程度的不同。他们更加崇尚个性,追求自我主张,奉行"坦陈心霏"的人生哲学(speak-your-mind philosophy)。可以认为,在"Y 一代"身上,后物质主义价值观得到了更进一步的体现。

第四节　后物质主义价值观与主观幸福感

现代化最具魅力的东西是这一预设:它能够使一个社会从贫困走向富裕,并且带来人们幸福感的提高。然而,这种预设与现代化的后果之间实际上呈现出一种什么样的关系? 英格哈特指出,一个同样重要但直到"世界价值观调查"在全球范围内测量了生活满意度和幸福感之后才得到承认的事实是:经济增长与人的幸福感之间呈现出很强的相关性。然而,当超过一定界限之后,收入水平与主观幸福感之间似乎就不存在关联了。"世界价值观调查"的结果表明,人类的主观幸福感程度与经济发展水平之间呈现较强的相关性。而这种相关性表现为曲线状态。具体而言,当一个社会从低收入阶段进入到高收入阶段时,人的主观幸福感表现为一种急剧上升的趋势。可当超过某一界限以后,曲线便趋于一种平稳状态。一旦收入水平达到 1 万美元这一界限,收入增长对于幸福感的作用便会消失。在现代化进程中经济增长的早期阶段似乎能够产生一种巨大的回报,既表现在人的预期寿命延长方面,又表现在人的幸福感提高方面。而随着现代化进程的深入,这种回报则呈现出趋于平稳的态势。在发达工业社会里,已经看不到经济收入水平与主观幸福感之间的具体关联。虽然这些社会里仍然存在很多方面的差异,可这些差异所反映的东西,似乎是生活方式的效

---

①西方的"Y 一代"在出生时间上与中国的"80 后""90 后"基本上相对应。

应,而不是经济因素的结果。①

解释这一现象的一个比较恰当的理论工具是边际效用递减原理。该原理用于解释人的主体需求变化时表明,当人的某种需求得到满足之后,能够满足这种需求的价值优先性便不再存在。实际上,人的身上存在着需求层次上升规律,当其所追求的基本层次需求得到满足之后,便会转向进一步追求高级层次需求的满足。这一规律现象将会在人的具体行动层面上表现出来。

然而,生活满意感和主观幸福感作为极其复杂的人类主观体验形式,其发展与变化的动因除了受到经济发展水平的影响之外,还受到更加深刻、复杂的社会体制、文化价值、心理机制甚至政治制度的作用。

英格哈特指出,在西方现代化进程中,新教伦理扮演了一个至关重要的角色。按英格哈特的看法,新教伦理实质上就是一种物质主义价值观体系,宽容经济积累并且鼓励从事具有英雄气概和值得赞美的事业,从而成为开创资本主义和工业化道路的一种关键性的文化变迁。随着现代化进程中经济增长达到了形成安全和保障的高水平,进入 20 世纪下半叶以来,首先在工业化世界,社会价值观变迁逐渐呈现出向后物质主义的转变,其优先性在于强调生活质量而非经济增长。从一定角度看,后物质主义价值观的兴起乃是背离了新教伦理。其结果是,当今时代新教伦理的功能在其发源地的欧洲逐渐消退了。

对于物质主义价值观的衰落来说,有其多重层面的原因。仅就微观上看,物质主义价值观的偏激化对于人的幸福感的消解作用或负面效应,已受到一些学者关注。② 尽管一些研究探讨的是社会层面上物质主义价值观的消极效应,但是,造成个体层面上幸福感的减少这一负面作用,才是人们放弃物质主义价值观的最直接原因。一些研究结果表明,在个体层面上,物质主义价值观与自尊、幸福感之间呈负相关,而与生理疾病、心理疾病的发生率之间呈正相关。甚

---

①Ronald Inglehart, Globalization and Postmodern Values. *The Washington Quarterly* 23(1)(Winter, 2000):215—228.
②一些研究结果表明,在社会层面上,物质主义价值观使得与家人相处的时间减少,对社会问题的关注程度降低,参与公益慈善的行动弱化;另一方面,物质主义价值观所引起的过度消费方式正在破坏生态环境,颠覆传统宗教价值观,毁损公民责任感,甚至还可能导致社会偏见和种族歧视。

至更饶有趣味的是,物质主义价值观还可能导致功能紊乱的消费行为,例如,强迫症式的购物现象。

物质主义价值观与主观幸福感之间的负相关性已得到一定数量的研究结果所证实,即使当收入因素被控制时,物质主义价值观与主观幸福感之间的负相关依然存在,这使得对于物质主义价值观与主观幸福感之间复杂心理机制的探讨显示了更加丰富的价值。

一、偏激物质主义价值观对主观幸福感的消解

关于物质主义价值观,学者们做出了不同的界说,共识度较高的看法是里奇斯(M. L. Richins)和道森(S. A. Dawson)的定义。在他们看来,作为一种价值观的物质主义,影响着人们的意愿、决策、主观幸福感和社会行为。物质主义者把财富的获取和拥有视为生活之核心、成功之关键、幸福之根本。以外在财富的数量和品质来界定自我概念和人生成功程度,倾向于将经济成就看得比其他生活目标如群体归属和内心丰富更为重要。①

物质主义除了体现为一种价值观之外,还体现为一种彰显这种价值观的人格特质。如果从社会心理学角度来看,这两者在现实生活的个体身上常常结合在一起,人的社会心理结构中包含价值观与人格特质这两个层面。而所谓的物质主义者,也就是典型地表现出物质主义价值观与人格特质的人。一些研究总结出物质主义者的典型特征如下:倾心于获得物质财富、更高收入和经济保障,而忽视精神生活和人际相处;重视占用财富的生活方式,而不愿过简单的物质生活;过分自我关注,专注于自己占有资源,而忽视与他人分享。其结果是,对生活的满意度相对较低。②

贝克(R. W. Belk)在其早期研究中,把妒忌、小心眼(nongenerosity)、占有

---

①M. L. Richins and S. A. Dawson, "A Consumer Values Orientation for Materialism and Its Measurement: Scale Development and Validation." *Journal of Consumer Research* 19(1992):303—316;T. B. Kashdan and W. E. Breen,"Materialism and Diminished Well-being: Experiential Avoidance as A Mediating Mechanism." *Journal of Social and Clinical Psychology* 26(5)(2007):521—539.

②M. L. Richins and S. A. Dawson, "A Consumer Values Orientation for Materialism and Its Measurement: Scale Development and Validation." *Journal of Consumer Research* 19(1992):303—316.

欲看作物质主义者最突出的人格特质。他在后期研究中又增加了另一种特质，即存念(preservation)。[1]

　　针对贝克设计的物质主义价值观量表的缺陷，里奇斯和道森编制的物质性价值观量表(Material Values Scale，MVS)区分了物质主义价值观的三个维度：一、中心性，即财富在生活中占据中心地位；二、幸福，即获得财富是幸福的最大源泉；三、成功，即拥有财富的数量和质量作为衡量成功的标准。[2]

　　物质主义价值观研究的一个更重要关切在于，与主观幸福感之间呈现负相关的原因是什么。可以说，这种物质主义价值观至少具有两个重要特征：一是晚期物质主义的产物；二是偏激的或过度的物质主义价值观。因此，无疑从根本上区别于原初那种导致西方现代化兴起的物质主义价值观。关于物质主义价值观如何导致对主观幸福感的消解作用，一些研究做出了视角不同的解释：

　　(1)设定的生活目标远离实际。赛吉(M. J. Sirgy)的外溢理论(spillover theory)认为，人的总体生活满意感在一定程度上是由对生活标准的满意感所决定的，对生活标准的满意感又取决于预设的参照标准与实际生活标准之间的比较结果。由于物质主义者预设的生活标准过高，以至于难以达成，因此，与非物质主义者相比，就会更多地对自己的生活状况感到不满意，当这种不满意感逐渐渗透到整个生活中去，便会对总体生活产生不满意感。[3]

　　(2)外在目标的实现难度较大。从自我决定理论(self-determination theory)来看，人有三种基本的心理需求：胜任感、自主感和关系感(relatedness)。倘若这些需求得到满足，人便会健康发展并产生幸福感，反之，则会出现心理疾病。人对内在生活目标(如自我成长等)的追求及其实现，可以相对直接地满足这些需求，从而有助于提升幸福感；人对于外在生活目标(如物质财富等)的追

---

[1]"存念"的含义是，通过保存纪念物品之类的东西，以使自己过去的经历及其感受能够得以重现。参见：R. W. Belk, "Materialism: Trait Aspects of Living in the Material World." *Journal of Consumer Research* 12(1985):265—280; G. Ger and R. W. Belk, "Cross—Cultural Differences in Materialism." *Journal of Economic Psychology* 17(1996):55—77.

[2]M. L. Richins and S. A. Dawson, "Consumer Values Orientation for Materialism and Its Measurement: Scale Development and Validation." *Journal of Consumer Research* 19(1992):303—316.

[3]M. J. Sirgy, "Materialism and Quality of Life." *Social Indicators Research* 43(1998):227—260.

求及其实现,则不会有助于甚至还会阻碍满足这些需求,因此,易于导致心理疾病。物质主义者把外在生活目标尤其是物质生活目标看得比内在生活目标更加重要,所以,他们的幸福感受自然较少。[1]

(3)基本社会性支持的缺失。人的本质是由社会关系规定的,社会他人的支持能够对自我的积极心理效应产生重要促进作用。一些研究者通过探索潜在中介变量来解释物质主义价值观与主观幸福感之间的负相关性。克里斯托夫(A. N. Christopher)等人的研究结果发现,如果控制了社会性支持变量,物质主义价值观与积极情感之间的关系就会消失。这一情形说明,缺少社会性支持可能是物质主义价值观与低水平幸福感相关的重要原因之一。[2] 然而,最根本原因,还应从人在本质规定性上不能脱离开社会他人的支持这一点来加以解释。

(4)对于消极经验感受的逃避。在克里斯托夫和施伦克尔(B. R. Schlenker)看来,物质主义者幸福感相对较低的原因在于,过度自我关注,即过分在意自己留给他人的印象并试图竭力避免他人对自己的负面评价。他们的研究结果发现,一旦控制了对负面评价的恐惧变量,物质主义价值观与积极情感、消极情感之间的相关性就会消失。[3] 可以说,负面经验在生活中难以避免,如果经常花过多精力去逃避负面评价,必将极大地损耗个人的自我能量,最终导致幸福感水平不高。[4]

(5)把物质追求作为终极性目标。物质主义价值观主要有两种取向:一是工具性的,即把财富作为实现个人价值和生活目标的手段;二是终极性的,即通

①T. Kasser and R. M. Ryan, "Further Examing the American Dream: Differential Correlates of Intrinsic and Extrinsic Goals. "*Personality and Social Psychology Bulletin* 22(1996):280－287; R. M. Ryan and E. L. Deci, "Self-determination Theory and the Facilitation of Intrinsic Motivation, Social Development, and Well-being. "*American Psychologist* 55(1)(2000):68－78.

②A. N. Christopher, S. V. Kuo and K. M. Abraham et al. , "Materialism and Affective Well-being: The Role of Social Support. " *Personality and Individual Differences* 37(2004):463－470.

③A. N. Christopher and B. R. Schlenker, "Materialism and Affect: The Role of Self-presentational Concerns. " *Journal of Social and Clinical Psychology* 23(2004):260－272.

④T. B. Kashdan and W. E. Breen, "Materialism and Diminished Well－being: Experiential Avoidance as A Mediating Mechanism. " *Journal of Social and Clinical Psychology* 26(5)(2007):521－539.

过获取财富去赢得社会地位和他人羡慕。工具性取向物质主义价值观的危害性似乎不显著,终极性取向物质主义价值观却具有明显的危害性。[1] 卡弗(C. S. Carver)和贝尔德(E. Baird)把追求目标的动机区分为内在与外在两种,并且发现,虽然在总体上物质主义价值观与幸福感呈负相关,可是,追求经济成功目标的内在动机与幸福感之间却呈正相关,仅只外在动机与幸福感之间呈负相关。[2] 这一深入细致的区分具有特殊意义。斯利凡斯塔夫(A. Srivastav)等人的研究发现,当控制了赚钱动机尤其是外在动机,如攀比、炫耀等欲望之后,物质主义价值观与幸福感之间的负相关就消失了。这一情形说明,物质主义价值观与幸福感之间的负相关只是由于受外在动机所影响。[3]

(6)与集体主义价值取向相冲突。当从更广泛的价值观背景来考察时,便可发现,物质主义价值观与集体取向价值观之间的冲突也是影响人们幸福感的原因之一。布勒斯(J. E. Burroughs)和林德弗莱希(A. Rindfleisch)的研究表明,物质主义价值观与集体取向价值观之间呈负相关,更具体地说,这种负相关仅仅表现在集体主义价值取向较强的人们身上。而对于集体主义价值取向较弱的人们而言,物质主义价值观与幸福感之间几乎没有关联。[4] 实际上,从过分自我专注作为重要特征之一的物质主义者的幸福感水平较低这一情形可知,集体主义取向价值观与物质主义价值观之间存在负相关性,其原因在于,物质主义者在很大程度上表现出极端的个体主义价值取向。

二、后物质主义价值观对主观幸福感的提升

导致后现代价值观兴起的社会基础是"后工业社会"。对于这一社会形构,一些学者提出了名称不同的分析学说。"后现代社会"说是其中颇具代表性的

---

[1] A. Srivastava, E. A. Locke and K. M. Bartol, "Money and Subjective Well-being: It's Not the Money, It's the Motives." *Journal of Personality and Social Psychology* 80(6)(2001):959−971.

[2] C. S. Carver and E. Baird, "The American Dream Revisited: Is It What You Want or Why You Want It That Matters?" *Psychological Science* 9(1998):289−292.

[3] A. Srivastava, E. A. Locke and K. M. Bartol, "Money and Subjective Well-being: It's Not the Money, It's the Motives." *Journal of Personality and Social Psychology* 80(6)(2001):959−971.

[4] J. E. Burroughs and A. Rindfleisch, "Materialism and Well-being: A Conflicting Values Perspective." *Journal of Consumer Research* 29(3)(2002):348−370.

一种。"后工业社会"的概念意涵主要涉及社会结构层面,"后现代社会"的概念意涵则重点涉及文化模式层面。而英格哈特提出的独特洞见是"后现代化"。按照他的这一视角的分析,从深层上看,当工具理性这一工业社会的文化核心特征不再受到重视,后现代价值观这一后工业社会的文化表征便逐渐地盛行起来。

英格哈特指出,作为"二战"之后经济增长和福利国家扩展的一种结果就表现为,大多数工业国家中较年轻一代的成长经历与较年长一代的成长经历之间是存在极大差异的。各代人价值优先性的基础已经发生了巨大变化。在此前的大部分历史时期,严重的经济剥夺、甚至饥饿,曾是大多数人的深切忧虑。但是,在当今的大多数工业社会,战后一代人们所经历的空前的经济安全性则引发了从物质主义价值观(核心在于强调人身和经济安全)向后物质主义价值观(核心在于强调自我表达和生活质量)逐渐转变。①

在一个社会的现代化进程中,经济发展早期阶段对其成员的主观幸福感似乎具有巨大的正向性影响。当人们的生存状况从饥饿层面进入舒适层面,幸福感便会得到强有力的提升。可是,当超过了一定界限之后,这种经济发展所带来的对于人的主观精神层面的酬赏作用便会消失。对于已经越过这一界限的社会而言,跨越界限的过程将导致在基本的价值观领域内发生一种渐进式的代际转变。这种变化呈现曲线形态。处于曲线早期阶段的社会,倾向于不惜任何代价地强调经济增长;而超过了特定界限之后的社会,便开始重视生活质量。

在以往数个世纪,人类发展进程一直把经济增长放在首要地位上。然而,过去数十年里,这一进程不仅加速了,而且扩展到了整个世界范围。经济增长的显著成效促进了后物质主义价值观的产生,而后物质主义价值观与相对较高程度的主观幸福感之间存在正相关关系。

物质主义价值观使人们为了解除人身和经济层面上因安全需求未得到满足所导致的紧张而行动,在物质主义价值观的引导下,人们尚未展开对于满足

---

①Ronald Inglehart, *Modernization and Postmodernization*: *Cultural*, *Economic*, and *Political Changes in 43 Societies*. Princeton, New Jersey: Princeton University Press, 1997, pp. 1—6.

高层次需求的追求行动，因此，也就不会产生更多的生活满意度和主观幸福感。

后物质主义价值观不仅有其经济和社会基础，而且还有其文化逻辑和心理过程，换言之，它是物质主义价值观发展到一定阶段之后的一种自反性后果。后物质主义价值观的核心要素是促使人们追求对自主性需求的充分满足，这种自主性需求可以展现在多个层面上：个体层面上的自我表达、个人自由；人际层面上的相互信任、包容多样；社会层面上的公共参与、大众民主。正是在这些自主性的扩展过程中，人产生了真正的幸福感。

诚然，这种主观上的幸福感受并不是短时间内就出现的。在发达工业社会里，后物质主义价值观是促进人们产生幸福感的重要文化动因。尽管后物质主义价值观至今仍不是所有社会的共同文化特征，然而，从长远看来，随着经济发展水平的不断提高，社会福利制度的逐渐完善，必将促成有利于后物质主义价值观盛行的文化变迁。①

英格哈特等人的有关研究结果所揭示的后物质主义价值观与主观幸福感之间的相关性，在发展理论、发展规划、发展政策和发展实践意义上都具有极其重要的意义。马斯洛关于人的需要层次论至今仍有非常重要的地位，它把人的需要区分为基本层次与高级层次，这一点具有度量性的功能和标志性的作用。物质主义价值观的核心目标取向在于满足人的生理需要、安全需要，即马斯洛理论视野中的基本需要层次。而马斯洛理论视野中的高级需要层次，如精神性需要②、社会性需要③的满足追求，则是后物质主义价值观的核心目标取向。

人的真正幸福感主要是源自高级层次需要，即精神性需要、社会性需要的满足。这一点在与物质主义价值观导致人的幸福感程度较低的对比性分析中，已经清晰地显示出来。具有典型物质主义价值观的人格特征表现为：将财富追

---

① [美]克里斯蒂·韦尔泽、罗纳德·英格哈特、汉斯－迪特尔·克林曼：《跨文化分析的人类发展理论》，沈杰、王正绪译，《开放时代》2012年第1期。
② 精神性需要不能完全等同于心理性需要，心理性需要只是精神性需要的一个低层面的内容，例如安全需要既可以是心理性需要，也可以是物质性需要。
③ 爱－归属－社交需要、尊重需要属于社会性需要，而认知需要、审美需要、自我实现需要属于精神性需要。

求作为终极目标,财富目标设定脱离实际,过度自我专注,缺乏社会性支持,心胸狭隘和缺乏宽容等,所以,他们不可能感受到生活幸福。

晚近时期发展理论演进中的一个重要特征就是能够及时地揭示发展实践中的问题、总结发展经验,尤其是将发展研究成果运用于发展规划、发展政策和发展实践。20 世纪 50 年代,发达工业国家经济发展的成就斐然,人们的物质生活水平不断提高,促进了发展研究领域中一个新的分支领域——生活质量研究的兴起。进入 20 世纪 60 年代,在生活质量研究领域中出现了对于个体主观层面的生活满意度和幸福感测量指标的探索。此后,主观生活质量(主要表现为生活满意度和幸福感)指标的研制逐渐在生活质量研究领域中扮演着一种不可替代的角色。

幸福感或主观幸福感(subjective well-being),可以解释为一种极度的生活满意感。幸福感的组成成分是复杂的,包括认知成分,必然受到价值观的影响,呈现一定的理性色彩;幸福感也包括情感成分,表现出倾向性或偏好,呈现一些外显情绪。幸福感是在对生活现实状态的事实判断基础之上而对生活主观意义的价值阐释之后所产生的一种满足状态表现。它最终表现为基于生活满意状态所形成的一种更高级的积极心理体验。总之,幸福感是人们对生活状况的一种主观感受,所以,也称主观幸福感。幸福指数则是指借助研究工具尤其是通过指标体系测量人的主观幸福感感受程度所得出的指标数值。

概括地说,在发展理论的发展进程中,就其核心部分即发展目标而言,曾经历过两次重大的飞跃:第一次重大飞跃是,发展目标从"以物为中心"转移到"以人为中心",即从原先的以经济增长为中心转变为开始注重人的生活条件的改善;第二次重大飞跃是,发展目标从以人的生活条件为重心进入以人的生活感受为重心,即将人们的生活满意度和幸福感作为更重要的发展目标。

这个阶段的发展理论中以幸福指数为发展目标的取向,实际上也可以称为发展理论的人本主义取向。发展目标上的这种人本主义取向的出现,除了受到社会科学中早就关注到的人的需求上升规律作用的影响之外,也受到晚近时期社会科学中一些关于人的幸福感研究成果的推动。而由于后物质主义价值观研究成果的启示,对于人的主观幸福感的重视,尤其是关于改善幸福感的诸多洞见,对发展理论所产生的具体影响、以及对发展规划、发展政策和发展实践所可能带来的积极建构作用,都值得给予特别关注,并需要进一步深入探讨。

在以往社会科学一些学科例如传统经济学的视野中,财富增长成为提高人们主观幸福感程度的最强有力措施,所以,财富的增长即意味着幸福感程度的提升。然而,在财富数量与幸福感程度之间的关系问题上,"世界价值观调查"结果却得出了诸多对于发展理论十分有价值的发现:一个国家处于经济增长的初期阶段时,人们的收入数量与主观幸福感之间的相关性非常强。可是,当收入数量超过了一定界限之后,与主观幸福感之间的相关性就会减弱,甚至消失。

后物质主义价值观研究成果的重要启示在于,当经济增长到一定水平之后,财富数量的增加对于人们幸福感的提升而言,只成为具有一定可能性的次要因素。而经济因素(财富数量)之外的社会因素和精神因素,例如职业成就、婚姻质量、宗教信仰、社会支持、社会参与、个人自由等,则将会对人们幸福感程度的提升起主导性作用。

后物质主义价值观与主观幸福感之间关系的研究结果,不仅在发展理论中应该受到更加充分的重视,而且在发展规划、发展政策和发展实践中,不论在国家层面,还是在各级行政区层面上,都应该得到更加充分的运用。从国家层面上看,近几十年,在发达国家,以 GDP 指标作为测量工具的经济增长态势是十分显著的,但是,社会成员的主观幸福感程度似乎没有太大幅度的提升。于是,这样的问题便自然地被提出来:如果 GDP 增长与幸福感提升之间的相关性不再像以往一定时期那样显著的话,那么,在制定发展规划、发展政策,尤其诉诸发展实践时,只是一味追求 GDP 高增长的这种单一取向的发展目标就应该被放弃,而应该重新确定目标取向更合理的发展策略。从一定意义上说,发展策略是发展目标、发展规划和发展政策的有机结合体。这种目标取向更合理的发展策略应该体现为,把幸福指数与 GDP 指标有机地结合起来,融合进衡量不论是国家层面还是不同行政区层面的发展实践尤其是发展质量的指标体系当中。发展理论中的这一认识,尤其应该作为后发优势的一种重要体现而受到高度重视,并在发展规划、发展政策和发展实践当中加以充分地体现出来。

社会价值观的变迁是多个层面上社会变迁的一种反映,尽管社会结构的变迁是社会价值观变迁的宏观动力机制,但是,社会价值观变迁还有其微观动力机制,英格哈特的探索及其学术贡献就在于,不仅指出了社会价值观变迁具有多个层面的社会动力机制,而且还着力探讨了社会价值观变迁的微观动力机制,换言之,也就是放在一种经济高度发展和社会福利完善的安全状况下,通过个体需要的满足所引起的需要层次变化,来解释社会层面上价值观的整体性变迁。

英格哈特提出的两个假设及其相互补充的原理是极其重要的。稀缺性假设说明,人们价值观的优先性被赋予了那些稀缺或匮乏的事物,但是,还必须用边际效用递减原理来补充说明,即当人们某种需要得到满足之后,就会追求更高层次需要的满足,如果用马斯洛的人类需要层次理论来解释,就表现为,在低层的需要(生理需要、安全需要)得到满足之后,人就会追求高层的需要(爱-社交-归属需要、尊重需要、认知需要、审美需要、自我实现需要)的满足。

在一个社会中,当一定数量的社会成员表现出这种需要层次上优先性变化的时候,就会使社会层面上的价值观呈现出一种趋势性的变迁。如果说,人们的低层需要被赋予优先性时所表现出的价值观取向是物质主义的话,那么,当人们的高层需要被赋予优先性时所表现出的价值观取向便是后物质主义的。更具有独特意蕴的是,英格哈特的研究结果表明,在西方社会中,这种社会价值观的后物质主义转向,是通过特定时代背景下年轻一代取代年老一代的代际更替过程所具体呈现出来的,换言之,后物质主义价值观是生长在经济高增长、社会高福利条件下的年轻一代身上首先表现出来的价值观及其取向。

因此,在人类发展过程中,作为因果链上的一个环节,经济社会的发展必然导致社会文化的变迁,但是,社会文化变迁是如何发生的?作为这种链条上的另一个环节,尤其显示了英格哈特的探索颇具新意及其洞见独创性的是,他指出,社会文化的变迁是通过个体需要层次的变化所引起的价值优先性的变化,当这种变化从一代人身上表现出来时,便最终导致了社会层面上的价值观的变迁。

第十一章　吉登斯:高度现代性与自我认同

　　对吉登斯而言,超越现代性的世界是一个以"重新道德化"为特征的世界。这些被存封的核心道德和存在问题,将要在吉登斯视为已经在后现代时期的自我反思性中所预示和期望的那个社会中占据中心舞台。

——乔治·瑞泽尔

　　现代性是吉登斯社会理论的最重要主题,是他的社会学的关键概念之一。吉登斯以现代性为核心范畴所建构的理论体系中包含着他关于社会变迁进程及其阶段的丰富思想。

　　何谓现代性? 吉登斯在自己的一些著作中做出过十分简洁明了的回答:

　　"现代性"是指大约 17 世纪发端于欧洲,随后其影响或多或少地波及整个世界范围的社会生活模式或组织模式。①

　　"现代性"这个术语,它首先意指在后封建的欧洲所建立而在 20 世纪

---

①A. Giddens, *The Consequences of Modernity*. Stanford: Standford University Press, 1990, p. 1.

日益成为具有世界历史性影响的行为制度与模式。"现代性"大致地等同于"工业化世界",只要我们认识到工业主义并非仅仅是在其制度维度上。①

在其最简单的形式中,现代性是现代社会或工业文明的缩略语。比较详细地描述,它涉及:(1)对世界的一系列态度、关于实现世界向人类干预所造成的转变开放的想法;(2)复杂的经济制度,特别是工业生产和市场经济;(3)一系列政治制度,包括民族国家和民主。基本上,由于这些特性,现代性同任何社会秩序类型相比,其活力都大得多。②

可以看到,吉登斯主要是从社会的制度形式或组织模式的角度对现代性做出界说的。但应该注意到,他的界说中同样关注人的主观世界这一重要层面,例如人对于世界的一系列态度和努力改变世界的想法。

第一节　自我认同与本体性安全

在吉登斯的社会学体系中,有一个重要的领域——"自我",它也是结构化理论的核心范畴之一。他以专著《现代性与自我认同》探讨这一领域的问题。序言中指出,此书的核心是"自我"问题,重点在于自我认同新机制的出现。③ 因此,自我或自我认同成为吉登斯分析现代社会运行和现代性问题的基点之一。

在吉登斯看来,现代性的发展态势已经直接威胁到人类本身的生存,给人们的本体性安全、信任机制和自我认同机制都带来了前所未有的困扰,从而使

①［英］安东尼·吉登斯:《现代性与自我认同》,赵旭东、方文译,生活·读书·新知三联书店 1998 年版,第 16 页。
②［英］安东尼·吉登斯、克里斯多弗·皮尔森:《现代性——吉登斯访谈录》,尹宏毅译,新华出版社 2001 年版,第 69 页。
③［英］安东尼·吉登斯:《现代性与自我认同》,赵旭东、方文译,生活·读书·新知三联书店 1998 年版,第 2 页。

生活在高度现代性①境况中的人们出现普遍的焦虑。吉登斯从与其他重要社会学家不同的角度——自我心理体系的变化考察了高度现代性带来的问题。

吉登斯的结构化理论以对行动的考察作为逻辑出发点。这一点与韦伯社会理论是一致的。在吉登斯看来,行动者出于维持本体性安全(ontological security)的需要形成了特定的心理体系。在日常生活中,行动总是表现出例行化的特征。例行化行动在时间和空间维度的沉淀,是形成"结构性原则"的关键。而在行动者的心理体系中,自我是一个具有核心地位的部分。他指出:"发现自我,成为直接与现代性的反思性相关的项目。"②

吉登斯对"自我"概念的建构,则是基于对其他一些重要理论的扬弃。弗洛伊德(S. Freud)、埃里克森(E. H. Erikson)和戈夫曼(E. Goffmann)等人的自我理论是其主要来源。

在弗洛伊德的人格结构理论中,"自我"由三个部分组成:"本我"(id)、"自我"(ego)和"超我"(superego)。"本我"是最原始、本能的部分,遵循着快乐原则;"自我"处在"本我"与"超我"之间,是联结"本我"与现实世界的部分,因此,一方面要顾及"本我"的需要,另一方面要顾及现实世界的要求;"超我"则是道德化的"自我",由良心和自我理想这两个部分组成——良心会因违反道德的行为而内疚,自我理想则倾向于达到道德标准。"超我"促使"自我"形成羞耻感并努力促进自我臻于完善。如果这三个部分之间达成平衡,个体就会形成有序的生活状态;一旦这三个部分之间出现失衡,个体心理就将出现病态。

埃里克森基于对弗洛伊德理论的批评和继承,把人格的发展进程划分为八个阶段。他在《青少年期与社会》一书中提出"本体性安全"这一概念。在他看来,出生之后的个体的人格系统,在其所经历的一系列人生发展阶段中将会发

---

① "高度现代性"(high modernity)或"晚近现代性"(late modernity,对于这个词笔者更倾向于译为"新近现代性")是吉登斯创用的概念,以区别于他所不愿采用的"后现代性"(post-modernity)概念。它们的意涵即指西方发达国家在 20 世纪下半叶以来,尤其是晚近时期所进入的发展阶段及其呈现的状况。(〔英〕安东尼·吉登斯:《现代性与自我认同》,赵旭东、方文译,生活·读书·新知三联书店 1998 年版,第 30~34 页)

② 〔英〕安东尼·吉登斯:《现代性的后果》,田禾译,译林出版社 2000 年版,第 107 页。

生变化。在婴儿阶段,作为抚养者的母亲对个体的本体性安全的形成起着根本性的作用。本体性安全的特征表现为一种稳定的心理状态,其功能在于防止个体在日常生活中可能出现的各种焦虑。这种心理状态最初形成于新生儿出生之后母亲于其面前的在场与缺场关系。这种在场与缺场关系的意义在于,新生儿期望母亲能时刻以一种在场方式出现在他眼前,母亲在场为他提供了一种安全的感觉,母亲不时的缺场则使他产生焦虑。面对母亲的在场与缺场的交替,婴儿逐渐建立起一种信任关系以克服由于缺场所产生的焦虑感。围绕这种基本信任和基本怀疑关系所形成的稳定心理状态,就是本体性安全的表现。这种对本体性安全的需要,伴随个体的一生。只不过,由于个体人格日趋成熟,对于母亲的信任逐渐转化为对于环境及其他事物的信任。本体性安全的基本功能在于防止和消除焦虑感。个体日常生活的一般情况下,本体性安全保持着一种潜在状态,并且通过例行化实践所建立起来的信任关系而得以维持。一旦这些例行化常规遭到破坏而导致本体性安全得不到维持,那么,个体就会沉浸在焦虑之中。

　　社会学家戈夫曼创立的拟戏理论认为,自我在日常生活中具有"反思性监控"(reflexive monitoring)性质和"例行化"(routinzation)特征,自我的日常生活被划分为"前台"和"后台"两大区域。"前台"指共同在场情境下两人以上的行为互动,自我通过展示各种技能以实现并维持其得体的形象,使自我符合特定情境的要求;"后台"则主要指个人独处的情境下可以不必戴上角色面具的区域。自我轨迹表现为"前台"与"后台"的交替。日常生活在这种交替中表现出例行化的特征。

　　正是在批判地综合前人理论的基础上,吉登斯提出了自己的自我理论。吉登斯认为,弗洛伊德关于"本我""自我"和"超我"的划分虽然有其合理之处,但对"自我"的界定不太清晰,实际上很难与"本我"和"超我"概念明确区分开来。吉登斯在埃里克森有关本体性安全的理论基础上,提出以"主我"(das Ich)概念取代弗洛伊德关于自我结构的三分法。

　　"主我"即行动者在心理向度上的表现。"主我"的人格意识以本体性安全为基础,本体性安全在个体行动者的心理体系中处于核心地位。①　本体性安全指:"大多数人对其自我认同之连续性以及对他们行动的社会与物质环境之恒常性所具有的信心","是一种对人与物的可靠性感受"。②

本体性安全在个体心理体系中之所以重要,原因在于:它与存在性焦虑(existential anxiety)一起构成了最基本的张力系统。存在性焦虑表现为个体无意识层面上的一种内在紧张感。本体性安全的功能在于防止和消除焦虑感,使个体获得一种可靠或稳定的心理状态。如果本体性安全系统遭到破坏,个体心理就会被焦虑所占据而感到不安,从而使正常的生活受到干扰,甚至出现心理失常。

个体正常有序的生活依赖于本体性安全系统的稳定,为此个体在其人格发展过程中建立起了一系列防御机制,吉登斯称之为"保护壳",具体包括三个部分:反思性监控(reflexive monitoring)、实践意识(practical consciousness)和话语意识(discursive consciousness)。总之,这三个部分便构成了吉登斯理论中关于自我的心理结构。③

吉登斯自我理论的主要含义可以概括为以下方面:第一,应该把"自我"理解为行动者心理机制的总和,因为表现为行动者对以往认同机制所做的连续性概括,自我认同也就是其中的一个重要部分。"自我的轨迹具有连贯性,它源于对生命周期各个阶段的认知。"④可以说,自我总是伴随着认知,而这种认知的出发点和归属点都是自我。"自我是行动者自己概括出来的行动者。"⑤第二,自我的心理系统以本体性安全为基石,本体性安全的功能是防止或消除焦虑,使个体获得可靠和稳定的心理状态。"只有依据基本的安全体系即本体性安全感的源泉,个体才会拥有通过基本信任从认知上组织起来的与个人和客体的世界相

---

① [英]安东尼·吉登斯:《社会的构成》,李康、李猛译,生活·读书·新知三联书店 1998 年版,第 110 页。
② [英]安东尼·吉登斯:《现代性的后果》,田禾译,译林出版社 2000 年版,第 80 页。
③ [英]安东尼·吉登斯:《社会的构成》,李康、李猛译,生活·读书·新知三联书店 1998 年版,第 110 页。
④ [英]安东尼·吉登斯:《现代性与自我认同》,赵旭东、方文译,生活·读书·新知三联书店 1998 年版,第 86 页。
⑤ [英]安东尼·吉登斯:《社会的构成》,李康、李猛译,生活·读书·新知三联书店 1998 年版,第 121 页。

关的自我经验。"①第三,本体性安全又是通过实践意识和话语意识得以维护的。实践意识表现为一种自觉意识,对日常生活中许多例行化的行为,无须也无法用言语说出准确理由。话语意识则是有意识的表现,个体能够对其行动的理由做出清楚的语言说明。

本体性安全的获得与自我所处的生活环境密切相关。外在环境越稳定和越能被自我所控制,就越有利于例行化生活方式的维持,也就越不会出现存在性焦虑,自我所体验到的安全感程度就越高。反之,如果自我处在一种急剧变化的环境中,个体必须不断调整自我行动的方式,所能遵循的例行常规也就越少,所能获得的安全感程度也就越低。在一般情况下,自我总是趋于寻找和营造一种能够获得并加以自我控制的安全感,以便最大限度地维持个体正常有序的生活轨迹和心理状态。

可以说,本体性安全这种极其重要的需求,会促使个体必须去建立对于所处环境的信任感和对于未来事物的确定感。而自我认同得以建立的一个重要前提,就是这种对于所处环境的信任感和对于未来事物的确定感。有了这种信任感和确定感,个体不仅能够避免焦虑,而且才能形成一种关于自我的连续性认知及其结果。自我认同是一种过程,是个体与外界之间所达成的和谐的互动状态,是由于信任感和确定感所产生的一种良性的认知结果。

第二节 高度现代性中自我境遇的变化

吉登斯社会理论的最重要主题就是现代性。对于当今现代性的状况,吉登斯做出了独特的诊断。关于是否已经进入后现代这一问题,吉登斯的回答是明确而坚定的。与后现代主义者所标明的观点相反,他认为,这个时代实际上正值现代性变得纯粹而激烈的阶段。如果把当今时代看作后现代的来临,那么,

①［英］安东尼·吉登斯:《现代性与自我认同》,赵旭东、方文译,生活·读书·新知三联书店1998年版,第50页。

实际上是对这个时代所处发展阶段及其性质和特征的误判。

在吉登斯看来，当今时代尚处在现代性范畴内，只不过它属于高度现代性。"恰好应被看作是现代性思想净化自身的结果，我们不但还没有超越现代性，而且正在经历着它的激烈化阶段。"①因此，当今各种后现代理论所提出的诊断结果，从某种意义上说，只是一种认识论立场，而不是社会制度层面的透视。

一、高度现代性的主要特质

吉登斯对他所处的世界（进入 20 世纪下半叶以后的发达社会）状况的诊断是，进入高度现代性或晚期现代性时期。从历史进程的角度加以分析，他把现代性开始以来的社会变迁划分为三大时期：简单现代化（simple modernization）、自反性现代化（reflexive modernization）②和后现代时代（postmodern era）。

吉登斯将简单现代化又称作第一阶段的现代化，把自反性现代化称作第二阶段的现代化，换言之，现代化包含简单现代化与自反性现代化两个阶段，此前是传统社会阶段，此后是后现代时代。自反性现代化阶段所呈现的特征就是高度现代性或晚期现代性。为了更清晰地说明高度现代性或晚期现代性的状况，一种比较有效的方式就是将它与简单现代化的状况进行比较分析。

简单现代化这个现代化进程的早期阶段或第一阶段，主要特征表现为以下方面：

第一，社会变迁方向呈现线性特征。"人们普遍地认为，与其相联系的科学和技术进步体现了对可信真理的要求；工业增长具有明确的'方向'。"③在主流观念中，社会的发展被看作一种自然历史过程，因此，对于未来前景表现出一种简单乐观主义的态度。

第二，开始步入风险社会。然而，只是处在风险社会初期，人造风险尚未显现，由自然等外在因素引起的不确定性依然占据主要位置，不论风险还是不确

---

① ［英］安东尼·吉登斯：《现代性的后果》，田禾译，译林出版社 2000 年版，第 45 页。
② "自反性现代化"这一概念是乌里尔希·贝克提出的，吉登斯进行了他自己的丰富和进一步发展。
③ ［英］安东尼·吉登斯：《超越左与右：激进政治的未来》，李惠斌、杨雪冬译，社会科学文献出版社 2003年版，第 84 页。

性,似乎都还处于可以预测和控制的范围之内。

第三,开始进入全球化时代。但是,仅只处在全球化时代初期,民族国家在自己的领域内大体上还具有全面的行政控制权,人们以民族国家为基本单位来看待和衡量现代化的进程。

第四,传统因素在一定程度上还存在着并发挥着作用。现代科学从本质上看是反对传统的,力图"祛魅",即消除传统的神秘观念和非理性因素。然而,对传统并未能在一时之间实现彻底清理。原因在于,国家的政治权威中心不可能很快形成渗透到地方社区日常生活的强大监控能力,因此,传统在一定程度上仍是人们日常行动的规范力量。

然而,作为自反性现代化特征的高度现代性或晚期现代性,则表现出与简单现代化阶段具有巨大区别的特征:

第一,社会变迁方向呈现高度复杂性。社会变迁方向已经变得非常不清晰,人们不再认为,科学和技术发展一定产生进步效应,增长的方面似乎是不明确的。人们改变了先前对于社会变迁的简单乐观主义观念,对于科技发展带来的各种副作用开始有了清醒的认识。

第二,风险社会的面貌正在全面呈现。人造风险(manufactured risks)已经极大程度地显现,成为主要的风险面相,如核风险、生态风险、金融风险等相继发生。以非意图性后果为表现形式的不确定性占据了主要地位。这些风险类型和不确定性形式在很大程度上已经处在不可预测和控制的范围。人们生活在被"创造出来的不确定性"状态下和"失控的世界"中。

第三,全面进入全球化时代。主权民族国家的地位有所下降,国家从唯一的权力机构正演变为权力机构之一。全球化日益呈现出它的悖论特征:作为世界性与民族性的联合体的全球化进程,既可能削弱与民族国家相关的民族感情,又可能增强更为地方化的民族主义情绪,从而使地方自治与区域认同不断增强。

第四,传统的地位呈现进一步衰落。在简单现代化阶段开始撤离的传统,在高度现代性时期则消退得更加剧烈。地方生活日益受到来自外部力量的重塑,残存的地方风俗常常变换了形式和内容。随着传统从社会生活中完全退出，人们便进入了"后传统社会"。①

二、自我认同参照系的变化

高度现代性时代的到来，对于自我认同的形成所带来的最大的影响方面就是其参照系的变化。这种自我认同的参照系可以从宏观和微观两个层面上来对各种具体因素加以分析。

1. 宏观层面上的参照系变化

全球化的扩展　吉登斯认为，20 世纪 60 年代以降，我们便置身于一个"全球性时代"（global age）。无疑这是现代性进程的一个新阶段。全球化在本质上是时空关系上一次革命性变革，所带来的是极大的时空延伸。一方面，全球性的事件随时渗透进地方性的场景当中，对地方性的社会生活产生种种影响；另一方面，地方性事件也时常产生全球性影响的后果。

于是，在全球化这样一种充满辩证特征的进程中，每一个体都是全球化的推动者。全球化在塑造人们行为的同时，人们也通过全球化场景中的行为塑造着世界性社会。一方面，全球化打破了民族国家的界限，创造出一种世界性社会；另一方面，全球化又通过民族国家促进了"地方化"的发展。

全球化所产生的效应广泛而又深刻，不仅在显性的方面改变了世界的外部面貌，而且在隐性的方面渗浸到个体自我认同的细微深处。

如果从历史社会进程上看，全球化是现代性的全球化。如果从推动现代性发展的制度维度分析，现代性的全球化也从世界资本主义经济、民族国家体系、世界军事秩序和国际分工体系这几个方面体现出来。

风险时代的降生　自人类诞生以来，地球上便充满了各种风险。但是，高度现代性则是一种后果严重的风险情境。风险不同于危险。风险与不确定性和可能性之间存在特殊关联。风险隐含一种主动尝试的意味，也包含着机会的可能性，因此，不能说风险完全具有消极的性质。然而，当风险超过了一定的界限而失去特定保障时，就会演变成为危险。

---

① ［英］安东尼·吉登斯：《生活在后传统社会中》，载［德］乌里尔希·贝克、［英］安东尼·吉登斯、［英］斯科特·拉什：《自反性现代化》，赵文书译，商务印书馆 2001 年版，第 72～138 页。

风险主要有两大类型：一是外部风险(external risk)，即外部世界中所存在的风险，如自然灾害、疾病等；一是人造风险(manufactured risk)，即由人类社会尤其是人类的知识所引发的风险。与前现代社会存在的风险状况相比，高度现代性社会的风险类型、性质特征及其呈现形式都发生了根本性的变化。

第一，风险类型和性质的变化。在前现代时期，人们所面临的风险主要是外部风险。进入高度现代性时期，外部风险已经极大程度地减少了。然而，人造风险却大量涌现，成为人类社会面临的主要风险。

第二，应对风险方式的变化。前现代时期的人们面对自然灾害的威胁，主要求助于宗教、巫术、风俗和习惯等方式化解存在性焦虑。而进入高度现代性时期的人们则运用科学来应对所面临的风险。然而，这两种时期，人们应对风险的手段产生的效果已有很大差别。前现代时期作为应对自然风险手段的宗教和传统为人们提供的是一种统一的解释体系和处置措施，所以，能够为人们化解生存性焦虑并提供确定性感知。可是，高度现代性时期作为应对风险手段的科学，由于受反思性力量的修正而不断演变和更新——有时受到领域的局限，甚至相互矛盾，已经不可能像宗教和传统那样为人们提供统一、完整和终极性的观念体系和解决方式，于是，人们所感受到的是一种不确定性。

第三，面对风险的社会心态的变化。前现代时期，人类面对的是以自然灾害等为主要类型的外部风险，其心态是无奈的、消极的。进入高度现代性时期，人类所面对的风险类型主要是人造风险，然而，其心态并不完全是消极的，积极的冒险精神成为社会心态中的一个方面，当然，人们并非盲目地表现冒险精神或选择冒险。

表 11-1 传统社会与风险社会的主要风险及其应对手段和社会心态

社会类型	风险类型	应对手段	社会心态
传统社会	外部风险	宗教、传统	消极逃避
风险社会	人造风险	科学、技术	冒险精神

　　后传统社会的来临　吉登斯对现代性的分析往往以传统作为比较视角,他的情愫也体现在理论概念上,"后传统社会"(post-traditional society)就是他创用以描述高度现代性状况的一个独特视角,所揭示的是高度现代性社会的文化维度。传统的重要特征是它的完整性和真实性,即具有一种持续而完整的信仰或风俗习惯以抗拒变迁。传统不仅是一种集体记忆,而且是一种以现代为基点而将过去能动地组织起来的过程,其完整性不仅源于存在于过去的某些简单事实,而且源于对这些事实的持续性解释。"仪式""守护者"是传统得以持续存在的基本形式。仪式是传统的内在组成部分,作为集体记忆的传统是凭借仪式这种形式得以传承的,仪式的重复演练使得传统能够不断地再生产。守护者,具体而言,常常表现为老者、巫师、术士、宗教人员等,充当着传统的"程式真理"(formulaic truth)的阐释者和辩护者。他们是传统神秘知识的握有者,通过操控仪式演练而使普通个体能够与过去和神秘事物之间进行沟通。传统含有道德和规范的内容,因而对人们的行为具有约束力。情感是传统的强大支撑力量。

　　现代性自开始以来,总是在不断地解构传统。现代性早期,传统仍处于主导地位,这也是现代性与传统之间的合作时期,对于现代性的发展具有极其重要的支持作用。科学的真理观往往隐含在传统的程式化表达之中。后来现代性逐渐地遭到传统力量的抵抗,人们通过安置于传统,使自我认同能够得以顺利地生产和再生产。① 只是进入高度现代性时期,传统与现代性之间的平衡才被打破,于是,后传统社会正式降临。

　　什么是后传统社会? 根据吉登斯的看法,可以从以下方面来理解:后传统社会并不是传统完全消失的社会。实际上,从某种意义上说,在去传统化的趋势下,传统反而变得兴盛。后传统社会也是一个全球化的社会,在这种社会中,各种传统无法再像以往那样能够保持不与其他传统发生接触。正是在这样一种背景下,产生了后传统社会的各种反应:成瘾、"原教旨"思维和多元文化主义。

————————

① [英]安东尼·吉登斯:《为社会学辩护》,周红云等译,社会科学文献出版 2003 年版,第 50~51 页。

成瘾。随着传统的消解，日常生活越来越成为人们必须选择的事项，成瘾问题便出现了。从根本上说，成瘾是由于个体必须进行大量的选择所导致焦虑的结果。它表明的是，自我经受大量的磨难而宁愿依赖于过去的某种生活方式。成瘾就是重复过去生活的某一方面，表现在沉溺于工作、饮食、锻炼、性等方面。

"原教旨"思维。其最基本含义就是面对全球化的影响而以最传统的方式来维护传统。从内在含义看，它主张回到传统本身，严格按经典的含义来组织社会生活。从外在表现看，它往往表现出对自身文化的过度袒护，对其他文化的过度排斥。

文化多元主义。它力图在这个价值多元的世界中坚持自身的文化，并且认为这样可以在一个更具有对话性的环境中得到捍卫。

概言之，后传统社会的基本图景是，由于社会的反思性和解放政治，使得社会生活中传统的基础已经瓦解。虽然社会在结构上仍是一个相互依赖的整体，但是，各种文化和价值观却相互碰撞，人们的自我认同机制和生活模式遭遇困扰。①

社会化自然的凸显　如同传统一样，自然也是解放政治所针对的主要目标之一。对自然的征服和控制程度成为现代性发展的重要指标之一。

在前现代社会，人类生活长期依赖于自然，自然塑造了人们的生活方式，提供了本体性安全的基础。可以说，自然与传统结合在一起，共同构成人们自我认同的参照系。由于自然处在人类的控制范围之外，它同时也给人类带来了某些类型的风险和灾难。当然，通过宗教、巫术、风俗和习惯等机制，自然被人格化了，成为诸神、精灵、鬼怪的领域，并且人类以这些方式有效地降低或化解了由外部风险所引起的人类焦虑。

现代性发展的历史在本质上就是人类征服和控制自然的历史。前现代社会里，对于自然，人的地位是依附；现代社会里，对于自然，人的地位是主人。吉

---

① [英]安东尼·吉登斯：《生活在后传统社会中》，载[德]乌里尔希·贝克、[英]安东尼·吉登斯、[英]斯科特·拉什：《自反性现代化》，赵文书译，商务印书馆 2001 年版，第 72～138 页。

登斯"社会化自然"或"人化自然"概念的基本意涵是,自然已经不再是如其天赋的那样"自然而然"之物,相反,它已经成为人类决策的对象。在社会化的自然中,自然仍然是支撑人类活动的主要外部环境,由自然所带来的各种外部风险依然存在;另一方面,由人类自身所造成的"人造风险"已经成为更主要的威胁。

2. 微观层面上的参照系变化

以上方面的变迁并不是高度现代性的全部面相。吉登斯还从微观层面进行了剖析,包括信任模式的变迁、亲密关系的转型和家庭范型的重构。

信任模式的变迁 信任是本体性安全的维护机制。个体在信息不完整或结果不确定的前提下所表现出的对于生存境况和未来前景的肯定性态度就是信任。信任与确定性之间呈正相关,是在不确定的外在条件下个体内心所怀有的确定感。

信任的作用在于,形成个体与其所处生存环境之间的平衡,从心理上悬置环境可能带来的风险感受,或至少将其降到最低限度,以便使心理上维持确定性感觉。而本体性安全系统则处于一种持续的稳定状态。一旦信任缺场,个体所能获得的确定性感受也就相应地降低,产生对于生存环境的焦虑,于是,本体性安全系统就相应地处于脆弱状态,无法抵御焦虑的侵入。因此,本体性安全是信任的基础,信任则充当了本体性安全与个体生存环境之间的纽带,并且成为本体性安全的防御机制。"信任作为基本的'保护壳'而在自我与日常现实的应对中提供自我保护。"①

在前现代社会,信任模式的普遍特征是以地域性生存环境作为基础,主要体现在四个方面:

(1)亲缘关系。跨越长远而广大的时空范围的亲缘关系,为人们构筑起了趋于稳固而密切的关系网络,成为个体之间建立信任的媒介。

(2)地缘性社区。在前现代社会中,通常是作为人们生息之地的地方社区,具有在空间上延伸程度很低和在时间上高度凝固的特质,从而使得个体的本体

①［英］安东尼·吉登斯:《现代性与自我认同》,赵旭东、方文译,生活·读书·新知三联书店1998年版,第3页。

性安全、信任机制得以自然地形成。

（3）宗教宇宙观。前现代社会里宗教生活是人们社会生活的一项基本内容，不仅为人们提供了终极性的解释体系，而且构筑了人们内心的安全感。

（4）传统。前现代社会立基于传统，传统表现为仪式、惯例、风俗等形式，将过去、现在和将来联系起来，并为现在与未来提供意义和可预见性，从而塑造个体的信任、安全感和确定性。

总之，在由地域性生存环境提供了信任机制和安全基础的传统社会里，人们也面临各种潜在危害的侵袭，但这些危害主要是外部风险。

现代性的动力机制瓦解了此前稳定的地域性生存环境，信任机制也随之发生了变化，从稳定的、封闭的、熟悉的参照系演变为流动的、开放的、陌生的参照系。在吉登斯看来，高度现代性社会的信任模式是一种"脱域性"的，具体而言，信任关系以"脱域性"环境为基础。这种"脱域性"信任模式主要表现出三个特征：

第一，作为信任模式纽带的纯粹关系。现代性消解了传统的亲缘关系，将社会关系从血缘关系和亲属关系中抽象出来，按照自由、平等和民主的原则进行重构，因而成为一种纯粹关系，其实质是："一种随时可以中断的社会关系，只有当它能够为每一个个体提供充分的心理回报的时候，这种关系才能够得以维持。"①建立在这种关系基础上的信任关系的性质似乎仅仅是关系本身而已，缺少了任何外在的参照框架和约束机制。

第二，作为信任模式基础的抽象体系。表现为各种象征标志（主要包括交流的媒介，如货币、股票、银行卡等）和专家系统（主要指各种专业技术人员如医生、律师、计算机专家等构成的体系）。抽象系统成为现代社会人类生存的基本环境，社会大众的生活都依赖于对抽象系统的信任。

第三，作为信任模式特征的当下和未来取向。在现代性的进程中，解放政治解构了被视为保守和教条的传统，并将人类自身置于中心地位，执着地相信

①［英］安东尼·吉登斯：《现代性与自我认同》，赵旭东、方文译，生活·读书·新知三联书店1998年版，第220页。

凭借自身的理性和知识就能建设安全、富足和幸福的未来。

　　然而,高度现代性情境下的信任模式由于失去了稳定和恒常的基础,相互关系处在一种流动状态中,因此,本体性安全感程度的降低导致了较难形成牢固的信任关系。

　　亲密关系的转型　亲密关系包括情爱或性欲关系,是个人最私密的领域。现代性的来临使前现代社会里存在的亲密关系发生了深刻转型。这一点从比较视角更能清晰地看到。

　　在传统社会里,亲密关系表现出以下一些重要特征:第一,在性观念上,性行为的主要目的在于传宗接代,追求性快感的动机和行为遭到限制和反对;第二,性爱关系的选择以经济和政治目的为取向,个人的身体和性格魅力所起到的作用十分有限;第三,存在严重的性别歧视,主要表现为对女性角色地位的贬低和压抑。

　　高度现代性时代,性爱关系的基础发生了原以经济或政策目的为引导,朝着以纯粹关系为基础的方向深刻转变。在性爱关系的选择上,从以社会、政治环境为核心参照转变为以性关系当事人为核心参照。性行为本身的质量成为决定两性关系状况的基础。

　　总之,现代性的进程为性爱关系的变革既提供了理念基础,又提供了技术支持。一个典型方面是,与生育分离开来的性爱关系主要建立在纯粹关系的基础之上。

　　由于纯粹关系剔除了权力因素的影响,变成了当事各方之间平等、互尊的关系,于是,这种性质的关系将会产生一种自下而上的力量,进一步促进社会关系和社会制度的变革,或者说,不仅促进了两性关系的日趋平等,还促进了更加广泛的人际关系、社会关系的日趋平等,导致情感民主(emotional democracy)的出现。再进一步地,将有助于社会制度的民主化,即通过私人领域的民主化,促进公共领域的民主化。在一个由纯粹关系所构成的社会里,各方将相互尊重,直接表达,其结果是,商谈民主将成为解决问题的主要机制。

　　家庭范型的重构　家庭是最敏锐反映社会变迁的层面之一。现代性所带来的家庭范型重构主要表现在以下一些方面:第一,家庭性质的变化。传统社会里的家庭主要是作为经济单元而存在的。现代性的发展使得家庭变化为能够以浪漫之爱作为结合的纽带或基础。第二,家庭成员角色的变化。传统社会里,丈夫与妻子之间存在明确、固定的家庭角色分工。丈夫在外工作,妻子在内做家务,是通常的角色分工模式。男性对女性拥有绝对的权力。现代性则使家庭中丈夫与妻子之间的家务分工有了协商的空间,丈夫与妻子的权力变得平等化,影响人们形成丈夫与妻子角色认同的社会文化已经发生深刻的变化。第三,家庭结构的变化。传统社会里,家庭的主要形态是扩展型家庭(extended family),进入现代社会之后,家庭的主要形态已经演变为核心家庭(unclear family)。而在前一种家庭形态中,夫妻并非是家庭的核心,因为扩展型家庭实质上是一种大家庭,家族势力在其中扮演着重要角色。而在后一种家庭形态中,情感个人主义(affective individualism)是基础,因此,能够有助于发展出以平等、尊重、对话为特征的新家庭生活。

第三节 自我认同面临的抉择困境

一、现代性进程对自我的重压

由于本体性安全需要的驱动力,使得自我总是力图寻找确定性,避免焦虑的产生。因此外化的行动表现就是,努力建立一个明确和自主的前景,以实现对于未来的把握。换言之,为了遏制未来不确定性可能导致的焦虑,自我总是力图去拓殖未来。

肇始于中世纪后期的启蒙运动本质上就是人类追求确定性的体现。它是在人本主义和理性主义的基础上,旨在以一种人为设计的方式建立一个稳定和绝对安全的环境。要达成这一目标的最基本要求就是解放,包括从自然、传统、宗教以及政治压迫等束缚下解放出来,以便确立人的主体性地位。这是人类主宰自然和社会未来的前提,也是为自我建立一个安全、自由和幸福生活环境的必由之路。

这种以本体性安全为深层根源所展开的解放追寻,使现代社会的发展进程获得了强劲动力,其发展经历两大阶段:简单现代化阶段和自反性现代化阶段。

在简单现代化阶段,人们对于世界的改造结果表现为,依然未能改变受自然和传统所支配的状况,由外部环境因素所造成的不确定性和风险依然是焦虑的主要来源。同时,在社会政治领域,世俗化和民主化尚处在初始阶段,传统的社会关系仍然是调节自我认同的基本准则。

当历史迈进 20 世纪下半叶,发达国家步入自反性现代化阶段,人们获得了改造和重构世界的巨大物质力量,主要表现为:在自然方面,人类对自然的改造和征服已经使原来的自然在很大程度上改变了性质,而当代社会的自然环境则是一种"人化空间"(created space);在社会关系方面,被现代性力量所不断解构的传统、宗教和血缘关系处于越来越边缘的地位,自由、平等、民主等原则成为调节社会关系的基本准则,人们生活在一种"后传统社会"中,传统、血缘、出身等不再是界定身份的因素,更不是建构自我认同的参照系。然而,现代性的悖论特征表现在,尽管进入自反性现代化阶段的人类已经能够按照自己的预想方式建立起一种新型的社会,但并不意味着人类从此就真正生活在一种绝对安全的环境之中,不仅传统的外在不确定性如自然灾害还没有消除,而且又出现了一种后果更为严重的不确定性因素,即"人造风险"如核威胁、生态灾难等,这些东西共同构成了自我焦虑的源头。

在吉登斯的社会理论中,现代性进程与自我对确定性的追寻这两者之间是一种同构关系。现代性的深层动力源于自我对确定性的不懈追求,外在化为试图建立一个安全而没有风险的人类生活环境,作为主体性的体现,这一目标的达成方式是一种人为设计的过程。

为什么到了自反性现代化阶段会出现如此之多的困境与灾难?或者,加深一层的问题是,现代社会为什么会出现自反性现象?在吉登斯看来,主要原因在于"社会知识的反思性或循环性"。实质上,意指启蒙理性存在内在悖论。对于启蒙理性内在悖论的分析,他提出了"反思→自反"的诊断范式。

吉登斯认为,作为现代性思想源泉或现代性方案预设者的启蒙运动,从其一开始就蕴含着虚无主义的种子。怀疑主义和理性主义之间充满悖论,普遍的怀疑主义和虚无主义深深地嵌入现代社会的文化和精神世界,构成了现代性的重要基础。怀疑成为现代批判理性的普遍特征，充斥在哲学思想和日常生活当中，并成为现代世界的一种基本的存在性维度。现代性把极端的怀疑主义原则加以制度化，并且坚持所有的知识都采取假说的形式来建立，因此，某种正确的主张在理论上总是存在被修改的可能性，而其中的某些部分也存在被抛弃的可能性。日益积累的专门知识体系，凸显出权威资源的多元化特征，因此，在知识体系内部不同权威之间总是相互竞争，而在知识内涵上则呈现出各种差异。

在现代性的基础结构中，蕴藏着反思与自反的张力关系。普遍怀疑主义原则（反思）是启蒙理性的最高体现，但这种原则的自我指涉却使启蒙理性本身成为质疑对象，使启蒙理性呈现悖论化特征，并因此造成其内部的纷争与分裂，使所有的科学和知识主张都是可以争论的，而不是终极可靠的，从而暴露出任何理性化努力都是建立在某种假设之上而缺乏必要的确定性基础的实质（自反）。质言之，启蒙理性的方法论预设以一种非常理性的"反思"形式获取的很可能是"自反"的知识效果，而失去的是具有总体性效应的"真理"，获得的只是片面性的和立基于不可靠假设之上的知识。换言之，彻底化的反思方法恰恰会证明自身是不可靠的，既然方法本身不是终极可靠的，那么，运用它所得到的后果的可靠性也就可想而知。①

总之，启蒙理性的内在悖论，是指启蒙理性通过以怀疑即反思作为最有效的方式，达到冲破宗教神学束缚而认识终极真理的目的，但是，怀疑原则的彻底化和普遍化又使启蒙理性本身成为质疑的对象，于是，所谓的终极真理也最终被消解。

在吉登斯看来，从自我的角度考察，现代性的后果之一就表现为，本体性安全的基础发生了根本性的转型。而由于原来稳定的本体性安全基础的瓦解，自我便处在焦虑的磨难之中。在传统社会里，传统和自然是自我生存的外在环境，传统这种"可靠的实践模式"，不仅满足了自我的本体性安全需要，而且进一步为社会成员的信任建立和自我认同提供了稳定的参照系。吉登斯指出：

---

① 肖瑛：《从"理性 vs 非（反）理性"到"反思 vs 自反"》，《社会》2005 年第 2 期。

传统为"基本信任"提供了一种确认方法,这种基本信任对连贯性认同是至关重要的,而且传统还是其他信任关系的指导性机制。①

另一方面,在传统社会里,自然也为自我提供了一种稳定的外在环境。自然与传统结合在一起表现出恒常不变的特征,尽管它有时也会带来各种灾难,并导致自我产生不确定或风险的感觉。但是,面对各种困扰,人类经常诉诸传统或宗教,把自然人格化,自然被赋予诸神、精灵以及妖魔鬼怪等幻象,从而有效化解了自然所带来的焦虑。在传统社会里,自然和传统共同构成了人们本体性安全的基础,也构成了自我认同的参照系。其结果是,建立在安全感和信任感之上的自我认同是稳定的、连贯的、长久的,而且建立的过程也是比较顺畅的。

进入高度现代性阶段,社会成员的本体性安全的基础发生了根本性变化:第一方面,由于传统的逐渐消失,这个原先曾经作为本体性安全基础的一部分不复存在了;第二方面,自然的被征服和遭破坏,使得原先曾经作为本体安全基础的另一部分也不复存在了。

在自反性现代化阶段,现代性力量的急剧扩张,不仅通过时空延伸在广度上影响到全球范围内每个人的生活,而且通过全方位的渗透在深度上影响到人们自我的最细微层面。

在高度现代性时代,自我境遇困扰的一个重要方面是"纯粹关系"带来的焦虑,因为随着传统的消解,以往的血缘关系、业缘关系、地缘关系、亲密关系等已不再能充当社会关系的纽带。所谓"纯粹关系",在吉登斯看来,就是一种其主要特征表现为随时可以中断的社会关系。就性质而言,只有这种关系能够为各方提供充分心理回报时,才可能得以维系,而一旦有一方感到不适或希望中止关系,就可能随时断裂。

传统的血缘关系、地缘关系、业缘关系具有一定的牢固性。而纯粹关系则已经失去传统社会那种外在的道德标准和参照框架,成为一种十分脆弱和变幻

---

① [英]安东尼·吉登斯:《为社会学辩护》,周红云等译,社会科学文献出版 2003 年版,第 37 页。

不定的社会关系。然而，自我需要一种具有外在参照性的、稳定的社会关系。纯粹关系显然难以为自我提供足够稳定和恒久的关系纽带，它使自我生活在一种不确定的社会关系氛围中。吉登斯认为：

> 在切断了外在的道德标准之后，在富有命运特征的时刻以及在其他生活转变的时刻，纯粹关系作为安全感的源泉，便会存在其弱点。①

实际上，这种纯粹关系的出现与个体化的趋势有着独特而密切的关联，随着个体化进程的深入，纯粹关系逐渐地凸显。可以认为，高度现代性带来的影响自我认同的一个重要特征就是个体化。对于个体化这一主题，乌尔里希·贝克(Ulrich Beck)和齐格蒙特·鲍曼(Zygmunt Bauman)②都出版了代表性著作。鲍曼对个体化与自我认同的关系进行了独到而深刻的分析。在他看来，个体化也表现在个人对身份认同的执着追寻当中。个人对身份认同的不懈追寻充分表明了一种个体化了的生活策略。鲍曼指出：

> "个体化"乃是指人们的身份从"承受者"向"责任者"的转型，使行动者承担起完成任务的责任，并对他们的行动后果(即副作用)负责。③

这一情况意味着身份的"私化"是个体化的一种表现方式，过去的身份是给定的，而今的身份却需要加以追寻和建构，因此，成为一种自我责任。由于在外部没有任何稳固的基点、标准和框架可以借鉴，换言之，参照系已经缺失，因此，个人要成为自己就必须"自我负责"，在过程上"不断地成为自己"和在结果上

---

① [英]安东尼·吉登斯：《现代性与自我认同》，赵旭东、方文译，生活·读书·新知三联书店1998年版，第220页。

② 这方面的中文版著作主要有：[德]乌尔里希·贝克、伊丽莎白·贝克-格恩斯海姆：《个体化》，李荣山、范譞、张惠强译，北京大学出版社1995年版；[英]齐格蒙特·鲍曼：《个体化社会》，范祥涛译，上海三联书店2002年版。

③ Zygmunt Bauman, *Identity: Conversation With Bebedetto Vecchi*. Cambridge: Polity Press, 2004, p. 48.

"成为不一样的自己"。这种身份认同的"私化",即通过自我追寻而建构身份认同的动机正好反映了一个事实:个人正在遭遇身份认同危机,已经失去了"个人的同一感和历史的连续性"。过去的时代,在国家、社会"在场"的情况下,一个人的身份、地位、认同能够通过他的国家、社会来给予界定,经由他所属的阶级、群体、组织来加以保证。然而,在当今时代,随着社会的缺场,个体的身份认同已经失去了既成的或固定的参照系,个体处在漂浮流动的状况中。①

二、自我认同面临的两难困境

根据吉登斯的分析,进入高度现代性时代,自我认同处于一种不确定的情境中,因为传统社会里自然为自我认同提供的稳定外在环境已经改变。因此,自我这个心理系统的核心部分遭遇到多重两难情境的挑战,这些两难情境无疑会阻碍着自我认同的顺利建构与重构。

自我的两难困境之一:统整对碎裂(unification versus fragmentation)。吉登斯指出:"就关涉自我的问题而言,统整的问题所关涉的是,面对现代性所带来的强烈而广泛的变迁,保护和重构对自我认同的叙事。"②统整对碎裂,这一对困境的含义是,全球化与地方化之间的张力所导致的个体层面上的困境及其表现,尤其自我是作为最敏感的部分。一方面,在全球化背景下个体所要迎接的是一个不停地向他扑面而来的复杂多样的世界,将他带入多样性的情境中,每一种情境都传播着大量的信息,每一种情境都要求他展示不同的最恰当的行为方式。当个体离开某一种情境而进入另一种情境时,他得小心翼翼地将"自我呈现"调整到另一种特定情境所要求的最恰当行为方式,这样的话,个体实际上是处在经验的碎裂状态当中。从另一方面看,个体虽然在开放的情境中处于碎裂状态,然而,同时也在开放中与周围的环境保持密切的统整状态。这种与外部世界的统整状态最终却达成了对自我的整合,从这种不断变化的环境中保持着一种具有连续性的自我叙事,把不同的情境因素融合进入一个统一的自我

---

① [英]齐格蒙特·鲍曼:《个体化社会》,范祥涛译,上海三联书店,2002年版,第185~187页。
② [英]安东尼·吉登斯:《现代性与自我认同》,赵旭东、方文译,生活·读书·新知三联书店1998年版,第222页。

当中。

自我的两难困境之二：无力对占有（powerlessness versus appropriation）。在传统社会里，个体能够驾驭许多生活领域。而到了现代社会，这种对生活的驾驭力让位给了许多代理机构。结果是，现代社会系统得以延伸的同时，每一个体就会感到自主性越来越被削弱，每一个人只是个体集合体中的一个原子，于是，个体心理上的无力感油然而生。在无比巨大的社会面前，个体产生无力感是不可避免的。问题的另一方面在于，个体之所以要去面对这个无比巨大的社会，是因为他的特质和精神资源的摄取皆依赖这个社会。于是，出现了这样的悖论情境：一方面，个体在强大的社会面前感到无力；另一方面，个体又必须去占有资源，以谋求生存、改变现状和消除无力感。这种无力感与占有欲之间的张力成为促使自我认同建构与重构的一种永不停歇的动力机制。

自我的两难困境之三：权威性对不确定性（authority versus uncertainty）。在传统社会里，生活领域存在的权威成为自我认同的基础。传统社会的权威的特征是它的单一性，例如对宗教的信仰、对地方社区和亲属制度的忠诚等。这些权威对人们的行为具有强烈的约束力和规范性，人们据此也很容易确立起自己的生活意义和人生价值。现代社会却不一样，虽然仍存在某种传统权威如宗教，但是，人们在现实生活中更多依靠的权威是那些能够提供具体生活指导的人与物，可以说这种权威的形态是多样化的。重要原因是，人们在不同的时间、地点需要不同的权威。

在吉登斯看来，现代社会中每个人实际上在很多社会活动领域都是外行，这样的话，他的生活必然依赖于权威，而在知识已成为霸权的当今，专家和专家系统顺理成章地成为权威。然而，由于专家和专家系统又充满不确定性，所以，对权威的需要或对权威的依赖也表现出不确定性。因此，自我陷入矛盾之境，选择权威成为一种负担。但是，人又会试图寻找可能的权威来超越这种困境，以期获得安全感。这是自我的一种矛盾心态。此外，由于权威知识、专家系统本身的易变性和不确定性，人们常常发现刚刚学到的知识转眼已经过时，不能真正地依赖，于是，又会产生怀疑态度。这是自我的另一种矛盾心态。这两种心态的交替使自我倍受熬煎。

自我的两难困境之四：个人化的经验对商品化的经验（personalized versus commodified）。在一种商品化的力量日趋严重的环境中，个体如何通过个人化的力量来加以抗衡并达成自我认同的建构，这是一个重大的课题。现代社会的一个重要特征就是市场经济体制的形成及其所产生的强大影响力，而且既呈现全球化的趋势，又对日常生活产生深层的影响。市场经济是一种商品化的经济。在个人层面上，商品化的进程已经影响到了自我本体性安全的维持。于是，悖论情境出现了：作为外在的力量，商品化总是趋向于把个体纳入其涉及的范围，成为商品的消费者，这样便降低甚至消解了自我的地位和作用。现代商品广告及其促销方式的花样翻新，在促进经济增长的同时，也日趋深入地影响到个体层面上的生活模式选择和自我认同建构。面对这种情境，作为具有反思性的主体性存在，自我必然会抗拒作为外部力量的商品化所带来的干扰，从而能够维持完整的自我构成。吉登斯在分析这两种矛盾倾向时指出：

> 商品化直接影响到消费过程，特别是随着资本主义秩序的成熟，情形更是如此。通过广告以及其他方法所促成的标准化商品消费模式的确立，成为经济增长的核心，在所有这些意义中，商品化影响到自我的投射以及生活方式的建立。①
>
> 自我的反思性投射必然要反抗商品化的影响，虽然商品化不完全对其不利。②

当然，商品化并非完全与自我对立，商品化不一定都是标准化的，也可以是多元化的。换言之，商品化也可能给自我以多样的选择，使自我具有创造性。在这种情况下，标准化被个体的自由要求所消解。但是，个人的任何决定不可能不受时尚和标准化生活的影响，因此，所消解的只是某些部分而已，两者之间

① ［英］安东尼·吉登斯：《现代性与自我认同》，赵旭东、方文译，生活·读书·新知三联书店1998年版，第231～232页。
② ［英］安东尼·吉登斯：《现代性与自我认同》，赵旭东、方文译，生活·读书·新知三联书店1998年版，第235页。

的对抗却会一直存在。

第四节 超越自我认同困境的政治策略

尽管"失控的世界"是吉登斯对高度现代性社会所做出的一个诊断,然而,在现代社会变迁的未来方向上,他与悲观主义无缘。"乌托邦现实主义"是吉登斯创用的术语,以表达他希望用某些后现代秩序来解决高度现代性问题的一种构想。实际上,这个术语所蕴含的理想与现实之间的矛盾,也许正是现代性与后现代秩序之间所蕴含矛盾的一种深刻而辩证的写照。然而,这两个相互矛盾的方面存在的共同点是,应该将未来的走向与现实的努力联系起来,寻找到一种从未有过的发展路径。

吉登斯在提出社会变迁未来走向的构想时,是以对现代社会的反思与批判作为前提和基础的。在对现代社会的弊端及其根源的分析上,他提出了"反思→自反"的诊断模式。从哲学层面上看,人类主体性的高扬带来了非意图性后果的出现,如工具理性的膨胀所导致的一系列问题,这是现代社会问题的深层根源。然而,更深一步的悖论特征表现为,作为理性重要表征的科学技术,在肩负消除不确定性使命的同时,其本身则又成为更大的不确定性的根源。

在吉登斯看来,正是理性的有限性导致了理性的反思,进而导致了现代性非意图性后果。理性的局限性是启蒙思想家所没有认识到的问题,而吉登斯提出的"乌托邦现实主义"构想,则试图从理性出发,既充分展示理性的能力,同时又克服理性的局限性。

与哈贝马斯试图通过发展交往理性这一新的理性形式而重建现代性的思想方案相似,吉登斯仍然强调自由、民主和解放的价值目标,为了使这些理想得以重申和实现,他主张必须在自然领域、人类生殖、自我认同等领域重新道德化。吉登斯指出:

> 生活政治重新给那些受现代性的核心制度所压抑的道德和存在问题

赋予重要性……道德问题又回归到了生活政治议事日程的核心中来。①

所谓"重新道德化",就是指给理性提供一个正当性基础,将道德问题重新引入人类与科技、环境的关系当中,而这种关系现在主要是工具性的关系。"重新道德化"将为现代社会构筑一条底线,为后现代时期"乌托邦现实主义"的到来开启新的地平线。对此,瑞泽尔评价说:

> 对吉登斯而言,超越现代性的世界是一个以"重新道德化"为特征的世界。这些被存封的核心道德和存在问题,将要在吉登斯视为已经在后现代时期的自我反思性中所预示和期望的那个社会中占据中心舞台。②

一、从解放政治到生活政治:现代性问题的表征进程

对于现代性和晚期现代性的问题,基于政治视角来考察,进而提出相应的解决方案,尽管不是吉登斯所独有的研究策略,③但是,他在这方面所提供的一些独特洞见对于社会理论所面临的难题,无疑是富有启发性的。尽管吉登斯也反对后现代性,主张当今的一切问题都仍处在现代性的范畴之中,但他又不拒绝以后现代的某些形式来解决现代性极端化的后果。从重建现代性的策略上看,与哈贝马斯带有理想主义色彩的方案相比,吉登斯的选择似乎更趋务实。当然,这种差异既有英德两国思想传统方面的根源,也有个人特质和理论风格方面的原因。在吉登斯看来,晚期现代性中的主要社会转型④及其自我心理世界的变迁都与政治方略有关,因此,只有依据政治议程,通过区分解放政治(emancipatory politics)与生活政治(life politics),才能更有效地对上述方面的意

---

① [英]安东尼·吉登斯:《现代性的后果》,田禾译,译林出版社 2000 年版,第 149 页。
② [美]乔治·瑞泽尔:《后现代社会理论》,谢立中等译,华夏出版社 2003 年版,第 206~207 页。
③ 例如,后现代理论家都很注重从政治的视野(他们主张一种微观政治)来解决现代性的问题。但是,值得注意的是,吉登斯后期增强了对政治哲学的关注,如他于 1998 年出版的《第三条道路》一书,即属于这种倾向。
④ 主要是指正在形成的制度反身性、由抽象系统所带来的社会关系的抽离化以及地方性与全球化之间的相互渗透。

义加以切实把握。

　　尤其值得注意的是,吉登斯把解决晚期现代性问题的方略主要诉诸生活政治,这种倾向与同时代社会理论发展流向之间有着密切的相似之处。晚近社会理论中的一个重要趋势就是试图从微观角度来解决现代性的问题。例如,竭力捍卫现代性的哈贝马斯为诊治现代性病理开出的良方是通过重新确立交往合理性的重要地位以振兴生活世界。而在后现代理论家当中,一种基本的共识就是主张以微观政治(micro-politics)的策略(突出的表现就是对各种新型社会运动的首肯)来抵御现代性极端化所造成的压抑与支配。尽管哈贝马斯与后现代理论家之间在解决问题的出发点上是完全不同的,但是,在现实层面上却似乎又都表现出诉诸相同的社会力量来解决问题的倾向。这一点的确显得意味深长。而吉登斯则在与前两者具有一定相似性的同时,又表现出他自己的独特洞见。他基于高度现代性的特殊时代境况,对生活政治赋予了重要使命。但是,在他眼里,解放政治的使命并未完成,仍然在建构理想社会的进程中扮演着不可或缺的角色。

　　吉登斯指出,自现代早期以来,现代制度的动力学一方面激发了人们的解放观念,另一方面又反过来在某种程度上受到这种观念的推动。因此,解放政治与现代性之间是互为动力的。解放政治是一种力图将个体和群体从对其生活机遇具有不利影响的束缚中解放出来的观点。他认为,解放政治包含两个主要方面:一是力图打破过去的枷锁,表现为一种面向未来的改造态度。首先要求的便是要从传统与宗教专制中解放出来。作为一种普遍的信念是,通过将理性运用到科学和技术领域以及社会生活中,人的活动就会从先前存在的束缚中得以解脱;二是力图克服某些个人或群体支配另一些个人或群体的非合法性统治。这些设想的主要作用就是鼓励现代性的正向动力策动,并且预期在与僵化的实践发生分裂之后能够确保人们对其生活情境有日益增强的社会控制能力。尽管对于如何实现这种目标,人们的思考与选择不尽相同。

　　根据吉登斯的理论,如果简略地把现代政治学划分为三种整体视角,即激进主义、自由主义和保守主义的话,那么,虽然它们在具体观点上差别甚大,但有一点是共同的:都受到解放政治的影响。自由政治和激进政治一样,都追求使个体和社会生活的状况更为普遍地从先前的偏见与实践的束缚中解脱出来。保守主义并没有对现代性解放政治采取怀疑态度，而只是表现了一种对激进和自由思想的拒斥态度，并且通过对现代性的抽离化倾向进行批判而得以发展。

解放政治表现了现代性的特征性倾向：把人类从传统的束缚中解放出来，将先前决定人们生活的社会力量与自然界置于人的控制之下。① 解放政治是一种"他者"的政治（politics of "others"），只有在区分了人群之后才具有一定的实质内容。所有解放政治的目标都是要将无特权群体从它们所处的不幸状态中加以解救，或者是要消除它们与其他群体之间的相对差别。

解放政治立基于等级式权力概念的分析，这种权力概念被理解为某一个体或群体将其意志强于其他个人或群体之上的能力。② 吉登斯把这种权力的压制形态区分为三种类型，即剥削、不平等和压迫，而将与其对应的解放政治必须履行的责任表述为正义、平等和参与。在他看来，剥削表现为一个群体非正当地独占了其他群体所不能得到的资源和必需品。正义的规范限定了什么算是剥削，而且反过来也限定了在什么时候一种剥削关系可能成为一种在道德上站得住脚的权威。不平等指的是任何拥有稀缺资源上的差异性，其中在获得物质报酬上的差异构成了现代性生产机制的一部分，并因此在理论上能够随心所欲地被转换。促进平等通常也就被解放政治当作首要性的目标。③ 压迫是直接被某个群体用来限制另一个群体的权力差异问题。与解放政治的其他方面一样，把人们从受压迫的境遇下解放出来的目标意味着对特定的道德价值观的接受。一旦差异权力在道德上表现为不公正的时候，"公正的权威"便能承担起维护公

---

① 吉登斯区分了两大类观点：一类认为解放的动力受因果条件所制约；另一类则认为解放的动力是一种反思式关系。人类能够反思性地"运用历史来创造历史"。哈贝马斯在其《认识与旨趣》一书中对这一问题作了经典性讨论。（参见［英］安东尼·吉登斯：《现代性与自我认同》，赵旭东、方文译，生活·读书·新知三联书店1998年版，第248页。）
② 这种等级式的权力概念与福柯的生产性的权力概念形成一种鲜明对照。而生产性权力概念在生活政治中扮演着与等级式权力概念在解放政治中同样重要的角色。
③ 吉登斯指出，在一些思想流派中，促进平等的确被赋予了优先性的价值。然而，也有例外，大多数激进主义和自由主义思想都把某种特定的不平等看作是正当的和必需的，如物质上的不平等被视为提供了有效生产的经济动力。（参见［英］安东尼·吉登斯：《现代性与自我认同》，赵旭东、方文译，生活·读书·新知三联书店1998年版，第249页。）

正以反抗压迫的责任。而参与则是与压迫相对立的,它允许个体或群体对可能武断地强加在他们身上的决策施加影响。民主参与的理想再次需要区分出参与的不同水平。

消灭剥削、不平等和压迫的社会关系是解放政治关心的总体目标。解放的实质就在于把拯救看作是个体或群体在共同束缚的限定框架内发展他们潜能的一种能力。因此,自启蒙时代以来,大多数进步论者都不愿用乌托邦式的语言来思考,因为它为人们理想中追求的社会形态赋予了具体的形式。

自律性原则是大多数解放政治观点背后所存在的动员行动的原则。解放意味着通过让个体能够在某种意义上获得在社会生活环境中自由和独立行动的能力,从而把集体生活组织起来。这里体现着自由与责任所达成的某种平衡。一方面,解放使人们摆脱了那些剥削、不平等和压迫状态的行动枷锁;另一方面,解放并非意味着因此具有了任何绝对意义上的自由。因为自由预设了在与他人的关系中,行动要有责任感,并承认其中具有集体的义务。

在吉登斯看来,罗尔斯的正义论和哈贝马斯的交往行动论都可以纳入解放政治的框架中加以理解。罗尔斯所提出的那种正义即是一种关于解放的伟大抱负。而哈贝马斯将解放的可能性赋予了"理想的言谈情境",因为在他的理解中,社会情境越接近一种理想的言谈情境,以个体自由与平等的自律行动为基础的社会秩序就越可能出现。个体将自由地对其行动作出富有主见的选择;而在集体的层面上,人性也将有同样的表现。①

根据吉登斯,如果说解放政治是一种现代性的政治议程的话,那么,生活政治则是在高度现代性稳定之后才出现的一种完全独特的问题情境及其破解途

---

① [英]安东尼·吉登斯:《现代性与自我认同》,赵旭东、方文译,生活·读书·新知三联书店 1998 年版,第 250～251 页。

径。总之,是一种晚期现代性或高度现代性①的政治。他对此所作出的正式界定是:

> 生活政治关涉的是来自于后传统背景下,自我实现过程中所引发的政治问题,在那里全球化的影响深深地侵入到自我的反思性筹划中,反过来自我实现的过程又会影响到全球化的策略。②

也就是说,生活政治是一种由反思性调动起来的秩序,作为高度现代性的系统,它在个体和群体的层面上都已极端地改变了社会活动的存在性参量。在一种反思性秩序的环境中,它是一种自我实现的政治,其中反思性把自我、身体与全球范围的系统联结在一起。在这种领域中,权力是生产性的而不是等级式的。

二、生活政治:超越自我认同困境的主导策略

超越自我认同困境的主导策略和路径是生活政治。吉登斯把生活政治的内容和特征划分为三个主要方面。而每一方面都关涉自我认同的难题破解。

生活政治的第一方面体现为产生于选择自由和生产性权力(作为转换性能力的权力)的政策。

吉登斯用最简洁的方式这样表述:解放政治是一种生活机遇的政治;生活政治是一种生活方式的政治,生活方式的政治实质上是生活决策的政治。在他看来,这种生活决策首先是指那些影响到自我认同③本身的决策。由于受到现

---

① 吉登斯认为,今天还不是一个后现代性的时代。实际情况是,"首先在工业化社会中,一定程度上也在整个世界范围内,我们已经步入一个高度现代性的时期"(A. Giddens, *The Consequences of Modernity*. Stanford:Standford University Press,1990,p. 176)。这是一个现代性的结果比以往更加极端化和普遍化的时期,也称晚期现代性时期。这种现代性的极端化呈现出四个最显著的特征:进化论的终结;历史目的论的消亡;对彻底的建构性反思性的承认;西方特权地位的丧失(A. Giddens, *The Consequences of Modernity*. Stanford:Standford University Press,1990)。

② [英]安东尼·吉登斯:《现代性与自我认同》,赵旭东、方文译,生活·读书·新知三联书店1998年版,第252页。

③ 吉登斯对于"自我认同"的最简明的解释是:个体依据其个人经历所反思性地理解到的自我。

代性抽象系统的深度渗透,自我和身体变成了多种多样新生活方式选择的落脚点,而通过自我和身体的内在参照系统①又集中反映出了自我认同问题。生活政治在议事日程上的实质问题集中在整体人(personhood)和个体性(individuality)的权利上,但它又总会返回到与这类自我认同的存在维度相联结。吉登斯指出,今天的自我认同是一种反思性的成就。在一种地方性的和全球化的范围内,自我认同的叙述(narrative of the self-identity)②在与迅速变化着的社会生活情境的关系中被形塑、被修正和被反思性地保持下来。个体必须要以一种合理而又连贯的方式把对未来的设想与过去的经验联系起来,以便能够促使把被传递经验的差异性中所产生的信息与地方性的生活整合起来。只有当个体能够发展出一种内在的可信性时,这种整合才能实现。这种可信性是一种基本信任的框架,凭借它就可以把生活历程的理解置于变化着的社会事件背景下来加以联想。在特定的变化情境下,一种自我认同的反思性秩序的叙述,为有限的生活历程提供了赋予一致性的手段。因此,生活政治关心的是从自我的反思性筹划中产生出来的争论和角逐。

　　自我认同涉及的重大问题之一是性别认同,对此女权主义已经给予了一定的优先考虑。③ 身体问题④是自我认同的另一重要议题。吉登斯指出,与自我一样,身体也不再能被当作一种固定的生理学实体,而是已经深刻地具有了现代性反思性的那种复杂深奥性。随着身体日益为抽象系统所侵入,在过去曾是自然一个方面的身体的特征已发生了变化。

　　　　与自我一样,身体变成了一个互动、占有与再占有以及将反思性的组织过程与系统化的有序的专家知识联结起来的场所。就其反思性重构的

---

①根据吉登斯,这是指将社会关系或是自然界的某些方面加以反思性组织时所依据的内在标准体系。

②自我认同的叙述的基本含义是,凭借个体和他人所关心的故事而对自我认同达成的反思性理解。

③关于性别认同的最丰富的讨论,主要体现在与后现代主义之间具有密切"家族相似性"的女权主义或女性主义理论当中。

④与早期现代性的发展特点相一致,古典社会学中没有给身体留出应有的位置。只是进入20世纪下半叶以来,身体才受到社会学的重视,福柯、布尔迪厄、吉登斯等人都在自己的社会理论中充分彰显了身体对于理解现代性及其问题的重要性。

状况来说,身体本身已获得了解放。一旦思想成为灵魂的居所,那么,作为黑暗与不正当需要核心的身体,就会完全成为受高度现代性势力"不断进行加工的东西"。①

　　作为这种过程的结果是,身体的边界发生了改变。身体好像有一个完全可以渗透的"外层",通过它,自我的反思性筹划以及外在的抽象系统就会习惯性地侵入进来。

　　身体过程和发育的反思性占有是生活政治的论争与斗争的一个基本点。由于抽象系统和自我反思性筹划的双重卷入所导致的身体与自我关联的一个凸显问题就是身体"所有权"问题。吉登斯指出,在生活政治领域中,这一问题包括如何在生活规划(life-planning)②的身体发展策略中作出选择,以及谁来决定对身体的产物和身体各部分作出处理。另一个凸显的问题表现在生殖领域。"生殖"原有两层含义,指种族的社会性延续或生物性延续。但是,由于抽象系统抽去了生物性生殖并通过自我反思性加以重构,现在的生物性生殖已完全变成为社会性生殖。

　　吉登斯认为,生活政治的第二方面表现为,在全球化背景下创造能够促进自我实现而又在道德上无可厚非的生活方式。

　　在他看来,个体化与全球化是相互关联的。个体在生活方式上的决策也同样会对全球化产生影响。一个例证是,生殖上个体的决策与地球上物种的延续已在社会化再生产中联结在一起。在一定程度上生殖与异性之间性行为的分离使未来物种的繁衍不再有保证。全球化的人口发展被纳入内在参照系。通过这些系统而联结起来的一系列个体决策过程有可能产生不可预期性。这种不可预期性与其他社会化秩序所产生的不可预期性具有相似之处。于是,生殖成为一种变化性的个体决策并对物种繁衍产生难以估量的整体性影响。另一

①［英］安东尼·吉登斯:《现代性与自我认同》,赵旭东、方文译,生活·读书·新知三联书店1998年版,第256页。
②在吉登斯的用语中,它指的是根据个体预期的生命历程,经过风险估计,对策略性的生活方式选择加以组织。

个例证是，全球生态、核战争风险与生活方式、自我反思性筹划的深刻联系。由生活方式引起的大规模的生态破坏已在现代化国家中出现。要有效地抗拒地球生态系统遭破坏后所带来的威胁，不仅需要全球性的合作，而且需要每一个体都作出反应和调整，换言之，现有生活方式的广泛变迁或大量采取新的生活方式，已经显得十分迫切。

生态关怀的核心就是有关核动力问题，而它又把一般化的生态问题与核武器存在的问题联系起来。除非在某些未知的方面有了技术上的突破，否则，全球经济要保持目前的速度或以更快的速度发展，就将不可避免地广泛使用核动力。正因为如此，"深度生态"保护者主张，力图摆脱经济累加的运动似乎应该通过个人成长，即培养个人的自我实现与创造潜力的过程来取代自由的经济增长过程。因此，自我反思性筹划在超越现在的秩序而向一种全球化秩序的转型中，可能会起关键性的作用。核战争的威胁也同自我的反思性筹划联系在一起。它们不仅把"生存"问题置于明显的心理解脱之中，而且还都陷入到了对和平可能性的解脱之中，即指在全球层面上人的共同存在与个体层面上自我实现的那种心理回报之间达成了协调。作为一种积极的占有和消极的占有，核武器的问题进入了生活政治领域。它特别清楚地表明，个体化与全球化是相互关联的。

在吉登斯看来，生活政治的第三个方面表现为，在一种后传统秩序中提出了有关"我们怎样生活？"这样的问题伦理，并抗拒存在性问题(existential questions)①的背景。

他认为，生活政治观对现代性的内在参照系统提出了一个问题：由现代制度的解放势力所导致的生活政治的议事日程，暴露出了纯粹由内在标准所控制的决策局限性。因而生活政治重新给那些受现代性核心制度压制的道德和存在性问题赋予了重要性。

---

① 在吉登斯那里，意指有关人的生活以及物质世界的基本存在维度的问题，是一切人在他们的日常活动情境下都不能加以回避的。

吉登斯指出,现代性的特征之一就是道德的丧失。① 从某种意义上说,后结构主义所促进的后现代性确实反映了现代性的内在参照系统的问题。② "生活政治问题"不可能在抽象系统的范围之外来讨论,因为各种专家的评估构成了"生活政治问题"定义的核心。他们对如何在解放的社会情境中进行生活的关心,必然将使其重新强调一种道德和存在性问题。生活政治问题的出现,为制度性压抑问题的回潮提出了这样一种核心的议事日程,即呼吁对社会生活进行一种重新道德化,并且要求人们对现代性制度所系统地消解的问题具备新的敏感性。在吉登斯眼里,由于现代性内在参照系统扩张引发的生活政治的议事日程主要涵盖了四大方面,其中道德和存在性问题又重新受到关注:第一方面是自然。抽象系统对自然界的渗透不仅带来了环境的损毁,还引入了现代性抽象系统所未曾涉及过的参量。因此,有待讨论的道德与存在性问题不止限于应该为人类在自然界中生存做什么,而且还包括海德格尔提出的存在性问题,即存在本身如何加以把握以及如何过活。所涉及的实质性道德问题包括人类对自然的责任是什么? 环境伦理的原则是什么? 等等。第二个方面是生殖。现代性的主导观点将生殖视为一种机械现象和基因过程。但从道德上看,生殖引出了超越的问题,即人类应该如何看待自己的限度,所涉及的实质性道德问题包括未出生者的权利是什么? 胚胎的权利是什么? 应该用什么样的伦理原则来控制基因工程? 第三方面是全球化。作为一种现代性的内在参照系统,全球化把整个人类共同体都联结在一起,这在很大程度上是由于"后果严重的风险"

---

① [英]安东尼·吉登斯:《民族—国家与暴力》,胡宗泽、赵力涛译,生活·读书·新知三联书店 1998 年版,第 370 页。
② 但是,吉登斯在这里也表现出了他在其他问题上对待后现代性的同样态度:后现代性观点在解释上的局限性就在于,它认为道德问题在当代社会情境下已变得完全没有意义或毫无关系。所以,它根本不能解释为什么道德问题又回归到生活政治议事日程的核心中来(参见[英]安东尼·吉登斯:《民族—国家与暴力》,胡宗泽、赵力涛译,生活·读书·新知三联书店 1998 年版,第 262 页)。

(*high-consequence risks*)①的出现,使得生活在地球上的人无一能够规避。从而提出了新的合作方式这种道德要求,所出现的实质性道德问题都是相互包含的,如科技发明的限度应该是什么? 人类使用暴力的限度应该是什么? 等等。第四个方面是通过自我和身体的内在参照系统而得以集中起来的自我认同问题。由于受现代性抽象系统的深度渗透,自我和身体成为多种新生活方式选择的基点。其实质性道德问题集中在整体人和个体性的权力上,如个体对她或他身体的权力是什么? 如果有差异的话,应该保留的性别差异是什么?

值得注意的是,吉登斯指出,代表生活政治关于社会生活重新道德化的呼吁及其促进性努力的现实力量,已经反映在各种类型的社会运动之中。②

三、迈向"乌托邦现实主义":生活政治与解放政治携手

尽管在理论上吉登斯实现了关于生活政治与解放政治的区分:解放政治是生活机遇的政治,是现代性的政治形式;而生活政治是生活方式的政治,是高度现代性的政治形式。解放政治似乎为生活政治的出现事先准备好了历史条件和逻辑前提。但是,当吉登斯将这样一种政治分析的理想型概念工具运用于现实当中时,解放政治与生活政治之间的关系似乎要更复杂得多,因为现代性与高度现代性之间的关系是非常复杂的。当然,对此他并非没有认识,因为现代性本身就不是理想型,多重或复合现代性并存于现实当中实属普遍现象。正是出于这种原因,解决高度现代性的问题(其中肯定包括现代性的问题)必然有赖于生活政治与解放政治的共同努力。

吉登斯对于晚期现代性情境中生活政治与解放政治的地位、作用及其相互关系的基本理论观点主要表现在以下两个方面。

---

① 吉登斯用这个概念指那些将会给大规模人口带来普遍性后果的风险。在他看来,现代性的极端化在短时期内将会使世界充满诸种后果严重的风险。今天所面临的后果严重的风险主要表现为:资本主义维度上经济增长机制的衰退;监控维度上极权主义权力的扩张;军事维度上核冲突或大规模战争的可能性依然存在;工业主义维度上生态破坏或灾难潜在或显在地发生(A. Giddens, *The Consequences of Modernity*. Stanford: Standford University Press, 1990)。

② 参见[英]安东尼·吉登斯:《现代性与自我认同》,赵旭东、方文译,生活·读书·新知三联书店 1998 年版,第 267 页。在这里,我们看到了吉登斯与哈贝马斯以及后现代理论家之间共同表现出的一种相似倾向,即诉诸同一种社会现实力量来解决现代性的问题,尽管他们的理论出发点不尽相同。

　　首先,生活政治是高度现代性的主要政治形式。吉登斯指出,政治学理论中关于"政治"概念存在狭义和广义的区分。狭义的政治概念是指国家的政府部门内的决策过程。广义的政治概念则将解决趣味对立和价值观抵触上的争论和冲突的任何决策方式都视为政治性的。而生活政治的含义涉及上述两个方面。

　　狭义政治的存在及其限制为生活政治所扮演角色提供了可能的舞台。狭义政治存在的原因在于民族国家及其政府机构仍在政治领域占据着核心地位。然而,一个民族国家并不能有效地裁决生活政治的争论而使之成为具有广泛约束力的社会或共同体的决策。此外,由于所有的政治问题都包括了权利与义务问题,而国家到目前为止还是通过法律来解决这些问题的主要行政场所,所以,这些方面的限制无疑导致了生活政治的问题在国家的公共领域和法学领域中被看得异常重要。

　　从广义政治角度看,在高度现代性中生活政治的问题已经渗透到社会生活的各个领域。因为在高度现代性中,征服未来的反思性企图几乎是普遍存在的,通过抽象系统的扩张以及自然过程的社会化而得以开拓的众多选择领域,使得不同类型的个体层面和群体层面的卷入都可能会形塑生活政治问题。社会运动对于生活政治的提出以及引起公众的关注都发挥了根本性的作用。①

　　其次,解放政治的使命并未结束,它常常与生活政治携手从不同的侧面解决着同一个问题。正如吉登斯指出,即便生活政治的问题在国家的公共领域和法学领域中显得非常重要时,要求解放的权利并不因此就变得不重要,解放政治确保着生活政治的权利。然而,问题不仅如此,因为解放政治不只是为生活政治的关怀"准备了表演的舞台",所有的生活政治问题也会以解放政治问题的形式出现,女权主义以及第一世界、第三世界的划分仅是这一方面的两个鲜明实例。

---

①吉登斯注意到,生活政治的问题并不一定符合现存的政治学框架。但他强调,它却可以有效地促使在国家和全球层面上都已出现的十分鲜明的政治形式变得更加显著。对于这种政治形式,在后现代理论视野中常常被称为微观政治,尽管后现代论者所表述的这种政治形式的含义与吉登斯是不一样的。

吉登斯认为,应当把女权主义更贴切地看作是取向于生活政治领域的,然而,解放的关怀对妇女运动来说仍是根本性的。妇女运动具有明确的解放目标,即要把妇女从传统的束缚形式中解脱出来,并允许她们与男人在同样平等的水平上参与到先前被男性所把持的领域中去。在运动初期,解放的旨趣明显是指向于支配性问题的,但当运动形成势力之后,有人就意识到,并非只是彻底的解放才是至关重要的,换言之,对于被解放的妇女来说,认同便成为最突出的问题。而且更具深远意义的是,妇女还将用自己的价值观和态度去深刻地重塑那些曾由男人占据的领域。因此,解放政治的进程带来了生活政治,而生活政治仍与解放政治密切相关,因为生活政治所采取的生活方式变迁的形式也可能是反抗或消灭压迫的一种手段。

关于第一和第三世界国家的划分,吉登斯认为,对于希望获得全球性的长期安全而言,减少全球范围内的不平等是极为重要的,这似乎成为一种共识。因此,推进一种解放政治的进程是很必要的。但是,在他看来,目前获取这种解放的机制尚未成熟,因为难以预期穷国与富国之间的差异是否可以通过大范围地进一步促进全球性的工业化来加以减少。但是,这种过程不仅可能导致全球生态每况愈下,而且模仿第一世界社会的生活方式将使全世界的人口都面临资源短缺的问题。所以,吉登斯得出的结论是,对世界上贫困状态的解放也许只有在发展中国家引入极端变革过的生活方式之后才能得以实现。[1] 他在这里给人的印象是,解放政治的目标却是经由生活政治的途径去达成。

总之,在吉登斯的视界中,处在高度现代性境况中的人们如果要能够对社会生活加以重新道德化而不至于陷入偏见的话,解决问题的基本出路在于:诉诸一种对解放政治的重大重构以及对生活政治的不懈追求。

---

[1] [英]安东尼·吉登斯:《现代性与自我认同》,赵旭东、方文译,生活·读书·新知三联书店1998年版,第269页。

结语 心理现代性探究：一项未竟之业

我们的特性并非只是某种事先给予的东西，而同时也是我们自己的投影。我们不能选择我们自己的传统，但是，我们能够认识到如何延续传统则由我们决定。

——尤尔根·哈贝马斯

假如重写是可能的，这还远不是真正的重写，人们正在所做的一切就是重新书写现代性本身并使之真实。关键在于，写，永远是重写。现代性是在一种永恒的重写中被书写的，并将自己镌刻在自身当中。

——让-弗朗索瓦·利奥塔

作为一个学术领域的心理现代性探究，开启了社会心理学研究中的时间维度，使社会心理学具有了历史意识，使社会心理研究呈现出了揭示社会变迁的特征，而且使得关于社会心理变迁的研究与关于社会结构变迁的研究紧密地结合起来，从而可以从社会结构的特征来判断社会心理的特质，以及从社会心理状态及其演变趋势来预测社会结构的变迁。

不可避免地，心理现代性的研究也引起了许多论争，主要包括：心理现代性的内涵及其外延是什么？心理现代性何以形成？心理现代性怎样测量？心理现代性如何对社会变迁产生影响？而且这一研究中所隐含的西方中心主义色彩招致了不少批评。然而，这些论争都是在现代性语境中出现的，因为其研究的前提仍然是以现代性为基础的，尤其是关注心理现代性与社会现代性之间的关系。

20 世纪下半叶以来，当有的社会科学家预言了后现代的来临，当整个社会科学面临着后现代主义的挑战，必须对后现代境况呈现的重要问题作出回答时，心理现代性的探究是否还有必要？这一点正是后现代语境中所凸显的最重要问题之一。

一、现代性与后现代境况的遭遇

当心理现代性的探寻还面临许多问题有待深究的时候，西方社会已经进入了后工业化时代，而后现代思潮的出现，对于社会现代性和心理现代性及其研究都提出了严重的挑战。在这种背景下，心理现代性的探寻是否已经变得过时？

进入 20 世纪下半叶，西方发达国家进入了一个新的发展阶段。对于这个阶段出现的许多特征，是此前已有的社会理论所不能加以解释的，因此，引起了许多社会理论家进行探索并提出诸多新的理论形态。这一时期，在西方社会理论界，出现了后现代主义思潮，而回应后现代主义的挑战所上演的一场重头戏，就是现代性与后现代性遭遇所产生的论争，或者说关于现代性与后现代性之间关系问题的大论战。在这种出现了后现代语境的时代和社会背景下，心理现代性探索还需要继续吗？它的前景会是怎样的？

1. 社会层面的变迁：后工业社会的来临

1959 年丹尼尔·贝尔（Daniel Bell）就预言了后工业社会的来临。在一次研讨会上他首次使用了"后工业社会"这一术语。当时贝尔强调的主要是生产部门的变化以及从一个生产性社会向一个服务性社会的转变。

在 1962 年《后工业社会：预测 1985 年之后的美国》一文中，贝尔探讨了智能技术和科学在社会变迁中的决定性作用，指出这是正在形成的后工业社会的主要特征。在 1966 年《普通教育的改革》一书中，贝尔强调大学和智能机构成为后工业社会结构的中心。

而在 1973 年《后工业社会的来临：对社会预测的一项探索》一书中，贝尔对后工业社会做出了系统的论述。他根据社会的经济技术结构，将人类社会发展进程划分为初民、农业、工业、后工业等阶段。他研究工作的主要旨趣在于重建社会学理论，以解释工业社会之后的社会发展趋势。

在贝尔看来，1945 至 1950 年是后工业社会产生的时期。其主要的象征性标志有：1945 年原子弹的诞生，产生了利用核能的潜力；1946 年第一台数字电子计算机试验成功，并得到迅速掌握和广泛运用；1947 年维纳（N. Wiener）出版了《控制论》一书，阐述了自我控制机制和自我调节系统原理。如果说原子弹证明了纯物理学的威力，那么，计算机和控制论的结合则开辟了通向一种新社会物理学的道路，即通过控制论和信息传递理论构成一套技术，建立一个安排决策和选择的整体系统。贝尔指出，"后工业社会"这一具有广泛概括性的概念，表现为以下五个特征方面：(1)经济方面：从产品经济转变为服务经济；(2)职业分布：专业和技术人员阶层处于主导地位；(3)中轴原理：理论知识处于中心地位，它是社会创新与进行决策的源泉；(4)未来方向：控制技术发展，对技术进行鉴定；(5)进行决策：创造新的智能技术。他认为，在后工业社会里，理论知识的积累和传播已成为科技创新和社会变迁的直接动力。政治制度不同的国家，在实现工业化之后，都将从工业社会发展到后工业社会。可以预言，在 21 世纪，后工业社会将是世界上发达国家在社会结构方面呈现的基本特征。①

2. 文化领域的变化：后现代主义的产生

20 世纪 80 年代之后，西方发达国家所发生的急剧而不确定的变迁，在文化思想领域引起的一个重要反映，就是后现代主义的产生并且风靡一时。

---

① ［美］丹尼尔·贝尔：《后工业社会的来临：对社会预测的一项探索》，高铦、王宏周、魏章玲译，新华出版社 1997 年版，第 50 页以下。

　　"后现代"①这一概念最早发端于文学艺术领域,后来(就其主要智识动力而言)在一些哲学思想的影响下逐渐形成一种后现代主义思潮,其中尼采(F. Nietzsche)、海德格尔(M. Heidegger)哲学以及后结构主义哲学起了最直接的促进作用。后现代主义崛起于20世纪70年代,并在80年代达到了高峰,它的影响从最初的文艺、哲学领域日益向人文社会科学的其他领域渗透。

　　后现代主义从正式登场之日起就掀起了20世纪晚期世界学术思想领域的巨大波澜,尤其是引发了一场诸多世界一流思想家卷入其中的大论战。随时间推移,后现代主义的一些知识成分正在向许多学科领域渗透,对这种症候的细心解读也许会让人们感到将后现代主义视为一种思想泡沫或者转瞬即逝的话语旋风的看法未免过于轻率。人们固然可以不同意后现代主义的某些立场和观点,但却不能忽视它的问题意识及其表达问题意识的一些不乏创见的方法。更何况一些后现代主义代表人物的思想中也包含着建构性的向度,如晚近时期兴起的建构性后现代主义派别就鲜明地表现出了这种特质。

　　后现代理论的一个重要特征是,对高度现代性或晚近现代性出现的问题做出了敏锐反应,因此,重视对后现代理论,尤其是后现代社会理论的研究,不论是对于现代化理论的发展,还是对于现代化事业的进取,实际上都是大有裨益的。

　　20世纪70年代在西方兴起的后现代理论,鉴于现代化进程中所出现的一些重大问题而向现代性和现代社会理论提出了一次深刻的挑战。如何解决现代性病理问题,如何对现代性做出更具未来取向的定位,已成为晚近时期社会理论中最受关注的前沿性研究课题。

　　3. 知识表征的呈现:高度现代性社会理论的产生

　　作为参与现代性与后现代性关系论争的一种思想成果,作为对当今时代境

———————

①后现代主义产生于西方。后现代(postmodern)是20世纪中叶在西方艺术、建筑和文化等领域兴起的一种思潮。早期的后现代主义者带有较明显的否定和解构的特质,而晚近的后现代主义者则表现出了较多的建构性特质。有的后现代主义者把社会发展分成三个阶段,即传统社会、现代社会和后现代社会。但是,关于"后现代"的时间分界问题,没有形成较一致的意见。有的学者认为,后现代是一种文化思潮,而不是一个时间概念;有的学者把第二次世界大战结束后的历史阶段称为"后现代阶段"。

况的一种观照，产生了高度现代性的社会理论。正如吉登斯不愿意采用"后现代性"概念而创用了"高度现代性"或"晚近现代性"的概念来描述晚近时期发达国家的境况一样，我们所称的高度现代性的社会理论，就是对高度现代性所做出的一种社会理论探索成果，或者也可以称作高度现代化理论，因为这样的话，既可以在现代化研究领域或现代化理论系谱中和原有的基础知识进行对接，又可以与经典现代化理论的研究内容和取向有所区别。

与经典现代化理论重点关注发展中国家或地区的现代化进程不同，高度现代化理论或高度现代性的社会理论则重点关注发达国家或社会的发展状况，简言之，"高度现代化理论""高度现代性的社会理论"的概念用来表述对于晚近时期发达国家境况做出研究的理论成果形态。高度现代化理论或高度现代性的社会理论具有诸种形式，其中较具代表性的有以下几种。

(1)后现代化理论

后现代化理论的代表人物之一是英格哈特。在他看来，社会变迁是非线性的。在发达工业社会中，发展的基本方向在 20 世纪最后四分之一时间里已经发生了变化，而且正在发生的变化是如此的基本，以致把它称作"后现代化"(post-modrnization)而不是"现代化"显得更为恰当。现代化首先是一种使一个社会的经济和政治能力得以增加的过程，即它通过工业化增加经济能力，而通过科层化增加政治能力。现代化具有广泛的吸引力，因为它能使一个社会从贫困走向富裕。从前工业社会向工业社会的过渡所表现出的特征是所有社会领域普遍而深入的理性化，在经济、政治和社会生活中引起一种从传统的、通常是宗教的价值观，向着法理的价值观转变。但是，现代化不是历史进程的最终阶段。发达工业社会的出现导致了基本价值观的另一种根本不同的转变，即不再强调作为工业社会特征的工具理性。而后现代价值观变得盛行，从而引发了各种社会变迁。

英格哈特指出，由于后现代化这种社会变迁，一种新的世界观逐渐取代了自工业革命以来一直支配着工业社会的观点，反映了人们所缺乏的生活中的一种转折，正在使支配着政治、工作、宗教、家庭和性行为的基础规范发生深刻转型。因此，经济发展过程导致了两种后继的轨道，即现代化和后现代化。虽然它们两者都与经济发展有着密切联系,但后现代化代表了与表征现代化的信念所不同的信念相联系的发展的一种较晚近阶段。这些信念体系不仅仅是经济发展或社会变迁的结果,而且还以交互的形式塑造了社会经济条件并且被社会经济条件所塑造。在后现代化阶段,社会发展的中心目标不是加快经济增长,而是提高生活质量、增加人们的幸福感。

英格哈特对传统社会、现代社会和后现代社会的主要发展内容进行了比较。他认为,在传统社会中,核心社会目标是在一种稳定的国家经济中生存,个人价值观表现为对传统宗教和社区规范的遵从,而权力体系的实质是传统权威;在现代社会中,核心社会目标是经济增长最快化,个人价值观表现为对成就动机的追求,而权力体系的实质是理性和法律权力;在后现代社会中,核心社会目标是人类幸福的最大化,个人价值观表现为后物质主义和后现代价值观,而权力体系的实质是同时重视法律和宗教权力。[1]

(2)第二次现代化理论

作为第二次现代化理论的重要代表人物,乌尔里希·贝克指出,他所谓的第二次现代化,不应当被理解为一种全新的历史分期学说。换言之,并不意味着当第一次现代化进行到20世纪70年代以后便开始了第二次现代化,即第一次现代化所形成的基础从此全都沉没消散,人们生活在了一个全新的时代。他认为,对于第二次现代化的理解需要全新的理论概念,或者说,需要社会学转换范式才能够达成。区分第一次现代化与第二次现代化的前提是存在现代化,具有某种共同的现代性。

贝克指出,第一次现代化的主要特征表现为:第一,民族—国家社会;第二,大型组织社会或集体性社会,有时能看到的个体化过程与分化过程也都发生在既定的集体性之中;第三,社会与自然明确区分,第一次现代化的社会建立在与自然之间明确区分的基础之上,作为无限资源的自然成为工业化进程的前提,

---

[1]Ronald Inglehart, *Modernization and Postmodernization: Cultural, Economic, and Political Changes in 43 Societies.* Princeton, New Jersey: Princeton University Press, 1997, pp. 10—13, 59—66; Ronald Inglehart and Christian Welzel, *Modernization, Cultural Change and Democracy: The Human Development Sequence.* New York: Cambridge University Press, 2005, pp. 1—47, 285—300.

自然作为纯粹陌生之物的概念，与社会相对立并受到控制；第四，第一次现代化的社会最终是劳动社会或充分就业社会，因为社会及其成员都是由劳动就业的状况来界定的，个人的社会地位取决于其所从事的劳动。

贝克认为，从第一次现代化到第二次现代化的过渡是以非政治的方式进行的，并非一蹴而就，似乎是副作用所引起的变迁。

在贝克看来，第二次现代化的主要特征表现为：第一，人们关于社会"集装箱"的观点由于内部和外界全球化进程而成了问题。第二，由于个体化进程的日益深入，人们对于既定的集体性范畴的依赖进一步减弱，而第二次现代化的标志是某种制度化的个人主义。第三，由于科技加速发展所导致的生态危机的出现，使自然与社会的对立变成了问题。长期以来被纳入工业化进程中的自然之物正凸显危机，这些危机在社会化进程中被提出来讨论，表现了一种独立的政治活力，这种进程即所谓的风险社会或世界风险社会。第四，资本主义，尤其是数字资本主义的动力，即借助通信技术与信息技术同世界市场的联系，侵蚀了劳动社会这一概念，并提出这样的问题：在这种社会中，劳动已不再是唯一的意义所在，对其成员来说，劳动已不再是唯一的经济生活。①

（3）自反性现代化理论

乌尔里希·贝克、安东尼·吉登斯和斯科特·拉什是自反性现代化理论（reflexive modernization）的创建者。他们指出，提出这一理论的重要原因之一就在于，试图对后现代主义产生之后学术界关于现代性与后现代性关系论争进行一种超越。②

贝克指出，自反性现代化这一概念（正如其形容词 reflexive 所暗示的那样）并不是指反思性（reflection），而首先是指自我对抗性（self-confrontation）。现代性从工业时代到风险时代的过渡是不受欢迎的、无形的、强制性的，它紧随在现代化自主性动力之后，呈现潜在副作用的模式。简单现代化或正统现代化意

---

①［德］乌尔里希·贝克、约翰内斯·威尔姆斯：《自由与资本主义》，路国林译，浙江人民出版社 2001 年版，第 17～21 页。

②［德］乌尔里希·贝克、［英］安东尼·吉登斯、［英］斯科特·拉什：《自反性现代化》，赵文书译，商务印书馆 2001 年版，第 vii 页。

味着由工业社会形态对传统社会形态进行抽离和再嵌入,而自反性现代化则意味着由另一种现代性对工业社会形态进行抽离和再嵌入。

　　他认为,现代化的基础与现代化的后果之间的这种冲突明显地区别于在现代化自我反思意义上知识和科学化的增加。因此,他们把非自主的、不受欢迎的、无形的从工业社会向风险社会的转变称为自反性(reflexivity),以区别于反思性(reflection),并与之形成对照。而自反性现代化指的是导致风险社会后果的自我冲突,这些后果是工业社会体系根据其制度化的标准所不能处理和消化的。反思性现代化理论的经典前提可以简化为这样的基本命题:社会的现代化程度越高,能动者(主体)越是能够获得对其生存的社会状况的反思能力,并且能够据此改变社会状况。与此形成对照的是,自反性现代化理论则可粗略地表述为:现代社会的现代化进程越深入,工业社会的基础便越受到消耗、消解、改变和威胁。这一过程可以超越知识和意识,在没有反思的情况下发生,这是最鲜明的区别点。①

　　贝克把简单型现代化与自反性现代化之间状况和理论的区别点总结为以下五个方面:第一,在生活状况和社会结构上,大型群体范畴和阶级理论在根本上区别于关于社会不平等的个性化(和偏激化)理论。第二,行为自律领域的功能区分问题,被相互区分的亚系统及其沟通编码的功能性协调、网络和聚合问题所取代。第三,从最初的现代化进程中发展起来的对进步的信仰,其典型特征是对线性模式和对控制的确信,现在被处于工业现代化权力中心的理性基础和合理化形式的自我修正、自我危害和自我消解的多元化、多层次辩证形象所取代。原因在于,不确定性通过自主性现代化的胜利以不可控制的副作用形式回归了。第四,简单现代化把社会变迁的原动力定位在工具理性范畴(即反思性)之中,而自反性现代化理论认为,社会变迁的动力存在于副作用(即自反性)之中。无形的、未经反思的、外在化的事物扩大了结构性断裂,这种断裂分隔开了工业社会与风险社会,分隔开了工业社会与目前和将来的新现代性。第五,

① [德]乌尔里希·贝克、[英]安东尼·吉登斯、[英]斯科特·拉什:《自反性现代化》,赵文书译,商务印书馆 2001 年版,第 223~224 页。

作为划分政治的空间性比喻，左与右的两分法已经和工业社会一起为人们所接受，但目前政治冲突、意识形态冲突和理论冲突正在超越左与右。这些冲突可以从确定/不确定、内部/外部、政治/非政治等坐标系和两分法中加以把握。把这些问题放在文化、社会、政治和经济活动中给以思考，将来应成为研究和争论的基本对象。①

极为重要的是，贝克认为，自反性现代化是通向新现代性之路。现代性并非只有工业社会这一种形式，而是有着多种可能性，这便是自反性现代化理论做出的回答。②

贝克指出，提出第二次现代化理论和自反性现代化理论的目的，首先在于让西方现代化理论与现代化社会学进行彻底的自我批判，这样便可以开拓出对于不同现代化的目标、价值、前提、联系和道路进行世界主义讨论的空间。③

二、现代性新形态的社会理论定位

当今时代是一个什么样的时代？对于发达国家而言，进入了这样一个时代——后现代理论家称之为"后现代性"，贝尔称之为"后工业社会"，吉登斯称之为"高度现代性"或"晚近现代性"，英格哈特称之为"后现代化"，贝克、吉登斯和拉什称之为"自反性现代化"，贝克也称之为"第二次现代化"，贝克还有一个表述——"新现代性"。

对于发展中国家而言，则是处在一个复合时空的时代——传统、现代和后现代（或高度现代性，或新现代性）的时空成分都共同存在。对于这种境况，可

---

① ［德］乌尔里希·贝克、［英］安东尼·吉登斯、［英］斯科特·拉什：《自反性现代化》，赵文书译，商务印书馆 2001 年版，第 231～232 页。
② ［德］乌尔里希·贝克、［英］安东尼·吉登斯、［英］斯科特·拉什：《自反性现代化》，赵文书译，商务印书馆 2001 年版，第 31 页。
③ ［德］乌尔里希·贝克、［英］安东尼·吉登斯、［英］斯科特·拉什：《自反性现代化》，赵文书译，商务印书馆 2001 年版，第 20 页。

以说比起发达国家的时空定位更加复杂得多,从而表现出这样的重要特征:从一个国家或社会的角度看,处在从传统社会走向现代社会的进程中,以获得现代性为主导取向的发展方向,但与此同时,已经存在的发达国家的后现代境况(或高度现代性,或新现代性)则构成了具有影响作用的环境因素。因此,不仅每一个国家或社会因其独特的历史、文化和政体因素影响而导致的迈向现代性的途径原本就不相同,现在则因为复杂的时空因素影响而导致所要达成的现代性目标的特征与以往时代相比也变得大为不同。

对于这种状况和问题,尤其是现代性所出现的新形态,社会科学必须做出自己的回答。

现代社会科学自诞生以来发展至今,经历了几个重要的时代,从作为其表征的知识形态及其特质的变化来看,既是持续回应社会变迁的结果,也是学科发展逻辑的结果。就其主题而言,社会科学诞生以后的发展进程,实质上就是一直在回答一个根本性的问题:什么是现代性? 如果略加细分,可以说,整个社会科学演进历程中体现着这样三个重大主题:一是对现代性及其发展方案的构想;二是基于社会变迁结果对现代性的反思;三是对社会科学传统的反思、批判与重建。在某种意义上可以说,现代性与社会科学是一种"异面同体"之物,从一个方面看,现代性是社会科学的社会基础,从另一方面看,社会科学则是现代性的知识表征。社会科学发展第一个时代的代表人物属于社会理论家;到了第二个时代出现了学科意义上的社会科学学科专家;到了第三个时代,又出现了重返社会理论的某种趋势,产生了一批重要的社会理论家。尤其是晚近时期出现的现代性与后现代性关系的论争中,提出了一些与社会科学发展第一个时代相似的问题,即什么是社会,什么是现代性以及什么是社会科学? 而要对这些问题做出可能的回答,必须诉诸社会理论和社会哲学层面的探索。换言之,对于社会科学元理论的研究又重新提上了议事日程。

任何社会理论形式在实质上都是具体时空状况的一种综合性产物。作为社会理论的一种重要的具体形态,现代化理论的产生有其深刻的社会基础、文化背景和知识动力。因此,当这一切发生某种变化的时候,相应的理论形态也就会合乎逻辑地产生。

高度现代化理论或高度现代性社会理论的产生，体现出几个层面的重要意义：第一，它是对晚近西方发达社会发展进程中出现的新状况、新问题和新趋势的一种理论反映；第二，它是对后现代主义及其有关社会思潮的一种积极回应；第三，它既是对经典现代化理论的一种超越，同时又是对现代化研究领域的一种扩展。原因在于：一方面，它对经典现代化理论的局限表现出了超越性，回答了经典现代化理论所不能解释的问题；另一方面，它又对经典现代化理论的实质表现出了继承性，以一定程度上对现代性的认同作为基础，所以，从某种意义上说，高度现代化理论又是一种后经典现代化理论。

经典现代化理论形态仍在继续发展之中，因为发展中国家和地区的现代化仍是一项未竟的事业，高度现代化理论形态则处在起步之初，因为发达国家和地区的发展进入了另一种轨道。这种现代化理论多重形态并存的局面，从一个独特角度表现了当今时代的多元现代性或复合现代性特征。对于这一关键，正如贝克所指出的，现代性并非只有工业社会这一种形式，而是有着多种可能性，例如自反性现代化就是通向新现代性之路。

何谓"多元现代性"或"复合现代性"，在一个最基本的层面上，指它是一种与传统现代性或简单现代性特质已经不同的现代性的新形态。

尽管作为探讨人类社会发展进程的一个重要的研究领域，经典现代化理论也关注现代化的取向、路径和模式等宏观层面，但是，经典现代化理论的更丰富内容是关注现代化进程的中观、甚至微观层面，如经济现代化、社会现代化、政治现代化、文化现代化、心理现代化等。

而高度现代化理论则更多地从社会的演进形态、新质生长和未来走势等宏观层面来关注人类社会变迁的趋势。诚然，由于高度现代化理论诸具体形式产生的时间不长，还缺乏充分的知识积累，也由于高度现代化是一项更复杂的工程，预测未来是一件冒险的工作，所以，高度现代化理论的实质内容方面还不够丰富，并且尚未形成比较完整的体系。此外，这些理论形式更多只是表现了描述性、解释性和批判性的功能，还较少表现建构性、预测性和干预性的功能。

自人类拉开了现代化的序幕以来，这种进程就一直处在各种学科理论家们的监测和审视之中。而自现代化理论产生以来，现代化理论本身也同样受到多个学科理论家的监测和审视。许多理论家之所以不断地对现代化进程和现代化理论做出反思,最基本的原因就在于,他们都试图对现代化进程中出现的偏差和问题寻找出最深层的原因,并且试图为了解决有关的问题而对现代化的思想根基做出某种重新理解与定位。这一使命在进入 20 世纪 70 年代以来显得更加迫切。积极地回应后工业社会、后现代主义和后现代社会理论所带来的挑战,对现代化的病理问题和负效应做出诊断,对现代化的未来进程做出更合理的重新定位,已成为晚近时期以来现代化研究领域最受关注的前沿课题,使得许多理论家既为之激情澎湃又不免殚精竭虑。而高度现代化理论的出现,正是这些关切、思考的一种表达形式和初步成果。

现代化事业使人类社会的发展进程步入了一条前所未有的快行道,尽管这条道上越来越充满了不确定性和风险因素。两个世纪以来的人类现代化进程表明,现代性的理想图式在具体化为社会现实结果的过程中表现了许多的缺憾,但是,这种问题的症结更主要是出自人类的实践领域。解决现代化病理问题、朝向更合理的社会建构的基本途径在于重建现代性,从社会理论的视野来看,最根本的任务就是要重新审视和建构现代化的一些基本的预设前提。而现代化理论或发展研究可以在这个方面扮演一种十分重要的角色。

基于上述认识,我们可以说,正如社会现代性是一项未竟的事业,由于社会现代性与心理现代性之间辩证关系的逻辑使然,心理现代性进程及其探寻也是一项未竟的事业。心理现代性的探寻这一项未竟事业的学术价值和实践效用,在中国现代化进程的社会心理变迁研究中尤其突出地表现出来。

三、多元现代性中的心理现代性探寻

正如前面所论述,在当今时代,在处于高度现代性或晚期现代性的发达国家之外,发展中国家则是处于一种复合时空或多元时空当中,在一个国家或社会甚至地区,传统因素、现代因素和后现代(或高度现代性,或新现代性)因素共同存在,因此,发展中国家的这种境况比起发达国家的境况来说,其时空定位要更加复杂。

中国的现代化属于一种晚发外生型的现代化，当中国社会发展的主导性取向表现为从传统性向现代性转型之时，已经实现了现代化目标的发达西方社会却构成了作用或影响我们社会发展的环境因素。因此，我们的社会比人类以往任何时期都更明显同时受到三种时间维度和空间因素的影响，这种时间维度和空间因素在实质上从多个层面上的具体内容表现出来：经济层面上的农业经济成分、工业经济成分、知识经济成分；文化层面上的传统价值观、现代价值观、后现代价值观；心理层面上的传统人格特征、现代人格特征、后现代人格特征。因此，尽管中国现代化进程中社会心理变迁的总体取向仍是心理现代性，但是，对于当下中国社会心理现代性的研究而言，所需要的研究分析模式，将会比以往任何时期学者们所建构的研究分析模式显得更加复杂；所呈现的心理现代性内涵和外延，将会比以往任何时期学者们所探讨过的心理现代性的有关内容显得更加复杂。

可以把探讨我们社会中的社会心理与社会结构及其变迁关系的研究分析模式，或者说，探讨中国现代化进程中社会心理变迁的研究分析模式，称之为多元时空或复合时空分析模式。它之所以属于多元时空或复合时空分析模式，是因为作为被分析者的社会心理主体以及作为分析者的研究者都同时处于三维时间成分构成的空间当中，换言之，在当下特定时间之点上共有三种因素——传统的、现代的与后现代的（或高度现代性的，或新现代性的）因素——共存于一个社会或国家的空间当中。

这种研究分析模式的第一个功能表现在，可以从理论上建构出价值观的不同类型；这种研究分析模式的第二个功能表现在，可以根据价值观的不同类型，划分出与之对应的社会发展类型；这种研究分析模式的第三个功能表现在，对价值观的相对静态状况和常态演变趋势进行描述、解释和预测。以往的研究分析模式的主要功能表现为，从主导性价值观的变迁趋势来预测社会变迁的主要趋势。而多元时空或复合时空研究分析模式的主要功能则表现为，可以从一种主导性价值观和其他共存性价值观的具体状况，来分析和预测社会现状特征及其变迁趋势的复杂性。

　　随着社会发展研究和相关理论的新进展,在社会发展的评价指标体系中,经济、社会指标占据绝对重要地位的状况正在改变,而文化、心理指标将扮演更加重要的角色。从价值观类型来分析社会变迁程度或达到的发展水平应该成为一种重要趋势。正像从经济发展水平可以将各国在一个国际性的坐标系上加以定位一样,通过价值观状况的测量也应该可以将各国在一个国际性的坐标系上加以定位。

　　更具有重要意义的是,这种研究分析模式将有益于分析发达国家和发展中国家共存于其中的世界格局。因此,把作为一项未竟事业的社会现代性与心理现代性的研究诉诸一种多元时空或复合时空的分析视野,便成为一项具有巨大理论抱负和冒险勇气的事业。

　　从最实质的方面上说,要建构当前和未来一个时期现代化进程中所需要的心理现代性内涵和外延,最关键的内容是如何对待或处理此前学者研究成果中心理现代性内容与后现代心理特征之间的关系,尤其是在一种新现代性的视角下加以辩证地扬弃和整合,而这种学术上的扬弃和整合应该是以现实层面上正在成长出来的新社会现代性及其立基上面的新心理现代性作为根基的。

　　具体而言,在社会理论界越来越成为共识的是将所谓的后现代化看作现代化的一个特殊阶段,一个突出事例是,吉登斯、贝克和拉什提出了自反性现代化理论,英格哈特提出了后现代化理论。这些理论的一个共同点都是强调现代化与后现代化之间的相互联结,而不是彼此断裂。极为重要的是,贝克认为,自反性现代化是通向新现代性之路。他强调,现代性并非只有工业社会这一种形式,而是有着多种可能性,这便是自反性现代化理论的独特贡献。

　　从可以实证测量的层面上看,英格尔斯曾提出了现代人的九大特征,而英格哈特提出了后物质主义价值观的主要方面,在新现代性的视野中,它们之间(就可以比较的方面而言),不仅不是完全对立的,而且在大多方面是可以相融共合的,也许这一点正表现出了所谓复合时空的特征,换言之,也是多元现代性的特征。

　　因此,我们需要探究的是,在一种复合时空状态下,或者说在多元现代性境况中,现代的和后现代(或高度现代性,或新现代性)的(一定程度上还包括传统的)价值观的结合体是如何推动和维系着一个社会在走向未来的进程中不断地实现其发展目标的？是什么样的整合机制使得原来被认为是相对的甚至是对立的(所谓"现代的"与所谓"后现代的"，一定程度上还包括所谓"传统的")价值观和人格特征，达成了相融共合？

　　心理现代性的探寻之所以是一项未竟之业，原因在于，心理现代性与社会现代性是一种命运共同体，社会现代性有着一种内在驱动、不断更新并趋向未来的生命力。

参考文献

一、中文原文文献

[1]陈嘉明等:《现代性与后现代性》,人民出版社 2001 年版。

[2]陈振明、陈炳辉、骆沙舟:《"西方马克思主义"的社会政治理论》,中国人民大学出版社 1997 年版。

[3]陈学明编著:《哈贝马斯的"晚期资本主义"论述评》,重庆出版社 1993 年版。

[4]邓正来、[英]J. C. 亚历山大编:《国家与市民社会:一种社会理论的研究路径》,中央编译出版社 1999 年版。

[5]杜维明:《现代精神与儒家传统》,生活·读书·新知三联书店 1994 年版。

[6]高觉敷主编:《西方社会心理学发展史》,人民教育出版社 1991 年版。

[7]汪民安:《现代性》,广西师范大学出版社 2005 年版。

[8]金观涛:《探索现代社会的起源》,社会科学文献出版社 2010 年版。

[9]金耀基:《从传统到现代》,中国人民大学出版社 1999 年版。

[10]肖前、李秀林、汪永祥主编:《历史唯物主义原理》,人民出版社 1983 年版。

[11]刘小枫:《个体信仰与文化理论》,四川人民出版社 1997 年版。

[12]刘小枫:《现代性社会理论绪论》,上海三联书店 1998 年版。

[13]潘菽:《试论社会心理学》,《百科知识》1983 年第 1 期。

[14]潘菽:《心理学简札》上下册,人民教育出版社 1984 年版。

[15]潘菽:《潘菽心理学文选》,江苏教育出版社 1987 年版。

[16]潘菽:《中国古代心理学思想》,北京出版社 2018 年版。

[17]钱乘旦主编:《世界现代化历程》,江苏人民出版社 2012 年版。

[18]阮新邦:《批判诠释与知识重建——哈伯玛斯视野下的社会研究》,社会科学文献出版社 1999 年版。

[19]罗荣渠:《现代化新论——世界与中国的现代化进程》,北京大学出版社 1993 年版。

[20]沈颢、[不丹]卡玛·尤拉:《国民幸福:一个国家发展的指标体系》,北京大学出版社 2011 年版。

[21]盛宁:《人文困惑与反思——西方后现代主义思潮批判》,生活·读书·新知三联书店 1997 年版。

[22]苏国勋:《理性化及其限制——韦伯思想引论》,上海人民出版社 1988 年版。

[23]孙立平:《社会现代化》,华夏出版社 1988 年版。

[24]孙立平:《传统与变迁——国外现代化及中国现代化问题研究》,黑龙江人民出版社 1992 年版。

[25]孙立平:《现代化与社会转型》,北京大学出版社 2005 年版。

[26]王守昌:《西方社会哲学》,东方出版社 1996 年版。

[27]王岳川:《后现代主义文化研究》,北京大学出版社 1992 年版。

[28]王治河:《扑朔迷离的游戏——后现代哲学思潮研究》,社会科学文献出版社 1993 年版。

[29]谢立中主编:《西方社会学名著提要》,江西人民出版社 1998 年版。

[30]谢立中:《走向多元话语分析:后现代思潮的社会学意涵》,中国人民大学出版社 2009 年版。

[31]谢立中主编:《后社会学》,社会科学文献出版社 2012 年版。

[32]谢立中、郑根埴主编:《社会转型:中韩两国的考察》,社会科学文献出

版社 2012 年版。

[33]谢立中、[法]罗兰主编:《社会知识的建构:后西方社会学的探索》,北京大学出版社 2017 年版。

[34]乐国安主编、沈杰副主编:《社会心理学理论》,兰州大学出版社 1997 年版。

[35]乐国安主编、汪新建副主编:《社会心理学理论新编》,天津人民出版社 2009 年版。

[36]赵鼎新:《社会与政治运动讲义》,社会科学文献出版社 2006 年版。

[37]庄锡昌:《二十世纪的美国文化》,浙江人民出版社 1993 年版。

[38]周晓虹主编:《现代社会心理学名著菁华》,南京大学出版社 1992 年版。

[39]周晓虹主编:《现代西方社会心理学流派》,南京大学出版社 1990 年版。

二、中文译文文献

[1][苏]安德列耶娃:《社会心理学》,南开大学社会学系译,南开大学出版社 1984 年版。

[2][苏]安德列耶娃:《西方现代社会心理学》,李翼鹏译,人民教育出版社 1987 年版。

[3][法]雷蒙·阿隆:《社会学主要思潮》,葛智强等译,上海译文出版社 1988 年版。

[4][英]A. J. 艾耶尔:《二十世纪哲学》,李步楼、俞宣孟、苑利均等译,上海译文出版社 1987 年版。

[5][美]伯纳德·巴伯:《科学与社会秩序》,顾昕等译,生活·读书·新知三联书店 1991 年版。

[6][英]戴维·比瑟姆:《马克斯·韦伯与现代政治理论》,徐鸿宾、徐京辉、康立伟译,浙江人民出版社 1989 年版。

[7][美]L. J. 宾克莱:《理想的冲突——西方社会中变化着的价值观念》,马元德、陈白澄、王太庆、吴永泉等译,商务印书馆 1983 年版。

［8］［美］爱·麦·伯恩斯：《当代世界政治理论》，曾炳钧译，商务印书馆 1983 年版。

［9］［英］齐格蒙特·鲍曼：《全球化——人类的后果》，郭国良、徐建华译，商务印书馆 2001 年版。

［10］［英］齐格蒙特·鲍曼：《个体化社会》，范祥涛译，上海三联书店 2002 年版。

［11］［英］齐格蒙特·鲍曼：《流动的现代性》，欧阳景根译，上海三联书店 2002 年版。

［12］［英］齐格蒙·鲍曼：《后现代性及其缺憾》，郇建立、李静韬译，学林出版社 2002 年版。

［13］［英］齐格蒙特·鲍曼：《现代性与矛盾性》，邵迎生译，商务印书馆 2003 年版。

［14］［英］齐格蒙特·鲍曼：《流动的时代》，谷蕾、武媛媛译，江苏人民出版社 2012 年版。

［15］［德］乌尔里希·贝克、约翰内斯·威尔姆斯：《自由与资本主义》，路国林译，浙江人民出版社 2001 年版。

［16］［德］乌尔里希·贝克、伊丽莎白·贝克－格恩斯海姆：《个体化》，李荣山、范譞、张惠强译，北京大学出版社 1995 年版。

［17］［德］乌尔里希·贝克、［英］安东尼·吉登斯、［英］斯科特·拉什：《自反性现代化》，赵文书译，商务印书馆 2001 年版。

［18］［德］乌尔里希·贝克：《风险社会》，何博闻译，译林出版社 2004 年版。

［19］［德］乌尔里希·贝克：《世界风险社会》，吴英姿、孙淑敏译，南京大学出版社 2004 年版。

［20］［德］乌尔里希·贝克：《什么是全球化？全球主义的曲解——应对全球化》，常和芳译，华东师范大学出版社 2008 年版。

［21］［美］V. 巴尔诺：《人格：文化的积淀》，周晓虹等译，辽宁人民出版社 1989 年版。

［22］［美］露丝·本尼迪克特：《文化模式》，何锡章、黄欢译，华夏出版社

1987 版。

　　[23][美]丹尼尔·贝尔:《后工业社会的来临:对社会预测的一项探索》,高铦、王宏周、魏章玲译,新华出版社 1997 年版。

　　[24][美]丹尼尔·贝尔:《资本主义文化矛盾》,赵一凡、蒲隆、任晓晋译,生活·读书·新知三联书店 1989 年版。

　　[25][美]W. D. 珀杜等:《西方社会学——人物·学派·思想》,贾春增、李强等译,河北人民出版社 1996 年版。

　　[26][法]列维-布留尔:《原始思维》,丁由译,商务印书馆 1981 年版。

　　[27][法]皮埃尔·布迪厄:《海德格尔的政治存在论》,朱国华译,学林出版社 2009 年版。

　　[28][法]皮埃尔·布迪厄、[美]华康德:《实践与反思:反思社会学导引》,李猛、李康译,中央编译出版社 1997 年版。

　　[29][法]皮埃尔·布尔迪厄:《文化资本与社会炼金术:布尔迪厄访谈录》,包亚明译,上海人民出版社 1997 年版。

　　[30][法]费尔南·布罗代尔:《资本主义论丛》,顾良、张慧君译,中央编译出版社 1997 年版。

　　[31][法]费尔南·布罗代尔:《资本主义的动力》,杨起译,生活·读书·新知三联书店 1997 年版。

　　[32][美]西里尔·E. 布莱克编:《比较现代化》,杨豫、陈祖洲译,上海译文出版社 1996 年版。

　　[33][美]罗伯特·N. 贝拉等:《心灵的习性:美国人生活中的个人主义和公共责任》,周穗明、翁寒松、翟宏彪译,中国社会科学出版社 2011 年版。

　　[34][美]斯蒂芬·贝斯特、道格拉斯·科尔纳:《后现代转向》,陈刚等译,南京大学出版社 2002 年版。

　　[35][德]K. D. 布拉赫尔:《70 年代的观念变革与政治文化转变》,张昌东译,《国外社会学》1994 年第 4 期。

　　[36][英]伊恩·伯基特:《社会性自我:自我与社会面面观》,李康译,北京大学出版社 2012 年版。

［37］［美］J. P. 查普林、T. S. 克拉威克:《心理学的体系与理论》上下册,林方译,商务印书馆 1984 年版。

［38］［法］孔多塞:《人类精神进步史表纲要》,何兆武、何冰译,生活·读书·新知三联书店 1998 年版。

［39］［美］刘易斯·A.科瑟:《社会学思想名家》,石人译,中国社会科学出版社 1990 年版。

［40］［美］刘易斯·科塞等:《社会学导论》,杨心恒等译,南开大学出版社 1990 年版。

［41］［美］大卫·里斯曼等:《孤独的人群》,王崑、朱虹译,南京大学出版社 2002 年版。

［42］［英］莱恩·多亚尔、伊恩·高夫:《人的需要理论》,汪淳波、张宝莹译,商务印书馆 2008 年版。

［43］［英］尼格尔·多德:《社会理论与现代性》,陶传进译,社会科学文献出版社 2002 年版。

［44］［美］K. 杜加克斯、L. S. 赖茨曼:《八十年代社会心理学》,矫佩民、高佳、吴克译,生活·读书·新知三联书店 1988 年版。

［45］［比利时］威廉·杜瓦斯:《社会心理学的解释水平》,赵蜜、刘保中译,中国人民大学出版社 2011 年版。

［46］［法］E. 迪尔凯姆:《社会学方法的准则》,狄玉明译,商务印书馆 1995 年版。

［47］［法］爱弥尔·涂尔干:《道德教育》,陈光金、沈杰、朱谐汉译,上海人民出版社 2001 年版。

［48］［德］诺贝特·埃利亚斯:《文明的进程:文明的社会起源和心理起源的研究》第一卷,王佩莉译,生活·读书·新知三联书店 1998 年版。

［49］［德］诺贝特·埃利亚斯:《文明的进程:文明的社会起源和心理起源的研究》第二卷,袁志英译,生活·读书·新知三联书店 1999 年版。

［50］［美］埃里克·H. 埃里克森:《同一性:青少年与危机》,孙名之译,浙江教育出版社 1998 年版。

[51][奥]弗洛伊德:《精神分析引论》,高觉敷译,商务印书馆 1984 年版。

[52][奥]弗洛伊德:《弗洛伊德后期著作选》,林尘、张唤民、陈伟奇译,上海译文出版社 1986 年版。

[53][美]乔纳森·弗里德曼:《文化认同与全球性过程》,郭建如译,商务印书馆 2003 年版。

[54][美]艾里希·弗洛姆:《逃避自由》,刘林海译,上海译文出版社 2015 年版。

[55][美]埃里希·弗洛姆:《弗洛伊德思想的贡献与局限》,申荷永译,湖南人民出版社 1986 年版。

[56][美]弗洛姆:《为自己的人》,孙依依译,生活·读书·新知三联书店 1988 年版。

[57][美]埃利希·弗洛姆:《弗洛伊德的使命》,尚新建译,生活·读书·新知三联书店 1986 年版。

[58][美]艾里希·弗洛姆:《恶的本性》,薛冬译,中国妇女出版社 1989 年版。

[59][美]E.弗洛姆:《人的呼唤——弗洛姆人道主义文集》,王泽应、刘莉、雷希译著,生活·读书·新知三联书店上海分店 1991 年版。

[60][美]艾里希·弗洛姆:《精神分析与宗教》,贾辉军译,中国对外翻译出版公司 1995 年版。

[61][美]艾里希·弗洛姆:《健全的社会》,孙恺祥译,上海译文出版社 2011 年版。

[62][法]福柯:《什么是启蒙?》,李康译,《国外社会学》1997 年第 6 期。

[63][美]迈克·费瑟斯通:《消费文化与后现代主义》,刘精明译,译林出版社 2000 年版。

[64][美]J.I.弗里德曼、D.O.西尔斯、J.M.卡尔史密斯,《社会心理学》,高地、高佳译,黑龙江人民出版社 1984 年版。

[65][美]D.C.菲立普:《社会科学中的整体论思想》,吴忠、陈昕、刘源译,宁夏人民出版社 1988 年版。

［66］［美］弗兰克·戈布尔：《第三思潮：马斯洛心理学》，吕明、陈红雯译，上海译文出版社 1987 年版。

［67］［英］安东尼·吉登斯：《现代性与自我认同》，赵旭东、方文译，生活·读书·新知三联书店 1998 年版。

［68］［英］安东尼·吉登斯：《民族—国家与暴力》，胡宗泽、赵力涛译，生活·读书·新知三联书店 1998 年版。

［69］［英］安东尼·吉登斯：《社会的构成》，李康、李猛译，生活·读书·新知三联书店 1998 年版。

［70］［英］安东尼·吉登斯：《现代性的后果》，田禾译，译林出版社 2000 年版。

［71］［英］安东尼·吉登斯、克里斯多弗·皮尔森：《现代性——吉登斯访谈录》，尹宏毅译，新华出版社 2001 年版。

［72］［英］安东尼·吉登斯：《生活在后传统社会中》，载［德］乌里尔希·贝克、［英］安东尼·吉登斯、［英］斯科特·拉什：《自反性现代化》，赵文书译，商务印书馆 2001 年版。

［73］［英］安东尼·吉登斯：《超越左与右：激进政治的未来》，李惠斌、杨雪冬译，社会科学文献出版社 2003 年版。

［74］［英］安东尼·吉登斯：《为社会学辩护》，周红云等译，社会科学文献出版社 2003 年版。

［75］［英］安东尼·吉登斯：《社会理论与现代社会学》，文军、赵勇译，社会科学文献出版社 2003 年版。

［76］［英］安东尼·吉登斯：《社会理论的核心问题：社会分析中的行动、结构与矛盾》，郭忠华、徐法寅译，上海译文出版社 2015 年版。

［77］［美］德尼·古莱：《发展伦理学》，高铦、温平、李继红译，社会科学文献出版社 2003 年版。

［78］［美］大卫·格里芬（编）：《后现代科学——科学魅力的再现》，马季方译，中央编出版社 1994 年版。

［79］［美］大卫·格里芬（编）：《后现代精神》，王成兵译，中央编译出版社

1995 年版。

　　［80］［德］尤尔根·哈贝马斯:《现代性的地平线:哈贝马斯访谈录》,李安东、段怀清译,上海人民出版社 1997 年版。

　　［81］［德］尤尔根·哈贝马斯:《公共领域的结构转型》,曹卫东、王晓珏、刘北城、宋伟杰译,学林出版社 1999 年版。

　　［82］［德］哈贝马斯:《认识与兴趣》,郭官义、李黎译,学林出版社 1991 年版。

　　［83］［法］莫里斯·哈布瓦赫:《论集体记忆》,毕然、郭金华译,上海人民出版社 2002 年版。

　　［84］［联邦德国］马克斯·霍克海默:《批判理论》,李小兵等译,重庆出版社 1989 年版。

　　［85］［德］马克斯·霍克海默、特奥多·威·阿多尔诺:《启蒙辩证法》,洪佩郁、蔺月峰译,重庆出版社 1990 年版。

　　［86］［澳］迈克尔·豪格、［英］多米尼克·阿布拉姆斯:《社会认同过程》,高明华译,中国人民大学出版社 2011 年版。

　　［87］［美］塞缪尔·P. 亨廷顿:《变化社会中的政治秩序》,王冠华等译,生活·读书·新知三联书店 1989 年版。

　　［88］［美］塞缪尔·P. 亨廷顿等:《现代化:理论与历史经验的再探讨》,罗荣渠主编,上海译文出版社 1991 年版。

　　［89］［美］塞缪尔·P. 亨廷顿:《文明的冲突与世界秩序的重建》,周琪等译,新华出版社 1994 年版。

　　［90］［美］B. R. 赫根汉:《人格心理学导论》,何瑾、冯增俊译,海南人民出版社 1986 年版。

　　［91］［美］罗纳德·英格尔哈特:《现代化与后现代化:43 个国家的文化、经济与政治变迁》,严挺译,社会科学文献出版社 2013 年版。

　　［92］［美］罗纳德·英格尔哈特:《发达工业社会的文化转型》,张秀琴译,社会科学文献出版社 2013 年版。

　　［93］［美］罗纳德·英格尔哈特:《静悄悄的革命:西方民众变动中的价值与

政治方式》,叶娟丽、韩瑞波等译,上海人民出版社 2017 年版。

[94][美]阿列克斯·英格尔斯、戴维·H. 史密斯:《从传统人到现代人:六个发展中国家中的个人变化》,顾昕译,中国人民大学出版社 1992 年版。

[95][美]阿历克斯·英格尔斯:《人的现代化素质探索》,曹中德等译,天津社会科学院出版社 1995 年版。

[96][美]艾历克斯·英格尔斯:《国民性:心理一社会的视角》,王今一译,社会科学文献出版社 2012 年版。

[97][美]D. P. 约翰逊:《社会学理论》,南开大学社会学系译,国际文化出版公司 1988 年版。

[98][美]弗雷德里克·杰姆逊:《后现代主义与文化理论》,唐小兵译,北京大学出版社 1997 年版。

[99][美]詹明信:《晚期资本主义的文化逻辑》,陈清侨等译,生活·读书·新知三联书店 1997 年版。

[100][美]J. R. 坎托:《文化心理学》,王亚南、刘薇琳等译,云南人民出版社 1991 年版。

[101][美]道格拉斯·凯尔纳、斯蒂文·贝斯特:《后现代理论》,张志斌译,中央编译出版社 1999 年版。

[102][法]拉茨米格·科伊希严、热拉尔·布罗内尔:《当代社会理论》,吴绍宜译,中国社会科学出版社 2015 年版。

[103][加]弗兰克·库宁汉:《社会科学的困惑:客观性》,肖俊明、施以平译,社会科学文献出版社 1992 年版。

[104][英]约翰·基恩:《公共生活与晚期资本主义》,马音、刘利圭、丁耀琳译,社会科学文献出版社 1987 年版。

[105][德]彼得·科斯洛夫斯基:《后现代文化:技术发展的社会文化后果》,毛怡红译,中央编译出版社 1999 年版。

[106][美]伊·库兹韦尔:《结构主义时代:从莱维一斯特劳斯到福科》,尹大贻译,上海译文出版社 1988 年版。

[107][美]拉里·劳丹:《进步及其问题》,方在庆译,上海译文出版社 1991

年版。

[108][美]哈罗德·D.拉斯韦尔:《世界政治与个体不安全感》,王菲易译,中央编译出版社 2017 年版。

[109][法]古斯塔夫·勒庞:《乌合之众:大众心理研究》,冯克利译,中央编译出版社 2000 年版。

[110][法]古斯塔夫·勒庞:《革命心理学》,佟德志、刘训练译,吉林人民出版社 2004 年版。

[111][法]利奥塔:《"重写"现代性》,阿黛译,《国外社会科学》1996 年第 2 期。

[112][法]让—弗朗索瓦·利奥塔尔:《后现代状态:关于知识的报告》,车槿山译,生活·读书·新知三联书店 1997 年版。

[113][法]利奥塔:《后现代性与公正游戏》,谈瀛洲译,上海人民出版社 1997 年版。

[114][美]理查德·M.勒纳:《人类发展的概念与理论》(第 3 版),张文新主译,北京大学出版社 2011 年版。

[115][德]马克思:《1844 年经济学—哲学手稿》,刘丕坤译,人民出版社 1979 年版。

[116][德]马克思:《资本论》(根据作者修订的法文版第一卷翻译),中共中央马克思恩格斯列宁斯大林著作编译局译,中国社会科学出版社 1983 年版。

[117][德]马克思、恩格斯:《德意志意识形态》(节选本),中共中央马克思恩格斯列宁斯大林著作编译局译,人民出版社 2018 年版。

[118][法]达尼洛·马尔图切利:《现代性社会学:二十世纪的历程》,姜志辉译,译林出版社 2007 年版。

[119][美]玛格丽特·米德:《代沟》,曾胡译,光明日报出版社 1988 年版。

[120][美]M.米德:《文化与承诺:一项有关代沟问题的研究》,周晓虹、周怡译,河北人民出版社 1987 年。

[121][美]戴维·C.麦克莱兰:《关于成就动机的关键假设》,载周晓虹主编:《现代社会心理学名著菁华》,南京大学出版社 1992 年版。

［122］［美］A.J.马尔塞拉、R.G.撒普、T.J.西勃罗夫斯基主编:《跨文化心理学》,肖振远、荣新海、范学德、李景林译,吉林文史出版社 1991 年版。

［123］［美］A.H.马斯洛:《存在心理学探索》,李文湉译,云南人民出版社 1987 年版。

［124］［美］马斯洛:《人性能达的境界》,林方译,云南人民出版社 1987 年版。

［125］［美］罗伯特·K.默顿:《社会理论和社会结构》,唐少杰、齐心等译,译林出版社 2008 年版。

［126］［美］赫伯特·马尔库塞:《爱欲与文明——对弗洛伊德思想的哲学探讨》,黄勇、薛民译,上海译文出版社 1987 年版。

［127］［美］赫伯特·马尔库塞:《单向度的人:发达工业社会意识形态研究》,张峰、吕世平译,重庆出版社 1988 年版。

［128］［美］马尔库塞:《理性与革命》,程志民等译,重庆出版社 1993 年版。

［129］［美］乔治·H.米德:《心灵、自我与社会》,赵月瑟译,上海译文出版社 1992 年版。

［130］［美］罗伯特·金·默顿:《论理论社会学》,何凡兴、李卫红、王丽娟译,华夏出版社 1990 年版。

［131］［美］马丁·杰伊:《法兰克福学派史〈1923—1950〉》,单世联译,广东人民出版社 1996 年版。

［132］［美］乔治·E.马尔库斯、米开尔·M.J.费彻尔:《作为文化批评的人类学:一个人文学科的实验时代》,王铭铭、蓝达居译,生活·读书·新知三联书店 1998 年版。

［133］［法］塞奇·莫斯科维奇:《群氓的时代》,许列民、薛丹云、李继红译,江苏人民出版社 2006 年版。

［134］［法］塞尔日·莫斯科维奇:《社会表征》,管健、高文珺、俞容龄译,中国人民大学出版社 2011 年版。

［135］［美］加德纳·墨菲、约瑟夫·柯瓦奇:《近代心理学历史导引》,林方、王景和译,商务印书馆 1980 年版。

[136][意]萨尔沃·马斯泰罗内(主编):《当代欧洲政治思想:1945—1989年》,黄华光译,社会科学文献出版社1996年版。

[137][美]帕森斯:《现代社会的结构与过程》,梁向阳译,光明日报出版社1988年版。

[138][美]T.帕森斯:《社会行动的结构》,张明德、夏遇南、彭刚译,译林出版社2003年版。

[139][法]F.佩鲁:《发展新概念》,郭春林、程小林、刘正国译,社会科学文献出版社1988年版。

[140][美]贾恩法兰科·波齐:《近代国家的发展:社会学导论》,沈汉译,商务印书馆1997年版。

[141][美]玛格丽特·波洛玛:《当代社会学理论》,孙立平译,华夏出版社1987年版。

[142][英]彼得·伯克:《历史学与社会理论》(第2版),姚朋、周玉鹏、胡秋红、吴修申译,上海世纪出版集团2010年版。

[143][美]卡尔·拉特纳:《美国社会心理学的历史与现状》,晨光译,《中国社会科学》1984年第2期。

[144][德]H.李凯尔特:《文化科学和自然科学》,涂纪亮译,商务印书馆1996年版。

[145][法]保罗·利科尔:《解释学与人文科学》,陶远华、袁耀东、冯俊、郝祥等译,河北人民出版社1987年版。

[146][美]大卫·里斯曼:《孤独的人群》,王崑、朱虹译,南京大学出版社2002年版。

[147][美]George Ritzer:《社会学理论》,马康庄、陈信木译,中国台湾,台北,麦格罗·希尔国际股份有限公司1995年版。

[148][美]乔治·瑞泽尔:《后现代社会理论》,谢立中等译,华夏出版社2003年版。

[149][美]乔治·瑞泽尔:《古典社会学理论》(第6版),王建民译,世界图书出版公司2014年版。

［150］［美］莫里斯·罗森堡、拉尔夫·H.特纳主编:《社会学观点的社会心理学手册》,孙非等译,南开大学出版社1992年版。

［151］［美］乔治·里茨尔:《社会的麦当劳化——对变化中的当代社会生活特征的研究》,顾建光译,上海译文出版社1999年版。

［152］［美］理查·罗蒂:《哲学与自然之镜》,李幼蒸译,生活·读书·新知三联书店1987年版。

［153］［美］理查德·罗蒂:《后哲学文化》,黄勇编译,上海译文出版社1992年版。

［154］［美］波林·罗斯诺:《后现代主义与社会科学》,张国清译,上海译文出版社1998年版。

［155］［美］特雷西:《诠释学·宗教·希望——多元性与含混性》,冯川译,上海三联书店1998年版。

［156］［美］鲁德纳:《社会科学哲学》,曲跃厚、林金城译,生活·读书·新知三联书店1988年版。

［157］［德］马克斯·舍勒:《资本主义的未来》,罗悌伦等译,生活·读书·新知三联书店1997年版。

［158］［德］马克斯·舍勒:《价值的颠覆》,罗悌伦、林克、曹卫东译,生活·读书·新知三联书店1997年版。

［159］［美］威廉·S.萨哈金:《社会心理学的历史与体系》,周晓虹等译,贵州人民出版社1991年版。

［160］［美］威廉姆·肖:《马克思的历史理论》,阮仁慧、钟石韦、冯瑞荃译,重庆出版社1989年版。

［161］［英］菲利普·史密斯:《文化理论——导论》,张鲲译,商务印书馆2008年版。

［162］［英］彼得·史密斯、［加］彭迈克、［土］齐丹·库查巴莎:《跨文化社会心理学》,严文华、权大勇等译,人民邮电出版社2009年版。

［163］［波］彼得·什托姆普卡:《社会变迁的社会学》,林聚任等译,北京大学出版社2011年版。

[164][美]爱德华·希尔斯:《论传统》,傅铿、吕乐译,上海人民出版社2009年版。

[165][美]爱德华·希尔斯:《社会的构建》,杨竹山、张文浩、杨琴译,南京大学出版社2017年版。

[166][美]L. S. 斯塔夫里阿诺斯:《全球通史:1500年以前的世界》,吴象婴、梁赤民译,上海社会科学院出版社1988年版。

[167][加]查尔斯·泰勒:《自我的根源:现代认同的形成》,韩震等译,译林出版社2001年版。

[168][加]查尔斯·泰勒:《现代社会想象》,林曼红译,译林出版社2014年版。

[169][法]亚历西斯·德·托克维尔:《旧制度与大革命》,冯棠译,商务印书馆1992年版。

[170][英]约翰·汤林森:《文化帝国主义》,冯建三译,上海人民出版社1995年版。

[171][德]斐迪南·滕尼斯:《共同体与社会——纯粹社会学的基本概念》,林荣远译,商务印书馆1999年版。

[172][英]汤因比、[日]池田大作:《展望二十一世纪——汤因比与池田大作对话录》,荀春生、朱继征、陈国樑译,国际文化出版公司1985年版。

[173][美]乔纳森·H. 特纳:《社会学理论的结构》,吴曲辉等译,浙江人民出版社1987年版。

[174][美]莱斯特·瑟罗:《资本主义的未来》,周晓钟译,中国社会科学出版社1998年版。

[175][美]梯利:《西方哲学史》,葛力译,商务印书馆1995年版。

[176][法]皮埃尔·特罗蒂翁:《当代法国哲学家》,范德玉译,生活·读书·新知三联书店1992年版。

[177][英]约翰·厄里:《全球复杂性》,李冠福译,北京师范大学出版社2009年版。

[178][德]马克斯·韦伯:《新教伦理与资本主义精神》,于晓、陈维纲等译,

生活·读书·新知三联书店 1987 年版。

　　［179］［德］马克斯·韦伯:《学术与政治》,冯克利译,生活·读书·新知三联书店 1998 年版。

　　［180］［德］马克斯·韦伯:《社会科学方法论》,杨富斌译,华夏出版社 1999 年版。

　　［181］［德］马克斯·韦伯:《经济、诸社会领域及权力》,李强译,生活·读书·新知三联书店 1998 年版。

　　［182］［德］马克斯·韦伯:《儒教与道教》,王容芬译,商务印书馆 1995 年版。

　　［183］［德］马克斯·韦伯:《经济与社会》上卷,林荣远译,商务印书馆 1997 年版。

　　［184］［德］马克斯·韦伯:《经济与社会》下卷,林荣远译,商务印书馆 1997 年版。

　　［185］［德］马克斯·韦伯:《民族国家与经济政策》,甘阳等译,生活·读书·新知三联书店 1997 年版。

　　［186］［英］安德鲁·韦伯斯特:《发展社会学》,陈一筠译,华夏出版社 1987 年版。

　　［187］［美］克里斯蒂·韦尔泽、罗纳德·英格哈特、汉斯—迪特尔·克林曼:《跨文化分析的人类发展理论》,沈杰、王正绪译,《开放时代》2012 年第 1 期。

　　［188］［英］玛丽·沃诺克:《一九〇〇年以来的伦理学》,陆晓禾译,商务印书馆 1987 年版。

　　［189］［美］伊曼纽尔·沃勒斯坦:《作为一种文明的近现代世界体系》,梁子译,《国外社会学》1991 年第 5 期。

　　［190］［美］伊曼纽尔·沃勒斯坦:《世界体系分析法》,梁光岩译,《国外社会学》1992 年第 4 期。

　　［191］［美］伊曼纽尔·沃勒斯坦:《帝国主义与发展》,王思敏译,《国外社会学》1992 第 4 期。

　　［192］［美］华勒斯坦等:《开放社会科学》,刘锋译,生活·读书·新知三联

书店 1997 年版。

[193][美]伊曼纽尔·沃勒斯坦:《现代世界体系》第一卷,尤来寅、路爱国、朱青浦等译,高等教育出版社 1998 年版。

[194][美]伊曼纽尔·沃勒斯坦:《现代世界体系》第二卷,吕丹、刘海龙、侯树栋等译,高等教育出版社 1998 年版。

[195][美]伊曼纽尔·沃勒斯坦:《知识的不确定性》,王昺等译,山东大学出版社 2006 年版。

[196][美]威廉·乌斯怀特、拉里·雷:《大转型的社会理论》,吕鹏等译,北京大学出版社 2011 年版。

[197]谢立中、孙立平(主编):《二十世纪西方现代化理论文选》,上海三联书店 2002 年版。

[198]张世鹏、殷叙彝(编译):《全球化时代的资本主义》,中央编译出版社 1998 年版。

[199][美]赵志裕、康萤仪:《文化社会心理学》,刘爽译,中国人民大学出版社 2011 年版。

三、外文文献

[1]Allport, F. H. (1924) *Social Psychology*. Boston：Houghton-Mifflin.

[2]Allport, G. W. (1968) "The Historical Background of Modern Social Psychology." in G. Lindzey and E. Aronson(eds.) *The Handbook of Social Psychology* (pp. 1—80). MA：Addison-Wesley.

[3]Allport, G. W. (1985) "The Historical Background of Social Psychology." in G. Lindzey and E. Aronson(eds.) *The Handbook of Social Psychology* (Third Edition) 1：1—47. NewYork：McGraw-Hill.

[4]Appadurai, A. (1996) *Modernity at Large：Cultural Dimensions of Globalization*. Minneanapolis：University of Minnesota Press.

[5]Apter, D. (1967) *The Politics of Modernization*. Chicago：University of Chicago Press.

[6]Armer, M. and A. Schnaiberg (1972) "Measuring Individual Modernity: A Near Myth." *American Sociological Review* 37 (June): 301—316.

[7]Armer,M. and A. Schnaiberg (1975) "Individual Modernity, Alienation, and Socioeconomic Status: A Replication in Costa Rica." *Studies in Comparative International Development* 10 (Fall): 35—47.

[8]Armer, M. and R. Youtz (1971) "Formal Education and Individual Modernity in An African Society." *American Journal of Sociology* 74 (January):604—626.

[9]Armistead, N. (ed.) (1974) *Reconstructing Social Psychology.* Harmondsworth: Penguin.

[10]Asch, S. E. (1959) "A Perspective on Social Psychology." in S. Koch (ed.), *Psychology: A Study of a Science* 3: 363—383. New York: McGraw-Hill.

[11]Ashdan, T. B. K and W. E. Breen (2007) "Materialism and Diminished Well-being: Experiential Avoidance as A Mediating Mechanism." *Journal of Social and Clinical Psychology* 26(5): 521—539.

[12]Atkinson, J. W. and N. T. Feather (1966) *A Theory of Achievement Motivation.* New York: Wiley.

[13]Atkinson, J. W. and J. O. Raynor (eds.) (1974) *Motivation and Achievement.* N. Y. : V. H. Winston and Sons (Wiley).

[14]Atkinson, J. W. and J. O. Raynor (1977) *Personality, Motivation and Achievement.* N. Y. : Hemisphere.

[15]Bauman, Z. (1988) "Is There A Postmodern Sociology?" *Theory, Culture & Society* 5:217—237.

[16]Bauman, Z. (2004) *Identity: Conversation With Bebedetto Vecchi.* Cambridge: Polity Press.

[17]Bauman, Z. (2006) *Liquid Fear.* Cambridge: Polity Press.

[18]Beggan, J. K. and S. T. Allison (1994) "Social Values." in V. S. Ra-

manchandran（ed.）*Encyclopedia of Human Behavior* 4：253－262. New-York：Academic Press.

［19］Belk，R. W. （1985）"Materialism：Trait Aspects of Living in the Material World." *Journal of Consumer Research* 12：265－280.

［20］Bellah，R. N. （1965）*Religion and Progress in Modern Asia*. New York：Free Press.

［21］Bendix，R. （1962）*Max Weber：An Intellectual Portrait*. Garden City，New York：Doubleday.

［22］Bendix，R. （1964）*Nation Building and Citizenship*. New York：Wiley.

［23］Bendix，R. （1966）"A Case Study in Cultural and Educational Mobility：Japan and the Protestan Ethic." in N. J. Smelser and S. M. Lipset（eds.），*Social Structure and Mobility in Economic Development*. Chicago：Aldine.

［24］Bendix，R. （1967）"Tradition and Modernity Reconsidered." *Comparative Studies in Society and History* 9（April）：292－346.

［25］Bengston，V. L. ，J. Doud，D. H. Smith and A. Inkeles（1975）"Modernization，Modernity，and Perceptions of Aging：A Cross－Cultural Study." *Journal of Gerontology* 30(6)：688－695.

［26］Berger，P. L. and T. Luckmann（1966）*The Social Construction of Reality：A Treatise in the Sociology of Knowledge*. NY：Doubleday.

［27］Bergesen，A. J. （ed.）（1980）*Studies of the Modern World System*. New York：Academic.

［28］Bernard，B. and A. Inkeles（eds. ）（1971）*Stability and Social Change*. Boston：Little，Brown.

［29］Berry，J. W. （1977）"The Psychology of Social Change." in H. Triandis（ed. ）*Handbook of Cross－Cultural Psychology*. Rockleign，N. J. ：Allyn and Bacon.

[30]Bertens, H. (1995) *The Idea of Postmodern: A History*. London and New York: Routledge.

[31]Boutilier,R. G., J. C. Roed and A. C. Svendsen (1980) "Crises in Two Social Psychologies: A Critical Comparison. " *Social Psychology Quarterly* 43 (1): 5—17.

[32]Braianti, R. and J.J. Spengler (eds.) *Tradition, Values and Socio-Economic Development*. Durham, N.C. : Duke University Press.

[33]Burn, T. (ed.) *Industrial Man*. Harmondsworth: Pemguin.

[34]Burroughs, J. E. and A. Rindfleisch (2002) "Materialism and Well-being: A Conflicting Values Perspective. " *Journal of Consumer Research* 29 (3): 348—370.

[35]Cartwright, D. (1979) "Contemporary Social Psychology in Historical Perspective. " *Social Psychology Quarterly* 42(1): 82—89.

[36]Chirot, D. (1977) *Social Change in the Twentieth Century*. New York: Harcourt Brace Jovanovich.

[37]Chirot, D. (1994). *How Societies Change*. Thousand Oaks, CA: Pine Forge Press.

[38]Christopher, A. N. , S. V. Kuo and K. M. Abraham et al. (2004) "Materialism and Affective Well-being: The Role of Social Support. " *Personality and Individual Differences* 37: 463—470.

[39]Christopher, A. N. and B. R. Schlenker (2004) "Materialism and Affect: The Role of Self-presentational Concerns. " *Journal of Social and Clinical Psychology* 23: 260—272.

[40]Collins, R. (1980) "Weber's Last Theory of Capitalism: A Systematization. " *American Sociological Review* 45: 925—942.

[41]Coughenour, C. M. and J. B. Stephenson (1972) "Measures of Individual Modernity: Review and Commentary. " *International Journal of Comparative Sociology* 13 (June): 81—98.

[42]Devereaux, E. C. (1961) "Parsons' Sociological Theory." in Max Black (ed.) *The Social Theories of Talcott Parsons* (pp. 1—63). Englewood Cliffs, N. J. : Prentice-Hall.

[43]De Rivera, J. H. (1992) "Emotional Climate: Social Structure and Emotional Dynamics." in K. T. Strongman(ed.) *International Review of Studies on Emotion*. New York: John Wiley & Sons.

[44]De Rivera, J. H. (2007) "Emotional Climate, Human Security, and Cultures of Peace." *Journal of Social Issues* 63(2): 233—253.

[45]Drucker, P. F. (1964) "The Educational Revolution." in A. Etzioni and E. Etzioni (eds.) *Social Change*. New York: Basic Books.

[46]Dube, S. C. (1988) *Modernization and Development: The Search for Alternative Paradigms*. Tokyo: The United Nations University; London: Zed Books, Ltd.

[47]Durkheim, E. (1953) "Individual and Collective Representations." in E. DurKheim(ed.)*Sociology and Philosophy* (pp. 1—34). London: Cohen & West.

[48]Ebrey, P. ,A. Walthall and J. Palais (2009) *East Asia: A Cultural, Social, and Political History* (Second Edition). Belmont, CA: Wadsworth.

[49]Eckstein, A. (1958) "Individualism and the Role of the State in Economic Growth." *Economic Development and Cultural Change* 6:81—87.

[50]Eisenstadt, S. N. (1963) "The Need for Achievement." *Economic Development and Cultural Change* 11:420—431.

[51]Eisenstadt, S. N. (1964) "Social Change, Differenciation and Evolution." *American Sociological Rewiew* 29: 375—386.

[52]Eisenstadt, S. N. (1964) "Breakdowns of Modernization." *Economic Development and Cultural Change* 12(4)(July): 345—367.

[53]Eisenstadt, S. N. (1966) *Modernization: Protest and Change*. Englewood Cliffs, NJ: Prentice-Hall.

［54］Eisenstadt, S. N. (1968) *The Protestant Ethic and Modernization : A Comparative View*. New York: Basic Books.

［55］Eisenstadt, S. N. (1973) *Tradition, Change and Modernity*. New York: John Wiley.

［56］Eisenstadt, S. N. (1990) "Cultural Tradition, Historical Experience and Social Change: The Limits of Convergence. " in G. B. Peterson (ed.) *The Tanner Lectures on Human Values XI* (pp. 441—506). Salt Lake City: University of Utah Press.

［57］Eisenstadt, S. N. (2002) *Multiple Modernities*. New Brunswick, NJ: Transaction Books.

［58］Eisenstadt, S. N. (2002) "Some Observations on Multiple Modernities. " in D. Sachsenmaier, J. Riedel and S. N. Eisenstadt (eds.) *Reflections on Multiple Modernities : European, Chinese and Other Imterpretations* (pp. 27—41). Leiden: Brill.

［59］Eisenstadt, S. N. (2003) *Comparative Civilizations and Multiple Modernities*. Leiden: Brill.

［60］Eriskon, E. H. (1958) *Young Man Luther : A Study in Psychoanalysis and History*. New York: W. W. Norton and Co.

［61］Etzioni, A. (1971) *The Active Society : A Theory of Sociatal and Political Process*. New York: Free Press.

［62］Faris, R. E. L. (ed.) (1964) *Handbook of Modern Social Psychology*. Chicago: Rand McNally.

［63］Farr, R. M. (1996) *The Roots of Modern Social Psychology*. Oxford: Blackwell.

［64］Featherstone, M. (1995) *Undoing Culture : Globalization, Post-Modernism and Identity*. London: Sage Publications.

［65］Feldman, A. and C. Hurn (1966) "The Experience of Modernization. " *Sociometry* 29 (December):378—395.

[66]Frank，A. G. (1967) *Capitalism and Underdevelopment in Latin A-merica*. New York：Monthly Review Press.

[67]Frank，A. G. (1969) *Latin America and Underdevelopment*. New York：Monthly Review Press.

[68]Frank，A. G. (1971) *Sociology of Development and Underdevelopment of Sociology*. London：Pluto Press.

[69]Frank，A. G. (1967) "Sociology of Development and Underdevelopment of Sociology." *Catalyst* 5 (Summer)：20—73.

[70]Freund, J. (1968) *The Sociology of Max Weber*. New York：Random House.

[71]Fromm, E. (1942) "Character and Social Process." An Appendix to *Fear of Freedom*. London：Routledge.

[72]Fyans, L. J. Jr. , F. Salili, M. L. Maehr and K. A. Desai (1983) "A Cross-Cultural Exploration into the Meaning of Achievement." *Journal of Personality and Social Psychology* 44：1000—1013.

[73] Galbraith，J. K. (1964) *Economic Development*. Cambridge，Mass. : Harvard University Press.

[74] Gaonkar，D. P. (2001) *Alternative Modernities*. Durham，NC：Duke University Press.

[75]Ger, G. and R. W. Belk (1996) "Cross-Cultural Differences in Materialism. "*Journal of Economic Psychology* 17：55—77.

[76]Gergen, K. J. (1973) "Social Psychology as History." *Journal of Personality and Social Psychology* 26：309—320.

[77] Giddens，A. (1990) *The Consequences of Modernity*. Stanford：Standford University Press.

[78]Gilbert，D. T. , S. T. Fiske and G. Lindzey (eds.) (1998) *The Handbook of Social Psychology*. Boston：McGraw-Hill.

[79]Godwin，R. K. (1975) "The Relationship between Scores on Indus-

trial Modernity and Societal Modernization. " *Journal of Developing Areas* 9 (April):415—431.

[80]Gruber, N. and L. Kreuzpointner (2015) "The Influence of Implicit Achievement Motive and Graphological Variables on Learning Variables. " *Psychology* 6(12) (September):1478—1485.

[81]Gusfield,J. R. (1967) "Tradition and Modernity: Misplaced Polarities in the Study of Social Change. " *The American Journal of Sociology* 72 (4) (January):351—362.

[82]Guthrie, G. M. (1970) *The Psychology of Modernization in the Rural Phillippines.* Quezon City: Ateneo de Manila University Press.

[83]Habermas, J. (1981) "Modernity versus Postmodernity. " *New German Critique* 22:3—14.

[84]Hagen, E. E. (1962) *On the Theory of Social Change: How Economic Growth Begins.* Homewood, IL: Dorsey Press.

[85]Hagen, E. E. (ed.), (1963) *Planning Economic Development.* Homewood, IL: Richard D. Irwin.

[86]Hagen, E. E. (1966) "Western Economics in Non-Western Setting. " *Challenge* 14(5):28—43.

[87]Hagen, E. E. (1968) *The Economics of Development.* Homewood, IL: Richard D. Irwin. Revised, 1980, 1986.

[88]Hagen, E. E. (1975) "Becoming Modern: the Dangers of Research Governed by Preconceptions. " *History of Childhood Quarterly* (Winter).

[89]Hall, S. , D. Held, D. Hubert and K. Thompson (eds.) (2006) *Modernity: An Introduction to Modern Societies.* Oxford: Blackwell Publishing.

[90]Halpern, J. (1967) The Changing Village Community. Englewood Cliffs, NJ: Prentice-Hall.

[91]Harbison, F. and C. A. Myers (1964) *Education, Manpower and*

Economic Growth：*Strategies of Human Resource Development*. New York：McGraw-Hill.

[92]Harrison，D. (1988) *The Sociology of Modernization and Development*. London：Unwin Hyman.

[93]Harrison，L. E. and S. P. Huntington (2000) *How Values Shape Human Progress*. New York：Basic Books.

[94]Harvey，D. (1990) *The Condition of Post-modernity*. Oxford and Cambridge，MA：Blackwell.

[95]Hay，C.，M. O'Brien and S. Penna (1993/1994) "Giddens，Modernity and Self-identity：The'Hollowing Out' of Social Theory." *Arena Journal* 2：45—75.

[96]Heilbron，J.，L. Magnusson and B. Wittrock (eds.) (1998) *The Rise of the Social Sciences and the Formation of Modernity*：*Conceptual Change in Context*，*1750—1850*. Dordrecht，Boston and London：Kluwer Academic Publishers.

[97]D. Held and A. McGraw (eds.) (2000) *The Global Transformation Reader*. Cambridge，UK：Polity.

[98]Helmreich，R. (1975)"Applied Social Psychology：The Unfulfilled Promise." *Personality and Social Psychology* 1：548—560.

[99]Hewstone，M. (1986) *Understanding Attitudes to the European Community*：*A Socio-Psychological Study in Four Member States*. Cambridge：Cambridge University Press.

[100]Hirschman，Albert O. (1982) *Shifting Involvements*：*Private Interest and Public Action*. New Jersey：Princeton University Press.

[101]Hogg，A. M. and S. R. Tindale (ed.) (2001) *Blackwell Hand Book of Social Psychology*：*Group Processes*. Malden：Blackwell Publishers.

[102]Hogg，M. A. and J. Adelman (2013) "Uncertainty-Identity Theory：Extreme Groups，Radical Behavior，and Authoritarian Leadership." *Jour-*

nal of Social Issues 69: 436—454.

[103]Hollander, E. P. (1967) *Principles and Methods of Social Psychology*. New York: Oxford University Press.

[104]Hollander, E. P. and P. G. Hunt (eds.) (1972) *Classic Contributions to Social Psychology*. New York: Oxford University Press.

[105]Holsinger, D. B. (1973) "The Elementary School as A Modernizer: A Brazilian Study. " *International Journal of Comparative Sociology* 14: 180—202.

[106]Horowitz, I. L. (1970) "Personality and Structural Dimensions in Comparative International Development. " *Social Science Quarterly* 51 (December):494—513.

[107]Inglehart, R. (1977) *The Silent Revolution: Changing Values and Political Styles Among Western Publics*. Princeton: Princeton University Press.

[108]Inglehart, R. (1981) "Post—Materialism in An Environ of Insecurity. " *American Political Science Review* 75:880—900.

[109]Inglehart, R. (1990) *Culture Shift in Advanced Industrial Society*. Princeton, New Jersey:Princeton University Press.

[110]Inglehart, R. (1997) *Modernization and Postmodernization: Cultural, Economic, and Political Changes in 43 Societies*. Princeton, New Jersey: Princeton University Press.

[111] Inglehart, R. and C. Welzel (2005) *Modernization, Cultural Change and Democracy: The Human Development Sequence*. New York: Cambridge University Press.

[112]Inglehart, R. (2000) "Globalization and Postmodern Values. " *The Washington Quarterly* 23(1) (Winter): 215—228.

[113]Inglehart, R. and W. E. Baker (2000) "Modernization, Cultural Change, and the Persistence of Traditional Values. " *American Sociological*

Review 65 (February): 19—51.

[114]Inglehart, R. and C. Welzel (2007) "Modernization" in G. Ritzer (ed.) *The Blackwell Encyclopedia of Sociology*. John Wiley & Sons, LTD.

[115]Inglehart, R. and D. Oyserman (2003) "Individualism, Autonomy, and Self-expression." In H. Vinken, J. Soeters and P. Ester (eds.) *Comparing Cultures*. Leiden: Brill.

[116]Inkeles, A. (1955) "Social Change and Social Character: The Role of Parental Mediation."*Journal of Social Issues*11(2)(Spring): 12—23.

[117]Inkeles, A. , E. Hanfmann and H. Beier (1958) "Modal Personality and Adjustment to the Soviet Socio—Political System. " *Human Relations* 11: 3—22.

[118]Inkeles, A. (1959)"Personality and Social Structure. " in R. K. Mertonet al. (eds.) *Sociology Today*(pp. 249—276). New York:Basic Books.

[119]Inkeles, A. (1960) "Industrial Man: the Relation of Status to Experience, Perception, and Value. " *American Journal of Sociology* 66: 1—31.

[120]Inkeles, A. (1966) "Modernization of Man. " in M. Weiner (ed.) *Modernization: The Dynamics of Growth* (pp. 138—150). New York: Basic.

[121] Inkeles, A. (1969) "Participant Citizenship in Six Developing Countries."*American Political Sciences Review* 58: 1120—1141.

[122]Inkeles, A. (1969) "Making Men Modern: On the Causes and Consequences of Individual Change in Six Developing Countries. " *American Journal of Sociology* 75 (September): 208—225.

[123]Inkeles, A. and D. H. Smith (1970) "The Fate of Personal Adjustment in the Process of Modernization. " *International Journal of Comparative Sociology*11 (June): 81—114.

[124]Inkeles, A. (1971) "Continuity and Change in the Interaction of the Personal and Sociocultural Systems. " in B. Bernard and A. Inkeles (eds.) *Stability and Social Change*. Boston: Little, Brown.

[125]Inkeles, A. and K. A. Miller (1974) "Construction and Validation of A Cross-National Scale of Family Modernism." *International Journal of Sociology of the Family* 4.

[126]Inkeles, A. (1974) "National Differences in Individual Modernity." Paper Presented at the 69th Annual Meeting of the American Sociological Society in Montreal, Canada, August. (unpublished)

[127]Inkeles, A. and Donald B. H. (eds.) (1974) Education and Individual Modernity in Developing Countries. Leiden: E. J Brill.

[128]Inkeles, A. and D. H. Smith (1974) *Becoming Modern: Individual Change in Six Developing Countries*. Cambridge, Mass.: Harvard University Press.

[129]Inkeles, A. (1975) "Remaining Orthodox: A Rejoinder to Everett Hagen's Review-Essay of Becoming Modern." *History of Childhood Quarterly* (Winter).

[130]Inkeles, A. (1976) "The Modernization of Man in Socialist and Non-socialist Countries," in M. G. Field (ed.) *Social Consequences of Modernization in Communist Societies*. Baltimore, MD: Johns Hopkins University Press.

[131]Inkeles, A. (1976) "Individual Modernity in Different Ethnic and Religious Groups: Data from A Six Nation Study." *Annals of the New York State Academy of Science*.

[132]Inkeles, A. (1977) "Understanding and Misunderstanding Individual Modernity." *Journal of Cross—Cultural Psychology* 8:135—176.

[133]Inkeles, A. (1983) *Exploring Individual Modernity*. New York: Columbia University Press.

[134]Israel, J. and H. Tajfel (1972) *The Context of Social Psychology: A Critical Assessment*. Oxford, England: Academic Press.

[135]Jones, E. E. and H. B. Gerard (1967) *Foundations of Social Psy-*

chology. New York: Wiley.

[136]Kagitcibasi, C. (1997) "Individualism and Collectivism." in J. W. Berry, M. H. Segall and C. Kagitcibasi (eds.) *Handbook of Cross-Culture Psychology*(Second Edition) 3:1—49. Needham Heights, MA: Ally & Bacon.

[137]Kahl, J. A. (1968) *The Measurement of Modernism: A Study of Values in Brazil and Mexico*. Austin: University of Texas Press.

[138]Kahl, J. A. (1976) *Modernization, Exploitation and Dependency*. New Brunswick, New Jersey: Transaction Press.

[139]Kasser,T. and R. M. Ryan (1996) "Further Examing the American Dream: Differential Correlates of Intrinsic and Extrinsic Goals."*Personality and Social Psychology Bulletin* 22: 280—287.

[140]Kim, K.-D. (1973) "Toward A Sociological Theory of Development: A Structural Perspective." *Rural Sociology* 38: 462—476.

[141]Kim, K.-D. (1977) "The International Dynamics of Modernization: Some Theoretical Issues and Humanistic Concerns." *Journal of the National Academy of Sciences of the Republic of Korea, Humanities and Social Sciences Series* 16: 277—306.

[142]Kim, K.-D. (1985) *Rethinking Development: Theories and Experiences*. Seoul: Seoul National University Press.

[143]Kim, K.-D. (2005) "Modernization as A Politico-Cultural Response and Modernity as A Cultural Mixture: An Alternative View of Korean Modernization." *Development and Society* 34(1):1—24.

[144]Kim, K.-D. (2005) "Alternative Modernities Emerging via Selective Modernization: The Case of the Two Koreas." Paper Presented at the Workshop on "History of Modernity Reconsidered: East Asian Paths and Patterns" of the 20th International Congress of Historians, University of New South Wales, Sydney, Australia, July 3—9.

[145]Kim, K. -D. (2008) Selective Modernization and Alternative Modernities: In Search of An Alternative Theory. *Journal of the National Academy of Sciences, the Republic of Korea: Humanities and Social Sciences Series* 47(2):105—161.

[146]Kim, S. (2007) "Modernities: Multiple Origins, Multilayered Formations." *Korean Journal of Sociology* 41(4)(June):242—279.

[147]Kirscht, J. P. and R. C. Dillehay (1967) *Dimensions of Authoritarianism: A Review of Research and Theory.* Lexington: University of Kentucky Press.

[148]Klineberg, S. L. (1973) "Parents, Schools, and Modernity: An Exploratory Investigation of Sex Differences in the Attitudinal Development of Tunisian Adolescents." *International Journal of Comparative Sociology* 14: 221—244.

[149]Kohn, M. L. and C. Schooler (1973) "Occupational Experience and Psychological Functioning: An Assessment of Reciprocal Effects." *American Sociological Review* 38: 97—118.

[150]Kumar, K. (1995) *From Post-Industrial to Post-Modern Society: New Theories of the Contemporary World.* Oxford, UK; Cambridge, MA: Blackwell Publishers.

[151]Kunkel, J. H. (1965) "Values and Behavior in Economic Development." in *Economic Development and Cultural Change* 13(3) (April):255—277. Chicago: The University of Chicago Press.

[152]Kunkel, J. H. (1970) *Society and Economic Growth: A Behavioral Perspective of Social Change.* New York: Oxford University Press.

[153]Kuznets, S. (1966) *Modern Economic Growth: Rate, Structure, and Spread.* New Haven, CT: Yale University Press.

[154] Landsberger, H. A. , M. Carnoy, A. L. Stinchcombe and W. E. Moore (1975) "A 'Landmark' from A 'Time of Optimism' for the Modern

World: A Review Symposium of Becoming Modern by Alex Inkeles and David H. Smith. " *School Review* 84:1 (November): 117—145.

[155]Lasch, C. (1978) *The Culture of Narcissism :American Life in An Age of Diminishing Expectations*. New York: Norton.

[156]Lash, S. (1990) *Sociology of Postmodernism*. London and New York: Routledge.

[157]Lauer, R. H. (1973) *Perspectives on Social Change*. Boston: Allyn and Bacon.

[158]Ledgerwood, A. and I. Liviatan (2010) "The Price of A Shared Vision:Group Identity Goals and the Social Creation of Value. " *Social Cognition* 28(3): 401—421.

[159]Lerner, D. (1958) *The Passing of Traditional Society : Modernizing the Middle East*. Glencoe, IL: Free Press.

[160]Levine, R. A. (1966) *Dreams and Deeds : Achievement Motivation in Nigeria*. Chicago: University of Chicago Press.

[161]Levy, M. J. Jr. (1962). "Some Aspects of Individualism and the Problem of Modernization in China and Japan." *Economic Development and Cultural Change* 10(3)(April): 226—255.

[162]Levy, M. J. Jr. (1996) *Modernization and the Structure of Societies*. New Brunswick and London: Transaction Publishers.

[163]Lukes, S. (1973) *Individualism*. Oxford: Blackwell.

[164]Lyon, D. (1994) *Postmodernity*. Buckingham: Open University Press.

[165]Maehr, M. L. (1974) "Culture and Achievement Motivation. " *The American Psychologist* 5(12): 887—896.

[166]Maehr, M. L. (1977) Socio-cultural Origins of Achievement Motivation. *International Journal of Intercultural Relations* 1: 81—104.

[167]Maehr, M. L. (1978) "Sociocultural Origins of Achievement Moti-

vation. " in D. Bar-Tal and L. Saxe (eds.) *Social Psychology of Education*: *Theory and Research*. N. Y. : Wiley.

[168]Maehr, M. L. , J. Kelly and D. Kleiber (1979) *Elements of Motivation in Later-life Adults*. Mimeo, University of Illinois, Urbana-Ghampaign.

[169]Maehr, M. L. and J. G. Nicholls (1980) "Culture and Achievement Motivation: A Second Look. " in N. Warren(ed.)*Studies in Cross-cultural Psychology* 3: 221—267. New York: Academic Press.

[170]Magee, W. M. and C. D. Hardins(2010) "In Defense of Religion: Shared Reality Moderates the Unconscious Threat of Evolution. " *Social Cognition* 28 (3): 379—400.

[171]Martinelli, A. (2005) *Global Modernization*: *Rethinking the Project of Modernity*. London: Sage Publications.

[172]Mayers, D. G. (2005)*Social Psychology*. Boston: McGraw-Hill.

[173]Mazlish, B. (2002) "Globalization: The Most Recent Form of Modernity?" in D. Sachsenmaier, J. Riedel and S. N. Eisenstadt (eds.) *Reflections on Multiple Modernities*: *European*, *Chinese and Interpretations* (pp. 68—76). Leiden, Boston: Brill.

[174]Mazur, A. and E. Rosa (1977) "An Empirical Test of McClelland's 'Achieving Society' Theory. " *Social Forces* 55 (3): 769—774.

[175]Mccall, G. J. and J. L. Simmons (1982) *Social Psychology*: *A Sociological Approach*. New York: The Free Press.

[176]McDougall, W. (1908) *An Introduction to Social Psychology*. London: Methuen.

[177]McDougall, W. (1923) *Outline of Psychology*. New York: Scribner.

[178]McClelland, D. C. , J. W. Atkinson and F. L. Lowell (eds.) (1953) *The Achievement Motive*. New York: Appleton Century-Crofts.

[179]McClelland, D. C. (1955) *Studies in Motivation*. New York: Appleton.

[180] McClelland, D. C. (1961) *The Achieving Society*. NJ: D. Van Norstrand Company.

[181]McClelland, D. C. (1985) *Human Motivation*. Glenview: Scott, Foresman and Co.

[182] Moore, W. E. (1974) *Social Change* (Second Edition). Englewood Cliffs, NJ: Prentice-Hall.

[183]Moscovici, S. (1963) "Attitudes and Opinions." *Annual Review of Psychology* 14:231—260.

[184]Moscovici, S. (1972) "Society and Theory in Social Psychology." in H. Tajfel and J. Israel (eds.) *The Context of Social Psychology: A Critical Assessment*. New York— London: Academic Press.

[185]Moscovici, S. (1984) "The Phenomenon of Social Representations." in M. R. Farr and S. Moscovici (eds.) *Social Representations*, Cambridge: Cambridge University Press.

[186]Moscovici, S. and I. Markova (1998) "Presenting Social Representations: A Conversation." *Culture and Psychology* 4: 371—410.

[187]Moscovici, S. and G. Vignaux (2000) "The Concept of Themata." in S. Moscovici (ed.) *Social Representations: Explorations in Social Psychology* (pp. 156—183). Cambridge: Polity Press.

[188]Moscovici, S. (2000) *Social Representations: Explorations in Social Psychology*. Cambridge: Polity Press.

[189]Murray, H. A. (1938) *Explorations in Personality*. New York: Oxford University Press.

[190]Newcomb, T. M. (1951) "Social Psychological Theory: Integrating Individual and Social Approaches." in J. Rohrer and M. Sherif (eds.) *Social Psychology at the Crossroads* (pp. 31—49). New York: Harper.

[191]Nye, J. S. Jr. (2005) *Soft Power: The Measures to Success in World*. New York: Public Affairs.

[192]Olaveson, T. (2001) "Collective Effervescence and Communitas: Processual Models of Ritual and Society in Emile Durkheim and Victor Turner. " *Dialectical Anthropology* 26: 89—124.

[193]Parker, I. (1989) *The Crisis in Modem Social Psychology and Haw to End It*. London:Routledge.

[194]Pareek, U. (1968) "A Motivational Paradigm of Development of Immediate Activity. " *Journal of Social Issues* 24(2):115—122.

[195]Parsons, T. (1937) *The Structure of Social Action*. New York: McGraw-Hill.

[196]Parsons,T. and E. Shils(eds.)(1951) *Toward A General Theory of Action*. Cambridge, Mass. : Harvard University Press.

[197]Parsons, T. (1960) *Structure and Process in Modern Societies*. Chicago: Free Press.

[198]Parsons, T. (1960) "Pattern Variables Revisited. " *American Sociological Review* 25:467—483.

[199]Parsons, T. (1966) *Social System*. Toronto, Ontaria: Collier-Macmillan.

[200]Parsons, T. (1977) *The Evolution of Societies* (edited and with an introduction by J. Toby). Englewood Cliffs, NJ: Prentice Hall.

[201]Pepitone, A. (1981) "Lessons from the History of Social Psychology. " *American Psychologist* 36 (9): 972—985.

[202]Peshkin, A. and R. Cohen (1967) "The Values of Modernization. " *Journal of Developing Areas* 2 (October):7—22.

[203]Portes, A. (1973) "Modernity and Development: A Critique. " *Studies in Comparative International Development* 8 (Fall):247—279.

[204]Portes, A. (1973) "The Factorial Structure of Modernity: Empiri-

cal Replication and A Critique. " *American Journal of Sociology* 79: 15—36.

[205]Pye, L. W. (ed.) (1963) *Communications and Political Development*. Princeton: Princeton University Press.

[206]Pye, L. W. (1966) *Aspects of Political Development*. Boston: Little, Brown Co.

[207]Richins, M. L. and S. A. Dawson (1992) "A Consumer Values Orientation for Materialism and Its Measurement: Scale Development and Validation. " *Journal of Consumer Research* 19: 303—316.

[208]Riesman, D. (in collaboration with R. Denney and N. Glazer) (1950) *The Lonely Crowd: A Study of the Changing American Character*. New Haven, CT: Yale University Press.

[209]Riesman, D. (in collaboration with N. Glazer) (1952) *Faces in the Crowd: Individual Studies in Character and Politics*. New Haven: Yale University Press.

[210]Riesman, D. (1961) "Styles of Response to Social Change. " *Journal of Social Issues* 17(1)(January):78—92.

[211]Ritzer, G. (2010) *Globalization: A Basic Text*. Chichester, UK: Wiley-Blackwell.

[212]Robin, C. (2004) *Fear: The History of A Political Idea*. New York: Oxford University Press.

[213]Rogers, E. (in association with L. Svenning) (1969) *Modernization Among Peasants*. New York: Holt, Rinehart & Winston.

[214]Rohrer, J. H. and M. Sherif (1951) *Social Psychology At The Crossroads*. New York: Harper.

[215]Rokeach, M. (1973) *The Nature of Human Values*. NY: Free Press.

[216]Rosen, B. C. and R. D'Andrade (1959) "The Psychological Origins of Achievement Motivation. " *Sociometry* 22:185—218.

[217]Rosenberg, M. and R. Turner (eds.) (1981) *Social Psychology: Sociological Perspectives*. New York: Basic Books.

[218]Ross, E. A. (1908) *Social Psychology*. New York: Macmillan.

[219]Rudolph, L. I. and S. H. Rudolph (1967) *The Modernity of Tradition*. Chicago: University of Chicago Press.

[220]Ryan, R. M. and E. L. Deci (2000) "Self-determination Theory and the Facilitation of Intrinsic Motivation, Social Development, and Well-being."*American Psychologist* 55(1): 68—78.

[221]Sachsenmaier, D. (2002) "Multiple Modernities—The Concept and Its Potential." in D. Sachsenmaier, J. Riedel and S. N. Eisenstadt (eds.) *Reflections on Multiple Modernities: European, Chinese and Other Interpretations* (pp. 42—67). Leiden: Brill.

[222]Sachsenmaier, D., J. Riedel and N. Eisenstadt (eds.) (2002) *Reflections on Multiple Modernities: European, Chinese and Other Interpretations*. Leiden; Boston: Brill.

[223]Sack, R. (1973) "The Impact of Education on Individual Modernity in Tunisia." *International Journal of Comparative Sociology* 14: 245—272.

[224]Schnaiberg, A. (1970) "Measuring Modernism: Theoretical and Empirical Explorations." *American Journal of Sociology* 76 (November): 339—425.

[225]Schnaiberg, A. (1976) "Remarks on the Review Symposium on Becoming Modern." *School Review* 84 (February):296—300.

[226]Scott, F. R. (1984) "Need for Achievement, Entrepreneurship and Economic Growth: A Critique of the McClelland Thesis." *Social Science Journal* 2(2):125—134.

[227]Seidman, S. (ed.) (1994) *The Postmodern Turn: New Perspectives on Social Theory*. Cambridge, New York, Melbourne: Cambridge University Press.

[228]Sewell, W. H. and R. M. Hauser (1975) *Education*, *Occupation and Earnings*: *Achievement in the Early Career*. New York: Academic Press.

[229]Shaw, M. E. and P. R. Costanzo (1970) *Theories of Social Psychology*. New York: McGraw—Hill .

[230]Sherif, M. (1936) *The Psychology of Social Norms*. NewYork: Harper & Row.

[231]Shils, E. (1961) *The Intellectual between Tradition and Modernity*: *The Indian Situation*. The Hague: Mouton.

[232]Sinai, R. I. (1964) *The Challenge of Modernization*: *The West's Impact on the Non-Western World*. New York: Norton.

[233]Sirgy, M. J. (1998) "Materialism and Quality of Life. " *Social Indicators Research* 43: 227—260.

[234]Siverman, J. (1971) "Crisis in Social Psychology: The Relevance of Relevance. " *American Psychology* 26: 563—594.

[235]Smart, B. (1992) *Modern Conditions*, *Postmodern Controversies*. London: Routledge.

[236] Smart, B. (1994) "Sociology, Globalisation and Postmodernity: Comments on the 'Sociology for One World' Thesis. " *International Sociology* 9(2): 149—159.

[237]Smart, B. (1999) *Facing Modernity*: *Ambivaence*, *Reflexivity and Morality*. London: Sage Publications Ltd.

[238]Smelser, N. J. (1963) "Mechanisms of Change and Adjustment to Change. " in B. F. Hoselitz and W. E. Moore (eds.) *Industrialization and Society* (pp. 32—48). The Hague: UNESCO—Mouton.

[239]Smelser, N. J. (1964) "Toward A Theory of Modernization. " in A. Etzioni and E. Etzioni (eds.) *Social Change*. New York: Basic Books.

[240]Smelser, N. J. (1966) "The Modernization of Social Relations. " in M. Weiner (ed.) *Modernization*: *The Dynamics of Growth* (pp. 110—121).

New York: Basic Books.

[241]Smelser, N. J. (1968) *Essays in Sociological Explanation*. Englewood Cliffs, N. J. : Prentice-Hall.

[242]Smelser, N. J. (1970) *Theory of Collective Behavior*. London: Routledge and Kegan Paul.

[243]Smith, A. (1973) *The Concept of Social Change*. London: Routledge Kegan Paul.

[244]Smith, D. and A. Inkeles (1966) "The OM Scale: A Comparative Socio-Psychological Measure of Individual Modernity. " *Sociometry* 29 (December):709—716.

[245]Smith, D. and A. Inkeles (1975) "Individual Modernizing Experiences and Psycho-Social Modernity: Validation of the OM Scales in Six Developing Countries. " *Journal of Comparative Sociology* 16.

[246]Smith, M. B. (1978) "Psychology and Values. " *Journal of Social Issues* 34(4)(Fall): 181—199.

[247]Smith, P. B. (1997) "Values. " in J. W. Berry, M. H. Segall and C. Kagitcibasi (eds.) *Handbook of Cross-Culture Psychology* (Second Edition) 3:77—108. Needham Heights, MA: Ally & Bacon.

[248]So, A. Y. (1990) *Social Chang and Development: Modernization, Dependency, and World System Theories*. London: Sage Publications.

[249]Spector, M. and J. I. Kitsuse (1987) *Constructing Social Problem* (Second Edition). New York: Aldine De Gruyter.

[250]Spence, J. T. (1985) "Achievement American Style: The Rewards and Costs of Individualism. " *American Psychologist* 40:1285—1295.

[251]Srivastava, A. , E. A. Locke and K. M. Bartol (2001) "Money and Subjective Well-being: It's Not the Money, It's the Motives. " *Journal of Personality and Social Psychology* 80 (6): 959—971.

[252]Steiner, I. D. and M. Fishbein (eds.)(1966) *Current Studies in*

Social Psychology. New York: Holt, Rinehart & Winston.

[253]Steiner, I. D. (1973) "Whatever Happened to the Group in Social Psychology." *Journal of Experimental Social Psychology* 10: 94—108.

[254]Stephenson, J. B. (1968) "Is Everyone Going Modern? A Critique and A Suggestion for Measuring Modernism." *American Journal of Sociology* 74: 265—275.

[255] Suzman, R. (1973) "Psychological Modernity." *International Journal of Comparative Sociology* 14: 273—287.

[256]Suzman, R. (1973) "The Modernization of Personality." *unpublished Ph. D. thesis*, Department of Psychology and Social Relations, Harvard University.

[257]Suzman, R. (1976) "The Individual in the Modernizing Process." *Annual Review of Sociology* 2. Palo Alto, CA: Annual Reviews, Inc.

[258]Spybey, T. (1992) *Social Change: Development and Dependency.* Cambridge: Polity Press.

[259]Tajfel, H. and J. Israel (eds.) (1972) *The Context of Social Psychology: A Critical Assessment.* New York-London: Academic Press.

[260]Taifel, H. (1972) "Experiment in Vacuum." in H. Tajfel and J. Israel (eds.) *The Context of Social Psychology: A Critical Assessment.* New York-London: Academic Press.

[261]Tajfel, H. (1978) *Differentiation between Social Groups.* London: Academic Press.

[262] Tajfel, H. (1981) *Human Croups and Social Categories.* Cambridge: Cambridge University Press.

[263]Tajfel,H. and J. C. Tumer (1986) "The Social Identity Theory of Intergroup Behavior." in S. Worchel and W. G. Austin (eds.) *Psychology of Intergroup Relations* (Second Edition). Chicago: Nelson-Hall Publishers.

[264]Tarde, G. (1903) *The Laws of Imitation.* New York: Henry Holt.

［265］Taylor, C. （2004） *Modern Social Imaginaries*. Durham, NC: Duke University Press.

［266］Taylor, S. E. (1998) "Social Being in Social Psychology. " in G. Gilbert, S. T. Fiske and G. Lindzey(eds.) *The Handbook of Social Psychology* (*pp.* 55—98) . Boston: McGraw-Hill.

［267］Therborn, G. （2000） "Globalization: Dimensions, Historical Waves, Regional Effects, Normative Governance. " *International Sociology* 15(2): 151—179.

［268］Tilly, C. （1978） *From Mobilization to Revolution*. Reading, Mass. : Addison-Wesley.

［269］Tipps, D. C. (1973) "Modernization Theory and the Comparative Study of Societies: A Critical Perspective. " *Comparative Studies in Society and History* 15: 199—226.

［270］Triandis, H. C. (1975) "Social Psychology and Cultural Analysis. " *Journal For The Theory of Social Behavior* 5:81—106.

［271］Triandis, H. C. (1995) "Motivation and Achievement in Collectivist and Individualistic Cultures. " in M. L. Maehr and P. R. Pintrich(eds.)*Advances in Motivation and Achievement*: *Culture, Motivation and Achievement* 9:1—30. Londres, Greenwich: JAI Press.

［272］Triandis, H. C. , R. Bontempo and M. Villareal (1988) "Individualism and Collectivism: Cross-Cultural Perspectives on Self-ingroup Relationships. " *Journal of Personality and Social Psychology* 54: 323—338.

［273］Turner, B. A. (1975) *Industrialism.* New York: Longman Group Limited.

［274］Turner, J. C. , A. M. Hogg, J. P. Oakes, D. S. Reicher and S. M. Wetherell (1987) *Rediscovering The Social Group*: *A Self － categorization Theory*. Oxford: Basil Blackwell.

［275］Vattimo, G. (1998) *The End of Modernity*: *Nihilism and Herme-*

neutics in Post-modern Culture. Cambridge: Polity Press.

[276]Veroff, J. (1977) "Process vs. Impact in Men's Women's Achievement Motivation." *Psychology of Women Quarterly* 1(3): 283—293.

[277]Wagner, P. (1994) *A Sociology of Modernity: Liberty and Discipline*. New York: Routledge.

[278]Ward, R. E. (ed.) (1964) *Political Modernization in Japan and Turkey*. New Jersey: Princeton.

[279] Weiner, M. (ed.) (1966) *Modernization: The Dynamics of Growth*. New York: Basic Books.

[280]Wexler, P. (1983) *Critical Social Psychology*. Boston: Routledge & Kegan Paul.

[281]Whyte, W. H. (1956) *The Organization Man*. Garden City, NY: Doubleday.

后　记

　　这本书的写作，或者说这个课题的研究，从初有想法，到研读文献，到拟定思路，到具体撰写，数易其稿，其间经历了太长的时间跨度，十来个春秋不在话下，可谓"十年磨一剑"！当然，并非天天"磨剑"，"三天打鱼两天晒网"是常态。

　　写一段、停一段、再写一段，这种间断性写作方式对于我而言，其作用呈现双重性：一方面，新阅读和新思考的冲击会促使我一再调整思路，让写作时间拉得更长；另一方面，由于知识积累和沉淀，一些思想在原来的基础上又会有新的提升和发展。总之，它们都导致了一种结果——写出的文字被反复不断地修改和再修改。

　　在每一份书稿的最后部分，作者都会表达自己的致谢。在这里，我除了一如既往地感谢我的亲人们，感恩你们给予的理解、宽容，是对我最大的支持；我还要感谢我的师友们，其中有年长的，也有年轻的，你们是我的师，又是我的友。还有按社会角色分工的我的学生们，你们的关注、启迪，对我也是一种莫大的激励。

　　除此之外，我还要特别感谢我所在的单位中国社会科学院，这本书稿是在这里孕育成形并完成写作的。我感受了独特的历练与丰富。

　　2020 年是一个特殊的年份，发生了新冠病毒对全球的肆虐潮动。世界很多地方，且在很大程度，出现了秩序失常和心态异样。面临和应对如此重大的风险情境，从一个特定角度使我感到对心理现代性的探究具有了更新的和特别的意蕴。在这种背景下,我又对书稿进行了一次修改,最终以目前这个样子确定下来。

多年来与天津社会科学院出版社有着不解之缘。前总编辑郭栋先生表示了一如既往的热情和鼓舞,副总编辑高潮女士对本书选题给予了高度肯定,各位编辑付出了卓有成效的劳动。这一切都确保了本书稿的顺利付梓。在此本人深表敬意!

本书作为一种探索性努力,其得失有待于专家学者和广大读者的鉴析,并在时间流逝中经受检验。敬请不惜赐教!

沈　杰

2021 年 6 月 6 日于昆明